21世纪会计系列规划教材·致用型

财务管理
Financial Management

（第四版）

方明 主编

东北财经大学出版社
Dongbei University of Finance & Economics Press
大连

图书在版编目（CIP）数据

财务管理 / 方明主编．—4版．—大连：东北财经大学出版社，2025.1．

（21世纪会计系列规划教材·致用型）．—ISBN 978-7-5654-5481-3

Ⅰ.F275

中国国家版本馆CIP数据核字第2024ZH2988号

东北财经大学出版社出版

（大连市黑石礁尖山街217号　邮政编码　116025）

网　址：http://www.dufep.cn

读者信箱：dufep@dufe.edu.cn

大连雪莲彩印有限公司印刷　　东北财经大学出版社发行

幅面尺寸：185mm×260mm　字数：398千字　印张：16.75

2025年1月第4版　　2025年1月第1次印刷

责任编辑：王　莹　周　晗　　责任校对：那　欣

封面设计：张智波　　版式设计：原　皓

定价：42.00元

教学支持　售后服务　联系电话：（0411）84710309

如有印装质量问题，请联系营销部：（0411）84710711

第四版前言

“财务管理”是工商管理类专业一门十分重要的平台课程，也是管理类其他专业和经济类专业的重要基础课程。它以“企业”为对象，阐述企业财务管理的基本原理与方法。

通过本课程的学习，学生应掌握财务管理基本概念、货币时间价值与投资风险价值、企业筹资的方式与技术、企业长期投资决策方法、企业营运资本管理、企业利润分配管理、企业财务分析与评价方法等基本理财知识和理财技能。

本书在出版后深受欢迎和好评，但也存在下列不足：第一，部分章节的课程思政元素需要进一步提炼；第二，部分内容没有反映我国资本市场改革的实践和法律法规的变化；第三，少数习题对初学者而言难度较大。

本次修订做了如下调整：

1. 根据2024年7月1日新实施的《中华人民共和国公司法》的规定，修改了有关资本金、普通股股东权利等内容。

2. 补充了财务管理工作中新出现的业务模式和影响因素，例如，在第一章第一节“财务管理的概念和内容”中增加了数据资产的定义；在第三节“财务管理的环境”中新增了对我国多层次资本市场体系的介绍；在第五章中补充了司库体系管理的概念。

3. 贯彻习近平新时代中国特色社会主义思想和党的二十大精神，完善了德育专栏和补充阅读。

4. 采用了最新的财务数据，其中第七章根据案例公司的2023年度财务报告重新计算并分析了相关财务比率。

本书在修订过程中强调系统性与可读性、理论性与实践性相结合，同时注重学习与创新、学术研究与企业实用相结合，深入浅出，循序渐进。本书可作为需要开设财务管理课程的各类专业学生的授课教材和教学辅导资料，也是企业经理层、中层管理人员以及财务管理部门职员的必要读物。

本书由方明主编，具体分工如下：方明编写第一章、第六章，叶建木编写第二章，敖慧编写第三章，晏文胜编写第四章，徐凤菊编写第五章，李殊琦编写第七章。

本书在编写过程中得到了武汉理工大学管理学院的领导及老师们的大力支持和帮助，也得到了东北财经大学出版社的领导与同志们的关心和支持，在此一并致以衷心的感谢！同时也要感谢所有被引用文献的作者和在本书出版过程中给予帮助和支持的友人。

由于作者水平有限，书中难免存在一些缺陷，希望广大读者不吝赐教。

作　者

2024年10月

目 录

第一章

财务管理概述

学习目标

1.理解财务管理的相关概念。

2.掌握财务管理目标的主要观点。

3.了解企业的组织形式。

4.理解财务管理的环境。

教学引导案例

2022年3月，国务院国资委发布《关于中央企业加快建设世界一流财务管理体系的指导意见》(以下简称《指导意见》)，构建了以“1455”为架构的财务管理体系，为中央企业打造世界一流财务管理能力指明了目标和方向。

自《指导意见》发布以来，众多大型企业积极响应，纷纷踏上构建世界一流财务管理体系的征途，它们将财务数智化转型视为跨越发展瓶颈、强化核心竞争力的关键一跃，致力于建设世界一流财务管理体系，这一财务数智化转型浪潮，正引领着企业向更高层次、更广领域迈进。

中国化学工程集团有限公司（以下简称中国化学）牢记“国之大者”，积极履行社会职责，稳步推进世界一流企业建设。中国化学财会系统认真贯彻《指导意见》，勇于变革、敢于创效，助力集团公司早日建成世界一流企业财务管理体系。

一、中国化学对世界一流财务管理体系作用的认识

（一）财务管理要成为企业发展的“风险防控家”

党的十九大把防范化解重大风险作为三大攻坚战之一，党的二十大再次强调要主动防范化解风险。财务管理是企业管理活动的基础和中心环节，不仅要管控企业内部风险，以资金安全为起点，对银行账户、资金、票据、网银、客户信用、税收等关键要素实施全面把控，更要走出企业、走进市场，建立基于企业和市场紧密融合的全面风险管理体系，以更好应对市场环境的变化，真正成为企业发展的“风险防控家”。

（二）财务管理要成为企业发展的“价值创造者”

财务管理是对企业财务资源进行管理，包括财务资源的安全性管理和有效性管理，通

过优化财务资源配置促进企业效益不断提升。新发展阶段下，企业内外部财务资源的稀缺性要求企业合理配置财务资源、适时追踪及科学分析评价财务资源的使用效率并及时做出调整，促进企业效益不断提升。同时，财务管理通过深度参与业务决策、主导资本运营等方式主动创造价值，促进企业价值不断增长。

（三）财务管理要成为企业运行的“业务服务家”

随着企业发展对财务管理需求的增加，以及财务管理自身范畴的演化，财务对企业战略和生产运营的服务支撑作用日益凸显。财务管理的发展需要财务人员“从财务走向业务”，即“业财融合”。业财融合不仅是简单的财务组织或岗位变化，而是要打通财务与业务之间的流程，实现数据互通，并将业财融合的工作与要求贯穿业务流程、运营管控、组织运作、制度政策等层面，从而真正实现为业务发展与管理决策提供有价值的参考意见。

与此同时，随着财务管理范畴向联通外部金融市场演化，以“产融结合”方式服务企业发展也随之产生。随着我国金融市场体系更加完备和成熟，企业财务管理在传统资金管理的基础上扩展金融管理职能，统筹集团金融产业，优化集团金融资源的配置和风险管控，使企业集团内金融机构之间实现有效协同，使金融资本成为产业发展的坚实后盾和企业运行发展的“业务服务家”。

（四）财务管理要成为企业前进的“数据管理家”

财务管理要主动把握新一轮信息技术革命和数字经济快速发展的战略机遇，加快数字科技赋能，实现数据标准的统一，打造最完备的财务“数据底座”。依托信息化和数字化，在业财融合趋势下，财务不仅掌握着各类总结和评价企业财务状况与经营成果的分析数据，还掌握着大量的业务运营数据，将逐渐成为未来企业数据的生产者、管理者与应用者。未来的财务通过大数据的高级分析与支撑决策，将企业的价值实现与资源消耗甚至相应的业务运作信息进行匹配，将事后分析转变为事前预测，实现对业务的有力支持。

二、中国化学世界一流财务管理体系的内涵

结合《指导意见》和企业实际，中国化学制定了《世界一流财务管理体系建设规划》（以下简称《规划》），明确了建设目标，绘制了未来五年的财务发展蓝图，并分两个阶段确立工作目标：第一阶段的目标为到2022—2023年年底，财务管理水平得到显著提升，管理理念深入人心，管理体系全面构建，管理组织清晰完善，管理手段高效智能；第二阶段的目标为到2026年建设完成中国化学世界一流财务管理体系。

中国化学将具体建设目标概括为以“123456”为核心的财务管理体系。“1”即一个目标，以打造价值创造、管理精益、技术智能、全球协同的财务核心能力为建设目标。“2”即两大体系，按照“财务与会计平行运行”管理理念，建立财务管理及会计管理两大管理体系。“3”即三化建设，强调以信息化、数字化、智能化赋能财务管理。“4”即四项保障，包括搭建完善的组织体系、建立财务制度体系、强化人才队伍建设、构建财务人员评价激励体系。“5”即五型建设，具体包括战略支撑型、决策支持型、业财融合型、价值创造型和风险管理型。“6”即六大特征，包括一流的管控模式、一流的财务管理体系、一流的会计管理体系、一流的数智化体系、一流的财会团队及研究能力、一流的财会文化。

资料来源：刘东进．以价值与风险为引领 全面构建世界一流财务管理体系［J］．财务与会计，2023（11）：4-9.

案例思考题：作为企业管理人员，你认为财务管理的目标是什么？在实施这一目标的过程中，可能遇到的问题有哪些？

第一节　财务管理的概念和内容

一、财务管理及相关基本概念

为便于深入探讨财务管理问题，必须理解、掌握与财务管理命题相关联的一些概念。

（一）资金

资金（Funds）是指在企业生产经营过程中用货币反映的各种财产、物资，以及货币本身，是企业资产的价值形态。资金的存在形态包括以下四种：

（1）在企业生产经营过程中以实物形态存在的资金，主要有以下两种：一是企业生产经营用的房屋、建筑物、机器设备、运输工具，它们基本上属于固定资产；二是企业生产所需的原材料、生产和经销的产品，它们都属于流动资产或流动资金。

（2）以纯货币形态存在的资金，包括现金、银行存款等货币资金。

（3）在企业实际的财务管理活动中以债权形式存在的资金，如应收而未收的账款。

（4）以无形资产形式存在的资金。

实物形态的资金、纯货币形态的资金、债权形式的资金和无形资产形式的资金，不仅在企业的生产经营活动中同时存在，而且相互转化，形成一个不断运动的资金流。

（二）资本金

设立企业必须有注册资本金（Registered Capital）。资本金，是指企业在市场监督管理部门登记的注册资金，是投资者用于企业生产经营、承担民事责任而投入的资金。资本金在不同类型的企业中的表现形式有所不同，股份有限公司的资本金被称为股本，股份有限公司以外的一般企业的资本金被称为实收资本。

从性质上看，资本金是投资者创建企业所投入的资本，是原始启动资金；从功能上看，资本金是投资者用以享有权益和承担责任的资金，有限责任公司和股份有限公司以其资本金为限对所负债务承担有限责任；从法律地位上看，资本金要在市场监督管理部门办理注册登记，投资者只能按所投入的资本金而不是所投入的实际资本数额享有权益和承担责任，已注册的资本金如果追加或减少，必须办理变更登记；从时效上看，除了企业清算、减资、转让和回购股权等特殊情形外，投资者不得随意从企业收回资本金，企业可以无限期地占用投资者的出资。

（三）资本

从经济学的角度而言，资本（Capital）是企业生产经营活动和投资活动所需的生产要素。资本的表现形式，既包括有形资本，如机器设备，又包括无形资本，如版权和专利权，还包括一些在企业资产负债表上无法计量的要素，如人力资本。

在会计学中，资本是指投资者投入企业的资金和债权人借给企业的资金，包括货币资金、实物资产和无形资产等形态。企业所拥有的各种形态的资金，只有在投入生产经营活动和投资活动后，才有可能转化为资本。

资本根据出资来源不同，分为权益资本和债务资本。企业在创建初期，需要先由股东注入资本金，即形成权益资本，并到市场监督管理部门办理注册登记，然后才能正式开展生产经营活动。如果企业在经营过程中出现资金缺口，可以向银行申请贷款，即形成债务资本。

资本根据使用期限的长短不同，分为长期资本和营运资本。企业要生存与发展，不仅需要持有一定规模使用期限超过一年或一个营业周期的长期资本，用于购建固定资产、取得无形资产和对外长期投资，而且需要有相应规模的营运资本，用于购买原材料、支付工资等流动资金的周转。

必须注意的是对企业资本金和长期资本的区分。企业资本金是企业股东为创办和发展企业而投入的资本，是企业股权资本最基本的部分；而企业的长期资本实际上就是可供企业长期使用的资金。

（四）数据资产

目前，数据已成为我国的新型生产要素。与数据资产相关的法律法规也不断出台并逐步完善（如图1-1所示）。数据作为基础性、战略性资源，是数字经济快速发展的基石，正在成为“新基础设施”的重要生产工具。数据是指依附于客观存在的事物上，对已经发生的事实或结果以数字化形式保存，没有经过后期加工的资源。它的原始性和客观性使其无法成为有价值的资产，只有经过企业的加工处理，由数据转化为有效的信息，从而为企业带来经济效益或支持决策，其价值逐渐被公众认可，数据才能被正式视为数据资产。

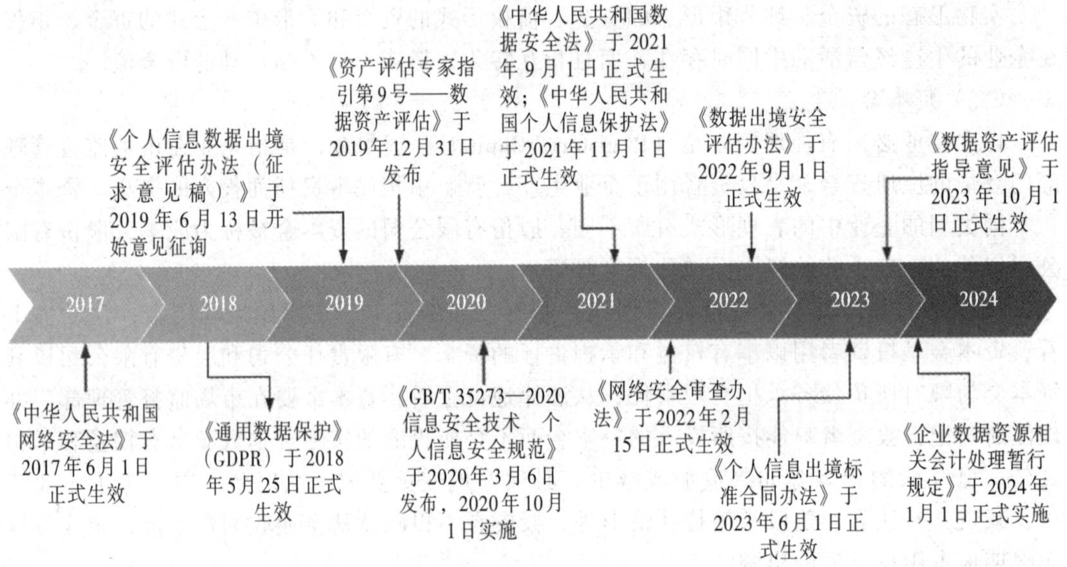

图1-1 近年来出台的数据资产相关法律法规

大数据技术标准推进委员会于2023年1月4日发布的《数据资产管理实践白皮书（6.0版）》中将数据资产一词定义为：是指由组织（政府机构、企事业单位等）合法拥有或控制的数据，以电子或其他方式记录，例如文本、图像、语音、视频、网页、数据库、传感信号等结构化或非结构化数据，可进行计量或交易，能直接或间接带来经济效益和社会效益。

综上所述，数据资产是指企业在日常生产经营活动中拥有或控制，以物理或电子方式记录，预期可为企业带来经济利益的数据资源。

（五）企业财务活动

企业财务活动（Financial Activity）是指在企业生产经营过程中有关资金的筹集、运用和分配等方面的经济业务活动。

企业的财务活动是企业生产经营活动的重要组成部分。企业的生产经营活动是从筹集资金开始的。企业运用所筹集的货币资金兴建房屋、购置机器设备及营业用具、购买原材料等各种劳动对象，从而建立起生产经营所需要的物资储备。这样，货币形态的资金就转化为实物形态的资金。劳动者运用劳动资料对劳动对象进行加工，生产出市场所需要的产品，企业再把产品销售出去，商品形态的资金又回到货币形态的资金。企业对销售产品收回的资金进行分配之后，将营运资金再次投入生产经营活动，使之连续不断地运动。企业的营运资金投入生产经营活动，不断改变存在形态，从货币形态开始到最终回到货币形态的整个过程，称为资金循环。资金的不断循环称为资金周转。企业供、产、销活动的顺利进行，是企业生产经营资金不断循环、周转的条件。同时，资金运动的任何停滞、中断，都意味着生产经营活动秩序的破坏。

（六）企业财务关系

企业资金的运动，必然与各利益相关者有着种种经济联系。通过资金运动产生的经济联系，称为财务关系。

财务关系就其内容来讲，一般包括以下几种：

1. 企业同其所有者之间的财务关系

这种关系主要是指企业所有者向企业投入资金，企业向其所有者支付投资报酬所形成的经济关系。企业所有者可归为以下四类：国家、法人、个人、外商。企业的所有者要按有关合同、协议、章程的约定履行出资义务，以便及时形成企业的资本金。企业利用投资者投入的资金进行生产经营，实现利润后，应按出资比例或合同、章程的规定，向其所有者分配利润。企业同其所有者之间的财务关系，体现着所有权性质，反映的是经营权和所有权的关系。

2. 企业同其债权人之间的财务关系

这种关系是指企业向其债权人借入资金，并按借款合同的规定按时支付利息和归还本金所形成的经济关系。企业除利用资本金进行生产经营外，还要借入一定数量的资金，以便降低企业资本成本，扩大企业生产经营规模。企业的债权人主要有债券持有人、贷款机构、商业信用提供者、其他出借资金给企业的单位或个人。企业在利用银行等债权人的资金后，一般要按约定的利息率及时向债权人支付利息，债务到期时，要合理调度资金，按时向债权人归还本金。企业同其债权人的关系反映的是债务与债权关系。

3. 企业同其被投资单位的财务关系

这种关系是指企业将其闲置的资金以购买股票或直接投资的形式向其他企业投资所形成的经济关系。企业向其他单位投资，应按照约定履行出资义务，每年参与被投资单位的利润分配及其他约定活动。企业与被投资单位的关系反映的是具有所有权性质的投资与被投资的关系。

4. 企业同其债务人的财务关系

这种关系是指企业将其资金以购买债券、提供借款或商业信用等形式借给其他单位所形成的借贷关系。企业将其资金贷出后，有权要求其债务人按约定的条件支付利息和归还本金。企业同其债务人的关系反映的是债权与债务的关系。

5. 企业内部各单位的财务关系

这种关系是指企业内部各单位之间在生产经营各环节中互相提供产品或劳务所形成的经济关系。在企业实行内部经济核算制的条件下，企业内部各单位之间相互提供产品和劳务要进行计价估算。这种企业内部所形成的资金结算关系反映的是企业内部各单位之间的利益关系。

6. 企业与其职工之间的财务关系

这种关系是指企业向其职工支付劳动报酬过程中所形成的经济关系。企业要用自身的产品销售收入向职工支付工资、津贴、奖金等，即按照职工提供劳动的质量和数量支付职工的劳动报酬。这种企业与职工之间的财务关系反映的是职工和企业在劳动成果上的分配关系。

7. 企业与税务机关之间的财务关系

这种关系是指企业按税法的规定依法纳税而与国家税务机关所形成的经济关系。任何企业都应按照税法的规定缴纳各种税款，以保证国家财政收入的实现，满足社会各方面的需要。及时、足额纳税是企业对国家的贡献，也是对社会应尽的义务。因此，企业与税务机关的关系反映的是依法纳税和依法征税的权利义务关系。

（七）企业财务管理的主体

财务管理的主体是企业。企业按照组织形式，一般分为个人独资企业、合伙企业和公司。

1. 个人独资企业

个人独资企业（Sole Proprietorship）是由一个自然人投资，财产为投资人个人所有，投资人以其个人财产对企业债务承担无限责任的经营实体。投资人对企业的投资主要来自个人的积蓄和企业盈利的再投入。个人独资企业也可以向外部少量借债，但主要来自投资人亲朋好友或个人财产的抵押，因而投资人的个人财富与企业融为一体，这使得投资人对其负债具有无限的偿还义务。

个人独资企业的优点：(1) 创立容易。例如，不需要与他人协商并取得一致，只需要很少的注册资本等。(2) 维持个人独资企业的固定成本较低。例如，政府对其监管较少，对其规模也没有什么限制，企业内部协调比较容易。(3) 不需要缴纳企业所得税。

个人独资企业的缺点：(1) 投资人对企业债务承担无限责任，有时企业的损失会超过业主最初对企业的投资，需要用个人其他财产偿债。(2) 企业的存续年限受制于业主的寿命。(3) 难以从外部获得大量资金用于经营。

多数个人独资企业的规模较小，抵御经济衰退和承担经营失误损失的能力不强，其平均存续年限较短。有一部分个人独资企业能够发展壮大，规模扩大后会发现其固有缺点日益被放大，于是转变为合伙企业或公司制企业。

2. 合伙企业

合伙企业（Partnership）是指两个或两个以上合伙人按照协议投资，共同经营、共负盈亏的经济实体。其资本来自合伙人的积蓄，以及某合伙人的其他有形和无形资产投入。合伙企业分为普通合伙企业和有限合伙企业。普通合伙企业由普通合伙人组成，合伙人对合伙企业债务承担无限连带责任。有限合伙企业由普通合伙人和有限合伙人组成，普通合伙人对合伙企业债务承担无限连带责任，有限合伙人以其认缴的出资额为限对合伙企业债务承担责任。

普通合伙企业较松散，合伙人对企业债务负无限连带责任。普通合伙企业对其债务，应先以其全部财产进行清偿。普通合伙企业不能清偿到期债务的，合伙人承担无限连带责任。普通合伙人的连带责任，是指当合伙企业的全部财产不足以偿付到期债务时，合伙企业的债权人对合伙企业所负债务，可以向任何一个合伙人主张，该合伙人不得以其出资的份额大小和合伙协议有特别约定、合伙企业债务另有担保人或者自己已经偿付所承担的份额的债务等理由拒绝。当然，由于合伙人只承担连带责任，所以，当合伙人清偿数额超过其应分担的比例时，其有权向其他合伙人追偿。企业盈利按协议分配，合伙人分别据此向税务机关缴纳个人所得税。此外，还有特殊的普通合伙企业。它是指以专门知识和技能为客户提供有偿服务的专业机构，这些专业机构可以设立为特殊的普通合伙企业，譬如律师事务所、会计师事务所、设计师事务所等。特殊的普通合伙企业必须在其企业名称中表明“特殊普通合伙”字样，以区别于普通合伙企业。在特殊的普通合伙企业中，一个合伙人或数个合伙人在执业活动中因故意或者重大过失造成合伙企业债务的，应当承担无限责任或者无限连带责任，其他合伙人则仅以其在合伙企业中的财产份额为限承担责任。

有限合伙企业则是合伙人对债务负有限连带责任，仅就合伙资本为最高清偿额度，不追索到合伙人个人私人财物。有限合伙企业应事先标明“有限责任”字样，有符合规定的企业章程，注册资金有合法验资证明，不得减少注册资本。某一合伙人转让投资，应取得其他投资者同意。有限合伙企业名义上已具有法人资格，但不可向社会公开筹资。该种合伙企业不同于普通合伙企业，它由普通合伙人与有限合伙人组成，前者负责合伙的经营管理，并对合伙债务承担无限连带责任，后者不执行合伙事务，仅以其出资额为限对合伙债务承担有限责任。相对于普通合伙企业，有限合伙企业允许投资者以承担有限责任的方式成为有限合伙人。有限合伙企业有利于刺激投资者的积极性，并且可以实现资本与智力的有效结合，即拥有财力的人作为有限合伙人，拥有专业知识和技能的人作为普通合伙人，这样资源得到整合，能够对市场经济的发展起到积极的促进作用。实务中私募股权基金经常采用有限合伙企业的组织形式。

3. 公司

公司（Corporation）是在《中华人民共和国公司法》（以下简称《公司法》）制约下成立的，由股东投资创办的经济实体。它弥补了个人独资企业和合伙企业的不足。其主要资金来源是原始股东投入的初始资本，也可发售债券或以抵押获得银行长期借款，甚至只凭信用获得借贷资金，因此公司规模越大，资金来源渠道越多。股东可以用货币出资，也可以用实物、知识产权、土地使用权、股权、债权等可以用货币估价并可以依法转让的非货币财产作价出资。

对作为出资的非货币财产应当评估作价，核实财产，不得高估或者低估作价。法律、行政法规对评估作价有规定的，从其规定。

股东应当按期足额缴纳公司章程中规定的各自所认缴的出资额。股东以货币出资的，应当将货币出资足额存入有限责任公司在银行开设的账户；以非货币财产出资的，应当依法办理其财产权的转移手续。有限责任公司的注册资本为在公司登记机关登记的全体股东认缴的出资额。全体股东认缴的出资额由股东按照公司章程的规定自公司成立之日起五年内缴足。

公司的股东仅就其出资的资本金承担企业经营和负债的风险，负有限清偿责任。同时，股东按持股数大小来行使对企业重大经营和财务政策的表决权，并通过选举董事会和委托代理人——经理去经营企业。公司是独立法人，资本金登记注册后不可任意抽逃。股东可通过股权转让形式将资本变现。因此，企业资本具有完整性与流动性相统一的性质，使投资者、经营者和职工成为利益共同体。公司应当就其来源于中国境内、境外的所得缴纳企业所得税，然后按税后利润的一定比例提取公积金，并按持股比例派发股利，以回报股东。

在企业的三种形式中，公司最具规模、体制、运作、监管之优势，也大体涵盖了另两种企业形式的各类财务问题。因此，现代财务管理的主体都以公司为出发点，本书的分析和论述也从公司制企业财务管理的角度展开。

（八）财务管理

财务管理（Financial Management）是遵循资金运动的客观规律，有效地组织企业的资金运动，正确处理企业与各利益相关者的财务关系，以提高经济效益为中心的综合性管理。

二、财务管理的基本特征

从整个企业的管理来讲，财务管理是企业管理这个大系统中的一个子系统。但从它所处的地位来讲，财务管理是企业管理大系统中的核心子系统。它制约着其他方面的管理，为其他方面管理的运行提供资金保障；同时，其他方面管理的经济效果在财务上也得到体现。因此，它具有与其他管理工作相同的特征。但它也有其自身的特征，这些特征主要是：

1. 财务管理涉及的业务范围具有广泛性

在企业里，一切涉及资金活动的业务都属于财务管理的范围。财务管理延伸到企业生产经营的各个角落，不管是人、财、物，还是供、产、销，每个部门、每个环节都会通过使用资金与负责财务管理的部门发生联系；同时，每个部门、每个环节也都要在合理使用资金、提高经济效益方面接受财务管理部门的指导，受到财务管理制度的约束。

2. 财务管理是运用价值形式对企业生产经营活动实施的综合管理

企业生产经营活动的一切物质条件、经营成果都要通过价值形式予以综合反映。企业拥有的一切财产物资，综合地表现为企业的资金；企业生产经营活动的成果，最后综合地表现为取得的销售收入和实现的利润等。因此，财务管理要从生产经营活动的各个环节探索节约资金、降低成本和费用、增加利润的途径，提高企业的经济效益。这也说明具备大局意识是财务管理工作者必须具备的职业素养，团队协作和沟通协调能力也是财务人员必备的能力。

3. 财务管理是对生产经营活动效果的动态反映

在企业生产经营管理中，决策是否得当、经营是否有方、产销是否顺畅、品种是否对路、技术是否先进、质量是否优良、效率是否提高、耗费是否节约等，都将不同程度地反映到企业财务上来，对财务指标高低、完成程度产生直接的影响。决策正确、经营有方将使产销两旺，从而加速资金周转，用较少的资金投入，得到较多的产出，生产较多的产品，完成较多的销售，实现较多的利润；品种对路、质量优良、技术先进、效率较高，可以促进生产发展，节约生产耗费，降低产品成本，提高销量，从而增加销售收入，获得更多的利润。财务管理通过各种相对数或绝对数指标，为企业领导者提供反映生产经营活动的财务信息，使企业领导者在复杂、激烈的市场竞争中，时刻保持清醒的头脑，抓住重点，明确方向，搞好生产经营活动，不断提高企业的经济效益和社会效益。

4. 财务管理学与其他管理学科有紧密联系

财务管理学与其他管理学科如会计学、管理学、投资学等有着紧密的联系。财务管理学中的许多资料来源和管理方法等也直接与这些学科交叉。“Finance”这个词从学科的角度就有多种解释，既可以理解为财务学，也可以理解为金融学或财政学。另外，从财务管理学本身来讲，其也可以划分为公司财务、社会财务、金融财务等。所以，财务管理学是一门涉及面广且理论研究与实际应用紧密结合的学科。

其中，会计学是与财务管理学联系最紧密的学科，主要是因为财务管理学绝大部分信息来源于公司的会计系统，而会计系统作为一个完整的信息流系统，不仅对公司整体资金流状况有系统全面的反映，而且对公司财务状况、经营成果和现金流量有综合的描述。离开了会计信息系统，财务管理是无法对财务活动实施有效监控和管理的。

财务管理学和会计学的主要区别在于：（1）职能不同。会计的基本职能是核算和监督，侧重于对企业财务状况、经营成果和现金流量的反映和监督；财务管理作为企业管理的重要环节，其基本职能是预测、决策、计划和控制，侧重于对资金的组织、运用和管理。（2）依据不同。会计核算的依据是国家的统一会计制度，具体会计政策、会计估计的选用由企业根据国家统一会计政策，结合企业实际情况选定；财务管理方面，则是在国家法律、政策允许的范围内，根据管理当局的意图，企业享有独立的理财自主权。（3）面向的时间范围不同。会计是面向过去的，必须以过去的交易或事项为依据，是对过去的交易或事项进行确认和记录；财务管理注重未来，是基于一定的假设条件，在对历史资料和现实状况进行分析以及对未来情况进行预测和判断的基础上，对未来的预测和决策。

三、财务管理的内容

财务管理的内容以及各项内容之间的关系，是由企业财务活动固有的内在运行规律决定的，包括筹资管理、投资管理、利润分配管理三项内容。

（一）筹资管理

筹资管理（Financing Management）是企业财务管理的首要环节，是企业投资活动的基础。事实上，在企业发展过程中，筹资及筹资管理是贯穿始终的。无论在企业创立之时，还是在企业成长过程中追求规模扩张，甚至在日常经营周转过程中，都可能需要筹措资金。可见，筹资是指企业为了满足投资和用资的需要，筹措和集中所需资金的过程。在筹资过程中，企业一方面要确定筹资的总规模，以保证投资所需要的资金；另一方面要选择筹资方式和筹资成本，降低筹资的代价和风险。

企业的资金来源按产权关系，可分为权益资金和负债资金。一般来说，企业完全通过权益资金筹资是不合理的，不能得到负债经营的好处；但负债的比例大则风险也大，企业随时可能陷入财务危机。因此，筹资决策的一个重要内容是确定最佳的资本结构。

企业的资金来源按使用期限，可分为长期资金和短期资金。长期资金和短期资金的筹资速度、筹资成本、筹资风险以及借款时企业所受到的限制不同，因此，筹资管理要解决的另一个重要内容是安排长期资金与短期资金的比例关系。

（二）投资管理

投资是指企业为了获得收益或避免风险而进行的资金投放活动。企业筹集资金的目的是把资金用于生产经营活动以取得盈利，不断提高企业价值。投资管理（Investment Management）的内容涵盖长期投资管理和营运资本管理。长期投资是指影响超过一年的投资，如固定资产投资和长期证券投资，亦称资本性投资。营运资本是指影响和回收期限在一年以内的资金运用，如企业在应收账款、存货和短期证券投资上占用的资金。

由于长期投资涉及的时间长、风险大，直接决定着企业的生存和发展，因此，企业在做长期投资决策时更重视货币的时间价值和投资的风险价值。本书的第四章中介绍的企业投资管理，实际就是固定资产投资决策；而与长期证券投资有关的内容，在第二章介绍了货币的时间价值和投资的风险价值之后，在第三节有关证券估价的内容中做了介绍。

营运资本管理主要涉及流动资产与流动负债的管理问题，其中关键是加速资金的周转。流动资金的周转与生产经营周期具有一致性，在一定时期内，资金周转快，就可以利用相同数量的资金生产出更多的产品，取得更多的收入，获得更多的报酬。因此，如何加速资金的周转、提高资金的利用效率，是财务人员在这类财务活动中需要考虑的主要问题。企业营运资本管理在本书的第五章中介绍。

（三）利润分配管理

企业在经营过程中会产生利润，也可能会因对外投资而分得利润，这都表明企业有了资金的增值或取得了投资报酬。企业的利润要按规定的程序进行分配：首先要依法纳税；其次要用来弥补亏损，提取盈余公积；最后要向投资者分配股利。这种因利润分配而产生的企业与国家和投资者等利益相关者之间的资金收支便是利润分配管理。

在分配活动中，财务人员需要确定股利支付率的高低，即将多大比例的税后利润支付给投资人。过高的股利支付率会使较多的资金流出企业，从而影响企业再投资的能力，一旦企业遇到较好的投资项目，将有可能因为缺少资金而错失良机；而过低的股利支付率又有可能引起投资人的不满，对于上市公司而言，这种情况可能导致股价的下跌，从而使公司价值下降。因此，财务人员要根据公司自身的具体情况确定最佳的分配政策。

上述财务活动的三个方面不是相互割裂、互不相关的，而是相互联系、互相依存的。上述三个方面构成了完整的企业财务活动，也形成了财务管理的基本内容：企业筹资管理、企业投资管理、利润及其分配管理。

第二节　财务管理的目标

财务管理的目标是企业在规划和控制资金运动过程中所要实现的期望值。它与企业生产经营管理的目标紧密相关，企业生产经营管理的目标通过财务管理目标得以体现。关于财务管理的目标，目前主要有以下四种观点：

一、利润最大化

利润最大化（Profit Maximization）是指企业的利润额在一个会计期间内尽可能地达到最大。这种观点可表述为：利润是指企业在一定会计期间内的经营成果。利润包括收入减去费用后的净额、直接计入当期利润的利得和损失等，反映了企业当期生产经营活动中投入与产出对比的结果。

以利润最大化作为财务管理目标有其合理性：(1) 企业进行任何生产经营活动都是为了创造剩余价值，而剩余价值的多少可以用利润的多少来衡量；(2) 在自由竞争的资本市场中，利润最大化最容易获得最大的企业资本使用权；(3) 企业通过追求利润最大化，可以使整个社会财富实现最大化。

但是不少理论认为，将利润最大化作为财务管理的目标，是集经营权与所有权于一身的产物，随着所有权与经营权的分离，经营者必须协调与企业有关的各方面利益，如各种债权人、业主（股东）、消费者、雇员、政府和社会等。因此，将利润最大化作为财务管理的目标不再适宜。同时，利润最大化存在如下缺点：

(1) 利润是权责发生制的产物，是对企业经营成果的会计度量。在对同一经济业务进行会计处理时，所采用的会计政策和会计估计存在多样性和灵活性，从而存在人为调节利润的可能。例如，有些企业将固定资产的折旧年限从10年变更为20年，在其他经营因素不变的情况下，会计估计的变更会造成利润的变化。

(2) 利润最大化没有考虑利润实现的时间。例如，5年后获利1 000万元与5年中每年年末获利200万元，哪个更理想？如果没有考虑货币时间价值，则难以做出正确的判断。利润最大化没有考虑时间因素的负面影响，这点不仅体现在企业财务决策具有短期行为倾向，诱使企业只追求当期利润最大化，忽视企业的长远发展，还造成利润只能反映企业过去某一期间的盈利水平，不能反映企业未来的盈利能力。

(3) 利润最大化没有反映创造的利润与投入的资本额之间的关系，只将不同投入额创造的利润总额进行比较。假设A、B两个项目都于今年获得了1 000万元利润，并且都是现金收入。但是，如果A项目只需投资1亿元，而B项目需要投资2亿元，显然A项目更好一些，但如果单看利润指标则反映不出这样的问题。

(4) 利润最大化没有考虑风险问题。假设A、B两个企业同样投入1亿元，今年均获利1 000万元，A企业的利润已全部转换为现金净流入，而B企业的获利则全部是应收账款。依据过去的惯例，企业有可能发生坏账损失，那么哪一个企业的盈利质量更好？若不考虑风险大小，就难以做出正确判断。

可见，利润最大化目标只是对企业追求经济效益的浅显反映，存在一定的片面性。现代财务管理理论认为，利润最大化并不是财务管理的最优目标。但从实务的角度而言，如果投入资本相同，利润取得的时间相同，相关风险也相同，则利润最大化是一个可以接受的观念，许多企业都把提高利润作为其短期目标。

二、股东财富最大化

股东财富最大化（Maximization of Shareholder Wealth）是指企业财务管理以实现股东财富最大化为目标。在上市公司，股东财富是由其所拥有的股票数量和股票市场价格两方面决定的。在股票数量一定时，股票价格达到最高，股东财富也就达到最大。

与利润最大化相比，股东财富最大化的主要优点是：

(1) 考虑了风险因素，因为通常股价会对风险做出较敏感的反应。

(2) 在一定程度上能避免企业短期行为，因为不仅目前的利润会影响股票价格，未来的利润同样会对股价产生重要影响。

(3) 对上市公司而言，股东财富最大化目标比较容易量化，便于考核和奖惩。

以股东财富最大化作为财务管理目标存在以下缺点：

（1）通常只适用于上市公司，非上市公司难以应用，因为非上市公司无法像上市公司那样随时准确获得公司股价。

（2）股价受众多因素影响，特别是企业外部因素，有些还可能是非正常因素。股价不能完全准确地反映企业财务管理状况，例如，有的上市公司处于退市的边缘，但由于可能存在某些重组机会，其股票市价还在走高。

（3）股东财富最大化更多强调的是股东利益，而不够重视其他相关者的利益。

三、企业价值最大化

企业价值最大化是指企业财务管理行为以实现企业的价值最大化为目标。企业价值可以理解为企业所有者权益的市场价值，或者是企业所能创造的预计未来现金流量的现值。未来现金流量这一概念包含了资金的时间价值和风险价值两个方面的因素。因为未来现金流量的预测包含了不确定性和风险因素，而现金流量的现值是以资金的时间价值为基础对现金流量进行折现计算得出的。

企业价值最大化要求企业采用最优的财务政策，充分考虑资金的时间价值和风险与报酬的关系，在保证企业长期稳定发展的基础上使企业总价值达到最大。

以企业价值最大化作为财务管理目标具有以下优点：

（1）考虑了取得报酬的时间，并用时间价值的原理进行了计量。

（2）考虑了风险与报酬的关系。

（3）将企业长期、稳定的发展和持续的获利能力放在首位，能抑制企业在追求利润上的短期行为，因为不仅目前利润会影响企业的价值，预期未来的利润也会对企业的价值产生重大影响。

（4）用价值代替价格，避免了过多地受到外界市场因素的干扰，有效地规避了企业的短期行为。

但是，以企业价值最大化作为财务管理目标存在以下问题：

（1）企业的价值过于理论化，不易操作。尽管对于上市公司来说，股票价格的变动在一定程度上揭示了企业价值的变化情况，但是股价是多种因素共同作用的结果，特别是在资本市场效率低下的情况下，股票价格很难反映企业的价值。

（2）对于非上市公司来说，只有对企业进行专门的评估才能确定其价值，而在评估企业的资产时，由于受评估标准和评估方式的影响，很难做到客观和准确。

近年来，随着上市公司数量的增加，以及上市公司在国民经济中地位、作用的增强，企业价值最大化目标逐渐得到了广泛认可。

【德育专栏】

一切以用户价值为先

对于企业而言，建立一个正确而良好的财务管理目标是十分重要的。企业生产经营的根本目的是提高经济效益，实现经济效益最大化。为此，企业究竟该采取什么样的具体形式呢？我们发现，如今企业价值最大化的观点正被越来越多的企业接受，以往只注重利润最大化的观点渐渐被舍弃。

腾讯控股成功的案例很好地向我们证明了将企业价值最大化作为财务管理目标是十分正确的选择。腾讯是大型互联网综合服务提供商之一，也是中国服务用户最多的互联网企业。腾讯一直将“一切以用户价值为先”的经营理念作为战略目标，提供互联网增值服务、网络广告服务和电子商务服务。通过即时通信工具QQ、移动社交和通信服务工具微信、门户网站腾讯网（QQ.com）、腾讯游戏、社交网络平台QQ空间等中国领先的网络平台，腾讯打造了中国最大的网络社区，满足了互联网用户对沟通、资讯、娱乐和电子商务等方面的需求。从腾讯的案例中我们可以看到企业价值最大化的几大优点：

首先，实例很好地证明了把企业价值最大化作为财务管理目标，可以使企业更重视其潜在的创新价值能力所带来的正面影响。腾讯之所以成功，与它顺应这个时代的变化、制定正确的战略目标、重视创新有着密切的关系。腾讯在自己的经营中一直坚守这样一个信念，那就是致力于创新，通过商业模式的变革为公司和客户寻找机会创造新的价值。也正是因为这种坚持，腾讯创造了一种持久的、潜在的创新能力。

其次，正确的财务管理目标可以帮助领导者做出正确的决定，可以更加有效地制约企业追求短期利益的行为。腾讯每个时期的奋斗目标都非常明确：在创业期，它以QQ业务为核心，获得了更多的用户；在发展期，它提出“为用户提供一站式在线生活服务”策略，并依靠自身网络效应实现多业务模块的爆发式发展；在成熟期，它通过无线端、网络端和客户端的并购整合业务资源，提高资源使用效率。在各个时期，腾讯从不为追求眼前的短期利益所动容。

与此同时，许多企业的失败案例向我们展示了盲目追求利润最大化所带来的危害。由于只注重短期的、可实现的利润最大化，一些企业盲目投资一些高风险项目，导致资金周转困难，最终面临倒闭。许多企业失败都是由于缺乏长远的、可持续发展的规划。

案例思考题：作为企业管理人员，你认为财务管理的目标是什么？在实施这一目标的过程中，可能遇到的问题有哪些？

四、利益相关者利益最大化

在市场经济中，企业的理财主体更加细化和多元化。股东作为企业所有者，在企业中拥有最大的权利、义务、风险和报酬，但是债权人、员工、企业经营者、客户、供应商、政府和企业所在社区等利益相关者也为企业承担着风险。比如：

（1）随着举债经营的企业越来越多，其举债比例和规模不断扩大，债权人的风险大大增加。

（2）在社会分工细化的今天，由于简单劳动越来越少，复杂劳动越来越多，职工的再就业风险不断增加。

（3）在现代企业制度下，企业经理人受所有者委托，作为代理人管理和经营企业，在激烈的市场竞争和复杂多变的形势下，代理人所承担的责任越来越大，风险也随之加大。

（4）受市场竞争和经济全球化的影响，企业与客户以及企业与供应商之间不再是简单的买卖关系，更多的是长期的伙伴关系，处于一条供应链上，并共同参与同其他供应链的竞争，因而也与企业共同承担一部分风险。

（5）不管是作为出资人，还是作为监管机构，政府都与企业各方的利益密切相关。

（6）企业的社会责任受到越来越多的社会公众的关注，企业对所在社区的捐赠、环保投入等已经成为社会责任绩效的重要衡量依据。

综上所述，企业的利益相关者不仅包括股东，还包括债权人、企业经营者、客户、供应商、员工、政府、社区等。因此，在确定企业财务管理目标时，不能忽视这些相关利益者的利益。

利益相关者利益最大化目标的具体内容包括以下几个方面：

（1）强调风险与报酬的均衡，将风险限制在企业可以承受的范围内。

（2）强调股东的首要地位，并强调企业与股东之间的协调关系。

（3）强调对代理人即企业经营者的监督和控制，建立有效的激励机制，以使企业战略目标顺利实现。

（4）关心本企业普通职工的利益，创造舒适、和谐的工作环境，提供合理、恰当的福利待遇，使职工长期为企业努力工作。

（5）不断加强与债权人的关系，培养可靠的资金供应者。

（6）关心客户的长期利益，以保持销售收入长期稳定增长。

（7）加强与供应商的协作，共同面对市场竞争，并注重企业形象的宣传，遵守承诺，讲求信誉。

（8）保持与政府部门的良好关系。

以利益相关者利益最大化作为财务管理目标具有以下优点：

（1）有利于企业长期稳定发展。这一目标注重考虑并满足企业在发展过程中各利益相关者的利益。在追求长期稳定发展的过程中，站在企业的角度进行投资研究，避免只站在股东的角度进行投资研究可能导致的一系列问题。

（2）体现了合作共赢的价值理念，有利于实现企业社会效益和经济效益的统一。由于兼顾了企业、股东、政府、客户、社会等的利益，企业就不仅仅是一个单纯谋利的组织，还承担了一定的社会责任，企业在寻求其自身发展和利益最大化的过程中，还会考虑客户及其他利益相关者的利益，会依法经营，依法管理，正确处理各种财务关系，自觉维护和确实保障国家、集体和社会公众的合法权益。

（3）这一目标本身是一个多元化、多层次的目标体系，较好地兼顾了各利益主体的利益。这一目标可使企业各利益主体相互作用、相互协调，并在使企业利益、股东利益达到最大化的同时，也使其他利益相关者利益达到最大化。也就是在将企业财富这块“蛋糕”做到最大化的同时，保证每个利益主体所得到的“蛋糕”最大。

（4）体现了前瞻性和现实性的统一。比如，社会作为利益相关者之一，有一套评价指标，如企业的捐赠、纳税额和碳排放等社会责任指标；股东的评价指标可以使用股票市价；债权人可以寻求风险最小、利息最大；工人可以确保工资福利；政府可考虑社会效益等。不同的利益相关者有不同的指标，只要合理合法、互利互惠、相互协调，就可以实现所有利益相关者利益最大化。

此外，2020年9月22日，中国政府向世界宣布，将提高自主贡献力度，力争2030年前二氧化碳排放达到峰值，努力争取2060年前实现碳中和。中国的碳中和承诺给中国企业提出了新的社会责任要求。2024年5月1日起，上海证券交易所、深圳证券交易所和北京证券交易所正式实行《上市公司自律监管指引——可持续发展报告（试行）》，A股市场迎来了首个统一、规范且实用的可持续发展信息披露标准。该文件将披露的内容分为环境、社会和治理三个维度，设置了21个具体议题，同时明确了上市公司的披露内容及披露原则。这就意味着A股市场在可持续发展信息披露方面进入一个全新的发展阶段。

因此，利益相关者利益最大化是企业财务管理最理想的目标。目前资本市场非常流行ESG投资理念。ESG是一种关注企业环境、社会和公司治理（Environment，Social and Governance）绩效的投资策略，要求投资者在投资时衡量企业的可持续性、环境和社会影响所关注的核心因素。ESG报告是将企业在其环境、社会及公司治理等方面采用的政策、表现及重大影响，定期向投资者等利益相关方进行披露的沟通方式。企业通过定期发布ESG报告，可以加强风险管理，提供融资能力，满足供应链需求，提升社会声誉和获得可持续发展。

但是鉴于该目标过于理想化且不好操作，本书后续章节仍采用企业价值最大化作为财务管理的目标。

【补充阅读1-1】

水井坊以ESG为引擎，驱动白酒行业可持续发展

水井坊在推进环境、社会和治理（ESG）各项议程方面取得了显著成效，通过发布2023年ESG报告，水井坊不仅展示了其在可持续发展领域的坚定承诺，还通过一系列创新举措，推动公司向更加绿色、包容和负责任的方向迈进。

在2023年的ESG报告中，水井坊首次将“气候”作为专题章节，深入分析了气候相关风险与机遇，并引入国际广泛认可的TCFD（气候相关财务信息披露工作组）建议作为气候信息披露框架。这一举措提升了水井坊在国内ESG信息披露方面的先进性和前瞻性，为整个白酒行业树立了新的标杆。水井坊作为A股上市公司中少数率先接受第三方独立审验ESG报告的企业之一，其报告的透明度和可信度得到了进一步提升，为投资者和利益相关方提供了更为翔实、可靠的信息。

水井坊的ESG工作始终围绕“水井坊敬未来”的核心战略理念展开。公司不仅在环境、社会和治理三个方面持续发力，还通过具体、可量化的实践，确保其承诺转化为实际行动和可见成效。在环境方面，水井坊积极探索原粮订单种植模式，推动高粱、糯米等原料的绿色种植和科学育种，进一步提升了原粮的溯源能力和品质保障。同时，水井坊还建立了完善的环境可持续发展治理体系，通过设立环境保护专项资金、采用先进的污水处理技术等措施，持续推进环境合规管理工作。

在社会责任方面，水井坊设立了“水井坊公益日”，并成立水井坊志愿者团队，通过友邻计划、体育慈善、非遗传承等公益项目的参与，鼓励更多员工关注、理解并积极践行ESG理念。2023年，水井坊共开展了6类公益项目，涵盖社区友邻计划、乡村振兴、社会责任研究、地震救灾等多个领域，公益慈善现金捐赠达500多万元。系列举措既提升了公司的社会影响力，也促进了社区的共生共荣。

在治理方面，水井坊不断优化公司治理结构，强化风险管控，确保公司运营的稳健性和可持续性。水井坊成立了董事会监督指导下的ESG管理委员会，成员由各部门负责人组成，CEO担任主席，每三个月召开一次定期会议，管理企业的ESG战略和目标的进展。同时，水井坊还注重与供应商和经销商的合作伙伴关系，通过持续开展赋能培训，提升供应链效率，促进共享价值创造。

坚定走绿色发展道路，水井坊将继续把社会责任融入企业的战略和运营中，以更加坚定的步伐推进ESG工作，通过合作、创新和知识分享，推动全球的进步与发展，为实现更加绿色、包容和负责任的长期发展目标贡献力量。

资料来源：搜狐商讯．水井坊发布 2023 年 ESG 报告，深化可持续发展承诺［EB/OL］．［2024-05-21］．https://www.sohu.com/a/780456910_120181749.

第三节　财务管理的环境

企业在许多方面如同生物体一样，如果不能适应周围的环境，也就不能生存。财务管理工作若想成功，必须认识企业的宏观环境和微观环境。任何一种环境因素的变化都可能给财务管理带来影响，但企业财务人员若能合理预测其发展状况，也会使企业不断地走向成功。

一、财务管理的宏观环境

宏观环境是一个多层次、多部门的复杂系统。从纵向看，它构成主体式的网络；从横向看，它联结为星罗棋布的群体。宏观环境纵横交错、相互制约，对财务管理有着重要影响。财务管理的宏观环境虽然非常复杂，但可概括为经济、法律、技术和金融环境四个方面。

（一）经济环境

经济环境是指国内经济形势和经济发展趋势等因素，是影响企业经营决策的主要因素。经济环境具体包括经济周期、经济结构和资源环境、市场环境和价格环境、通货膨胀状况、宏观经济政策等因素。这些因素对企业的筹资、投资和分配所引起的财务活动产生重大影响。

1. 经济周期

经济通常不会较长时间地持续增长或萎缩，而是在波动中发展。在其波动过程中大体上经历萧条、复苏、上升、高涨等几个阶段的循环，这个循环称为经济周期。经济的周期性波动对财务管理有重要影响。一般来讲，在萧条阶段，企业有可能处于紧缩状态，产量和销量下降，投资减少，资金有时出现闲置状况；反之，在高涨阶段，市场需求旺盛，销量大幅增加，为了扩大生产，企业不得不增加投资，增加机器设备、存货和人员，因而会出现资金短缺现象。因此，财务管理部门应重视经济周期的变化，掌握经济波动的规律，及时调整财务策略，搞好企业资金的供求平衡问题。

2. 经济结构和资源环境

经济结构有广义和狭义之分。就广义而言，它是指国家宏观经济结构，一般用产业结构来表示。国家为了适应经济技术发展，提高国民经济整体水平，会制定符合国内实际情况的产业政策，优先鼓励和扶持有关产业的发展。就狭义而言，它是指企业所在地区的经济结构。地区经济结构的调整必须符合国家产业政策和本地区实际。同时，地区经济结构的调整必然牵涉相关产业内有关企业发展方向、规模的调整。经济结构类型不同，其财务管理活动的范围与程度也不同，从而直接影响企业筹资规模、投资方向及获利状况等。

资源条件是影响一个国家或地区经济结构形成、变化的外在因素，也是企业发展的制约条件。资源丰富或贫乏，直接影响企业原材料供应、生产规模和产品销售状况，从而影响企业筹资、投资及分配等财务管理活动。

3. 市场环境和价格环境

市场是商品和劳务交易的场所，是连接生产和消费的纽带，是沟通产销的中枢。市场环境是指商品和劳务交易环境。在市场经济中，企业的生产和发展主要取决于市场。财务管理是根据市场商品、劳务供求状况来预测资金需要量、资金投向以及资金使用效益，从而确定企业筹资、投资和分配的策略。因此，企业要摸清市场变化的规律及其对财务管理活动的影响，建立一套适应市场经济变化的财务管理体制。

价格环境是指市场上企业销售产品和购进原材料等价格因素。产品的市场销售价格直接影响企业的资金收回，而购进原材料等价格直接影响企业的资金支出。价格环境直接关系到企业资金收支的协调平衡，并对财务管理体制以生产价值为基础，根据商品供求状况确定合理的价值及相应的价格体系调整有重大影响。

4. 通货膨胀状况

通货膨胀不仅降低了消费者的购买力，也给企业财务管理带来了很大的困难。通货膨胀对企业财务活动的影响通常表现在以下几个方面：（1）引起资金占用的大量增加，从而增加了企业的资金需求；（2）引起企业的利润虚增；（3）引起利率上升，加大企业的资本成本；（4）引起资金供应紧张，提高企业的筹资难度。

5. 宏观经济政策

一个国家的宏观经济政策，如经济发展规划、产业政策、财政政策、货币政策、利率政策、外汇政策以及政府的行政法规等，对企业的财务活动有重大影响。下面分别介绍财政政策和货币政策对企业财务管理的影响。

通常在经济繁荣时期，国民收入高于充分就业的均衡水平，存在过度需求。这时，政府通常采取消极财政政策，其内容是减少政府支出和国家投资、增加政府税收等，从而避免宏观经济过热和通货膨胀的出现。在经济衰退时期，国民收入低于充分就业的均衡水平，总需求不足。这时，政府通常要采取积极的财政政策，其主要内容是增加政府支出和国家投资、减少政府税收等，从而避免经济下滑的加剧和通货紧缩的出现。财政政策对企业财务管理的影响体现在国家主导的投资政策的变化上，其会影响企业所处行业的有效市场需要，从而影响企业对相关领域的投资。因此，财政政策具有重要的信号作用。

此外，在经济衰退时期，往往出现生产能力闲置、失业率较高、社会总需求严重不足等问题，国家通常会采取扩张性货币政策，积极使用各种货币政策工具。货币政策工具是指中央银行为调控货币政策而采取的政策手段。根据《中华人民共和国中国人民银行法》第三条的规定，我国货币政策的最终目标为“保持货币币值的稳定，并以此促进经济的增长”。货币政策工具分为一般性货币政策工具和选择性货币政策工具。一般性货币政策工具包括公开市场操作、存款准备金和再贴现；选择性货币政策工具包括贷款规模控制、特种存款、对金融企业窗口指导等。一般性货币政策工具多属于间接调控工具，而选择性货币政策工具多属于直接调控工具。在过去较长时期里，我国的货币政策以直接调控为主，即采取信贷规模、现金计划等工具。1998年以后，我国取消了贷款规模控制，主要采取间接货币政策工具调控货币供应总量。现阶段，我国的货币政策工具主要有公开市场操作、存款准备金、再贷款与再贴现、常备借贷便利（Standing Lending Facility，SLF）、利率政策、汇率政策、道义劝告和窗口指导等。扩张性货币政策的主要方式有：降低存款准备金比例；下调贴现和再贴现利率；积极从事公开市场操作（如央行入市做国债回购，投放更多货币）等。扩张性货币政策对企业财务管理的影响是：企业筹资成本降低；债务资金筹集较容易；资金充足；投资规模扩大等。反之，在经济繁荣时期，国家会采取紧缩性货币政策，对企业财务管理的影响则与扩张性货币政策相反。

利率政策也是我国货币政策的重要组成部分，是货币政策实施的主要手段之一。中国人民银行根据货币政策实施的需要，适时地运用利率工具，对利率水平和利率结构进行调整，进而影响社会资金供求状况，实现货币政策的既定目标。同时，利率水平的高低直接决定了企业资金成本的大小。当中国人民银行降低贷款利率时，企业负债筹资的资金成本将降低，也降低了企业的筹资风险；相反，贷款利率的提高使企业负债筹资的资金成本提高，企业就要承担较大的筹资风险。此外，利率的变动对股票市场和债券市场的中长期走势有着明显的影响。

（二）法律环境

法律环境是指影响企业财务活动的法律、法规的总和。影响企业财务管理的法律环境主要有企业组织法规、财务会计法规以及税法等。

1. 企业组织法规

企业组织必须依法成立，不同类型的企业在组建过程中适用不同的法律。在我国，这些法律包括《中华人民共和国公司法》《中华人民共和国个人独资企业法》《中华人民共和国合伙企业法》《中华人民共和国外商投资法》等。这些法律详细规定了不同类型的企业组织设立的条件和程序，组织机构、组织变更及终止的条件和程序等。例如，公司的组建要遵循《公司法》规定的条件和程序，公司成立后，其经营活动包括财务活动，都要按照《公司法》的规定来进行。因此，《公司法》是约束公司财务管理最重要的法律，公司的财务活动不能违反该法律。

从财务管理的角度来看，非公司制企业与公司制企业有很大的不同。例如，个人独资企业和合伙企业都属于非公司制的企业，投资人承担的是无限责任，也就是说，一旦企业经营失败，其个人的财产也将纳入偿债范围。而公司制企业的股东承担的则是有限责任，公司经营失败时，仅以股东的出资额为限偿债。

2. 财务会计法规

财务会计法规主要包括《企业财务通则》《基本建设财务规则》《企业会计准则》《小企业会计准则》等。

《企业财务通则》是各类企业进行财务活动、实施财务管理的基本规范。我国第一个《企业财务通则》于1994年7月1日起施行。随着经济环境的不断发展，2005年我国重新修订了该通则，新的《企业财务通则》于2007年1月1日开始实施。新通则围绕企业财务管理环节，明确了资金筹集、资产营运、成本控制、收益分配、信息管理、财务监督六大财务管理要素，并结合不同财务管理要素，对财务管理方法和政策要求做出了规范。

另外，2016年4月26日，为了规范基本建设财务行为，加强基本建设财务管理，提高财政资金使用效益，保障财政资金安全，中华人民共和国财政部令第81号公布《基本建设财务规则》。

《企业会计准则》是针对所有企业制定的会计核算规则，分为基本准则和具体准则，实施范围是大中型企业，自2007年1月1日起在上市公司中实施，自2008年1月1日起在国有大中型企业中实施。为规范小企业的会计行为，财政部颁布了《小企业会计准则》，自2013年1月1日起在全国小企业中实施。

除了上述法规，与企业财务管理有关的经济法规还包括证券法规、结算法规等。财务人员要在守法的前提下完成财务管理的职能，实现企业的财务管理目标。

3. 税法

税法是国家制定的用以调整国家与纳税人之间在征纳税方面权利与义务的法律规范的总称。税法是国家法律的重要组成部分，是保障国家和纳税人合法权益的法律规范。税法按征收对象的不同可以分为：（1）对流转额课税的税法。它以企业的销售所得为征税对象，主要包括增值税、消费税和进出口关税。（2）对所得额课税的税法。它包括企业所得税、个人所得税。其中，企业所得税适用于中华人民共和国境内的企业和其他取得收入的组织（不包括个人独资企业和合伙企业）。上述企业在我国境内和境外的生产、经营所得及其他所得为应纳税所得额。（3）对自然资源课税的税法。目前它主要以矿产资源和土地资源为征税对象，包括资源税、城镇土地使用税等。（4）对财产课税的税法。它以纳税人所拥有的财产为征税对象，主要有房产税。（5）对行为课税的税法。它以纳税人的某种特定行为为征税对象，主要有印花税、城市维护建设税等。

（三）技术环境

技术环境是指企业取得先进适用的科学技术的环境与条件。对财务管理的未来发展影响最大的是科学技术进步。大数据时代的到来，让财务管理工作的理念和模式发生了很大变化，传统的财务工作领域已经逐渐向新的领域迈进，财务管理由单纯的资金管理和财务评价，开始向销售、研发、人力资源等相关业务领域的决策支持工作延伸和渗透。财务数据作为企业的核心数据，反映和支持着企业资本和交易的正常运转。通过对财务数据和业务数据的挖掘与处理，可以有效改进财务管理的运作方式。

大数据技术的出现，让财务管理发生以下变革：（1）从基于结果的分析向基于过程的挖掘转变。（2）从基于单类型的结构化数据向基于多类型的非结构化数据转变。由于非结构化数据的支持，财务管理工作的深度和广度得以大大加强。（3）从阶段性的月度报告向实时报告转变。大数据技术的日益成熟，极大提高了财务报表的及时性。例如，完成营销终端信息收集和终端信息更新时，区域市场分析报告和财务分析报告可以实时生成。

【补充阅读1-2】

中国石油智能财务建设

中国石油在财务共享体系建设过程中，采用灵活可扩展的分布式服务架构，积极应用机器人流程自动化、人工智能等前沿技术，构建智能化、移动化财务共享服务平台。其智能应用主要有三类场景，分别为RPA机器人流程自动化、进项税发票池、智能识别及智能填单服务。

（1）RPA机器人流程自动化

中国石油在财务共享建设过程中，将会计核算、资金结算等业务纳入共享中心统一处理，充分利用信息化手段，将复杂工作简单化、标准化，通过对业务流程、规则进行标准化管理，迅速识别复杂工作场景，消除多余、低附加值作业，实现同质业务专业化处理。通过梳理操作流程、审核规则、风险评估、异常处理机制、系统评估，形成了一套具有中国石油特色的RPA应用运行框架及开发模式。

中国石油财务共享中心先后上线制证类、审核类、发票认证类、资金支付类、银行回单分拣类、电子会计档案归档类等6类180个“小铁人”机器人，平均处理效率为人工的20倍，完成工作量占比达54%以上。

（2）进项税发票池

共享中心采用智能识别技术，自动采集进项税发票结构化数据，实时调用数据系统服务进行查重、验真及认证。搭建FileNet发票影像数据库，建立进项税发票池，为纳税申报和税务分析提供数据支持。基于已上线70多家单位的报销数据，利用知识图谱技术构建知识图谱，运用知识推理、知识计算等技术，将人所具备的专业知识以计算机知识图谱形式固化，实现发票信息的自动提取。

（3）智能识别及智能填单

差旅报销业务基于出差申请发起，通过智能识别技术支持多张、多类型票据自动切割、混合识别，实现了增值税发票、火车票、机票、汽车票等8类票面信息的自动识别、自动归类，系统根据识别结果，自动完成城市间交通费、市内交通费、过路过桥费、住宿费、培训费等内容的智能填写，将用户“手工录入”变成“自动提取”。

知识图谱技术利用已有的数据资产构建报销图谱，自动推导业务场景及该场景下各项明细信息，完成出差补助的自动计算、各类扩展个性化信息的填写，用户只需通过向导式的操作指引对各项信息进行确认即可，基本实现了“你给我发票，我给你报销”的设计目标。

资料来源：每天一点财会. 智能财务建设·优秀案例分享［EB/OL］.［2024-08-23］. https://baijiahao.baidu.com/s?id=1808150874077066125&wfr=spider&for=pc.

（四）金融环境

1. 金融机构、金融工具与金融市场

金融机构（Financial Institution）主要是指银行和非银行金融机构。银行是指经营存款、贷款、汇兑、储蓄等金融业务，承担信用中介的金融机构，包括各种商业银行和政策性银行，如中国工商银行、中国农业银行、中国银行、中国建设银行、中国农业发展银行。非银行金融机构主要包括保险公司、信托投资公司、证券公司、财务公司、金融资产管理公司、金融租赁公司等。

金融工具（Financial Instrument）是指融通资金双方在金融市场上进行资金交易、转让的工具。借助金融工具，资金从供给方转移到需求方。金融工具分为基本金融工具和衍生金融工具两大类。常见的基本金融工具有货币、票据、债券、股票等。衍生金融工具又称派生金融工具，是在基本金融工具的基础上通过特定技术设计形成的新的融资工具，其价格波动取决于基础金融工具的价格波动，如各种远期合约、互换、掉期、资产支持证券等。衍生金融工具的种类非常复杂、繁多，具有高风险、高杠杆效应的特点。

金融市场（Financial Market）是指资金供给者和资金需求者通过一定的金融工具进行交易而融通资金的场所。金融市场的构成要素包括资金供给者和资金需求者、金融工具、交易价格、组织方式等。金融市场为企业融资和投资提供了场所，可以帮助企业实现长短期资金转换，引导资本流向和流量，提高资本效率。

2. 金融市场的分类

金融市场可以按照不同的标准进行分类。

（1）货币市场和资本市场

以期限为标准，金融市场可分为货币市场（Money Market）和资本市场（Capital Market）。

货币市场又称短期金融市场，是指以期限在1年以内的金融工具为媒介，进行短期资金融通的市场，包括拆借市场、票据市场、大额定期存单市场和短期债券市场等。拆借市场是指银行（包括非银行金融机构）同业之间短期性资本的借贷活动。这种交易一般没有固定的场所，主要通过电信手段成交，期限按日计算，一般不超过1个月。票据市场包括票据承兑市场和票据贴现市场。票据承兑市场是票据流通转让的基础。票据贴现市场是对未到期票据进行贴现的市场，为客户提供短期资本融通，包括贴现、再贴现和转贴现。大额定期存单市场是买卖银行发行的可转让大额定期存单的市场。短期债券市场主要买卖1年期以内的短期企业债券和政府债券。短期债券的交易方式大致有债券现货交易、债券回购交易、债券期货交易。短期债券以信誉好、期限短、利率优惠等优点，成为货币市场中的重要金融工具之一。货币市场的主要功能是调节短期资金融通。其主要特点是：①期限短。一般为3～6个月，最长不超过1年。②交易目的是解决短期资金周转问题。它的资金来源主要是资金所有者暂时闲置的资金，融通资金的用途一般是弥补短期资金的不足。③金融工具有较强的“货币性”，具有流动性强、价格平稳、风险较小等特性。

资本市场又称长期金融市场，是指以期限在1年以上的金融工具为媒介，进行长期资金交易活动的市场，包括银行中长期信贷市场、证券市场和融资租赁市场等。证券市场由有价证券（债券和股票）发行和证券流通构成。有价证券发行是一项复杂的金融活动，一般要经过以下几个重要环节：①选择证券种类；②确定偿还期限；③选择发售方式。在证券流通中，参与者除了买卖双方外，中介也非常活跃。这些中介主要有证券经纪人、证券商，他们在流通市场中起着不同的作用。融资租赁市场是通过资产租赁实现长期资金融通的市场，它具有融资与融物相结合的特点，融资期限一般与资产租赁期限一致。资本市场的主要功能是实现长期资本融通。其主要特点是：①融资期限长。融资期限一般为1年以上，最长可达10年甚至10年以上。②融资目的是解决长期投资性资本的需要，用于补充长期资本，提高生产能力。③资本借贷量大。④收益较高，但风险较大。

（2）发行市场和流通市场

以功能为标准，金融市场可分为发行市场和流通市场。发行市场又称一级市场，它主要处理金融工具的发行与最初购买者之间的交易；流通市场又称二级市场，它主要处理现有金融工具转让和变现的交易。

（3）基础性金融市场和金融衍生品市场

按所交易金融工具的属性，金融市场可分为基础性金融市场与金融衍生品市场。基础性金融市场是指以基础性金融产品为交易对象的金融市场，如商业票据、企业债券、企业股票的交易市场；金融衍生品市场是指以金融衍生品为交易对象的金融市场，如期货、期权、掉期（互换）、远期，以及具有期货、期权、掉期（互换）、远期中的一种或多种特征的结构化金融工具的交易市场。目前，我国交易量较大的金融衍生品是中国金融期货交易所交易的股指期货合约。

（4）地方性金融市场、全国性金融市场和国际性金融市场

以地理范围为标准，金融市场可分为地方性金融市场、全国性金融市场和国际性金融市场。我国目前已建成由场内交易和场外交易所组成的多层次资本市场，其中全国性金融市场是场内市场，包含上海证券交易所，设有主板和科创板；深圳证券交易所，设有主板和创业板；北京证券交易所，包含全国中小企业股份转让系统（简称新三板）。场外交易所主要是指全国各地的股权交易中心。上海证券交易所、深圳证券交易所、北京证券交易所都由中国证监会统一监管，而地方股权交易中心则是由地方自行监管。

其中，科创板（The Science and Technology Innovation Board）由国家主席习近平于2018年11月5日在首届中国国际进口博览会开幕式上宣布设立，是独立于现有主板市场的板块，在发行制度上采用注册制。在上海证券交易所设立科创板，体现了我国资本市场坚持面向世界科技前沿、面向经济主战场、面向国家重大需求，主要服务于符合国家战略、突破关键核心技术、市场认可度高的科技创新企业。科创板与深圳证券交易所的创业板，为我国高科技企业的加速成长提供了重要的融资平台。

金融市场的结构图如图1-2所示。

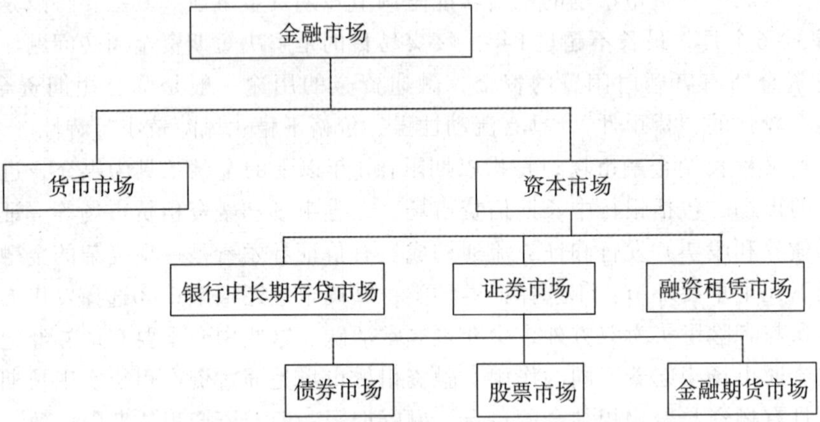

图1-2 金融市场结构图

3. 金融市场对财务管理的影响

金融市场对企业财务活动的影响主要体现在：（1）为企业筹资和投资提供场所。金融市场上存在多种多样方便灵活的筹资方式，企业需要资金时，可以到金融市场上选择合适的筹资方式筹集所需资金，以保证生产经营的顺利进行；当企业有多余的资金时，又可以到金融市场选择灵活多样的投资方式，为资金寻找出路。（2）企业可通过金融市场实现长短期资金的互相转化。当企业持有的是长期债券和股票等长期资产时，可以在金融市场将其转手变现，成为短期资金，而远期票据也可以通过贴现变为现金；与此相反，短期资金也可以在金融市场上转变为股票和长期债券等长期资产。（3）金融市场为企业财务管理活动提供相关信息。金融市场的利率变动和各种金融性资产的价格变动，都反映了资金的供求状况、宏观经济状况甚至发行股票及债券公司的经营状况和盈利水平。这些信息是企业进行财务管理的重要依据，财务人员应随时关注。企业的财务活动均与利率有一定的联系，离开了利率因素，就无法做出正确的筹资决策和投资决策。因此，利率是进行财务决策的基本依据。

二、财务管理的微观环境

财务管理的微观环境是指构成企业生产经营过程和财务管理过程的各种因素的总和，包括生产经营管理状况、财务管理能力、财务管理组织结构和财务管理人员素质等因素。

（一）生产经营管理状况

企业生产经营管理状况是指企业物资采购供应能力、产品生产能力、产品销售能力的大小及管理水平的高低。生产经营管理状况可以通过一系列的实物量指标和价值量指标表示。财务管理注重的是物资采购供应、产品生产、销售价值量。通过生产经营过程中资金的收支管理，可以达到财务管理的目的。

（二）财务管理能力

财务管理能力是指企业聚财、用财与生财的能力。聚财能力是指选择筹资渠道、方式、数量，以及资金筹措、信用状况等方面的综合实力；用财能力是指使用固定资产与流动资产，确定资金结构及水平、资金周转、偿债及催收等方面的能力；生财能力集中表现在现金流入、利润水平及增长速度等方面。

（三）财务管理组织结构

财务管理组织结构是指直接从事和组织领导财务管理工作的职能部门的组成情况，包括各职能部门的设置及相互间的财务管理职责分工和组织程序。财务管理组织结构的建立要有利于形成企业内部的金融环境，如组建内部银行、财务公司、项目融资等机构；要有利于企业生产经营各职能部门或环节之间的财务活动高效、顺利进行；要有利于企业经营战略的实施，实现生产经营管理和财务管理的科学化。

（四）财务管理人员素质

这里的财务管理人员素质主要是指业务素质，即业务上要掌握财务管理知识、熟悉有关法律法规、懂政策、具备财务决策能力和应对企业外部宏观环境变化的能力。同时，企业领导必须树立和强化财务管理意识，借助财务管理这一综合性管理方法，提高企业生产经营管理效率。

本章小结

本章第一节首先概述资金、资本金、资本、财务活动、财务主体、财务关系和财务管理等概念，然后介绍财务管理的特征和内容；第二节阐述利润最大化、股东财富最大化、企业价值最大化和利益相关者利益最大化等财务管理目标的优缺点；第三节分别介绍财务管理的宏观环境和微观环境，以及这些环境因素对企业财务管理的影响。本章思政元素索引表见表1-1。

表1-1　**本章思政元素索引表**

教学模块	教学内容	课程思政教育资源	社会主义核心价值观
财务管理的概念和内容	财务管理的基本特征	大局意识 目标与利益的冲突 社会文化环境 社会责任	爱国 民主、富强 友善 敬业

续表

教学模块	教学内容	课程思政教育资源	社会主义核心价值观
财务管理的目标	利益相关者利益最大化	社会责任绩效 合作共赢	平等 公正
财务管理的环境	技术环境 法律环境 金融环境	财务大数据 懂法、守法 科创板的发展	诚信 法治 爱国

主要知识点

（1）资金的含义及资金的存在形态；（2）资本金的内涵及意义；（3）资本在经济学和会计学视角下的含义以及资本的分类；（4）财务活动和财务关系的含义及内容；（5）个人独资企业、合伙企业和公司三种企业组织形式的区别；（6）财务管理的含义；（7）利润最大化财务管理目标的缺陷，股东财富最大化、企业价值最大化和利益相关者利益最大化财务管理目标的特点；（8）宏观经济环境对企业财务管理的影响；（9）金融市场的结构；（10）金融工具的分类；（11）金融环境对企业财务管理的影响；（12）技术环境对企业财务管理的影响。

思考题

1.为什么说财务管理的首要目标是企业价值最大化？

2.企业利润最大化这一财务管理目标存在哪些缺点？

3.财务经理的主要工作是什么？

4.利益相关者利益与股东利益是否存在矛盾？如何解决？

5.金融市场环境对企业财务管理的影响如何？

6.企业财务关系有哪些？

课后练习

1.假设你毕业以后在一家咨询公司上班。张明是你的一个客户，他正打算创立一家生产儿童服装的公司。由于近几年这一行业的前景被市场看好，因此已有多位投资者表示愿意对张明的新公司出资。由于采用发行股票方式设立公司的手续复杂，张明打算采用有限责任公司的组织形式，他想通过你来了解与财务管理相关的一些问题。他设计了下面这些问题，希望你能帮助他了解相关知识：

（1）公司登记注册需要哪些手续？

（2）公司内部组织机构如何设置？

（3）作为公司的财务人员，财务管理的目标是什么？在实现这一目标的过程中，可能遇到的问题有哪些？应如何解决？

2.三家企业准备投资组建一家新的有限责任公司。经协商，它们共同制定了公司章程。该章程中有如下条款：

（1）公司由甲、乙、丙三方组建。

（2）公司以生产经营某一科技项目为主，但非高新技术企业，注册资本为30万元人民币。

（3）甲方以专利权和专有技术折价出资，占注册资本的30%；乙方以现金和机器设备折价出资，占注册资本的40%；丙方以土地使用权与房屋折价出资，占注册资本的30%。

（4）公司获得利润时，除依法提取各项公积金外，甲、乙、丙分别按30%、30%、40%的比例进行利润分配。

（5）公司设立董事会，董事长负责董事会工作。

（6）公司经理由董事会聘任，作为法定代表人，负责日常经营管理工作。

（7）公司存续期间，出资各方均可自由抽回投资。

根据上述材料，请回答：

上述章程中的条款，哪些符合规定？哪些不符合规定？为什么？

3. 我国进入《财富》世界500强的企业，有62家的利润率分布在0~2%的区间内，占上榜企业的比重为46%。作为对比，美国、英法德日和其他国家，利润率分布在0~2%区间内的企业数量所占比重，分别是13%、10%和9%。

净利润达到10%以上的企业，美国共有48家，英法德日有20家，其他国家有37家，我国则为17家，所占比重分别是34%、18%、31%和13%。

所以，可以说，我国进入《财富》世界500强的企业，大多规模倒是不小（央字头或中字头居多），但利润率普遍偏低，接近一半企业徘徊在利润为负的边缘。

再看净利润达到20%的企业数量，美国为14家，我国为5家，其他国家为10家，英法德日利润达到20%的企业数量为0家。

从分布看，我国入选的企业，除了台积电外，大陆地区的4家企业分别是工行、建行、招行这三家银行，以及拼多多。

反观美国，利润率超过20%的企业，除了VISA、摩根大通、伯克希尔·哈撒韦公司、菲利普–莫里斯国际公司和可口可乐外，其余均与科技相关。

根据上述材料，请回答：

我国企业成为世界一流企业的主要障碍是什么？作为管理人员，你觉得应该做好哪些工作才能提高我国企业的国际竞争力？

第二章

货币时间价值和投资风险价值

学习目标

1. 了解货币时间价值的概念和意义。

2. 了解风险及风险价值的含义，理解风险与报酬的基本原理，熟悉投资风险的来源和表现形式。

3. 掌握各类货币时间价值的概念和相关计算方法。

4. 掌握股票和债券的价值评估方法。

5. 掌握风险与报酬的基本原理，学习证券投资风险的计量方法和管理策略，理解并应用资本资产定价模型。

6. 领会货币时间价值和投资风险价值在财务管理中的重要意义。

教学引导案例

“一入房贷深似海，从此大山压上身。”由于身背房贷的感觉并不好受，因此当手头资金充裕的时候，购房者往往会考虑提前还贷。

周阿姨和丈夫在广州经营一家五金店，为了方便做生意，7年前，他们在店面附近买了一套两居室。虽然前期还款压力大，但等额本金需要支付的本金利息和比等额本息少近13万元，所以他们毫不犹豫地选择了商贷等额本金贷，一次性贷款80万元，期限30年。

最近周阿姨准备在武汉给儿子买套大房子，考虑要不要将广州的小房子提前还贷卖了再买大房子，可是贷款已经还了7年，现在提前还到底划不划算？

10年前，林先生只是武汉一家外贸公司的普通职员，他在东湖高新区买了一套100平方米的房子，总价60万元。他付了18万元的首付款，剩下42万元是商业贷款，贷款利率为基准利率，等额本息还款，还款年限为20年。10年后，他一跃成为这家公司的业务总监，2018年年初，单位给他发放了6万元的年薪补贴，他打算用这6万元再凑点钱提前还贷。“我这种情况提前还款靠不靠谱？”林先生咨询。

资料来源：刘琼萍．提前还房贷划算么？看完这几个案例就明白［EB/OL］．［2017-09-11］．https：//www.icswb.com/h/151/20170911/488220.html.

案例思考题：

1. 房贷等额本金还款方式提前还贷什么时候适合？周阿姨提前还贷划算吗？

2.房贷等额本息还款方式提前还贷什么时候适合？林先生提前还款靠不靠谱？

第一节　货币时间价值

一、货币时间价值的含义

即使不考虑风险和通货膨胀因素，等量货币在不同时间点的价值也是不相等的，即今天的1元钱与1年后的1元钱价值不同。因为货币经历一定时间的投资和再投资会增加价值，增加的价值就是货币的时间价值（Time Value），也称资金的时间价值。

譬如，你现在有1 000元暂时不用，将其存银行定期1年，到期后你可从银行收到1 080元。多得的80元就是你从银行得到的报酬，即通常所谓的“利息”。在实际工作中，人们把利息80元占原存入本金1 000元的百分比8%称为“利率”。这里的“利息”“利率”就是对货币时间价值的计量方式。因此，我们可以说货币时间价值有绝对数和相对数两种表示方式，分别为利息和利率。在计量货币时间价值时，风险报酬和通货膨胀因素不应该包括在内。

其实并不是所有货币都有时间价值，只有把货币作为资本投入生产经营过程才能产生时间价值，产品销售以后得到的收入要大于原来投入的资金额，形成资金的增值，即货币时间价值是生产经营中产生的。

在实践中，如果通货膨胀率很低，那么可以用政府债券利率来表示货币时间价值。购买政府债券是风险最低的投资行为，因为政府是信誉最可靠的，它不可能故意违约，也不会像企业那样因亏损等原因而不得不违约；而且政府债券通常都可以自由流通，加之信誉好，所以也不存在流动风险。如果通货膨胀率很低，则政府债券的利率近似等于纯利率，即货币时间价值。

投资者作为经济人，要懂得用钱生钱的道理，要有节约意识，养成储蓄习惯，推迟消费，科学理财，充分提高资金的使用效果，充分实现资金的时间价值，使资金在有限的时间和空间范围内获取最大价值；还要关注理财渠道与方式，评估风险，拒绝各种高风险网贷，谨防上当受骗。

二、货币时间价值的计算

（一）终值和现值的概念

货币时间价值的应用非常广泛，有两个特定概念必须先弄清楚，那就是“终值”和“现值”。终值又称将来值，是现在一定量现金在未来某一时点上的价值，俗称“本利和”，通常记作S或F（Sum Value或Future Value）。现值是指未来某一时点上的一定量现金折合到现在的价值，俗称“本金”，通常记作P（Present Value）。

例如，假定银行1年期定期存款利率为8%。2月8日将本金1 000元存入银行。第二年2月8日就可得到本利和1 080元。一年后收取的1 080元是原本金1 000元一年后的终值；而一年前的1 000元本金则是一年后本利和1 080元的现值。此例中，1 000元为现值，1 080元为终值。

（二）利息的两种计算方法

利息的计算方法有两种：单利（Single Interest）和复利（Compound Interest）。单利只对本金计算利息；复利不仅要对本金计算利息，而且对前期的利息也要计算利息，即利生利、利滚利，本金和本期利息共同作为计算下期利息的基础。

例如，借款100万元，每年利率为5%，如果单利计息，则每年利息为100×5%=5（万元）。如果复利计息，第一年利息为100×5%=5（万元），第二年利息为（100+5）×5%=5.25（万元），第三年利息为（100+5+5.25）×5%=5.5125（万元），以此类推。

（三）单利的终值与现值

单利终值和现值的计算很简单，具体计算公式如下：

1. 单利终值

单利终值的计算公式为：

$$F=P+P\cdot i\cdot n=P\cdot (1+i\cdot n) \tag{2-1}$$

其中：P为资金现值；F为资金终值（本利和）；i为利率；n为期数。

2. 单利现值

现值的计算与终值的计算是互逆的，由终值计算现值的过程称为“折现”。单利现值的计算公式为：

$$P=\frac{F}{1+i\cdot n} \tag{2-2}$$

（四）复利终值与复利现值

1. 复利终值

复利终值是指现在特定资金按复利计算的将来一定时点的价值，或者说是现在的一定本金在将来一定时点按复利计算的本金和利息之和。复利终值的计算公式为：

$$F=P\cdot (1+i)^n \tag{2-3}$$

其中：$(1+i)^n$称为复利终值系数，用符号（F/P，i，n）或（S/P，i，n）表示，该系数可通过查复利终值系数表直接获得。

【例2-1】某人将20 000元存入银行，年存款利率为6%，在复利计息方式下，3年后的本利和为多少？

F=20 000×（F/P，6%，3）

经查表得：（F/P，6%，3）=1.191

F=20 000×1.191=23 820（元）

2. 复利现值

复利现值是复利终值的对称概念，指未来一定时间的特定资金按复利计算的现在价值，或者说是为了取得将来一定本利和现在所需要的本金。

复利现值的计算公式为：

$$P=F\cdot (1+i)^{-n} \tag{2-4}$$

其中：$(1+i)^{-n}$称为复利现值系数，用符号（P/F，i，n）或（P/S，i，n）表示，该系数可通过查复利现值系数表直接获得。

【例2-2】某企业投资项目，预计6年后可获得收益800万元，按年利率12%计算，则这笔钱的现值为：

P=800×（P/F，12%，6）

经查表得：（P/F，12%，6）=0.5066

P=800×0.5066=405.28（万元）

3. 系数间的关系

由计算公式可得，复利现值系数（P/F，i，n）与复利终值系数（F/P，i，n）互为倒数。

（五）普通年金的终值与现值

1. 年金的相关概念

（1）年金的含义

年金（Annuity）是指一定时期内等额、定期的系列收支。年金具有两个特点：一是收支金额相等；二是收支金额的时间间隔相等。在现实生活中，年金是普遍存在的，如保险费、养老金、折旧、租金、等额分期收付款及零存整取或整存零取等，都存在年金问题。

（2）年金的种类

年金按其每次收付发生的时点不同，可分为普通年金、预付年金、递延年金、永续年金等，如图 2-1 所示。

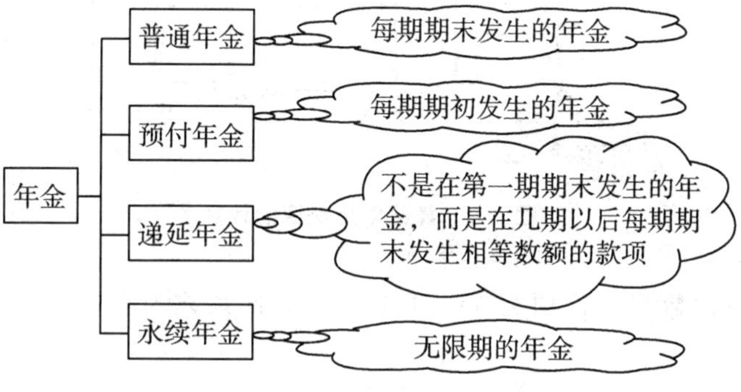

图2-1　年金的种类

2. 普通年金终值的计算

普通年金终值是指普通年金在最后一期期末的本利和，它是每期收支的复利终值之和。普通年金终值的计算过程如图 2-2 所示。计算年金终值时，要注意年金终值的含义、终值点。

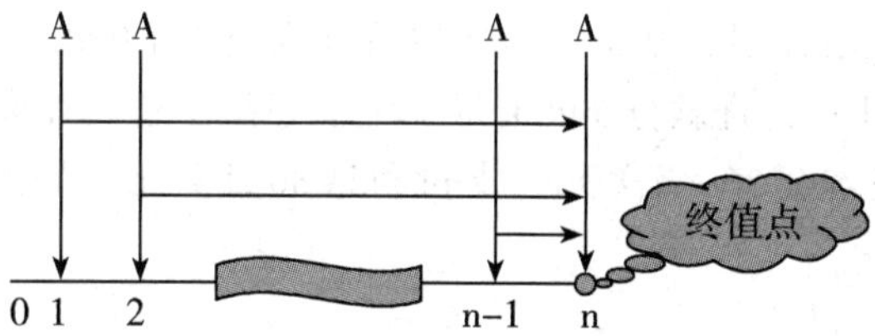

图2-2　普通年金终值的计算

$$F_A=A+A\cdot(1+i)+A\cdot(1+i)^2+\cdots+A\cdot(1+i)^{n-1} \tag{2-5}$$

式中各项为等比数列，首项为 A，等比系数为（1+i），根据等比数列的求和公式可知：

$$F_A=A\cdot\frac{(1+i)^n-1}{i} \tag{2-6}$$

其中：$\frac{(1+i)^n-1}{i}$ 称为年金终值系数，用符号（F/A，i，n）表示，该系数可通过查年金终值系数表获得。

【例 2-3】某人每年年末存入银行100元，若存款年利率为10%，则第5年年末可从银行一次性取出多少钱?

F_A=100×（F/A，10%，5）

查表得：（F/A，10%，5）=6.1051

F_A=100×6.1051=610.51（元）

注意，普通年金的终值点是最后一期的期末时刻。这一点在后面的预付年金和递延年金的计算中要应用到。

3. 普通年金现值的计算

普通年金的现值是指在每期期末取得相等金额的款项现在需要投入的金额。普通年金现值的计算过程如图 2-3 所示。

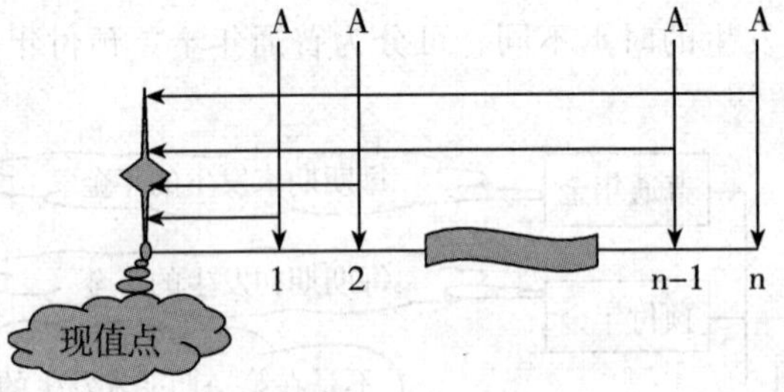

图2-3　普通年金现值的计算

$$P_A=A\cdot(1+i)^{-1}+A\cdot(1+i)^{-2}+\cdots+A\cdot(1+i)^{-n} \quad (2\text{-}7)$$

式中各项为等比数列，首项为 $A\cdot(1+i)^{-1}$，等比系数为 $(1+i)^{-1}$，根据等比数列的求和公式可知：

$$P_A=A\cdot\frac{1-(1+i)^{-n}}{i} \quad (2\text{-}8)$$

其中：$\frac{1-(1+i)^{-n}}{i}$称为年金现值系数，用符号（P/A，i，n）表示，该系数可通过查年金现值系数表获得。

注意，普通年金现值的现值点为第一期期初时刻。

【例 2-4】为实施某项计划，某企业需要取得外商贷款 1 000万美元，经双方协商，贷款利率为8%，按复利计息，贷款分5年于每年年末等额偿还。外商告知，他们已经算好，该企业每年年末应归还本金200万美元，支付利息80万美元（如图 2-4 所示）。请核算外商的计算是否正确。

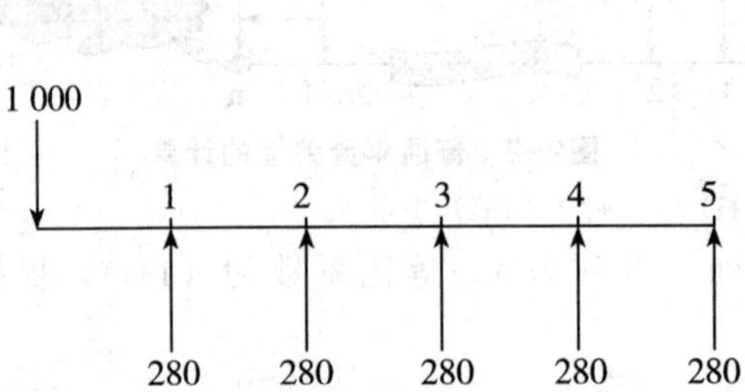

图2-4　外商的计算

借款现值=1 000（万美元）

还款现值=280×（P/A，8%，5）=280×3.9927=1 118（万美元）>1 000（万美元）

由于还款现值大于贷款现值，所以外商计算错误。

4. 偿债基金和投资回收额的计算

（1）偿债基金的计算

偿债基金是为使年金终值达到既定金额的年金数额。从计算的角度来看，就是在普通年金终值公式中解出A，这个A就是偿债基金。计算公式如下：

$$A=F_A\cdot\frac{i}{(1+i)^n-1} \tag{2-9}$$

其中：$\frac{i}{(1+i)^n-1}$称为偿债基金系数，用符号（A/F，i，n）表示。

注意，偿债基金系数和年金终值系数是互为倒数的关系。

【例2-5】假设某企业有一笔4年后到期的借款，到期本息值为1 000万元。若存款年利率为10%，则为偿还该项借款而建立的偿债基金应为多少？

A=1 000÷（F/A，10%，4）

查表得：（F/A，10%，4）=4.6410

则A=1 000÷4.6410=215.5（万元）

（2）投资回收额的计算

投资回收额是指在约定年限内等额收回初始投入资本或清偿所欠的债务。从计算的角度看，就是从普通年金现值公式中解出A，这个A就是投资回收额。计算公式如下：

$$A=P_A\cdot\frac{i}{1-(1+i)^{-n}} \tag{2-10}$$

其中：$\frac{i}{1-(1+i)^{-n}}$称为投资回收系数，记作（A/P，i，n）。

注意，投资回收系数与年金现值系数是互为倒数的关系。

【例2-6】依据【例2-4】的资料数据，该企业每年应偿还外商的本利和为多少？

A=1 000÷（P/A，8%，5）

查表得：（P/A，8%，5）=3.9927

则A=1 000÷3.9927=250.46（万美元）

该企业每年应偿还外商的本利和为250.46万美元。

（六）预付年金的终值与现值

预付年金是指每期期初等额收付的年金，又称即付年金或期初年金。

1. 预付年金终值的计算

计算预付年金的终值，可以把预付年金每个等额A都换算成第n期期末（终值的时点）的数值，再来求和。计算公式可以表述为：

$$F_A=A\cdot(1+i)+A\cdot(1+i)^2+\cdots+A\cdot(1+i)^n \tag{2-11}$$

式中各项为等比数列，首项为A•（1+i），等比系数为（1+i），根据等比数列的求和公式可知：

$$F_A=A\cdot(1+i)\cdot\frac{[1-(1+i)^n]}{1-(1+i)}=A\cdot\left[\frac{(1+i)^{n+1}-1}{i}-1\right] \tag{2-12}$$

计算预付年金的终值其实还可以利用普通年金终值计算公式，具体计算方法有以下两种：

方法一：假设在第n期期末加上一期的年金，此时便可按照n+1期的普通年金计算预付年金的终值，然后再把加在第n期期末终值点的一期年金减去。计算过程如图2-5所示，具体的计算公式如下：

$$F_A=A\cdot(F/A,\ i,\ n+1)-A=A\cdot[(F/A,\ i,\ n+1)-1] \qquad (2-13)$$

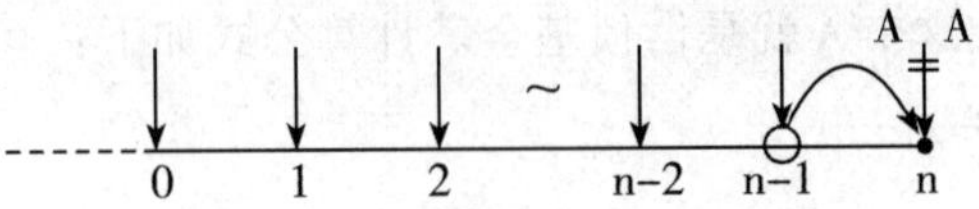

图2-5　预付年金终值的计算

预付年金终值系数等于n+1期的普通年金终值系数减1。

方法二：如果每一期的预付年金乘以（1+i），即变为该期的期末值A•（1+i），于是预付年金终值的计算也就变成年金为A•（1+i）、期数为n期的普通年金的终值计算，即将普通年金终值乘以（1+i）。计算过程如图2-6所示，具体的计算公式如下：

$$F_A=A\cdot(1+i)(F/A,\ i,\ n)=A\cdot[(F/A,\ i,\ n+1)-1] \qquad (2-14)$$

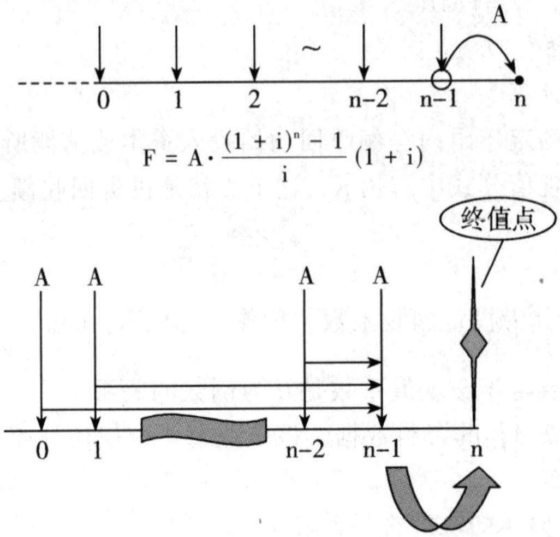

$$F=A\cdot\frac{(1+i)^n-1}{i}(1+i)$$

$$F=A\cdot\left[\frac{(1+i)^{n+1}-1}{i}-1\right]$$（与普通年金系数相比，期数加1，系数减1）

图2-6　预付年金终值的计算

【例2-7】某公司决定连续5年于每年年初存入100万元作为住房基金，银行存款利率为10%，则该公司在第5年年末能一次取出的本利和为多少？

（1）$F_A=100\times[(F/A,\ 10\%,\ 6)-1]$

查表得：(F/A，10%，6) =7.7156

则 $F_A=100\times(7.7156-1)=671.56$（万元）

（2）$F_A=100\times(F/A,\ 10\%,\ 5)\times(1+10\%)$

查表得：(F/A，10%，5) =6.1051

则 $F_A=100\times6.1051\times1.1=671.56$（万元）

2. 预付年金现值的计算

预付年金现值的计算也可利用普通年金现值的计算公式，具体有以下两种方法：

方法一：第一期期初0时点的收支已是现值，后面n−1期的收支则转化为n−1期的普通年金。计算时按照n−1期普通年金现值公式计算现值，然后再把第一期期初的第一笔款项加上即可。计算过程如图2−7所示，具体的计算公式如下：

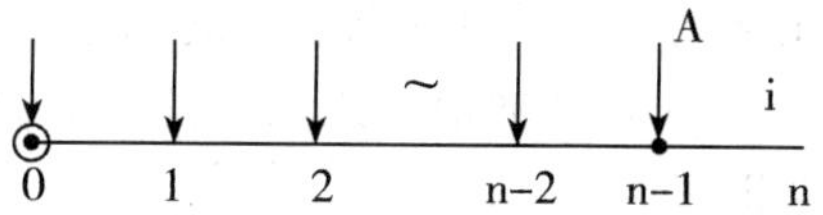

图2−7　预付年金现值的计算

P_A=A•（P/A，i，n−1）+A=A•［（P/A，i，n−1）+1］　（2−15）

预付年金现值系数等于n−1期的普通年金现值系数加1。

方法二：如果每一期的普通年金乘以（1+i），即变为预付年金，于是预付年金现值的计算也就转化为年金为A•（1+i）、期数为n的普通年金的现值计算了，即将普通年金现值乘以（1+i）。计算过程如图2−8所示，具体的计算公式如下：

预付年金现值=普通年金现值×（1+i）　（2−16）

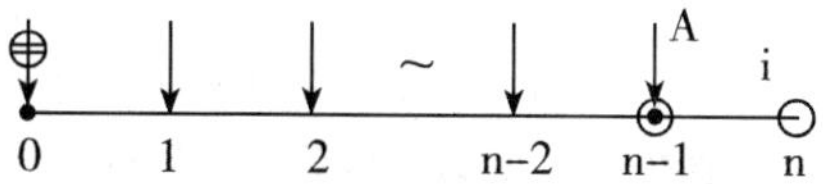

$$P=A\cdot\frac{1-(1+i)^{-n}}{i}(1+i)$$

$$=A\cdot\left[\frac{1-(1+i)^{-(n-1)}}{i}+1\right]$$ （与普通年金现值系数相比，期数减1，系数加1）

图2−8　预付年金现值的计算

【例2−8】当银行利率为10%时，一项6年分期付款的购货，每年年初付款200元，则该项分期付款相当于第一年年初一次现金支付多少元的购价？

（1）P_A=200×［（P/A，10%，5）+1］

查表得：（P/A，10%，5）=3.7908

则P_A=200×（3.7908+1）=958.16（元）

（2）P_A=200×（P/A，10%，6）×（1+10%）

查表得：（P/A，10%，6）=4.3553

则P_A=200×4.3553×1.1=958.16（元）

（七）递延年金的终值与现值

递延年金，是指第一次等额收付发生在第二期或第二期以后的年金。“递延”是相对于普通年金而言的。递延年金的收付形式如图2−9所示。

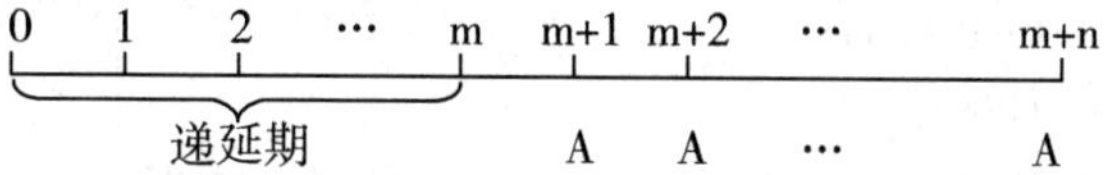

图2−9　递延年金图

其中：m为递延期；n为连续支付期。

1. 递延年金终值的计算

计算递延年金终值和计算普通年金终值类似。计算公式如下：

F_A=A•（F/A，i，n）

注意，递延年金终值与递延期无关。

2. 递延年金现值的计算

方法一：两次折现

把递延期以后的年金套用普通年金公式求现值，这时求出来的现值是第一个等额收付前一期期末的数值，即图2-10中m点的数值，距离递延年金的现值时点0还有m期，再向前按照复利现值公式折现m期即可。

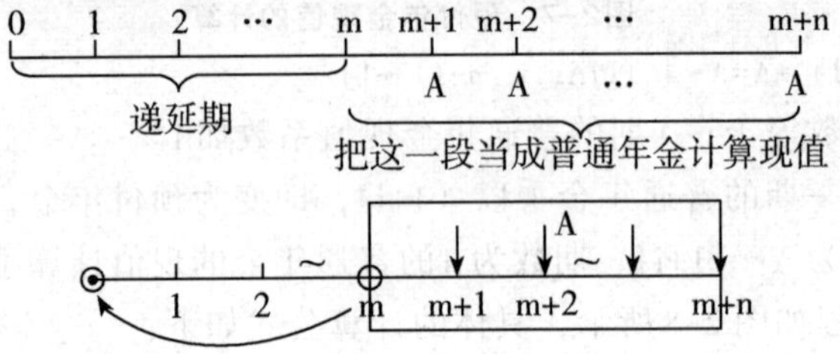

$$P=A\cdot\frac{1-(1+i)^{-n}}{i}(1+i)^{-m}$$

$$=A\cdot(P/A,\ i,\ n)(P/F,\ i,\ m)\quad（两次折现）$$

图2-10　递延年金现值的计算

计算公式如下：

$$P_A=A\cdot(P/A,\ i,\ n)(P/F,\ i,\ m) \tag{2-17}$$

方法二：年金现值系数之差

把递延期每期期末都当作有等额的收付A，把递延期和以后各期看成一个普通年金，计算出这个普通年金的现值，再把递延期多算的年金现值减掉即可（如图2-11所示）。

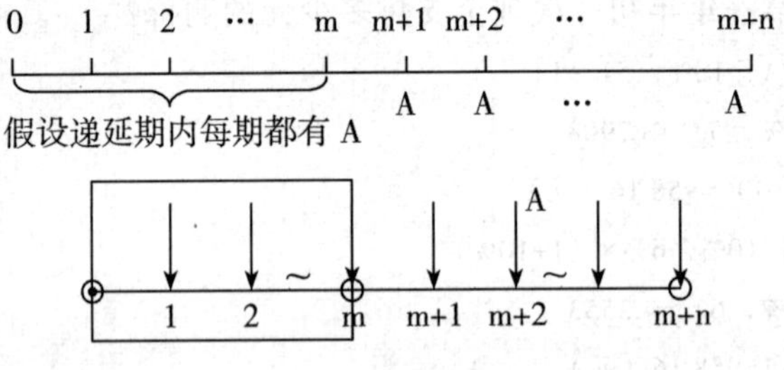

$$P=A\cdot\frac{1-(1+i)^{-(m+n)}}{i}-A\cdot\frac{1-(1+i)^{-m}}{i}$$

图2-11　递延年金现值的计算

计算公式如下：

$$P_A=A\cdot(P/A,i,m+n)-A\cdot(P/A,i,m) \tag{2-18}$$
$$=A\cdot[(P/A,i,m+n)-(P/A,i,m)]$$

【例2-9】某公司拟购置一处房产，房主提出三种付款方案：

（1）从现在起，每年年初支付20万元，连续支付10次，共200万元；

（2）从第5年开始，每年年末支付25万元，连续支付10次，共250万元；

（3）从第5年开始，每年年初支付24万元，连续支付10次，共240万元。

假设该公司的资本成本（即最低报酬率）为10%，你认为该公司应选择哪个方案？

方案（1）：

P_{A1}=20+20×（P/A，10%，9）

=20+20×5.759=135.18（万元）

方案（2）（注意递延期为4年）：

$P_{A2}=25\times(P/A,10\%,10)\times(P/F,10\%,4)$

$=25\times6.145\times0.683=104.93$（万元）

方案（3）（注意递延期为3年）：

$P_{A3}=24\times[(P/A,10\%,13)-(P/A,10\%,3)]$

$=24\times(7.103-2.487)$

$=110.78$（万元）

比较三个方案，该公司应该选择方案（2）。

（八）永续年金的终值与现值

永续年金是指无限期等额收付的年金。永续年金因为没有终止期，所以只有现值没有终值，如图2-12所示。

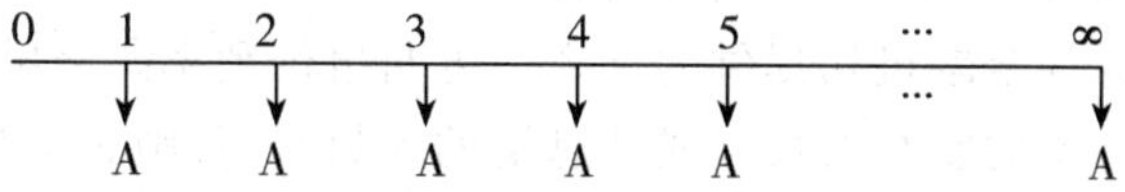

图2-12　永续年金图

永续年金的现值，可以通过普通年金的计算公式导出。在普通年金的现值公式中，令n趋于无穷大，即可得出永续年金现值：

$$P_A=A\cdot\frac{1-(1+i)^{-n}}{i}$$

当$n\to\infty$，$(1+i)^{-n}\to0$，

所以：$P_A=\frac{A}{i}$

【例2-10】拟建立一项永久性奖学金，计划每年颁发10 000元奖金。若年利率为10%，则现在应存入多少钱？

$P_A=\frac{10\ 000}{10\%}=100\ 000$（元）

（九）折现率、期间的推算

在货币时间价值的计算公式中有4个变量，已知其中的3个值，就可以推算出第四个值。前面讨论的是终值F、现值P以及年金A的计算。这里讨论的是已知终值或现值、年金、期间，求折现率；或者已知终值或现值、年金、折现率，求期间。

对于这一类问题，只要代入有关公式求解折现率或期间即可。与前面不同的是，在求解过程中，通常需要应用一种特殊的方法——内插法。

【例2-11】现在向银行存入20 000元，问年利率i为多少时，才能保证在以后9年中每年年末可以取出4 000元？

根据普通年金现值公式：

$20\ 000=4\ 000\times(P/A,i,9)$

$(P/A,i,9)=5$

查表并用内插法求解。查表找出期数为9，年金现值系数最接近5的一大一小两个系数：

$(P/A,12\%,9)=5.3282$

$(P/A,14\%,9)=4.9464$

利率　　　　年金现值系数

$$\left.\begin{array}{r}14\% \\ i \\ 12\%\end{array}\right\}\left|\begin{array}{c}4.9464 \\ 5 \\ 5.3282\end{array}\right\}$$

$$\frac{i-12\%}{14\%-12\%}=\frac{5-5.3282}{4.9464-5.3282}$$

i=13.72%

（十）名义利率、期间利率和有效年利率

复利的计息期间不一定是一年，有可能是季度、月份、日。在复利计算中，如按年复利计息，一年就是一个计息期；如按季度复利计息，一季度就是一个计息期，一年就有四个计息期。计息期越短，一年中按复利计息的次数就越多，每年的利息额就会越大。这就需要明确三个概念：名义利率、期间利率和有效年利率。

1. 名义利率、期间利率和有效年利率的含义

名义利率是指银行等金融机构提供的利率，也叫报价利率。金融机构在提供报价利率时，还必须同时提供每年的复利次数（或计息期的天数），否则意义是不完整的。

期间利率是指借款人每期支付的利率，它可以是年利率，也可以是六个月、每季度、每月或每日等利率。

期间利率=名义利率/每年复利次数

有效年利率是指按给定的期间利率每年复利m次时，能够产生相同结果的年利率，也称等价年利率。

$$\text{有效年利率}=\left(1+\frac{\text{名义利率}}{m}\right)^m-1 \tag{2-19}$$

2. 名义利率下终值和现值的计算

将名义利率r调整为期间利率r/m，将年数n调整为期数m×n。

【例2-12】某企业于年初存入10万元，在年利率10%、每半年复利计息一次的情况下，到第10年年末，该企业能得到的本利和是多少？

$F=P\cdot(1+r/m)^{mn}=10\times(1+5\%)^{20}=26.53$（万元）

第二节　投资风险价值

有人说："市场机制就是风险机制。"这话不无道理。在市场经济的浪潮中，谁敢于冒险、战胜风险，谁就可以获得额外收益。投资者冒险投资所获得的超过货币时间价值的额外收益，称为投资的风险报酬、风险溢价或风险价值。风险是一种客观存在，离开了风险因素，就无法正确评价公司投资收益的高低，风险—报酬原理正确地揭示了风险和报酬的关系，是公司投资决策的基本依据。对投资风险的把握和分析是投资决策的一项重要内容。

一、风险和风险报酬

（一）风险的含义

风险（Risk）是指在一定条件下和一定时期内可能发生的各种结果的变动程度，是事件本身的不确定性。例如，公司将100万元存入银行，若银行的存款利率为10%，则这项投资到期10%的报酬几乎是肯定的，这项投资就被称为确定性投资或无风险投资。但若

将这100万元投资于某公司的股票，已知这种股票在经济繁荣时能获得20%的报酬，在经济状况一般时能获得10%的报酬，在经济萧条时只能获得6%的报酬，而经济状况较好、一般、较差的概率分别为40%、30%、30%，那么这时的投资便被称为风险性投资。

风险的大小随时间的延续而变化，具有一定的时间性，超过一定的时间，风险就不存在了。因为随着时间的延长，事件本身的不确定性会越来越小，特别是事件完成时，其结果就已经是肯定的了，所以也就不存在风险了。

其实，在财务管理中，风险与不确定性是既有联系又有区别的一对概念。不确定性是指未来经济环境中某些因素的不可预见性，而风险是指未来无法预料的不利因素发生的机会及其对未来结果影响的大小。显然，不确定性是导致风险的基本因素，风险是不确定性因素对价值的影响程度。而且，在客观经济环境中，不确定性因素很多，并不是每个不确定性因素都会影响某一特定经济事项的价值实现。如果这些因素对所研究的经济事项的价值没有影响，则该项经济事项就不存在风险。因此，风险是与经济事项的价值联系在一起的，而不确定性是与客观环境联系在一起的。假如从量化的观点出发，风险是指事前可以知道所有可能的结果以及每种结果的概率，而不确定性则是指事前不知道所有可能的结果，或者虽然知道可能的结果但不知道它们出现的概率。假设人们根据经验对不确定性的结果估计一个主观概率，则不确定性与风险就差别不大了。正是由于双方不好完全区别，因此，实务中人们并不严加区分。

（二）风险的分类

风险可以按不同的标准划分为不同的类别：

1.按西方风险理论，将公司所面临的风险划分为经营风险和财务风险两大类

经营风险（Operating Risk）是指公司在生产经营活动过程中由于经营环境的不确定性（如市场销售、生产技术、工人素质等）而面临的风险。

财务风险（Financial Risk）是指公司在资金运动过程中，各种难以预料或无法预料、控制的因素作用使公司财务状况具有不确定性，因而使公司蒙受经济损失的机会或可能性。

2.按其可控程度，将风险划分为系统风险和非系统风险

系统风险（Systematic Risk）也称不可分散风险或市场风险，是指那些由对所有公司都有影响的因素所引起的风险。比如，对于任何公司来说，通货膨胀、经济周期、政治等因素都可能给其带来预期收益的不确定性，而且这种风险是不可能通过投资组合或多元化经营等方式规避的风险。

非系统风险（Nonsystematic Risk）也称可分散风险或公司特有风险，是指发生于个别公司的特有事件造成的风险，如公司产品质量、投资失败、决策失误等原因造成的风险。这种风险可以通过投资组合等方式消除或尽量降低。

（三）风险报酬

一般而言，投资者都忌讳“风险”这个词，惧怕风险，并力求回避风险。但为什么还有那么多人追求风险投资（如股票投资）呢？这是因为风险不只是可能给投资者带来额外损失，它更可能给投资者带来额外收益。这种额外收益被称为风险报酬，或风险溢酬，通常用风险报酬和风险报酬率来表示。

一般情况下，投资报酬与风险程度的基本关系是，风险程度越高，对应的投资报酬往

往就越高。这也是人们喜欢冒险的原因。任何一项投资都可以将其投资报酬率划分为两部分：一部分是项目本身肯定可以得到的报酬率，称为无风险报酬率，其往往是社会平均报酬率；另一部分则与投资项目所面临的风险大小相关，称为风险报酬率。

【补充阅读2-1】

浅析恒大债务危机事件

我国自1998年建立商品房制度以来，房地产调控政策共经历了六个政策周期（如图2-13所示），可得出调控的目标主要在于"稳房价"与"稳经济"。"稳房价"包含两方面内容，即避免房价大幅下跌和遏制房价大幅上涨。"稳经济"即托底经济增长和避免经济过热。具体而言，自1998年我国房地产调控政策经历了1998—2002年房改发展期、2003—2007年政策收紧期、2008—2009年政策宽松期、2010—2013年政策收紧期、2014—2016年二季度政策宽松期、2016年下半年至今的政策收紧期等六个政策周期。

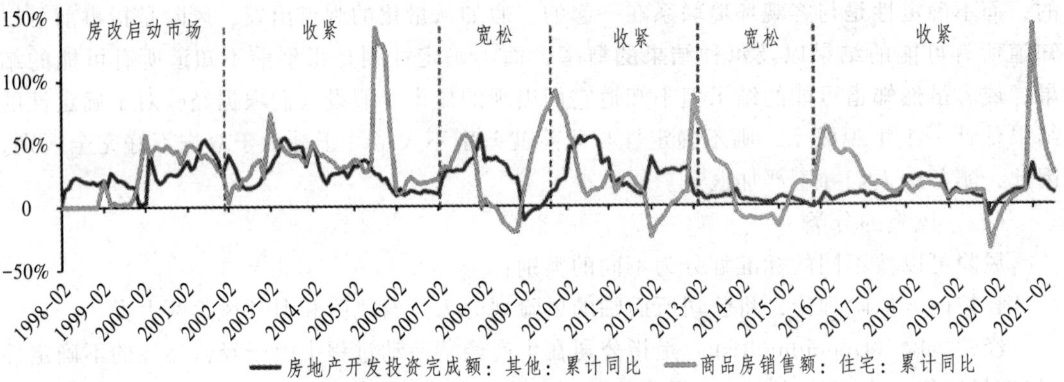

图2-13　房地产调控政策周期

在近期的恒大金融财富管理（深圳）有限公司（简称恒大财富）兑付风波中，400亿元的未到期理财规模对恒大构成了新的压力。2021年9月13日，恒大财富发布三种兑付方案：现金兑付、实物资产兑现和冲抵购房尾款兑付。

现金兑付：投资产品到期的当月最后一个工作日可以兑付金额10%。此后，每满三个月，在第三个月的最后一个工作日可再兑现一次。每次兑付都是10%，直到兑现完毕。

实物资产兑现：可以选择当地的住宅、公寓、写字楼、商铺和车位进行兑付。住宅在原价上享9折再加额外8折优惠；公寓及写字楼在原价上享9折再加额外7折优惠；商铺及车位在原价上享8折再加额外6折优惠。

冲抵购房尾款兑付：在2021年9月12日24点之前，已经认购任意恒大楼盘房屋但未付清的尾款，可以用恒大理财产品的全部或部分金额来抵扣本人或他人的购房尾款。

据财新报道，恒大与盛京银行和控股股东恒大集团之间的关联交易至少有上千亿元的规模。监管部门也在关注其中的风险隐忧。此外，盛京银行数千亿元的同业投资中有多少通过不同方式流入恒大集团也一直是市场关心的问题。

国内大型企业完成债务重组分为三个阶段：企业自救，地方政府介入提供流动性和信用支持，设立债委会进行企业资产和债务的重组。第一阶段的企业自救包括股东自有资金注入，变卖资产，股东引入战略投资者等方式。第二阶段的地方政府介入包括流动性支持，和银行等债权人协商，设立司法集中管辖，积极表态稳定市场情绪。第三阶段的措施包括引入战略投资者，保证企业的主业业务不更换，企业自身仍有造血能力。美国大型企业的债务重组也大致分为这三个阶段，但具体措施更偏向于市场化（见表2-1）。

表2-1　　　　中美大型企业债务重组

中国		美国	
第一阶段：企业自救	股东自有资金注入； 变卖资产； 股东引入战略投资	第一阶段： 企业自救	市场化处置资产和股权； 市场化退出
第二阶段： 地方政府介入提供流动性和信用支持	流动性支持； 和银行和债权人协商； 设立司法集中管辖； 积极表态稳定市场情绪	第二阶段： 重要性大型企业自救无力下政府介入	救助标准是对实体经济造成重大影响； 政府担保银行贷款的方式：申请企业和借款银行须向政府支付一定费用，或政府取得企业的认股权证； 政府直接发放借款的方式
第三阶段： 设立债委会，进行企业资产和债务的重组	引入战略投资者； 必须保证企业的主业业务不更换，企业自身仍有造血能力	第三阶段： 政府流动性支持无效情况下，进行债务重组或破产清算	无发展前途的企业：出售公司产权，实行清算； 对于符合市场要求的企业：债务重组债权人拥有的债权可以转化为赔偿要求，进行二级流通

可以发现，如果企业被认定对实体经济造成重大影响或有系统性风险，政府都会适当参与。根据参与程度不同分为两种：一是偏市场化；二是政府主导型。前者的核心是依赖企业自救，政府适当介入。好处是企业问题较快暴露和处理，短期内市场化出清；但风险在于企业自身的流动性和资产贱卖压力，更大的问题是“风险的外溢”导致系统性风险。后者用中央或地方政府信用做支撑，积极参与企业救助。优点是避免流动性风险（抽贷）和资产贱卖，时间换空间逐渐化解，从而避免系统性风险；但风险在于出现“大而不倒”的情况和处理中的道德风险。

恒大未来的发展是在进行压力测试，看窟窿本身有多大以及对系统性风险的影响。若系统性风险压力不大，则会采取偏市场化的手段；若有金融系统性风险，政府会有救助措施，避免风险扩张，同时控制道德风险。但结论是明确的：不会导致系统性风险；因为政府有“底线思维”，同时具有较成熟的救助体系和应对方案。

资料来源：复旦发展研究院．金融学术前沿：浅析恒大债务危机事件［EB/OL］．［2021-10-08］．https://m.163.com/dy/article_cambrian/GLO8LJGS0521RRCK.html.

二、单项资产的风险和报酬

投资风险的大小是投资决策的一个重要参考指标。资产的风险衡量需要使用统计指标——概率、期望报酬率、方差、标准离差、标准离差率（变异系数）。

（一）概率

在经济活动中，某一事件在相同的条件下可能发生，也可能不发生，这类事件称为随机事件。概率就是用来表示随机事件发生可能性大小的数值。换句话说，所谓一件事项的概率即该事项发生的可能性。概率分布则是指某一事项各种结果发生的可能性的概率分配。通常把必然发生的事件的概率定为1，把完全不可能发生的事件的概率定为0，一般随机事件的概率为0～1，且所有结果的概率之和应等于1。概率越大，表示该事件发生的可能性越大。

【例2-13】远方公司现有两个投资机会，A项目为开发一新产品，该产品在经济繁荣的情况下有很好的销路，可取得较高利润，但当经济衰退时，则有可能亏损。B项目为投资一市场占有率较稳定的老牌产品。A、B两个项目的有关情况见表2-2。

表2-2　**A、B两个项目的报酬率和概率情况**

经济状况	发生的概率	A项目的预期报酬率	B项目的预期报酬率
繁荣	0.3	80%	25%
一般	0.4	20%	20%
衰退	0.3	4%	10%

在此，概率表示每一种经济状况发生的可能性，以及不同的投资项目在假定的经济状况下预期收益的可能性。例如，A项目在经济状况繁荣时预期报酬率可能达到80%，且这种机会有30%的可能性。同样，我们还可以预测出其他各种因素对预期报酬率的影响。

（二）期望报酬率

期望报酬率是指各种投资方案按其可能的报酬率和不同概率计算出来的加权平均报酬率。它是反映集中趋势的一种量度，代表着投资者的合理预期。若用$\overline{K}$表示期望报酬率，K_i表示第i种可能出现的报酬率，P_i表示第i种结果出现的概率，n表示可能的个数，则：

$$\overline{K}=\sum_{i=1}^{n}K_i \cdot P_i \tag{2-20}$$

期望报酬率反映预计收益的平均化，不能直接用来衡量风险。衡量风险需要了解概率分布的离散情况，计算方差（标准离差）和标准离差率（变异系数）。

如上例中A、B两个项目的期望报酬率分别为：

$\overline{K}_A=80\%\times0.3+20\%\times0.4+4\%\times0.3=33.2\%$

$\overline{K}_B=25\%\times0.3+20\%\times0.4+10\%\times0.3=18.5\%$

可见，A项目的期望报酬率要高于B项目，但A项目的报酬率比B项目的分散，因此，A项目的收益比B项目高，同时所面临的风险也比B项目高。上述结果可用图2-14和图2-15表示。以上是对报酬率只取3个值，并且对应此值的概率都是确定的，这种情况被称为离散型分布。实务工作中所面临的情况往往要复杂得多，如【例2-13】，其经济状况除较好、一般、较差之外，还可以在较好和较差之间的任何一点出现无数种可能的结果。如果给每种情况都赋予一个概率，并分别测定其报酬率，则可用连续型概率分布图，如图2-16所示。

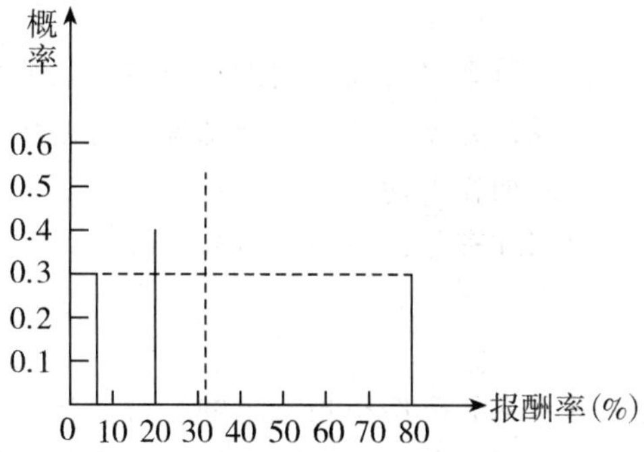

图2-14　A项目期望报酬率

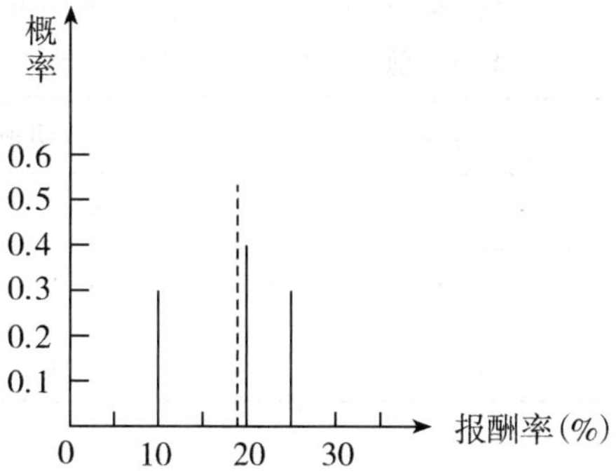

图2-15　B项目期望报酬率

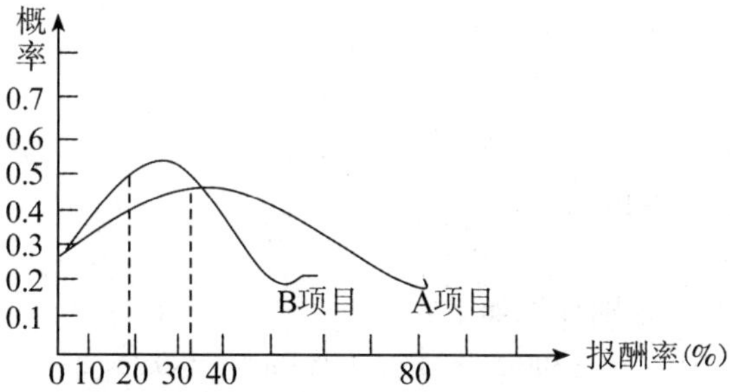

图2-16　A、B项目连续型概率分布图

概率分布越集中，实际可能的结果就越接近期望报酬率，而实际报酬率低于期望报酬率的可能性也就越小，因此面临的风险就越小；相反，分布越分散，风险就越大。

（三）方差和标准离差

方差和标准离差都是用来表示随机变量离散程度的量数。投资收益率方差的计算公式如下：

$$\sigma^2=\sum_{i=1}^{n}(K_i-\overline{K})^2 \cdot P_i \quad (2\text{-}21)$$

其中：K_i表示第i种结果出现时的预期报酬率；$\overline{K}$表示该投资方案（项目）的期望报酬率；n表示可能结果的个数；P_i表示第i种结果的概率。

方差实际上是用来表示随机变量与期望值之间离散程度的一个量。其计算程序为：

（1）计算期望报酬率。

（2）把期望报酬率与每一种结果相减，得到每一种可能结果与期望报酬率的差异，即

$K_i-\overline{K}$。

（3）计算每一差异的平方，再乘以与其有关的结果发生的概率，并将其乘积汇总，即得到概率分布的方差。也就是说，方差是各种可能结果值与期望报酬率之差的平方，以各种可能结果的概率为权数计算的加权平均数。

对上述方差开平方即成为标准离差，也叫均方差，即：

$$\sigma=\sqrt{\sum_{i=1}^{n}(K_i-\overline{K})^2\cdot P_i} \tag{2-22}$$

标准离差是各种可能的报酬率偏离期望报酬率的综合差异，也是反映随机变量离散程度的一个量。标准离差越小，说明离散程度越小，项目所面临的风险越小。

【例2-14】东风公司现有两个投资项目，其有关报酬率及概率情况见表2-3。

表2-3　**A、B两个项目的报酬率及概率情况**

经济状况	发生的概率	A项目的预期报酬率	B项目的预期报酬率
繁荣	0.25	50%	70%
一般	0.50	30%	30%
衰退	0.25	10%	-10%

计算其方差与标准离差。

（1）A、B项目的期望收益率分别计算如下：

$$\overline{K}_A=K_1\cdot P_1+K_2\cdot P_2+K_3\cdot P_3$$
$$=50\%\times0.25+30\%\times0.5+10\%\times0.25$$
$$=30\%$$

$$\overline{K}_B=K_1\cdot P_1+K_2\cdot P_2+K_3\cdot P_3$$
$$=70\%\times0.25+30\%\times0.5+(-10\%)\times0.25$$
$$=30\%$$

（2）A、B项目的方差分别计算如下：

$$\sigma_A^2=(50\%-30\%)^2\times0.25+(30\%-30\%)^2\times0.5+(10\%-30\%)^2\times0.25=2\%$$

$$\sigma_B^2=(70\%-30\%)^2\times0.25+(30\%-30\%)^2\times0.5+(-10\%-30\%)^2\times0.25=8\%$$

（3）A、B项目的标准离差分别计算如下：

$$\sigma_A=14.14\%$$

$$\sigma_B=28.28\%$$

由以上计算可知，A项目的标准离差比B项目小，说明A项目的离散程度较小，风险也比B项目小。或者说A项目的预期报酬率偏离期望值的可能性较小，而B项目则相反。

根据统计学原理，在概率分布为正态分布的情况下，随机变量出现在预期值±1个标准离差范围内的概率为68.26%，出现在预期值±2个标准离差范围内的概率为95.44%，出现在预期±3个标准离差范围内的概率为99.72%。因此，A方案的投资报酬率在30%±14.14%，即在15.86%～44.14%的概率为68.26%，而B项目的投资报酬率在30%±28.28%，即在1.72%～58.28%的概率为68.26%，也就是说，在同一个标准离差范围内，A项目的变异度要比B项目小，因而可认为A项目的风险程度比B项目小。

（四）标准离差率（变异系数）

由于标准离差是一个绝对数指标，因此只能用来比较期望报酬率相同的各项投资的风险程度。而类似【例 2-13】期望报酬率不同的各项投资的风险程度则不能进行比较，所以需要引入标准离差率指标。标准离差率也称变异系数，是标准离差同期望报酬率的比值，可用来比较期望报酬率不同的投资项目的风险程度。其计算公式为：

$$V=\frac{\sigma}{\overline{K}}\times 100\% \tag{2-23}$$

其中：V表示标准离差率；σ表示标准离差；$\overline{K}$表示期望报酬率。

如【例 2-14】中 A、B 两个项目的标准离差率为：

$$V_A=\frac{\sigma_A}{\overline{K}_A}\times 100\%=\frac{14.14\%}{30\%}\times 100\%=47.13\%$$

$$V_B=\frac{\sigma_B}{\overline{K}_B}\times 100\%=\frac{28.28\%}{30\%}\times 100\%=94.27\%$$

可以看出，A项目的标准离差率是B项目的一半，因此A项目的风险要比B项目小。该方法也可用于【例 2-13】的风险程度度量。

三、投资组合的风险和报酬

马克思曾说："当利润达到10%的时候，他们将蠢蠢欲动；当利润达到50%的时候，他们将铤而走险；当利润达到100%的时候，他们敢于践踏人间的一切法律；当利润达到300%的时候，他们敢于冒绞刑的危险。"这句话很好地诠释了收益与风险的基本关系：高收益，高风险；低收益，低风险，这也是人们喜欢冒风险进行投资的直接原因。

投资组合理论认为，对于由若干种证券组成的投资组合（Investment Portfolio）来说，其收益是这些证券收益的加权平均数，但是其风险不是这些证券风险的加权平均风险。证券投资组合的风险由系统风险和非系统风险两部分构成，系统风险不可能通过证券组合消除，非系统风险可以通过投资多样化消除。证券组合的风险收益是投资者因承担系统风险而要求的，超过时间价值的那部分额外收益。

（一）投资组合的预期报酬率

基本公式为：

$$r_p=\sum_{j=1}^{m}r_jA_j \tag{2-24}$$

其中：r_p表示投资组合p的预期报酬率；r_j表示第j种证券的预期报酬率；A_j表示第j种证券在全部投资额中的比重；m表示组合内证券种类总数。

投资组合预期报酬率的影响因素为投资比重和个别资产报酬率。将资金100%投资于最高资产报酬率资产，可获得最高组合报酬率；将资金100%投资于最低资产报酬率资产，可获得最低组合报酬率。

（二）投资组合的风险计量

投资组合风险计量的基本公式为：

$$\sigma_p=\sqrt{\sum_{j=1}^{m}\sum_{k=1}^{m}A_jA_k\sigma_{jk}} \tag{2-25}$$

其中：m是组合内证券种类总数；A_j是第j种证券在投资总额中的比重；A_k是第k种证券在投资总额中的比重；σ_{jk}是第j种证券与第k种证券报酬率的协方差。$\sigma_{jk}=r_{jk}\cdot\sigma_j\cdot\sigma_k$，

r_{jk}是第j种证券与第k种证券报酬率之间的相关系数，σ_j是第j种证券的标准差，σ_k是第k种证券的标准差。

四、资本资产定价模型

资本资产定价模型的研究对象是在投资充分组合情况下风险与要求的收益率之间的均衡关系。在充分组合情况下，非系统风险被分散，只剩下系统风险。我们已经知道，资产的风险可以用标准差计量，这个标准差是指它的整体风险。现在，我们把整体风险划分为系统风险和非系统风险。投资者承担风险，会要求从市场上得到风险报酬，风险报酬的大小仅仅取决于系统风险。要研究风险报酬，就必须研究系统风险的度量。

（一）系统风险的度量——β系数

1. 定义

β系数是某个资产的收益率与市场组合之间的相关性。β系数反映了相对于市场组合的平均风险而言，单项资产系统风险的大小。绝大多数资产的β系数是大于零的。如果β系数是负数，则这类资产收益与市场平均收益的变化方向相反。

2. 计算方法

系统风险的计算方法有以下两种：

（1）定义法。

$$\beta_j=\frac{COV(K_j,K_m)}{\sigma_m^2}=\frac{r_{jm}\cdot\sigma_j\cdot\sigma_m}{\sigma_m^2}=r_{jm}\cdot\frac{\sigma_j}{\sigma_m} \tag{2-26}$$

① 采用这种方法计算某资产的β系数，需要首先计算该资产与市场组合的相关系数，然后计算该资产的标准差和市场组合的标准差，最后代入上式中计算出β系数。

② 某种股票β值的大小取决于以下因素：该股票与整个市场的相关性；它自身的标准差；整个市场的标准差。

③ 市场组合的β系数为1。

④ 当相关系数小于0时，β系数为负值。

（2）回归直线法。

根据数理统计的线性回归原理，β系数可以通过同一时期内的资产收益率和市场组合收益率的历史数据，使用线性回归方程预测出来。β系数就是该线性回归方程的回归系数。采用这种方法计算β系数，需要列表进行必要的数据准备：

y=a+bx（y为某股票的收益率，x为市场组合的收益率）

其中：b即为β。

$$b=\frac{n\sum_{i=1}^{n}X_iY_i-\sum_{i=1}^{n}X_i\sum_{i=1}^{n}Y_i}{n\sum_{i=1}^{n}X_i^2-(\sum_{i=1}^{n}X_i)^2} \tag{2-27}$$

3. β系数的经济意义

β系数用来测量相对于市场组合而言，特定资产的系统风险是多少。若β系数等于1，则说明它的系统风险与整个市场组合的平均风险相同；若β系数大于1，如β为2，则说明它的系统风险是市场组合风险的2倍；若β系数小于1，如β为0.5，则说明它的系统风险只是市场组合风险的一半。

（二）投资组合的β系数

对于投资组合来说，其系统风险程度也可以用β系数来衡量。投资组合的β系数是所有单项资产β系数的加权平均数，权数W_i为各种资产在投资组合中所占的比重。计算公式为：

$$\beta_p=\sum_{i=1}^{n}W_i\beta_i \tag{2-28}$$

投资组合的β系数受到各项资产的β系数和各项资产在投资组合中所占的比重两个因素的影响。投资组合的β系数大于组合中最小的单项资产β系数，小于组合中最大的单项资产β系数。资产组合不能抵消系统风险，所以资产组合的β系数是单项资产β系数的加权平均数。由于单项资产的β系数不尽相同，因此通过替换资产组合中的资产，或改变不同资产在组合中的价值比重，可以改变组合的风险大小。

（三）证券市场线——资本资产定价模型

根据风险与收益的一般关系，必要收益率=无风险收益率+风险附加率。

资本资产定价模型（Capital Asset Pricing Model，CAPM）的表达形式为：

$$R_i=R_f+\beta\cdot(R_m-R_f) \tag{2-29}$$

若无风险利率为8%，市场平均风险利率为12%，则必要报酬率与β系数之间的关系可在直角坐标系中用证券市场线描述如下（如图2-17所示）：①横轴（自变量）：β系数；②纵轴（因变量）：R_i，必要报酬率；③斜率：(R_m-R_f)，市场风险溢价率（市场风险补偿率）；④截距：R_f，无风险利率。

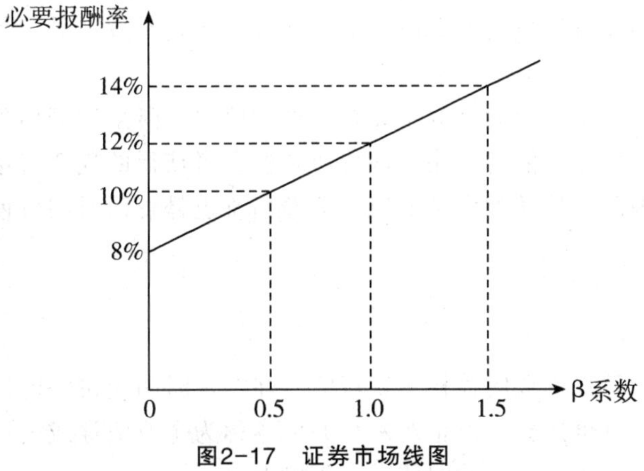

图2-17　证券市场线图

证券市场线实际上是用图形来描述的资本资产定价模型，它反映了系统风险与投资者要求的必要报酬率之间的关系。

（1）无风险证券的β=0，故为证券市场线在纵轴的截距。

（2）证券市场线的斜率为(R_m-R_f)（也称风险价格），一般来说，投资者对风险厌恶感越强，斜率越大。

（3）投资者要求的收益率不仅取决于市场风险，还取决于无风险利率（证券市场线的截距）和市场风险补偿程度（证券市场线的斜率）。由于这些因素始终处于变动中，所以证券市场线也不会一成不变。预期通货膨胀提高时，无风险利率会随之提高，进而导致证券市场线向上平移。

(4) 证券市场线既适用于单个证券，也适用于投资组合；既适用于有效组合，也适用于无效组合。

第三节　证券估价

证券，一般指有价证券（Security），是具有一定约定事项、代表财产所有权或债权的凭证。目前，在我国金融市场上发行和流通的有价证券主要有股票（Stock）、债券（Bond）、大额可转让存单等。

有价证券作为一种投资对象，通常具有如下特点：①载有一定的面值；②表示股权、债权、债务关系；③由具有法人资格的单位发行；④经有关机关审查批准；⑤经法定代表人签署，按规定承担义务；⑥在规定的范围内进行转让，但不准作为货币流通。

有价证券按其性质划分，可以分为以下几类：①非上市证券，如存款证。②货币证券，如商业票据、银行承兑汇票、短期国库券等。③资本证券，分为两种：一种是固定收益的证券，如中长期国库券、企业债券、优先股等；另一种是权益证券，如普通股等。④其他证券，如期票、期货等。

目前，随着我国资本市场的不断发展和完善，证券投资也越来越受到人们的重视，由此证券估价也就成为财务管理中非常重要的一部分内容。这里证券估价涉及的价值是指证券的内在价值，它不同于资产的账面价值、市场价值和清算价值。证券的内在价值是指对所有影响价值的因素，如资产、收益、预期和管理等都正确估价后，该证券应得的价格。简而言之，证券的内在价值是它的经济价值。如果市场是有效率的，信息是完全的，那么证券的市价应围绕其内在价值上下波动。

本节讨论的证券估价涉及的证券主要是债券和股票，所采用的估价方法是考虑各种风险因素后，评估证券内在价值的方法。该价值是投资者获得的现金流按预期报酬率（含风险）贴现的现值。因此，从某种意义上说，证券估价也是货币时间价值和投资风险价值的一种应用。

一、债券估价

（一）债券的要素

债券是发行者为筹集资金向债权人发行的，在约定时间支付一定比例的利息，并在到期时偿还本金的一种有价证券。由企业发行的债券称为企业债券或公司债券，由政府发行的债券称为国库券（一年以内）或国债（一年以上）。

通常构成债券的要素包括债券的面值、票面利率与到期日。此外，有些债券还有赎回或回购等条款。

1. 债券面值

债券面值（Face Value of Bond）是指设定的票面金额。它代表发行者借入并且承诺于未来某一特定日期偿付给债券持有人的金额。债券面值是计算债券利息的依据。

2. 债券票面利率

债券票面利率是指债券发行者预计一年内向投资者支付的利息占票面金额的比率，又称为名义利率。票面利率不同于有效年利率。有效年利率通常是指按复利计算的一年期的利率。债券的计息和付息方式有多种，利息可能按单利或复利计算，利息支付可能半年一次、一年一次或到期日一次兑付，这使得票面利率可能不等于有效年利率。

3. 债券的到期日

债券的到期日是指偿还本金的日期。债券一般都规定到期日，以便到期归还本金。

（二）债券的估价模型

1. 债券估价的基本模型

典型的债券是固定利率，每年计算并支付利息，到期归还本金。按照这种模式，债券价值计算的基本模型是：

$$V=\sum_{t=1}^{n}\frac{I_t}{(1+R_d)^t}+\frac{M}{(1+R_d)^n} \tag{2-30}$$

其中：V为债券价值；I_t为t期的利息；M为面值；R_d为折现率（一般采用当时同等风险投资的市场利率或投资的预期必要报酬率）；n为债券的期限。

【例2-15】ABC公司拟于2×21年2月1日发行面额为1 000元的债券，其票面利率为8%，每年2月1日计算并支付利息，并于5年后的1月31日到期，同等风险投资的必要报酬率为10%，则债券的现值为：

$$V=\sum_{t=1}^{n}\frac{I_t}{(1+R_d)^t}+\frac{M}{(1+R_d)^n}=\sum_{t=1}^{5}\frac{80}{(1+10\%)^t}+\frac{1\ 000}{(1+10\%)^5}$$

$$=80\times3.791+1\ 000\times0.621=924.82\text{（元）} \tag{2-31}$$

2. 其他模型

（1）纯贴现债券

纯贴现债券是指承诺在未来某一确定日期作某一单笔支付的债券。这种债券的购买人在到期日前不能得到任何现金支付，因此这种债券也被称为“零息债券”（Zero Coupon Bond）。

纯贴现债券价值的计算公式如下：

$$V=\frac{F}{(1+R_d)^n} \tag{2-32}$$

其中：F是债券发行人最后支付的金额。

【例2-16】现有一纯贴现债券，面值1 000元，20年到期，假设年折现率为10%，则其价值为1 000÷（1+10%）^{20}=148.6（元）。

到期一次还本付息的债券，实际上也是一种纯贴现债券，只不过到期日不是按票面金额支付，而是按本利和作单笔支付。例如，现有一张5年期国库券，面值1 000元，票面利率12%，单利计息，到期一次还本付息，必要报酬率为10%，则其价值为：

$$V=\frac{1\ 000+1\ 000\times12\%\times5}{(1+10\%)^5}=993.47\text{（元）}$$

（2）平息债券

平息债券是指利息在到期时间内平均支付的债券。支付的频率可能是一年一次、半年一次、每季度一次等。

平息债券价值的计算公式如下：

$$V=\sum_{t=1}^{mn}\frac{I/m}{(1+R_d/m)^t}+\frac{M}{(1+R_d/m)^{mn}} \tag{2-33}$$

其中：m为年付息次数。

【例2-17】有一面值为1 000元的债券，票面利率为8%，半年付息一次，5年到期，假设年折现率为10.25%。年折现率为按年计算的有效年利率，每半年期的折现率为$(1+10.25\%)^{\frac{1}{2}}-1=5\%$，则该债券的价值为：

V=（80÷2）×（P/A，5%，5×2）+1 000×（P/F，5%，5×2）

=40×7.7217+1 000×0.6139=922.768（元）

（3）永久性债券

永久性债券是指没有到期日、一直定期支付利息的债券。永久性债券价值的计算公式为：

$$V=\sum_{t=1}^{\infty}\frac{I}{(1+R_d)^t}=\frac{I}{R_d} \tag{2-34}$$

因此，永久性债券的现值就可以简单地表示成每期的利息支付额除以给定的贴现率。美国和英国都发行过这种公债。对于永久性债券，政府通常都保留了回购债券的权力。

【例2-18】假定投资者购买了一种永久性债券，该债券无限期每年向投资者支付50元，假设投资者投资于这种债券的折现率为12%，则该证券的价值为：

V=50÷0.12=416.67（元）

（4）流通债券的价值

流通债券是指已发行并在二级市场上流通的债券。不同于新发行的债券，它已经在市场上流通了一段时间，在估价时需要考虑现在到下一次利息支付的时间因素。

【例2-19】有一面值为1 000元的债券，票面利率为8%，每年付息一次，20×1年5月1日发行，20×6年5月1日到期，假设年折现率为10%，求20×4年4月1日时该债券的价值（如图2-18所示）。

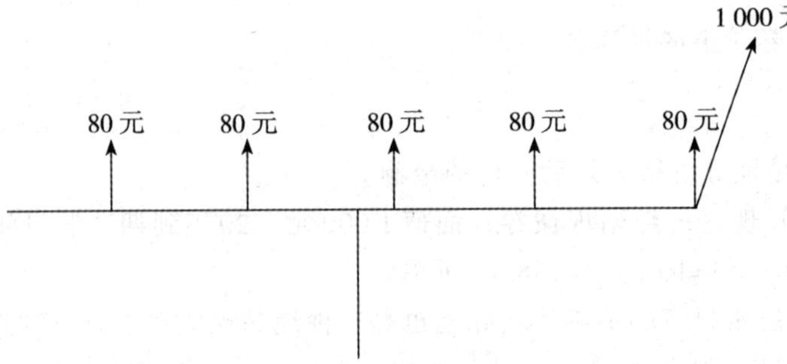

图2-18 流通债券的价值

方法一：

$$V=1\,000\times8\%\times(1+10\%)^{-\frac{1}{12}}+1\,000\times8\%\times(1+10\%)^{-\frac{13}{12}}+1\,000\times(1+8\%)\times(1+10\%)^{-\frac{25}{12}}$$

$$=1\,037.02\text{（元）}$$

方法二：

$$20\times4\text{年5月1日价值}=80+80\times(P/A,10\%,2)+1\,000\times(1+10\%)^{-2}=1\,045.24\text{（元）}$$

$$20\times4\text{年4月1日价值}=1\,045.24\times(1+10\%)^{-\frac{1}{12}}=1\,037.06\text{（元）}$$

利用上述公式计算出某种债券价值后，可将其当前价值（V_0）与其现时价格（P_0）进行比较。若V_0大于P_0，则表示该债券的价值被低估，此种债券值得投资；若V_0小于P_0，则表示该债券的价值被高估，此种债券不值得投资。

（三）债券估价的影响因素

（1）债券价值与折现率

债券估价模型的现金流量通常是不变的，而作为折现率的投资者必要报酬率却是经常变化的，并因此导致债券价值变动。折现率越大，债券价值越小。

当折现率高于票面利率时，债券价值低于票面价值，此时债券将以折价方式出售；当折现率低于票面利率时，债券价值高于票面价值，此时债券将以溢价方式出售；当折现率等于票面利率时，债券价值等于票面价值，此时债券将以平价方式出售。

在【例2-15】中，如果年折现率降为8%，则债券价值为1 000元。如果年折现率进一步下降为6%，则债券价值为1 084.29元。

（2）债券价值与到期时间

债券价值不仅受折现率的影响，而且受债券到期时间的影响。债券的到期时间，是指当前日至债券到期日之间的时间间隔。随着时间的延续，债券的到期时间逐渐缩短，至到期日时该间隔为零。

对于平息债券，无论其折现率高于还是低于票面利率，只要一直保持不变，随着到期时间的缩短，债券价值都会逐渐接近票面价值。当折现率高于票面利率时，随着时间向到期日靠近，债券价值逐渐提高，最终等于债券面值；当折现率等于票面利率时，债券价值一直等于票面价值；当折现率低于票面利率时，随着时间向到期日靠近，债券价值逐渐下降，最终等于债券面值。

（四）债券的期望收益率

债券的期望收益率（R_d）常被称为债券的到期收益率。到期收益率（Yield to Maturity）是债券按当前市场价格购买并持有至到期日所产生的期望收益率，也称为债券的内部收益率（Internal Rate of Return）。若从数学上解释，它是使债券所有预期的利息支付和到期时本金（面值）支付的现值等于债券时价的那个贴现率。在有到期日的付息债券的价值等式中，用时价（P_0）代替内部价值（V），等式变为：

$$P_0=\sum_{t=1}^{n}\frac{I_t}{(1+R_d)^t}+\frac{M}{(1+R_d)^n} \tag{2-35}$$

如果把I、M和P_0的实际值代入公式，就可以解出R_d，即债券的到期收益率。然而，到期收益率的求解非常复杂，需借助计算器或计算机。

如果只有现值表，可借助试错法近似地求出到期收益率。

【例2-20】假设有一种面值1 000元的债券有以下特征：时价761元，期限12年，息票率8%（每年支付利息），求该债券的到期收益率。

据已知信息：

$$761=\sum_{t=1}^{12}\frac{80}{(1+R_d)^t}+\frac{1\,000}{(1+R_d)^{12}}$$

解该方程要用内插法。令R_{d1}为10%，查表求得（P/A，10%，12）为6.814，（P/F，10%，12）为0.319，于是上式右边等于80×6.814+1 000×0.319=864.12（元）。

按10%的贴现率求出的债券现值864.12元大于债券时价761元，表明这个贴现率被低估了，要试用一个更大的贴现率，以使未来的现金流量有更不利的条件，从而使其现值降到761元或以下。

令R_{d2}为12%，查表求得（P/A，12%，12）为6.194，（P/F，12%，12）为0.257，于是上式右边等于80×6.194+1 000×0.257=752.52（元）。

752.52元小于761元，表明该贴现率被高估了。上述计算结果表明债券必要报酬率一定在10%和12%之间。为近似地计算该贴现率，在10%和12%之间应用插值法，计算如下：

$$0.02\left(\begin{array}{ll} X\left(\begin{array}{ll}0.10 & 864.12\\ R_d & 761\end{array}\right) & 103.12 \\ 0.12 & 752.52\end{array}\right)111.60$$

$$\frac{X}{0.02}=\frac{103.12}{111.60}$$

于是，X=0.0185

从而，R_d=10%+1.85%=11.85%。

二、股票估价

（一）股票的有关概念

股票是股份公司发给股东的所有权凭证，是股东们借以取得股利的一种有价证券。股票持有者即为该公司的股东，对该公司财产有要求权。

1. 股票价格

股票本身是没有价值的，仅是一种凭证。它之所以有价格，可以买卖，是因为它能给持有人定期带来收益。一般来说，公司第一次发行股票时，要规定发行总额和每股金额。股票发行后上市进行买卖，价格就与原来的面值分离了。这时的价格主要由预期股利和当时的市场利率决定，即股利的资本化价值决定了股票价格。此外，股票价格还受整个经济环境变化和投资者心理等复杂因素的影响。

股市上的价格分为开盘价、收盘价、最高价和最低价等，投资人在进行股票估价时主要使用收盘价。股票价格会随着经济形势和公司经营状况而升降。

2. 股利

股利（Dividend）是公司对股东投资的回报，它是股东所有权在分配上的体现。股利是公司税后利润的一部分。

3. 股票价值

与债券投资一样，不管是投资普通股，还是投资优先股，投资者均需要对股票的投资价值进行估算。尽管股票价值受多种因素的影响，但股票价值与公司的盈利能力、股利水平和风险及公司增长性等因素存在一定的函数关系。与债券估价相同，股票投资价值也是基于一系列未来现金流量的现值。这一系列未来现金流量包括股票持有期间的股利现金流量和将来出售股票的价款收入。由于投资普通股股利收入不稳定，普通股价格波动大，剩余索取权后于优先股，因而普通股的投资风险要高于优先股的投资风险。相比于优先股，投资者会对普通股要求更高的必要报酬率。而优先股先于普通股取得股利，尽管股利水平较低，但相对稳定。普通股与优先股的这些差异，将影响股票价值模型中各项因子的估计，在对普通股和优先股估价时，必须加以区分并引起特别注意。

（二）股票的估价模型

1. 基于现金流的股票估价

股票带给持有者的现金流入包括两部分：股利收入和出售时的资本利得。股票的内在价值由一系列的股利和将来出售股票时售价的现值所构成。

（1）股利贴现基本模型

如果股东永远持有股票，他只获得股利，是一个永续的现金流入，这个现金流入的现值就是股票的价值，计算公式为：

$$V=\frac{D_1}{1+R_s}+\frac{D_2}{(1+R_s)^2}+\cdots+\frac{D_n}{(1+R_s)^n}+\cdots$$

$$=\sum_{t=1}^{\infty}\frac{D_t}{(1+R_s)^t} \tag{2-36}$$

其中：D_t为第t年的每股现金股利；R_s为贴现率，即必要报酬率；t为年度。

如果投资者不打算永久持有股票，而是在一段时间后出售，这时股票带给投资者的未来现金流入包括股利收入和将来股票出售时的售价两个部分，于是股票价值的计算公式可以修正为：

$$V=\frac{D_1}{1+R_s}+\frac{D_2}{(1+R_s)^2}+\cdots+\frac{D_T}{(1+R_s)^T}+\frac{P_T}{(1+R_s)^T}$$

$$=\sum_{t=1}^{T}\frac{D_t}{(1+R_s)^t}+\frac{P_T}{(1+R_s)^T} \tag{2-37}$$

其中：T为股票持有的期限；P_T为第T期期末的股票每股售价。

式（2-37）表明，若投资者在第T期出售股票，则普通股的价值就等于第1期至第T期每年股利的现值与第T期股票售价的现值之和。

在利用上述公式计算出某种股票的价值后，将其当前价值（V_0）与现时价格（P_0）进行比较。若V_0大于P_0，则表示该股票的价值被低估，此种股票值得投资；若V_0小于P_0，则表示该股票的价值被高估，此种股票不值得投资。但是在实际应用中，评估股票的价值是具有相当难度的，这是因为用于评估股票价值的各个参数都是未知的，需要通过预测加以确定。

股票价值估算中的贴现率是以市场利率为基础的，但又不同于市场利率。贴现率的确定方法通常有四种：一是根据股票历史上长期的收益率资料，计算出平均收益率，把它近似地看成普通股的贴现率；二是参照固定收益证券（如债券）的收益率决定贴现率，即在债券收益率的基础上加上一定比率作为风险补偿，增加的幅度为3%~5%，这部分就是风险报酬率；三是采用投资者预期的收益率，即投资者心目中能接受的收益率；四是直接使用市场利率，因为投资者要求的收益率一般不低于市场利率，它是投资于股票的机会成本。

按照上述公式评估股票价值时，需要对未来各年的股利进行预测，显然这在实际应用中既不方便，也不现实。因此，在实际中通常都是采用简化的方法来对股利进行估计，即：①假设股利保持固定不变；②假设股利以不变的增长额或增长率增长；③假设股利的增长分为几个阶段，各阶段分别以不同的增长率增长。这三种不同假设下的股票价值评估模型分别被称为零增长模型、固定增长模型和非固定增长模型。

（2）零增长模型

如果发行公司每年分配给股东固定的股利，也就是说，预期的股利增长率为零，那么这种股票就被称为零增长股票，其价值计算公式为：

$$V=\frac{D}{(1+R_s)^t}=\frac{D}{R_s} \tag{2-38}$$

例如，某公司每年均发给股东每股股利10元，股东投资该种股票预期的最低必要报酬率为12%，应用式（2-38），可以算出该股票的每股价值为83.33元。若当时该股票的每股市价为70元，则说明这种股票的价值被低估，因此，可以考虑买进这种股票。

零增长模型的运用看起来受到很大的限制，因为我们没有理由认为某一种股票会永远支付相同的股利。针对模型的这一批评对于普通股来说是言之有理的，但对于优先股来说，这种模型却是适用的，因为大部分优先股是非参与优先股，这就意味着不论公司盈利高低，优先股的每股股利都固定不变。只要公司不破产，这样的股利就会永远支付下去。

（3）固定增长模型

普通股的价值取决于股利收入及风险水平，而股利收入又取决于公司的盈利水平和股利支付率。由于公司每年的盈利水平不尽相同，从而导致每年的股利收入也不完全一样，因此，在评价普通股的价值时，假定每年的股利固定不变是不现实的。实际上，对于大多数公司而言，收益与股利并非固定不变，而是呈不断增长之势。如果预计某股票的每股股利在未来以某一固定的增长率增长，那么这种股票就被称为固定增长股票。

对于固定增长股票，因其股利以固定增长率g增长，所以有：

$D_1=D_0(1+g)$

$D_2=D_1(1+g)=D_0(1+g)^2$

……

$D_t=D_{t-1}(1+g)=D_0(1+g)^t$

代入公式可得：

$$V_0=\sum_{t=1}^{\infty}\frac{D_t}{(1+R_s)^t}=\sum_{t=1}^{\infty}\frac{D_0(1+g)^t}{(1+R_s)^t} \tag{2-39}$$

一般情况下，$R_s>g$，t为∞时，式（2-39）可简化为：

$$V_0=\frac{D_0(1+g)}{R_s-g}=\frac{D_1}{R_s-g} \tag{2-40}$$

式（2-40）中，分子D_1是预计下一年的股利额。另外，如果式（2-40）中的g=0，即得到零增长股票价值的计算公式。

【例2-21】ABC公司的必要报酬率为16%，股利年固定增长率为12%，现时股利为2元，该公司每股股票的价值为：

$$V_0=\frac{2\times(1+12\%)}{16\%-12\%}=56\text{（元）}$$

需要说明的是：

第一，此公式的限制条件是$R_s>g$。从数学角度看，若$R_s<g$，则股票的价值趋于无穷大。从经济意义看，若一家股份公司的股利增长率高于当时的市场收益率，即大于大部分投资者的预期目标收益率，投资者便会争相购买这种股票，持有者不愿卖出所持股票，这样在市场上便会出现出多高的价也买不到这种股票的局面。

第二，固定增长率g如何确定。增长率g的确定通常有两种方法：一是通过分析发行公司的收益状况及股利政策来确定；二是通过分析本公司、本行业和市场过去正常的股利增长率来确定。

【德育专栏】

询价新规打破“新股不败”神话

2021年9月18日，上交所发布了新修订后的《上海证券交易所科创板股票发行与承销实施办法》《上海证券交易所科创板发行与承销规则适用指引第1号——首次公开发行股票》。当天，深交所也发布了新修订的《创业板首次公开发行证券发行与承销业务实施细则》。上述规章制度主要剑指注册制下新股发行询价问题，也被市场解读为“询价新规”。

在沪深交易所未对相关询价规则进行修订前，科创板与创业板新股询价与定价由于需要遵循“高价10%剔除”以及“四值孰低”的原则，导致产生了多方面的问题。比如，一方面，发行人、主承销商在新股询价、定价过程中没有任何的话语权与定价权，客观上已被边缘化了，这显然是值得商榷的。询价机制下，新股定价虽然是通过询价产生的，但发行人与主承销商显然也不可缺位。另一方面，新股募资不足的现象成为常态。在科创板试点注册制的初期，由于实行市场化发行，科创板新股高发行价格、高发行市盈率、高超募的“三高”发行较为普遍。比如，科创板公司中微公司的发行市盈率就高达170倍，远远高于沪深主板23倍的高压线。但此后，科创板发行市盈率逐渐走低，主要受“高价10%剔除”及“四值孰低”原则的影响。极端情形下，个别新股的机构报价竟然出奇地一致，也被市场质疑为询价机构间存在串通报价问题。而且，还常常出现入围报价的最高价和最低价仅差几分钱的情况。这一切都导致发行价格的走低，也往往导致新股募资不足现象的产生。

正是在这一背景下，与沪深主板一样，科创板与创业板新股也频频上演“新股不败”的神话。在规则调整前，只有2019年12月4日上市的科创板新股建龙微纳在挂牌当天即出现破发，此后再无破发的案例。之所以如此，显然与旧版规则存在短板是分不开的。

截至询价新规实施“满月”，从结果来看，效果较为显著。有券商研究数据显示，规则修订前，科创板、创业板的有效报价区间宽度中枢分别为0.4%、0.6%。而询价新规落地后，报价则较为分散，科创板、创业板的有效报价区间宽度中枢分别拓展为20.3%、16.9%。有效报价区间宽度中枢的提升，为新股更加灵活确定发行价格创造了条件。此外，“四值孰低”原则也遭遇突破。如新规之下已有高铁电气、百胜智能等7只新股的发行价格超过了“四值”孰低值，超出幅度为0.07%~7.27%。突破“四值孰低”原则的背后，意味着发行价格的提高。

询价新规下，新股集中报价现象不再出现，发行人、主承销商也拥有了一定的话语权。更重要的是，科创板与创业板新股募资不足的现象已大为缓解。毫无疑问，这将有助于发挥科创板与创业板的融资功能，也有助于科创板与创业板对实体经济的支持。

新股发行价格的提高，将会产生两方面的后果：一是新股上市后的投资风险更大，涨幅收窄，打新收益下滑，这在多只新股中已有所表现。二是新股频频出现破发现象，“新股不败”神话开始破灭。比如，2021年10月22日为科创板新股中自科技挂牌日，但该股开盘即出现破发，且全天最高价也低于发行价。2021年10月25日，创业板新股可孚医疗、科创板新股凯尔达开盘均出现破发。中签投资者不仅没有分食到新股红利，反而出现了亏损。科创板与创业板出现新股集中破发现象，毫无疑问不是偶然的。

询价新规下多只新股出现破发，个中的意义是不言而喻的。询价新规下，新股发行更趋市场化，客观上也表明新股隐藏的风险开始暴露，也倒逼投资新股时，需要保持审慎的心态；否则，就有可能遭遇或亏损，或套牢的命运。

资料来源：曹中铭．询价新规打破“新股不败”神话［N］．金融投资报，2021-11-02（31）．

（4）非固定增长模型

在前面的分析中，我们假设公司股利或固定不变，或固定增长，处于非常理想的情况。而在现实生活中，大多数公司的股利既不是长期固定不变的，也不是长期固定增长的，而是随着企业生命周期的变化呈现出一定的阶段性。一般来说，在发展初期，公司的增长率通常高于国民经济的增长率；在发展中期，公司的增长率与国民经济的增长率持平；在发展晚期，公司的增长率低于国民经济的增长率。这就使得公司每股股利的增长率也处于变动之中，这种公司的股票为非固定增长股票。对于这种股票，由于其在不同时期有不同的增长率，未来股利的预期增长率不是一个而是多个，所以只能分段计算其现值，采用多重增长模型确定股票的价值。非固定增长模型对股票价值的估计比较复杂，这里不再赘述。

（三）股票的期望收益率

前面讨论了如何估计股票的价值以判断某种股票被市场高估或低估，现在假设市场是有效的，在该假设下，股票的期望收益率指的是能够使未来现金流入现值等于股票购买价格的折现率，等于其必要报酬率。

根据股利固定增长模型，我们知道：

$$P_0=\frac{D_1}{R_s-g}$$

将公式移项整理得到：

$$R_s=\frac{D_1}{P_0}+g \tag{2-41}$$

这个公式告诉我们，股票的总收益率可以分为两部分：第一部分是D_1/P_0，叫作股利收益率，它是根据预期现金股利除以当前股价计算出来的。第二部分是增长率g，叫作股利增长率。由于股利的增长速度也就是股价的增长速度，因此g可以解释为股价增长率或资本利得增长率。g的数值可以根据公司的可持续增长率估计。P_0是股票市场形成的价格，只要能预计出下一期的股利，我们就可以估计出股东预期报酬，在有效市场中，它就是与该股票风险相适应的必要报酬率。

【例2-22】一只股票的价格为20元，预计下一期的股利为1元，该股利将以大约10%的速度持续增长。该股票的必要报酬率为：

$$R=\frac{1}{20}\times 100\%+10\%=15\%$$

如果用15%作为必要报酬率，则一年后的股价为：

$$P=D\cdot\frac{1+g}{R-g}=\frac{1\times 110\%}{15\%-10\%}=22\text{（元）}$$

如果你现在用20元购买该股票，年末将收到1元股利，并且得到2元（22-20）的资本利得。

$$
\begin{aligned}
总报酬率&=股利收益率+资本利得收益率\\
&=\frac{1}{20}\times100\%+\frac{2}{20}\times100\%\\
&=5\%+10\%\\
&=15\%
\end{aligned}
$$

这个例子使我们验证了股票期望报酬率的正确性。该模型可以用来计算特定公司风险情况下股东要求的必要报酬率，也就是公司的权益资本成本。这就是说，股东期望或者说要求公司赚取15%的收益。如果股东要求的报酬率高于15%，他就不会进行这种投资；如果股东要求的报酬率低于15%，他就会争购该股票，使得价格升上去。既然股东接受了20元的价格，就表明他要求的报酬率是15%。

【补充阅读2-2】

从核准制到注册制，发行制度发生五大根本性变化

股票发行注册制（Registration-based IPO Regime）主要是指发行人申请发行股票时，必须依法将公开的各种资料完全准确地向证券监管机构申报。证券监管机构的职责是对申报文件的全面性、准确性、真实性和及时性作形式审查，不对发行人的资质进行实质性审核和价值判断，而将发行公司股票的良莠留给市场来决定。2023年2月1日，我国全面实行股票发行注册制改革正式启动。那么，注册制改革到底给股票发行制度带来了哪些根本性变化？

变化一：发行上市条件更加精简优化

相比核准制，注册制更加强调以信息披露为核心，发行条件更加精简优化、更具包容性，总体上是将核准制下发行条件中可以由投资者判断事项转化为更严格、更全面深入精准的信息披露要求。

变化二：信息披露制度更加严格

除了上市标准更契合新经济特征、更多元化以外，注册制改革另一大亮点便是以信息披露为核心的制度建设理念。通过强化发行主体的信息披露责任，加强信息披露的监管工作，从而推进市场向透明化、法治化发展。这对发行人和中介机构提出了更高的信息披露要求。发行人在符合发行条件的基础上，必须符合注册制的信息披露要求；中介机构则要更加注重对信息披露的核查把关。

变化三：发行承销机制更加市场化

注册制实行更加市场化的发行承销机制，新股发行价格、规模等主要通过市场化方式决定，新股发行定价中注重发挥机构投资者的专业投研定价能力，形成以机构投资者为参与主体的询价、定价、配售等机制。

变化四：中介机构责任更加强化

在注册制改革不断深入的进程中，要让市场发挥更大的作用，中介机构“看门人”的作用必须落到实处。这也意味着，监管部门在压实中介机构责任方面会有更多的实招，紧盯心存侥幸、不认真履职尽责的中介机构。

变化五：法律制度更加健全

伴随着注册制改革，资本市场的法治建设不断完善，证券违法违规的成本持续上升。

2019年修订的《中华人民共和国证券法》已经落地实施，在证券发行注册制、显著提升证券违法违规成本、加强投资者保护等方面"升级"制度规范。《中华人民共和国刑法修正案（十一）》已于2021年3月1日正式施行，对欺诈发行、信息披露造假、中介机构提供虚假证明文件和操纵市场等违法行为大幅提高惩戒力度。信披违法罚款上限从60万元提高到1 000万元；欺诈发行最高刑期从5年提高到15年……行政执法、民事追偿、刑事惩戒的立体追责体系正在建立。

资料来源：刘慧、姚均芳．变了！从核准制到注册制，发行制度发生五大根本性变化［EB/OL］．［2021-03-24］．http://www.xinhuanet.com/2021-03/24/c_1127251342.htm.

本章小结

本章第一节讲述货币时间价值的概念与计算，包括一次性款项的复利终值与现值的计算，年金（普通年金、先付年金、递延年金、永续年金）终值与现值的计算。第二节对投资风险价值涉及的风险与收益的概念、风险的衡量进行了介绍，其中对投资组合的风险与报酬、β系数的计算与应用，以及资本资产定价模型的理解和应用需要有较好的数学基础。本章的最后一节介绍股票和债券内在价值的评估方法，以及投资债券和股票的期望收益率的确定。本章思政元素索引表见表2-4。

表2-4 本章思政元素索引表

教学模块	教学内容	课程思政教育资源	社会主义核心价值观
货币时间价值	资金时间价值	科学理财 节约意识	诚信
投资风险价值	风险与报酬	风险控制	公正
证券估价	证券内在价值	证券市价围绕其内在价值上下波动	公正

主要知识点

（1）一次性款项及年金终值与现值的相关计算（包括系数之间的关系、内插法应用）；（2）名义利率、计息期利率及有效年利率的换算；（3）单项资产风险与报酬的衡量；（4）资本资产定价模型（证券市场线）的含义与应用；（5）债券价值及到期收益率的计算；（6）债券价值的影响因素分析；（7）利用股利贴现模型、零增长模型、固定增长模型和非固定增长模型计算股票的价值；（8）股票期望收益率的计算。

思考题

1. 简述年金的定义与种类。
2. 简述名义利率、期间利率和有效年利率的含义。
3. 简述系统风险和非系统风险的含义，并举例说明。
4. 简述债券价值与投资者要求的必要报酬率的关系。
5. 简述股票估价中贴现率确定的四种方法。

课后练习

一、单项选择题

1.某人将6 000元存入银行，银行的年利率为10%，按复利计算，则5年后此人可从银行取出（　　）元。

A.9 220　　B.9 000　　C.9 950　　D.9 663

2.2018年1月1日，A公司租用一层写字楼作为办公场所，租赁期限为3年，每年1月1日支付租金20万元，共支付3年。该租金的支付形式属于（　　）。

A.普通年金　　B.预付年金　　C.递延年金　　D.永续年金

3.甲公司折价发行5年期的公司债券，债券票面利率为12%，每季度付息一次，到期一次偿还本金。该债券的有效年利率是（　　）。

A.12%　　B.12.55%　　C.10.5%　　D. 无法确定

4.有一项年金，前3年无流入，后5年每年年初流入500万元，假设年利率为10%，其现值为（　　）万元。

A.1 994.59　　B.1 565.68　　C.1 813.48　　D.1 423.21

5.假设银行年利率为i，从现在开始每年年末存款1元，n年后本利和是$\frac{(1+i)^n-1}{i}$元。如果改为每年年初存款，存款期数不变，n年后的本利和是（　　）元。

A.$\frac{(1+i)^{n+1}-1}{i}$　　B.$\frac{(1+i)^{n+1}-1}{i}+1$

C.$\frac{(1+i)^{n-1}-1}{i}+1$　　D.$\frac{(1+i)^{n+1}-1}{i}-1$

6.某人退休时有现金10万元，拟选择一项回报比较稳定的投资，希望每个季度能收入2 000元补贴生活。那么，该项投资的有效年报酬率应为（　　）。

A.2%　　B.8%　　C.8.24%　　D.10.04%

7.甲公司拟投资于两种证券X和Y，两种证券期望报酬率的相关系数为0.3，根据投资X和Y的不同资金比例测算，投资组合期望报酬率与标准差的关系如图2-19所示，甲公司投资组合的有效组合是（　　）。

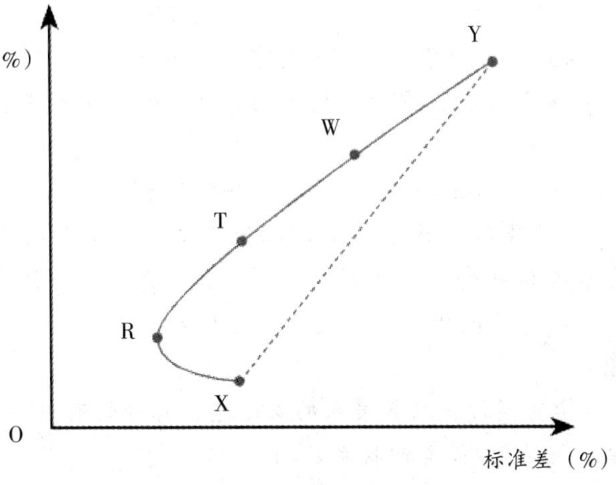

图2-19　投资组合期望报酬率与标准差的关系

A.XR 曲线　　B.X、Y 点　　C.RY 曲线　　D.XRY 曲线

8.某企业面临甲、乙两个投资项目。经计算，它们的预期报酬率相等，甲项目预期收益率的标准差小于乙项目预期收益率的标准差。对甲、乙项目可以做出的判断为（　　）。

A.甲项目取得更高报酬和出现更大亏损的可能性均小于乙项目

B.甲项目取得更高报酬和出现更大亏损的可能性均大于乙项目

C.甲项目实际取得的报酬率高于其预期报酬率

D.乙项目实际取得的报酬率低于其预期报酬率

9.某上市公司2017年的β系数为1.24，短期国债利率为3.5%。市场组合的报酬率为8%，则投资者投资该公司股票的必要报酬率是（　　）。

A.5.58%　　B.9.08%　　C.13.52%　　D.17.76%

10.下列事项中，能够改变特定企业非系统风险的是（　　）。

A.竞争对手被外资并购　　B.国家加入世界贸易组织

C.汇率波动　　D.货币政策变化

11.下列关于单个证券投资风险度量指标的表述中，错误的是（　　）。

A.β系数度量投资的系统风险

B.方差度量投资的系统风险和非系统风险

C.标准差度量投资的非系统风险

D.变异系数度量投资的单位期望报酬率承担的系统风险和非系统风险

12.债券A和债券B是两只在同一资本市场上刚发行的按年付息的平息债券。它们的面值和票面利率均相同，只是到期时间不同。假设两只债券的风险相同，并且等风险投资的必要报酬率低于票面利率，则（　　）。

A.偿还期限长的债券价值低

B.偿还期限长的债券价值高

C.两只债券的价值相同

D.两只债券的价值不同，但不能判断其高低

13.甲股票目前的股价为10元，预计股利可以按照5%的增长率固定增长，刚刚发放的股利为1.2元/股，投资人打算长期持有，则股票投资的收益率为（　　）。

A.17%　　B.17.6%　　C.12%　　D.12.6%

14.某股票为固定成长股票，股利年增长率为6%，今年刚分配的股利为8元，无风险收益率为10%，市场上所有股票的平均收益率为16%，该股票β系数为1.3，则该股票的内在价值为（　　）元。

A.65.53　　B.68.96　　C.55.63　　D.71.86

15.甲公司发行优先股，按季度支付优先股股利，每季度支付每股优先股股利2元，优先股年名义资本成本为8%，则每股优先股的价值是（　　）元。

A.100　　B.25　　C.97.09　　D.80

二、多项选择题

1.下列关于资金时间价值系数关系的表述中，正确的有（　　）。

A.普通年金现值系数×投资回收系数=1

B.普通年金终值系数×偿债基金系数=1

C.普通年金现值系数×（1+折现率）=预付年金现值系数

D.普通年金终值系数×（1+折现率）=预付年金终值系数

2.某公司向银行借入一笔款项，年利率为10%，分6次还清，从第5年至第10年每年年末偿还本息5 000元。下列计算该笔借款现值的算式中，正确的有（　　）。

A.5 000×（P/A，10%，6）×（P/F，10%，3）

B.5 000×（P/A，10%，6）×（P/F，10%，4）

C.5 000×［（P/A，10%，9）-（P/A，10%，3）］

D.5 000×［（P/A，10%，10）-（P/A，10%，4）］

3.已知甲方案投资报酬率的预期值为10%，乙方案投资报酬率的预期值为12%，则下列说法中正确的有（　　）。

A.不能通过比较标准差的大小判断两个方案风险的大小

B.不能通过比较方差的大小判断两个方案风险的大小

C.不能通过比较变化系数的大小判断两个方案风险的大小

D.可以通过比较变化系数的大小判断两个方案风险的大小

4.下列因素中，影响资本市场线中市场均衡点位置的有（　　）。

A. 无风险报酬率　　　　B. 风险组合的期望报酬率

C. 风险组合的标准差　　　　D. 投资者个人的风险偏好

5.某企业准备平价发行三年期企业债券，每半年付息一次，票面利率6%，面值1 000元，以下关于该债券的说法中，正确的是（　　）。

A.该债券的半年年利率为3%

B.该债券的有效年折现率是6.09%

C.该债券的名义利率是6%

D.由于平价发行，该债券的名义利率与名义折现率相等

6.对于平息债券，下列关于债券价值的说法中，正确的有（　　）。

A.当市场利率高于票面利率时，债券价值高于债券面值

B.当市场利率不变时，随着债券到期时间的缩短，溢价发行债券的价值逐渐下降，最终等于债券面值

C.当市场利率发生变化时，随着债券到期时间的缩短，市场利率变化对债券价值的影响越来越小

D.当市场利率不变时，折价出售债券的期限越短，债券价值越大

7.甲证券的期望报酬率是12%，标准差是10%；乙证券的期望报酬率是20%，标准差是15%。假设不允许买空卖空，下列关于甲、乙证券投资组合的说法中，正确的有（　　）。

A. 期望报酬率介于12%和20%之间

B. 标准差介于10%和15%之间

C. 最小方差组合是100%投资于甲证券

D. 最大期望报酬率组合是100%投资于乙证券

8.某投资者购买甲公司股票，下列各项中，影响该股票β系数大小的因素有（　　）。

A. 整个股票市场报酬率的标准差

B. 该股票报酬率的标准差

C.整个股票市场报酬率与无风险报酬率的相关性

D.该股票报酬率与整个股票市场报酬率的相关性

三、计算题

1.A矿业公司决定将其一处矿产的10年开采权公开拍卖。已知甲公司和乙公司的投标书最具有竞争力，甲公司的投标书显示，从获得开采权的第1年开始，每年年末向A公司交纳10亿美元的开采费，直到10年后开采结束。乙公司的投标书表示，直接付给A公司40亿美元，在第8年年末再付60亿美元。如果A公司要求年投资回报率达到15%，则其应接受哪个公司的投标？

2.如果1股优先股每季分得股息2元，而利率是每年6%，那么对于一个准备买这种股票的人来说，他愿意出多少钱来购买此股票？如果每年分得的股息是2元呢？

3.郑先生下岗获得50 000元现金补助，他决定趁现在还有劳动能力，先找工作糊口，将款项存起来。郑先生预计，如果20年后这笔款项连本带利达到250 000元，那就可以解决自己的养老问题。请问银行存款的年利率（复利计息）为多少时，郑先生的预期才能变成现实？

4.某证券资产组合中有3只股票，相关的信息见表2-5，请计算这个资产组合的β系数。

表2-5　**某证券资产组合的相关信息**

股票	β系数	股票的每股市价（元）	股票的数量（股）
A	0.7	4	200
B	1.1	2	100
C	1.7	10	100

5.某债券面值为1 000元，期限为20年，票面利率为10%，每年支付一次利息，到期归还本金。以市场利率作为评估债券价值的贴现率，如果市场利率分别为8%、10%和12%，请分别计算债券的价值，并说明债券价值与折现率变动的关系。

6.小W因购买个人住房向甲银行借款300 000元，年利率为6%，每半年计息一次；期限为5年，自2018年1月1日起至2023年1月1日止。小W选择等额计息还款方式偿还贷款本息，还款日在每年的1月1日和7月1日。

2018年12月末，小W收到单位发放的一次性年终奖60 000元，正在考虑这笔奖金的两种使用方案：

（1）2020年1月1日提前偿还银行借款60 000元（当日仍需偿还原定的年期还款额）。

（2）购买乙国债并持有至到期。乙国债为5年期债券，每份债券面值为1 000元，票面利率为4%，单利计息，到期一次还本付息。乙国债还有3年到期，当前价格为1 020元。

请计算投资乙国债到期收益率。小W应选择提前偿还银行借款还是投资国债？为什么？

7.已知：甲公司股票必要报酬率为12%，目前的股价为20元，预计未来两年股利每年增长10%，第1年股利为1元/股，从第3年起转为稳定增长，增长率为5%。如果打算长期持有甲公司的股票，请计算甲公司股票目前的价值，并判断甲公司股票是否值得投资。

8.某股票目前的股价为20元，1年前的股价为18.87元，当前年份的每股股利为2元。假定股价和股利的增长率固定为g。请计算该股票的收益率。

第三章

企业筹资管理

学习目标

1.掌握企业短期筹资与长期筹资的主要方式及其评价。

2.理解资本成本的概念和意义，掌握个别资本成本和加权平均资本成本的计算方法。

3.理解资本结构理论，了解确定资本结构的方法。

4.理解财务杠杆原理，掌握经营杠杆、财务杠杆和综合杠杆系数的计算方法。

教学引导案例

宁波市某商贸公司成立于2004年，注册资本为160万元，是一家代理销售美的电器的商贸类小企业。该企业为宁波市美的电器的总代理，凭借美的的品牌优势与企业主的良好经营方法，近年来该企业发展较为稳定。

每年的夏季以及年底为企业的销售旺季，特别是临近年终的时候，为配合各大商场的年末促销活动，企业需大量购入存货，这段时期，在业务运营过程中企业的流动资金较为紧张，又由于今年经济形势不乐观，资金回笼速度受到了影响。企业眼看着大笔订单接进来，却因为流动资金不足而无法及时备货。若交货时间多次拖延，将大大影响企业信誉，这对稳定及发展自己的客户群极为不利。

企业认为绝不能在业务发展呈现良好势头的时候，被流动资金周转的问题拖了后腿。于是企业想到了通过自有房产抵押，向银行进行流动资金融资的办法。该企业先后与几家国有银行洽谈过贷款业务，但都没有成功，主要是在洽谈过程中遇到了两个问题：一是抵押额度未能达到企业的融资需求。由于一般情况下房产抵押贷款额度为评估价值的七折，因此企业实际能够得到的融资额度与其融资需求有一定差距，不能完全满足企业的融资缺口。二是企业需要的是短期的流动资金贷款，经营收入回笼较快，贷款的需求期较短，所以更适合短期内可以灵活周转的额度产品。如果贷款期限太长，一方面没有必要，另一方面利息费用也是一笔不小的开支，这对一家并不是“财大气粗”的小企业来说是一种负担。

在与多家银行洽谈未果后，企业主通过朋友介绍，得知宁波银行有专门针对小企业的融资产品，于是就找宁波银行业务人员洽谈此笔贷款业务。而之前遇到的两个问题，通过宁波银行的贷易融和押余融两款产品的搭配都得到了解决。

贷易融是向小企业提供的房地产抵押项下的公开授信额度。贷易融的一些主要特点正好迎合了企业的融资需求：

1.授信期限长：一次授信，两年有效。

企业只需提供一次资料，办理一次授信，就可以在两年里享受银行的贷款额度，为企业节省了时间。

2.贷款入账快：审核提款，无须逐笔签订借款合同。

在企业急需资金的情况下，急企业所急，省略烦琐的手续，迅速为企业解决资金缺口问题。

3.财务费用省：循环的授信额度，额度内随借随还。

额度内随借随还，企业就可以根据资金回笼的情况来安排融资期限和融资金额，最大限度地掌握了向银行融资的主动权，大大节省了财务开支，使企业所赚的钱更值钱。

押余融是针对已取得抵押授信的小企业，对应抵押差额部分发放的保证循环授信额度。

押余融的额度可达抵押差额部分的100%，差额部分只需提供抵押所有权人的保证，这就正好可以解决企业房产抵押额度未能达到融资需求的问题。

最后经过洽谈，该企业以其自有房产抵押获取了贷易融授信额度230万元，并以抵押品剩余价值申请押余融100万元，这两个产品的配套使用满足了企业的融资需求，使企业走出了在销售旺季资金周转不灵的窘境，并为企业今后的业务发展提供了资金保障。

资料来源：佚名. 宁波银行中小企业融资经典案例介绍［EB/OL］.［2022-08-30］. https://wenku.baidu.com/view/51e22d0de618964bcf84b9d528ea81c758f52e11.html?_wkts_=1736322336736&needWelcomeRecommand=1.

案例思考题：

1.中小企业融资的特点是什么？

2.中小企业融资难的主要原因是什么？

第一节　短期筹资管理

短期筹资（Short-term Financing）是指企业所筹集的，需要在一年内或超过一年的一个营业周期内到期偿还的资金。短期筹资管理是指有关短期资金筹集和运用的活动。短期筹资方式主要有商业信用、短期借款和短期融资券等。

一、商业信用

商业信用是指在商品交易中由于延期付款或预收货款所形成的企业间的借贷关系。商业信用产生于一般商品交易中，是一种自发的融资方式。它产生于银行信用之前，但在银行信用出现之后，商业信用依然存在。

早在简单的商品生产条件下就出现了赊销、赊购现象，到了商品经济发达的资本主义社会，商业信用得到广泛发展。西方一些国家的制造厂家和批发商的商品，90%是通过商业信用方式销售出去的。我国商业信用正日益广泛推行，形式多样，逐渐成为企业短期负债融资的重要方式。商业信用的具体形式有应付账款、预收账款、应付票据等。

（一）应付账款

应付账款是企业购买货物暂未付款而对对方的欠款，是卖方允许买方在购货后一定时期内支付货款的一种形式。卖方利用这种方式促销，而对买方来说延期付款则等于向卖方借用资金购进商品，可以满足短期的资金需要。

应付账款有付款期限、折扣等信用条件。应付账款可以分为：免费信用，即买方企业在规定的折扣期间内享受现金折扣而获得的信用；有代价信用，即买方企业放弃现金折扣而获得的信用；展期信用，即买方企业超过规定的信用期推迟付款而强制获得的信用。

1. 应付账款的成本

现金折扣常采用类似“2/10，N/30”的符号形式表示。这种符号的含义为：如果在发票开出后10天内付款，可享受2%的价格优惠，只需支付发票价格的98%；如果不想取得现金折扣，这笔货款必须在30天内付清，支付发票价格的100%。在这里，30天为信用期限，10天为折扣期限，2%为现金折扣。

假若买方企业购买货物后在卖方规定的折扣期内付款，便可以享受免费信用，这种情况下企业没有因为享受信用而付出代价。如果卖方企业提供现金折扣，买方企业应尽量争取获得此项折扣，因为丧失现金折扣的机会成本很高。放弃现金折扣成本可按下式计算：

$$\text{放弃现金折扣成本}=\frac{\text{折扣百分比}}{1-\text{折扣百分比}}\times\frac{360}{\text{信用期}-\text{折扣期}} \tag{3-1}$$

上述公式表明，放弃现金折扣的资本成本与折扣百分比的大小、折扣期的长短同方向变化，与信用期的长短反方向变化。但是企业在放弃折扣的情况下，推迟付款时间越长，其成本便会越小。

【例3-1】某企业按“2/10，N/30”的条件购入货物10万元。如果该企业在10天内付款，便享受了10天的免费信用期，并获得折扣0.2万元（10×2%），免费信用额为9.8万元（10−0.2）。

假若买方企业放弃折扣，在10天后（不超过30天）付款，该企业便要承受因放弃现金折扣而产生的资本成本（隐含利息成本）。

$$\text{放弃现金折扣成本}=\frac{2\%}{1-2\%}\times\frac{360}{30-10}=36.73\%$$

2. 利用现金折扣的决策

在附有信用条件的情况下，因为获得不同信用要负担不同的代价，买方企业便要在利用哪种信用之间做出决策。一般来说：如果能以低于放弃现金折扣的资本成本（实质是一种机会成本）的利率借入资金，便应在现金折扣期内用借入的资金支付货款，享受现金折扣。比如，【例3-1】同期的银行短期借款利率为12%，则买方企业应利用更便宜的银行借款在折扣期内偿还应付账款；反之，企业应放弃折扣。

如果在折扣期内将应付账款用于短期投资，所得的投资收益高于放弃折扣的资本成本，则应放弃折扣而去追求更高的收益。当然，如果企业放弃折扣优惠，则应将付款日推迟至信用期内的最后一天，以降低放弃折扣的成本。

如果企业因缺乏资金而欲展延付款期，则需在降低了的放弃折扣成本与展延付款带来的损失之间做出选择。展延付款带来的损失主要是因企业信誉恶化而丧失其在供应商乃至其他贷款人中的信用，或日后招致苛刻的信用条件。

如果面对两家以上提供不同信用条件的卖方，则应衡量放弃折扣成本的大小，选择放弃现金折扣的资本成本最小（或所获利益最大）的一家。

（二）预收账款

预收账款是卖方企业在交付货物之前向买方预先收取部分或全部货款的信用形式。对于卖方来讲，预收账款相当于向买方借用资金后用货物抵偿。通常，买方对于紧俏商品乐意采用这种形式。另外，生产周期长、售价高的商品，如轮船、飞机等，生产企业也经常向订货者分次预收账款，以缓解资金占用过多的压力。

（三）应付票据

应付票据是企业进行延期付款商品交易时开具的反映债权债务关系的票据。根据承兑人的不同，应付票据分为商业承兑汇票和银行承兑汇票两种，支付期最长不超过6个月。商业承兑汇票是由收款人开出，经付款人承兑，或由付款人开出并承兑的汇票。银行承兑汇票是指由收款人或承兑申请人开出，由银行审查同意承兑的汇票。应付票据可以带息，也可以不带息。应付票据的利率一般比银行借款的利率低，且不用保持相应的补偿性余额和支付协议费，所以应付票据的融资成本低于银行借款成本。但是应付票据到期必须归还，若延期便要交付罚金，因而风险较大。

【德育专栏】

发挥商业银行票据业务优势　助力民营经济发展

2023年，中国人民银行、金融监管总局等八部门联合印发《关于强化金融支持举措助力民营经济发展壮大的通知》（以下简称《通知》），提出支持民营经济发展相关要求，持续加强民营企业金融服务。《通知》提出“支持民营企业更便利地使用票据进行融资，强化对民营企业使用票据的保护”，进一步清晰和明确了商业银行票据融资和票据结算服务民营企业发展的方向和路径，有利于加大对民营企业的金融支持力度，破解民营企业融资难题。

民营企业具有灵活性、创新性、成长性和活跃性的特征，是推动经济增长、促进创新、增加就业、改善民生的主力。近年来，在相关政策支持下，一大批专精特新“小巨人”企业逐渐发展壮大。以上海市为例，上海市中小企业发展服务中心等发布的《2023上海市专精特新企业发展指数报告》显示，上海市专精特新企业数量已达8 288家，其中90%以上都是民营企业，包括国家级专精特新“小巨人”企业近700家。

由于多种原因，民营企业长期存在融资难融资贵的问题，成为制约其发展的主要瓶颈。一是因为民营企业在业务模式和资金特点上与国有企业存在较大差异，尤其是金融机构固有的授信模式对此类企业评估、产品的适配性都存在差异；二是民营企业在产业链条上的地位相对核心企业处于弱势，商业银行更加倾向于对核心企业和上游企业给予信贷支持，而对处于下游的中小微企业金融支持不足；三是部分民营企业内部治理水平不高，存在财务数据真实性滞后，信用融资能力较差的问题，导致金融机构惜贷甚至抽贷。

作为银行的传统产品，票据是服务实体经济最基础的工具之一。在当前票据市场经历深刻发展变革，全国统一票据市场建设不断完善，票据业务电子化程度日益提升的新形势下，票据业务在服务实体经济促进企业发展方面具有天然优势，将发挥越来越重要的作用。

票据融资是商业银行信贷基础业务，具有门槛低、可拆分、融资速度快的特征。为方便企业客户进行贴现，主流商业银行纷纷推出线上贴现渠道，主打“秒贴”“小时贴”，与民营企业高频、小额的融资特性相契合。

与其他信贷产品相比，票据融资具有价格低、期限短、周转灵活的特点。目前票据市场价格长期在低位徘徊，同期限市场价格大幅低于流贷、电子债权凭证等产品，银行还会根据不同战略领域客户实施差异化营销策略，让利实体经济，民营企业可以从中获得低成本周转资金。

票据业务有助于缩短企业账期，促进企业的资金循环，加速资金周转。制造业、建筑业等行业的供应链较长，产品生产周期决定了相关企业存在应收账款、企业资金周转不畅等问题，票据具有很强的流通性，持票民营企业在日常支付结算时，可直接通过票据背书转让支付货款，而无须向外申请贷款。企业需要融资时还可以使用票据及时进行贴现，有助于资金回笼持续开展生产经营活动。

票据业务法律基础健全，市场基础设施完备，企业信息披露机制逐步完善，提升了票据使用的安全性。2016年以来，随着上海票据交易所成立并不断创新完善，全流程电子化票据流转杜绝了纸票时代的假票和到期兑付等操作风险。以《中华人民共和国票据法》为依据的票据安全性高于传统的信贷产品和民间借贷关系，有助于提升中小企业的融资获得性。供应链票据、绿色票据等票据业务创新产品的出现，丰富了民营企业的融资渠道，改善了企业的融资环境。

资料来源：李越．发挥商业银行票据业务优势　助力民营经济发展［N］．经济参考报，2024-09-25（8）．

（四）商业信用筹资的评价

1. 商业信用筹资的优点

（1）商业信用非常方便。因为商业信用与商品买卖同时进行，属于一种自然性融资，不用做非常正规的安排。

（2）如果没有现金折扣，或企业不放弃现金折扣，或使用不带息票据，则利用商业信用融资不负担成本。

（3）限制少。如果企业利用银行借款融资，银行往往对贷款的使用规定一些限制条件，而商业信用则限制较少。

2. 商业信用筹资的缺点

商业信用筹资的时间一般较短。如果企业取得现金折扣，则时间更短；如果放弃现金折扣，则要付出较高的资本成本。

二、短期借款

短期借款是指企业向银行和其他非银行金融机构借入的期限不超过1年的借款。短期借款是企业短期融资的重要方式，其重要性仅次于商业信用。

（一）短期借款的种类

我国目前的短期借款按照目的和用途可以分为生产周转借款、临时借款、结算借款等。按照国际通行做法，根据偿还方式的不同，短期借款可以分为一次性偿还借款和分期偿还借款；根据利息支付方式的不同，短期借款可以分为收款法借款、贴现法借款和加息法借款；根据有无担保，短期借款可以分为抵押借款和信用借款。

（二）短期借款的取得

企业筹集短期借款，首先，必须提出申请，经审查同意后借贷双方签订合同，注明借款用途、金额、利率、期限、还款方式、违约责任等。然后，企业根据借款合同办理借款手续。最后，在办理完借款手续后，企业便可取得借款。

（三）借款的信用条件

1. 信贷限额

信贷限额是银行对借款人规定的无担保贷款的最高限额，是银行经过对企业的财务报表、现金预算等资料进行审查后所确定的。信贷限额的有效期通常为1年，但也可以根据实际情况延期1年。一般来讲，在批准的有效期内，企业可随时向银行借入一笔资金，只要借入后的累计额未超过该限额。尽管这类形式的贷款给企业带来很大方便，但是该形式的贷款并不能得到法律上的保证。如果银行因缺乏信贷资金或认为企业的信誉下降而终止贷款的话，银行没有义务承担法律责任。信贷限额最大的优点是为企业提供较大的筹资弹性。当企业需要资金时，其可在信用额度内贷款，而当企业资金充裕时，其可随时还款，从而避免过多的资金闲置。

2. 周转信贷协定

周转信贷协定是银行具有法律义务地承诺提供不超过某一最高限额的贷款协定。在协定有效期内的任何时候，只要累计借款未超过限额，银行必须满足企业所提出的借款要求。这种形式的借款使得企业从法律上得到保障，但是对于信贷协定中的未使用部分，企业通常需要支付给银行一定的承诺费。因此，在签订合同时，企业必须慎重考虑借款限额及有效期。

【例3-2】某企业与银行签订了为期1年的周转信贷协定，贷款限额为1 000万元。该企业在贷款限额的有效期内累计借款700万元，于是该企业要对未使用部分300万元支付承诺费。如果承诺费率为3%，则该企业应支付承诺费9万元（300×3%）。

3. 补偿性余额

补偿性余额是银行要求借款企业在存款账户中保留的最低存款数额。西方国家中的补偿性余额通常为贷款总额的10%～20%。补偿性余额的比率经常随资金供应的宽松和利率水平的降低而大幅度降低。由于补偿性余额不得为企业所用，因此它会降低企业实际可用的借款数额，从而提高借款的有效年利率。

在简单利率法下，其有效年利率的计算公式如下：

$$\text{有效年利率}=\frac{\text{名义利率}}{1-\text{补偿性余额所占比例}}\times 100\% \tag{3-2}$$

【例3-3】某企业向银行借款10 000元，年利率为12%，期限为1年，银行要求贷款的补偿性存款余额比例为借款面额的20%，则企业有效年利率是多少？

$$\text{有效年利率}=\frac{12\%}{1-20\%}\times 100\%=15\%$$

4. 借款抵押

银行在向财务风险较大的企业或对其信誉没有把握的企业发放贷款时，有时要求借款人提供抵押品或担保，以减少自己的贷款风险。短期借款的抵押品通常包括借款企业的股票、债券和房屋等。抵押借款的成本通常高于非抵押借款。

5. 偿还条件

短期借款的偿还有到期一次性偿还和在借款期内定期（每月、每季）等额偿还两种方式。一般来说，企业不希望采用后一种方式偿还，因为这会提高企业借款的有效年利率。

6. 其他承诺

银行有时会要求企业为取得借款而做出其他承诺，如及时提供财务报表、保持适当的财务水平等。若企业违背承诺，银行有可能会要求企业立即归还全部借款。

（四）短期借款利率及支付方式

1. 借款利率

短期借款利率的高低通常会随借款人的类型、借款的金额与时间的变化而变化。一般而言，借款人承担的风险越大，借款的金额越少，经济越繁荣，则银行借款的利率就会越高。在其他条件相同的情况下，银行短期借款利率会因借款人的信用状况不同而有所差别。对于那些信誉较高、规模较大而且实力雄厚的企业，银行提供贷款的利率通常较低。根据借款期间利率是否固定，银行借款利率分为两种：一是固定利率；二是浮动利率。固定利率是指在整个借款期内借款利率保持固定不变；浮动利率是指借款利率在借款期内随基本利率的变化而变化。

2. 支付方式

短期借款的本息偿还方式通常有三种：一是收款法；二是贴现法；三是加息法。

（1）收款法。

采用这种方法时，利息在借款到期时连同本金一起偿还。我国企业通常采用这种方法。在这种情况下，对于期限为1年的贷款，有效年利率的计算公式如下：

$$有效年利率=\frac{支付利息}{借款数额}\times 100\% \tag{3-3}$$

在这种情况下，借款的有效年利率与其名义利率相同。

【例3-4】某企业获取一笔金额为100 000元的贷款，年利率为5%，期限为1年。在收款法下的有效年利率为：

$$有效年利率=\frac{100\,000\times 5\%}{100\,000}\times 100\%=5\%$$

（2）贴现法。

采用该种方法时，利息在贷款中预先扣除，借款企业在贷款到期时只需偿还本金。在该种利息支付法下，有效年利率的计算公式为：

$$有效年利率=\frac{支付利息}{贷款金额-支付利息} \tag{3-4}$$

在【例3-4】中，如果采用贴现法支付利息，则有效年利率为：

$$有效年利率=\frac{100\,000\times 5\%}{100\,000-100\,000\times 5\%}\times 100\%=5.26\%$$

（3）加息法。

在分期偿还的借款中，银行和其他贷款人通常按此方法计算利息。在这种情况下，银行将利息附加到各期还款的资金中。例如，金额为100 000元的贷款，采用加息法支付利息，在未来的一年中，分12次偿还，利率为3%，则企业在开始收到100 000元，并在未来的12个月的每月月末支付8 583.33元（（100 000+100 000×3%）÷12）。

在这种情况下，由于企业只是在取得借款后的第一个月中借款额为100 000元，而此后借款额逐月递减，实际上企业在整个借款期的平均借款额仅有约50 000元。所以，其实际利率大约翻了一倍。例如，在上面所举的加息法偿还本息的例子中，名义利率为3%，有效年利率约为6%。

（五）短期借款筹资的评价

在短期筹资方式下，短期借款的重要性仅次于商业信用，具有以下优缺点：

1. 短期借款筹资的优点

（1）金融机构资金充实，实力雄厚，能随时为企业提供比较多的短期贷款。对于季节性和临时性的资金需求，采用短期借款尤为方便。而那些规模大、信誉好的大企业，更可以用比较低的利率借入资金。

（2）短期借款具有较好的弹性，可在资金需求增加时借入，在资金需求减少时还款。

2. 短期借款筹资的缺点

（1）资本成本较高。采用短期借款，成本比较高，不仅不能与商业信用相比，与商业票据相比也高出许多。而抵押借款需要支付管理和服务费用，成本更高。

（2）限制较多。向银行借款，银行要在对企业的经营状况和财务状况进行调查之后才能决定是否贷款，有些银行还要对企业有一定的控制权，要求企业把流动比率、负债比率维持在一定的范围内，这些都构成了对企业的限制，使企业的风险加剧。

三、短期融资券

短期融资券是指具有法人资格的企业，依照规定的条件和程序在银行间债券市场发行并约定在一定期限内还本付息的有价证券。短期融资券是由企业发行的无担保短期本票。在中国，短期融资券是指企业依照中国人民银行颁布的相关法规所明确的条件和程序，在银行间债券市场发行和交易并约定在一年期限内还本付息的有价证券，是企业筹措短期资金的直接融资方式。

我国短期融资券具有以下特征：（1）发行人为非金融企业或金融企业，发行企业均应经过中国境内工商注册和具备债券评级能力的评级机构的信用评级；（2）它是一种短期债券品种，期限不超过365天；（3）发行利率（价格）由发行人和承销商协商确定；（4）发行对象为银行间债券市场的机构投资者，不向社会公众发行；（5）实行余额管理，待偿还融资券余额不超过企业净资产的40%；（6）可以在全国银行间债券市场机构投资人之间流通转让。

第二节　长期筹资管理

长期筹资（Long-term Financing）管理是指企业作为筹资主体，根据企业经营活动、投资活动及自身资本结构调整对长期资金的需要，通过各种长期筹资渠道，运用长期筹资方式，有效筹集长期资金的活动。企业筹集长期资金一般可以通过发行股票、发行债券、长期借款、租赁筹资、利润留存和吸收直接投资等方式。

一、发行股票

股票是股份有限公司为筹集自有资金而发行的有价证券，是持股人持有公司股份并据以获得股息和红利的凭证，它代表持股人对股份公司的所有权。

(一) 股票的分类

股票的种类很多，可以按不同的标准分类，但最主要的分类是按照股东享受权利和承担义务的大小，将股票分为普通股和优先股。

1. 普通股

普通股（Common Stock）是股份有限公司发行的具有表决权和剩余索取权的一类股票，在股利和破产清算方面无特别权利，也是最基本的一种股票形式。普通股具有股票的最一般特征，每一份股权包含对公司财产享有的平等权利。

普通股股东一般拥有如下权利：

(1) 对公司的管理权。

普通股股东的管理权主要体现为其在董事会选举中有选举权和被选举权。通过选出的董事会来代表所有股东对公司进行控制和管理。具体来说，普通股股东的管理权主要表现为：①表决权。普通股股东有权投票选举公司董事会成员，并有权对修改企业章程、改变公司资本结构、批准出售公司某些资产、吸收或兼并其他企业等重大问题进行投票表决。我国《公司法》规定：股东出席股东会会议，所持每一股份有一表决权，类别股股东除外。《公司法》允许发行类别股，这就意味着股东之间完全可以通过公司章程的条款设置在表决权上实现“同股不同权”。这种差别化表决权所对应的股权结构称为双重股权结构(或AB股结构)，管理层往往以少量资本就可以控制整个公司。②查账权。从原则上来讲，普通股股东具有查账权。但由于保密的原因，这种权利常常受到限制。因此，并不是每个股东都可自由查账，这种权利是通过股东每年选举的不受任何影响的会计师事务所来行使的，由它来查证公司的各项财务报表。③阻止越权的权利。当公司的管理当局越权经营时，股东有权阻止。

(2) 分享盈余的权利。

分享盈余也是普通股股东的一项基本权利。盈余的分配方案由董事会决定，每一个会计年度，董事会根据企业的盈利数额和财务状况来决定分发股利的多少。企业的盈余首先用来发放优先股股利，然后才能用来发放普通股股利。

(3) 出售或转让股份的权利。

股东有权出售或转让股票，这也是普通股股东的一项基本权利。

(4) 优先认股权。

优先认股权是指普通股股东有权优先选择是否购买新发行的普通股。上市公司进行股权再融资（Seasoned Equity Offerings，SEO）时向现有股东配股，是股东行使其优先认股权的一种行为。

优先认股权有两个目的：一是保护当前股东的控制权。如果没有该项权利保护，受到股东批评的管理人员可以用大量低价发行新股并自行购入的方式防止股东左右该企业。二是防止股东的股权价值被冲淡。

(5) 剩余财产的要求权。

当企业解散、清算时，普通股股东对剩余财产有要求权。然而，这并不是一项有利的权利，因为企业破产清算时，财产的变价收入首先要用来清偿债务，然后支付优先股股东，最后才能分配给普通股股东。所以，在破产清算时，普通股股东实际上很少能分到剩余财产。

2. 优先股

优先股（Preferred Stock）是股份有限公司依法发行的，使优先股股东有权优先于普通股股东获得优先股股利和公司剩余财产的股票。具体优先条件须由公司章程予以明确规定。从法律上讲，优先股不承担法定的还本义务，公司运用优先股所筹资本亦属于股权资本。但是，它又具有公司债券的某些特征，即公司以固定于优先股面值的一定百分比支付优先股股利。因此，优先股被视为一种混合性筹资工具。

优先股的“优先”是相对于普通股而言的，优先股股东的权利主要表现在以下几个方面：

（1）优先分配股利的权利。

优先股通常有固定股利，一般按面值的一定百分比来计算。优先股的股利除数额固定外，还必须在支付普通股股利之前予以支付。

（2）对资产的优先要求权。

在企业破产清算时，对出售资产所得的收入，优先股的求偿权位于债权人之后，但先于普通股。其金额只限于优先股的票面价值，加上累积未支付的股利。

（3）部分管理权。

优先股股东的管理权限是有严格限制的。通常，在企业的股东大会上，优先股股东没有表决权，但是，当企业研究与优先股有关的问题时，优先股股东有权参加表决。例如，当推迟优先股股利的支付时，优先股股东都有权参加股东大会并有权表决。

（二）普通股的发行

股票发行遵循公平、公正的原则，必须同股同权、同股同利。同次发行的股票，每股的发行条件和价格应当相同。任何单位或个人所认购的股份，每股应支付相同的价款。同时，发行股票还应当接受中国证监会的管理和监督。

1. 普通股的发行方式

股票的发行方式，可按不同标准分类：以发行对象为标准，可划分为公开发行和非公开发行；以发行中是否有中介机构（证券承销商）协助为标准，可划分为直接发行和间接发行。

（1）公开发行与非公开发行。

公开发行又称公募，是指向不特定对象公开募集股份。这种发行方式的发行范围广、发行对象多，易于足额募集资本；股票的变现性强，流通性好；股票的公开发行有助于提高发行公司的知名度和影响力。这种发行方式的不足在于手续繁杂、发行成本高。

非公开发行又称私募，是指上市公司采用非公开方式，向特定对象发行股票的行为。这种发行方式灵活性较大，发行成本低，但发行范围小，股票变现性差。

（2）直接发行与间接发行。

直接发行，是指发行公司自己承担股票发行的一切事务和发行风险，直接将股票销售给认购者。这种方式的优点在于发行公司可以直接控制发行过程，节省发行费用；缺点是筹资时间长，发行公司要承担全部发行风险，并需要发行公司有较高的知名度、信誉和实力。

间接发行又叫委托发行，是指发行公司将股票销售业务委托证券经营机构代理。此种发行方式是公司发行股票所普遍采用的。委托发行分为包销和代销。包销是证券经营机构将发行人的全部股票按照协议商定价格全部购入，然后以较高价格将其出售给认购者。代销是指证券经营机构代发行人发售股票，并由此获得一定佣金，但不承担股款未募足的风险。

2. 普通股的发行条件

（1）公开发行普通股。

对于公开发行股票，我国《上市公司证券发行管理办法》规定，上市公司的盈利能力具有可持续性，符合下列规定：①最近3个会计年度连续盈利。扣除非经常性损益后的净利润与扣除前的净利润相比，以低者作为计算依据。②业务和盈利来源相对稳定，不存在严重依赖于控股股东、实际控制人的情形。③现有主营业务或投资方向能够可持续发展，经营模式和投资计划稳健，主要产品或服务的市场前景良好，行业经营环境和市场需求不存在现实或可预见的重大不利变化。④高级管理人员和核心技术人员稳定，最近12个月内未发生重大不利变化。⑤公司重要资产、核心技术或其他重大权益的取得合法，能够持续使用，不存在现实或可预见的重大不利变化。⑥不存在可能严重影响公司持续经营的担保、诉讼、仲裁或其他重大事项。⑦最近24个月内曾公开发行证券的，不存在发行当年营业利润比上年下降50%以上的情形。上市公司的财务状况良好，符合下列规定：①会计基础工作规范，严格遵循国家统一会计制度的规定。②最近3年及1期财务报表未被注册会计师出具保留意见、否定意见或无法表示意见的审计报告。被注册会计师出具带强调事项段的无保留意见审计报告的，所涉及的事项对发行人无重大不利影响或者在发行前重大不利影响已经消除。③资产质量良好。不良资产不足以对公司财务状况造成重大不利影响。④经营成果真实，现金流量正常。营业收入和成本费用的确认严格遵循国家有关企业会计准则的规定，最近3年资产减值准备计提充分合理，不存在操纵经营业绩的情形。⑤最近3年以现金方式累计分配的利润不少于最近3年实现的年均可分配利润的30%。

（2）非公开发行普通股。

对于非公开发行股票，我国《上市公司证券发行管理办法》规定，非公开发行股票的特定对象应当符合下列规定：①特定对象符合股东大会决议规定的条件；②发行对象不超过35名。发行对象为境外战略投资者的，应当遵守国家的相关规定。上市公司非公开发行股票，应当符合下列规定：①发行价格不低于定价基准日前20个交易日公司股票均价的80%。②本次发行的股份自发行结束之日起，6个月内不得转让；控股股东、实际控制人及其控制的企业认购的股份，18个月内不得转让。③募集资金使用符合《上市公司证券发行管理办法》的相关规定。④本次发行将导致上市公司控制权发生变化的，还应当符合中国证监会的其他规定。

3. 普通股的发行定价

股票的发行价格通常有等价、时价和中间价三种。等价是指以股票面额为发行价格，即股票的发行价格与其面额等价，也称平价发行或面值发行。时价是以公司原发行同种股票的现行市场价格为基准来选择增发新股的发行价格，也称市场价格。中间价是取股票市场价格与面额的中间值作为股票的发行价格。以中间价和时价发行都可能是溢价发行，也可能是折价发行。

根据我国《中华人民共和国证券法》（简称《证券法》）的规定，股票发行采取溢价发行的，其发行价格由发行人与承销的证券公司协商确定。发行人通常会参考公司经营业绩、净资产、发展潜力、发行数量、行业特点、股市状态等确定发行价格。我国《上市公司证券发行管理办法》规定，公开增发股票的发行价格，应不低于公告招股意向书前20个交易日公司股票均价或前一个交易日的均价；非公开发行股票的发行价格，应不低于定价基准日前20个交易日公司股票均价的80%。

4. 普通股的首次公开发行

普通股的首次公开发行，即IPO（Initial Public Offerings），是指公司第一次将其股票向公众出售。

（1）发行条件。

对于普通股首次公开发行，除符合前述公开发行的基本条件外，我国2018年6月6日修订的《首次公开发行股票并上市管理办法》还规定，发行人应当是依法设立且合法存续的股份有限公司。经国务院批准，有限责任公司在依法变更为股份有限公司时，可以采取募集设立方式公开发行股票。发行人自股份有限公司成立后，持续经营时间应当在3年以上，但经国务院批准的除外。有限责任公司按原账面净资产值折股整体变更为股份有限公司的，持续经营时间可以从有限责任公司成立之日起计算。发行人应当符合下列条件：①最近3个会计年度净利润均为正数且累计超过人民币3 000万元，净利润以扣除非经常性损益前后较低者为计算依据。②最近3个会计年度经营活动产生的现金流量净额累计超过人民币5 000万元；或者最近3个会计年度营业收入累计超过人民币3亿元。③发行前股本总额不少于人民币3 000万元。④最近一期期末无形资产（扣除土地使用权、水面养殖权和采矿权等后）占净资产的比例不高于20%。⑤最近一期期末不存在未弥补亏损。

（2）发行定价。

我国2018年6月15日修订的《证券发行与承销管理办法》规定，首次公开发行股票，可以通过向网下投资者询价的方式确定股票发行价格，也可以通过发行人与主承销商自主协商直接定价等其他合法可行的方式确定发行价格。公开发行股票数量在2 000万股（含）以下且无老股转让计划的，应当通过直接定价的方式确定发行价格。

（三）优先股的发行

我国《公司法》没有关于优先股的规定。国务院在2013年11月30日发布了《关于开展优先股试点的指导意见》，证监会在2014年3月21日发布了《优先股试点管理办法》，这两项规定是目前我国关于优先股筹资的主要规范。按照我国《优先股试点管理办法》的规定，上市公司可以发行优先股，非上市公司可以非公开发行优先股。本教材主要探讨上市公司优先股的发行。

1. 上市公司发行优先股的一般条件

（1）最近3个会计年度实现的年均可分配利润应当不少于优先股1年的股息。

（2）最近3年现金分红情况应当符合公司章程及证监会的有关监管规定。

（3）报告期不存在重大会计违规事项。公开发行优先股，最近3年财务报表被注册会计师出具的审计报告应当为标准审计报告或带强调事项段的无保留意见的审计报告；非公开发行优先股，最近1年财务报表被注册会计师出具的审计报告为非标准审计报告的，所涉及事项对公司无重大不利影响或者在发行前重大不利影响已经消除。

（4）上市公司已发行的优先股不得超过公司普通股股份总数的50%，且筹资金额不得超过发行前净资产的50%，已回购、转换的优先股不纳入计算。

2. 上市公司发行优先股的特别规定

（1）上市公司公开发行优先股，应当符合以下情形之一：①其普通股为上证50指数成分股；②以公开发行优先股作为支付手段收购或吸收合并其他上市公司；③以减少注册资本为目的回购普通股的，可以公开发行优先股作为支付手段，或者在回购方案实施完毕后，可公开发行不超过回购减资总额的优先股。经证监会核准公开发行优先股后不再符合条件①的，上市公司仍可实施本次发行。

（2）上市公司最近3个会计年度应当连续盈利。扣除非经常性损益后的净利润与扣除前的净利润相比，以低者作为计算依据。

（3）上市公司公开发行优先股应当在公司章程中规定以下事项：①采取固定股息率；②在有可分配税后利润的情况下必须向优先股股东分配股息；③未向优先股股东足额派发股息的差额部分应当累积到下一会计年度；④优先股股东按照约定的股息率分配股息后，不再同普通股股东一起参加剩余利润分配。

商业银行发行优先股补充资本，可就②和③事项另行约定。

（4）上市公司公开发行优先股的，可以向原股东优先配售。

（5）上市公司最近36个月内因违反税收、土地、环保、海关法律、行政法规或规章，受到行政处罚且情节严重的，不得公开发行优先股。

（6）上市公司公开发行优先股，公司及其控股股东或实际控制人最近12个月内应当不存在违反向投资者做出的公开承诺的行为。

（四）发行股票筹资的评价

1. 普通股筹资的评价

对发行人来说，普通股筹资的优点为：

（1）普通股不构成固定费用。企业如果盈利，可支付普通股股息。但与债券利息相比，企业并无支付股息的法律义务，即企业盈利较少，或虽有盈利但资金短缺或有更有利的投资机会，就可少支付或不支付股利。

（2）普通股无固定的到期日，不用偿还。利用普通股筹资筹集的是永久性的资金，除非企业清算才需偿还。它对保证企业最低的资金需求有重要意义。

（3）普通股可作为债权人损失的缓冲，发行普通股可增加企业信用保障。普通股股本与保留盈余构成企业所借入一切债务的基础。有了较多的主权资本，就可为债权人提供较大的损失保障，因而普通股筹资可以提高企业的信用价值，同时也为使用更多的债务资金提供了强有力的支持。

（4）普通股有时比债券发行得快。对某些投资者来说，普通股有吸引力，不仅因为股票比优先股或债券的预期收益率高，而且普通股代表对企业的所有权，一般在通货膨胀期间，普通股的价值会上升，所以比优先股和债券更有保障。

（5）利用普通股筹资的风险小。由于普通股没有固定到期日，不用支付固定的利息，此种筹资实际上不存在不能偿付的风险，因此这种筹资方式不仅风险最小，而且使企业对销售收入和利润下降的承受能力增强。

对发行人来说，普通股筹资的缺点主要有：

（1）出售普通股将使投票权和控制权分散。因此，小企业和新成立的企业常避免使用股权筹资，因为它们的经理不愿意将企业的控制权分散给他人。

（2）普通股的资本成本较高。首先，从投资者的角度来讲，投资普通股风险较高，相应地对投资报酬率的要求较高。其次，对于投资企业来说，普通股股利从税后利润中支付，不像债券利息那样作为费用从税前支付，因而不具有抵税作用。最后，普通股的发行费用一般也高于其他证券。

2. 优先股筹资的评价

企业利用优先股筹资有许多优点，主要有：

（1）优先股没有固定的到期日，不用偿还本金。事实上这等于使用的是一笔无限期的贷款，没有偿还本金的义务，也无须作再筹资计划。但大多数优先股又附有收回条款，这就使得使用这种资金更有弹性。企业可以在财务状况较弱时发行，而在财务状况转强时收回，这有利于结合资金需求，同时能控制企业的资本结构。

（2）优先股筹资的风险比债券小。如果企业发行优先股后财务状况不佳，则可暂时不支付优先股股利，而优先股股东也不能像债权人一样迫使企业破产。

（3）保持普通股股东的控制权。当企业既想向外界筹集权益资金，又不想丧失原有股东控制权时，则利用优先股筹资尤为恰当。

（4）从法律上讲，优先股属于自有资金，因而，优先股扩大了权益基础，可适当提升企业的信誉，提高企业的借款能力。

优先股也有它自身的缺点，主要有：

（1）优先股成本很高。优先股所支付的股利要从税后盈余中支付，不同于债务利息可在税前扣除，因此优先股成本很高。

（2）优先股筹资的限制较多。发行优先股通常有许多限制条款，如对普通股支付上的限制、对企业借债的限制等。

（3）可能会成为一项较重的财务负担。例如，优先股需要支付固定股利，但又不能在税前扣除，所以，当盈余下降时，优先股的股利会成为一项较重的财务负担，有时不得不延期支付。

【德育专栏】

长风万里启新程——股票发行注册制十年改革

万里山河，东风浩荡。

明媚春光中，2023年全国两会胜利召开。代表委员热议刚刚落地的全面实行股票发行注册制改革——这一中国资本市场重要的制度变革，与人们对资本市场未来的美好憧憬相互激荡，成为这个生机勃发的春天里火热的风景。

十年谋划，十年求索，十年收获。

在以习近平同志为核心的党中央坚强领导下，资本市场各方勠力同心、踔厉奋发，从最初的改革立项，到科创板、创业板、北交所的逐步试点，再到全市场推广，一步一个脚印，将改革不断推向深入。

高瞻远瞩 注册制开启资本市场新航程

党的十八大以来，高质量发展成为新时代的最强音。十年来，全球新一轮科技革命和产业变革持续演进，国际力量对比深刻调整，各国抢占未来发展制高点的竞赛全面展开。美国大搞遏华对抗，在芯片、新材料、生物医药等关键核心技术上持续对中国进行打压。

在这一背景下，破除体制机制障碍，引导资金向技术研发的关键领域、“卡脖子”环节集中，打造加快科技自立自强的资源配置平台，成为中国资本市场的时代使命。注册制改革把选择权交给市场，更有利于实体经济，特别是科创型企业及时、高效率获得资本支持。

从2013年11月党的十八届三中全会通过了《中共中央关于全面深化改革若干重大问题的决定》，明确提出推进股票发行注册制改革，到2023年2月17日全面实行股票发行注册制主要制度规则发布实施，注册制十年求索，在A股市场成长史、中国资本市场发展史、新中国金融改革史上留下的一个个重要时刻，将注定被铭记。

放在中国式现代化进程这个宏大坐标系中来观察，新时代中国资本市场的历史方位已然明晰，那就是紧紧围绕服务实体经济这一宗旨，在全面注册制的牵引下持续深化改革，发挥资本市场在资源配置中的独特作用，构建起推动经济高质量发展的“牵引平台”。

谋定而动 注册制十年探索硕果累累

立足国情市情，证监会采取试点先行、先增量后存量、逐步推开的改革路径，先后在科创板、创业板和北京证券交易所试点注册制，推进一揽子改革，走出了一条具有中国特色的注册制改革之路。

构建符合国情的注册制架构。突出把选择权交给市场这个注册制改革的本质，证监会以信息披露为核心，引入更加市场化的制度安排，对新股发行的价格、规模等不设任何行政性限制，审核注册全流程公开透明，同步推进交易、退市等关键制度创新。

系统推进关键制度创新。蜻蜓点水不是改革，改革就要触及“灵魂”。证监会以注册制改革为龙头，统筹推进交易、退市、再融资和并购重组等关键制度创新。2020年底，新一轮退市制度改革正式落地。2021年，有20家公司退市，创下历史新高。2022年，42家公司退市，继续刷新纪录，A股市场优胜劣汰机制更趋完善，为全面注册制实施奠定基础。

健全多层次资本市场体系。注册制改革是以板块为载体有序推进。上交所新设科创板；深交所改革创业板，合并主板与中小板；新三板设立精选层进而设立北交所，建立转板机制……资本市场服务实体经济的广度和深度显著拓展。

实施注册制，客观上要求政府“退一步”，减少管制，还权于市场，同时又要“进一步”加强监管，维护市场秩序。证监会坚持刀刃向内、简政放权，只要是市场约束比较有效的领域就坚决放权。同时，坚持以“零容忍”的态度严厉打击财务造假、欺诈发行等证券违法活动。

看似寻常最奇崛，成如容易却艰辛。

从2013年谋篇，到2018年破题，再到2023年全面落地，注册制十年求索，硕果累累。

思考：全面实行股票发行注册制到底意味着什么？

资料来源：中国证券报记者．长风万里启新程——股票发行注册制十年改革述评［EB/OL］．［2023-03-09］．https：//www.cs.com.cn/xwzx/hg/202303/t20230309_6328164.html.

二、发行债券

债券是经济主体为筹集资金而发行的、用以记载反映债权债务关系的有价证券。由企业发行的债券称为企业债券。这里所说的债券，指的是期限超过1年的企业债券，其发行目的通常是为建设大型项目筹集大笔长期资金。

（一）债券的种类

企业债券有很多形式，大致有如下分类：

1. 按债券上是否记有持券人的姓名或名称，分为记名债券和无记名债券

（1）记名债券是指在债券票面上注明债权人姓名，同时在发行企业的债权人名册上进行登记的债券。

（2）无记名债券是指在债券票面上未注明债权人姓名，也不用在债权人名册上登记债权人姓名的债券。

2. 按能否转换为企业股票，分为可转换债券和不可转换债券

（1）可转换债券是指在一定时期内，可以按规定的价格或一定比例，由持有人自由地选择转换为普通股的债券。

（2）不可转换债券是指不能转换为本企业股票的债券。

3. 按有无特定的财产担保，分为抵押债券和信用债券

（1）抵押债券是指发行企业以特定财产作为抵押品的债券。

（2）信用债券是指没有特定财产作为抵押，凭信用发行的债券。

4. 按利率的不同，分为固定利率债券和浮动利率债券

（1）固定利率债券是指将利率明确记载于债券上，按这一固定利率向债权人支付利息的债券。

（2）浮动利率债券是指债券上不明确注明利率，发放利息时利率水平按某一标准（如银行存款利率）的变化而同方向调整的债券。

5. 按照其他特征，分为收益企业债券、附认股权债券和附属信用债券

（1）收益企业债券是只有当企业获得盈利时才向持券人支付利息的债券。这种债券不会给发行企业带来固定的利息费用，对投资者而言收益较高，但风险也大。

（2）附认股权债券是附带允许持券人按特定价格认购企业股票权利的债券。这种认股权通常随债券发放，具有与可转换企业债券类似的属性。

（3）附属信用债券是当企业清偿时，受偿权排列顺序低于其他债券的债券。这种债券的利率高于一般信用债券。

（二）债券的发行方式

债券的发行方式通常分为公开发行、私下募集发行两种。

1. 公开发行

以不特定的多数投资者作为募集对象所进行的债券发行被称为公开发行，又称为公募发行。公募发行涉及众多投资者，其社会责任和影响都很大。为了保证投资者的利益，各国都对公募发行的条件作了严格规定。

公开发行的优点是：①因向众多投资者发行债券，所以能筹集较多的资金；②可以提高发行者在证券市场上的知名度，扩大社会影响；③与私下募集发行相比，债券的利息率较低；④公开发行的债券一般都可公开上市交易，有比较好的流动性，受投资人欢迎。

公开发行的缺点是：①公开发行的发行费用较高；②公开发行所需时间较长。

2. 私下募集发行

以特定的少数投资者为募集对象所进行的债券发行被称为私下募集发行，又称私募发行。

私募发行的优点主要有：①节约发行费用；②发行时间短；③发行的限制条件少。

私募发行的缺点主要有：①需要向投资者提供高于公募债券的利率；②私募发行的债券一般不能公开上市交易，缺乏流动性；③债券集中于少数债权人，发行者的经营管理容易受到干预。

（三）债券的发行价格

债券的发行价格是债券发行时使用的价格，即投资者购买债券时所支付的价格。企业债券的发行价格通常有三种：平价、溢价和折价。

平价是指以债券的票面金额为发行价格。溢价是指以高出债券票面金额的价格为发行价格。折价是指以低于债券票面金额的价格为发行价格。债券发行价格的形成受诸多因素的影响，其中主要受票面利率与市场利率一致程度的影响。债券的票面金额、票面利率在债券发行前即已参照市场利率和发行企业的具体情况确定下来，并载明于债券之上。但在发行债券时，已确定的票面利率不一定与当时的市场利率一致。为了协调债券购销双方在债券利息上的利益，就要调整发行价格，即当票面利率高于市场利率时，以溢价发行债券；当票面利率低于市场利率时，以折价发行债券；当票面利率与市场利率一致时，则可以平价发行债券。

一次还本、分期付息时，债券发行价格的计算公式为：

$$债券发行价格=\frac{票面金额}{(1+市场利率)^{n}}+\sum_{t=1}^{n}\frac{票面金额\times票面利率}{(1+市场利率)^{t}} \tag{3-5}$$

其中：n为债券期限。

市场利率是指债券发行时的市场利率。

（四）债券的信用等级

债券违约风险的大小与投资者利益密切相关。债券评级解决对债券违约风险的估计问题。根据对不同债券违约风险的估计，给出债券的质量等级是一项相当客观的工作。债券的信用等级对于发行企业和购买人来说都有重要影响。

企业公开发行债券通常需要债券评级机构评定等级，评级是否具有权威性则取决于评级机构的声誉。国际著名的债券评级机构有穆迪投资者服务公司（Moody's Investors Service）和标准普尔公司（Standard & Poor's）。以标准普尔公司评级为例，其评级标准如下：

AAA——最高级别，具有极强的偿债能力；

AA——偿债能力很强，与AAA只有很小差别；

A——偿债能力强，但较易受外在环境及经济状况变动的不利因素影响；

BBB——目前具有足够的偿债能力，但在恶劣的经济条件或外在环境下，其偿债能力可能较弱；

BB、B、CCC、CC——带有投机性的债券，从BB到CC投机性逐步增高；

C——用于未付利息的收入债券。

一般来说，BBB级以上被认为是投资型债券，比较安全；而BB级以下则为投机型债券，风险比较高，因此也被称为垃圾债券。

债券等级是债券风险的指示器，与企业筹资成本和投资者利益都有直接关系。等级越低的债券，投资者越要求较高的收益率以抵消所承担的风险，因而企业的资本成本也就越高。所以，无论是投资者还是筹资者，他们都对债券的等级评定十分关注。

信用等级的实施提高了社会信用意识和公众遵纪守法意识，在全社会形成了“守信激励、失信惩戒”的激励约束机制。2019年6月19日，中国建立了全球规模最大的征信系统——中国人民银行征信系统。该征信系统的应用，使拥有良好信用记录的个人和企业在融资、商业交易等方面获得了公平、便利的发展环境，使拥有不良记录的个人和企业在享受金融服务等方面受到限制或付出更高的成本而受到约束，充分发挥了“守信激励、失信惩戒”的机制作用。政府部门将企业和个人的遵纪守法信息和行政处罚信息纳入征信系统，不但有利于促进行业信用管理，还将影响银行对有违法记录的企业和个人的贷款，促使公众重视在非银行领域的信用记录，自觉遵守有关法律法规。

（五）可转换债券

1. 可转换债券的概念和特点

可转换债券是指由发行企业发行并规定债券持有人在一定期间内依据约定条件可将其转换为发行企业股票的债券。

从筹资者角度看，可转换债券具有债务和权益筹资的双重特性，属于一种混合性筹资。利用可转换债券筹资，发行企业赋予债券持有人可将其转换为本企业股票的权利。因而，对发行企业而言，转换前需定期支付债券利息，如果在规定期间内未转换，还需到期偿还债券本金。在这种情况下，可转换债券筹资与普通债券筹资一样，具有债券筹资性质。如果在规定期间转换为股票，即转换为企业的股东权益，此时可转换债券不复存在，被股票所取代，因而具有权益筹资性质。

可转换债券的特点有：（1）可转换债券授予持有人在未来某个时间将可转换债券转换为普通股的选择权；（2）可转换债券售出后，通常都要随股票拆细而调整转换比例和转换价格。

2. 可转换债券筹资的优缺点

发行可转换债券是一种特殊的筹资方式，其优点主要有：（1）利于降低资本成本。由于可转换债券附有一般债券所没有的选择权，因此，可转换债券的利率一般低于普通债券，转换前可转换债券的资本成本低于普通债券；转换为股票后，又可节约股票的发行成本，从而降低股票的资本成本。（2）利于筹集更多资金。可转换债券的转换价格通常高于发行时的股票价格，因此，可转换债券转换后，其筹资额大于当时发行股票筹资额，也有利于稳定企业的股价。（3）利于调整资本结构。可转换债券是一种债务和权益双重性筹资方式，转换前可转换债券属于企业的一种债务，若企业希望持有人转股，还可借助诱导促进转股，从而调整资本结构。（4）强制赎回条款的规定可以使企业避免筹资损失。当企业股票价格在一段时期内连续高于转换价格达到某一幅度并持续一段时间时，企业可按事先约定的条件强制赎回债券。

可转换债券筹资的缺点主要有：（1）转股后可转换债券筹资将失去利率较低的好处。（2）若确需股票筹资，但股价并未上升，可转换债券持有人不愿转股时，发行企业将承受债务压力。（3）若可转换债券转股时股价高于转换价格，则发行企业遭受筹资损失。（4）回售条款的规定可能使发行企业招致损失。当企业股票价格在一段时期内连续低于转股价格达到一定幅度时，可转换债券持有人可按事先约定的价格将所持债券回售，从而使发行企业受损。

（六）绿色债券

1. 绿色债券的概念和特点

绿色债券的概念由世界银行和欧洲投资银行于2007年提出以来，越来越多的多边机构、政府和企业参与发行绿色债券。随着绿色债券发行种类和规模的不断扩大，不同的组织机构对它进行了不同的定义。世界银行定义绿色债券是一种固定收益型普通债券，它为投资者提供通过参与投资绿色项目而帮助减缓和适应气候变化的机会。经济合作与发展组织（OECD）将绿色债券定义为一种由政府、跨国银行或企业发行的为促进低碳经济和适应气候变化的项目筹集必要资金的固定收益证券。气候债券倡议组织（Climate Bonds Initiative）——全球气候债券和绿色债券领域最权威的非营利性组织，认为绿色债券是为环境发展或环保项目募集资金的固定收益金融工具。《绿色债券原则》（The Green Bond Principles）给出的定义更为复杂严格：绿色债券是将募集资金或等值金额专用于为新增及/或现有合格绿色项目提供部分/全额融资或再融资的各类型债券工具。这是目前对绿色债券的最具体专业的定义。

尽管在“绿色债券”这一专有名词出现之前，其他债券的募集资金用途中也可能涵盖减缓和适应气候变化的目的，但是“绿色债券”的提出仍然具有标志性的意义。它明确了募集到的资金将只被用于有助于减缓和适应气候变化的项目，将自身的区别性特征进行了明显而统一的标识，从而扩大了潜在的投资者群体。它一方面会像传统债券一样吸引一些大型的国家或机构投资者，另一方面会吸引对环境保护和应对气候变化有特殊兴趣的投资单位或个人。

绿色债券与普通债券有以下不同点：

（1）资金投资方向。与普通债券不同，绿色债券所募集的资金应主要投资于绿色产业项目，鼓励设立专门的账户实现专款专用。

（2）债券期限。由于某些对于生态环境的投资需要较长时间才能形成回报，因此债券存续期限通常会覆盖整个建设期和运营期，目前市面上已发行的绿色债券大多为中长期融资债券。

（3）披露要求。由于发行人需向投资人和社会证明募集资金使用途径是绿色项目并产生了真实的绿色效益，因此监管机构通常对于绿色债券环境信息披露有着更高的要求，并鼓励由独立的第三方专业机构在发行前进行绿色认证或评估，在存续期对环境信息披露及环境效益进行第三方鉴证。

（4）更容易获得政府支持。由于绿色项目所带来的正外部性，绿色项目更容易获得政府机构的政策支持，绿色债券发行也更容易获得优惠条件。

（5）绿色债券的投资者。绿色债券会吸引某些愿意为环境效益支付溢价的绿色投资者。

2. 绿色债券的分类

（1）绿色金融债券

绿色金融债券是金融机构法人依法在银行间债券市场发行的、募集资金用于支持绿色产业项目并按约定还本付息的有价证券，由中国人民银行核准发行和监管。

（2）绿色企业债券

绿色企业债券是指募集资金主要用于支持节能减排技术改造、绿色城镇化、能源清洁高效利用、新能源开发利用、循环经济发展、水资源节约和非常规水资源开发利用、污染防治、生态农林业、节能环保产业、低碳产业、生态文明先行示范实验、低碳试点示范等绿色循环低碳发展项目的企业债券，由国家发展和改革委员会核准发行和存续期监管。

（3）绿色公司债券

绿色公司债券是指在交易所发行，募集资金用于支持绿色产业的公司债券，由交易所或中国证券监督管理委员会核准发行，并由后者监管。

（4）非金融企业绿色债务融资工具

非金融企业绿色债务融资工具是指境内外具有法人资格的非金融企业在银行间市场发行的，募集资金专项用于节能环保、污染防治、资源节约与循环利用等绿色项目的债务融资工具。

（5）绿色结构融资类工具

该类工具包括绿色信贷资产证券化、绿色项目收益权资产支持计划等。

（七）债券筹资的评价

从长期债券发行人的角度来说，利用债券筹资既有优点，也有缺点。

1. 债券筹资的优点

（1）资本成本较低。利用债券筹资的成本要比股票筹资的成本低。这主要是因为债券的发行费用较低，债券利息在税前支付，具有抵缴企业所得税的好处。

（2）保证控制权。债券持有人无权干涉企业的管理事务，当企业使用债券来筹资时，企业所有人的控制权不受影响。

（3）财务杠杆作用。不论企业盈利多少，债券持有人只收取固定有限的收入，而更多的收益可分配给股东增加其财富，或留归企业以扩大生产。

（4）企业可以在债券契约上订明赎回条款，以使其财务结构更有弹性。

2. 债券筹资的缺点

（1）风险高。债券有固定的到期日，并定期支付利息。利用债券筹资，要承担还本付息的义务。当企业经营不景气时，向债券持有人还本付息无异于火上浇油，会给企业带来更大的困难，甚至导致企业破产。

（2）限制条件严格。在长期契约关系中，契约条款通常比短期信用条款严格。因此，企业在长期负债契约中比在短期信用或发行普通股中受到更多的困扰和阻碍。

（3）发行成本和信息披露成本高。企业公开发行公司债券的程序复杂，需要聘请证券承销商、会计师、律师、资产评估师以及信用评级机构等中介，发行成本较高。此外，在发行时企业需要公开披露募集说明书、审计报告、资产评估报告、信用评级报告等文件，发行完毕后还需要披露定期报告和临时报告，信息披露成本较高。

三、长期借款

长期借款是指企业向银行或其他非银行金融机构借入的使用期限超过1年的借款，主要用于购建固定资产和满足长期流动资金的占用需要。

（一）长期借款的种类

长期借款的种类很多，企业可根据自身的情况和各种借款条件选用。

目前我国各金融机构的长期借款主要有以下几种：

（1）按照用途进行分类，长期借款可分为固定资产投资借款、更新改造借款、科技开发和新产品试制借款等。

(2) 按提供贷款的机构进行分类，长期借款可分为政策性银行贷款和商业银行贷款等。

政策性银行贷款一般是指承担国家政策性贷款业务的银行向企业发放的贷款。例如，中国进出口银行则为大型设备的进出口提供买方或卖方信贷。

商业银行贷款是指各商业银行向工商企业提供的贷款。这类贷款主要为满足企业建设竞争性项目的资金需要。企业对贷款自主决策、自担风险、自负盈亏。

(3) 按有无担保进行分类，长期借款可分为信用贷款和抵押贷款。

信用贷款是指不需要企业提供抵押品，仅凭其信用或担保人信誉而发放的贷款。

抵押贷款是指需要企业以抵押品作为担保的贷款。长期贷款的抵押品常常是房屋、建筑物、机器设备、股票、债券等。

(二) 取得长期借款的条件

我国金融机构对企业发放贷款的原则是：按计划发放、择优扶植、有物资保证、按期归还。

企业申请贷款一般应具备的条件是：(1) 独立核算、自负盈亏、有法人资格；(2) 经营方向和业务范围符合国家产业政策，借款用途属于银行贷款办法规定的范围；(3) 借款企业具有一定的物资和财务保证，担保单位具有相应的经济实力；(4) 具有偿还贷款的能力；(5) 财务管理和经济核算制度健全，资金使用效益及企业经济效益良好；(6) 在银行设有账户，办理结算。

具备上述条件的企业欲取得贷款，要先向银行提出申请，陈述借款原因与金额、用款时间与计划、还款期限与计划。银行根据企业的借款申请，针对企业的财务状况、信用情况、盈利的稳定性、发展前景、借款投资项目的可行性等进行审查。银行审查同意贷款后，再与借款企业进一步协商贷款的具体条件，明确贷款的种类、用途、金额、利率、期限、还款的资金来源及方式、保护性条件、违约责任等，并以借款合同的形式将其法律化。借款合同生效后，企业可取得借款。

(三) 长期借款的保护性条款

由于长期借款的期限长、风险大，按照国际惯例，银行通常对借款企业提出一些有助于保证贷款按时足额偿还的条件。这些条件被写进借款合同中，形成了合同的保护性条款。归纳起来，保护性条款大致有如下两类：

1. 一般性保护条款

一般性保护条款应用于大多数借款合同，主要包括：①对借款企业流动资金保持量的规定，其目的在于保护借款企业资金的流动性和偿债能力；②对支付现金股利和再购入股票的限制，其目的在于限制现金外流；③对资本支出规模的限制，其目的在于减少企业日后不得不变卖固定资产以偿还贷款的可能性，仍着眼于保持借款企业资金的流动性；④限制其他长期债务，其目的在于防止其他贷款人取得对企业资产的优先求偿权；⑤借款企业定期向银行提交财务报表，其目的在于及时掌握企业的财务情况；⑥不准在正常情况下出售较多资产，以保持企业正常的生产经营能力；⑦如期清偿应缴纳的税金和其他到期债务，以防被罚款而造成资金流失；⑧不准以任何资产作为其他承诺的担保或抵押，以避免企业过重的负担；⑨不准贴现应收票据或出售应收账款，以避免或有负债；⑩限制租赁固定资产的规模，其目的不仅在于防止负担巨额租金以致削弱其偿债能力，还在于防止企业以租赁固定资产的办法摆脱对其资本支出和负债的约束。

2. 特殊性保护条款

特殊性保护条款是针对某些特殊情况而出现在部分借款合同中的，主要包括：①贷款专款专用；②不准企业投资于短期内不能收回资金的项目；③限制企业高级职员的薪金和奖金总额；④要求企业主要领导人在合同有效期内担任领导职务。

（四）长期借款的成本

长期借款的利息率通常高于短期借款，但信誉好或抵押品流动性强的借款企业，仍然可以争取到较低的长期借款利率。长期借款利率有固定利率和浮动利率两种。浮动利率通常有最高限、最低限，并在借款合同中明确。对借款企业来说，若预测市场利率上升，则应与银行签订固定利率合同；反之，则应签订浮动利率合同。

除了利息之外，银行还会向借款企业收取其他费用，如实行周转信贷协议所收取的承诺费、要求借款企业在本银行中保持补偿性余额所形成的间接费用。这些费用会提高长期借款的成本。

（五）长期借款的偿还方式

长期借款的偿还方式不一，包括：定期支付利息，到期一次性偿还本金的方式；定期等额偿还方式；平时逐期偿还小额本金和利息，期末偿还余下的大额部分的方式。第一种偿还方式会加大企业借款到期时的还款压力，而定期等额偿还又会提高企业使用贷款的实际利率。

（六）长期借款筹资的评价

1. 长期借款筹资的优点

（1）筹资速度快。发行各种证券筹集长期资金所需时间一般较长，做好证券发行准备如印刷证券、申请批准等，以及证券的发行都需要一定时间。而长期借款与发行证券相比，一般所需时间较短，可以迅速地获取资金。

（2）借款成本较低。长期借款的利息可在缴纳所得税前支付，可以减轻企业的实际利息负担，其成本远低于股票融资。

（3）借款的弹性较大。借款时企业可以与银行直接接触，通过直接商谈来确定借款的时间、数量和利息。在借款期间，如果企业情况发生了变化，也可与银行进行协商，修改借款的数量和条件。借款到期后，如有正当理由，还可延期归还。而债券筹资面对的是社会广大投资者，协商改变筹资合约条款的可能性很小。

（4）可发挥财务杠杆作用。公司借入款项后，如能使投资收益率大于长期借款的利息率，公司即可获得财务杠杆利益。

2. 长期借款筹资的缺点

（1）风险大。与债券一样，长期借款必须定期还本付息，在公司经营不好时，可能会产生不能偿付的风险，甚至会导致破产。

（2）限制条款较多，约束了公司的生产经营和借款的使用。

四、租赁筹资

租赁协议是指在约定的期间内，出租人将资产使用权让与承租人以获取租金的协议。租赁协议的当事人至少包括出租人和承租人。出租人是租赁资产的所有者，承租人是租赁资产的使用者。

（一）租赁的种类与特点

就租赁形式来说，租赁可以分为经营租赁和融资租赁。

1. 经营租赁

（1）经营租赁的含义。

经营租赁（Operating Lease），又称服务租赁，是由出租人向承租人出租设备，并提供设备维修保养和人员培训等服务性业务。经营租赁通常为短期租赁。

承租企业经营租赁的目的是获得设备的短期使用权，满足经营上短期的、临时的或季节性的需要，并没有添置资产的企图，是一种纯粹的、传统意义上的租赁。经营租赁泛指融资租赁以外的其他一切租赁形式。租赁开始日租赁资产剩余经济寿命低于其预计经济寿命25%的租赁，也视为经营租赁，而无论其是否具备融资租赁的其他条件。

（2）经营租赁的特点。

① 可撤销。合同期间，承租人可中止合同，退回设备，以租赁更先进的设备。

② 不足支付。基本租期内，出租人只能从出租中收回设备的部分垫支资本，需通过以后将该项设备多次出租给多个承租人使用，方能补足未收回的那部分设备投资，外加其应获得利润。

③ 出租人不仅提供融资便利，还提供维修管理等专门服务，对出租设备的适用性、技术性能负责，并承担过时风险，负责购买保险。

2. 融资租赁

（1）融资租赁的含义。

融资租赁（Financial Lease）又称财务租赁或金融租赁，是指出租人根据承租人对租赁物件的特定要求和对供货人的选择，出资向供货人购买租赁物件，并租给承租人使用，承租人则分期向出租人支付租金，在租赁期内租赁物件的所有权属于出租人，承租人拥有租赁物件的使用权。租期届满，租金支付完毕并且承租人根据融资租赁合同的规定履行完全部义务后，对租赁物的归属没有约定的或者约定不明的，可以协议补充；不能达成补充协议的，按照合同有关条款或者交易习惯确定；仍然不能确定的，租赁物件所有权归出租人所有。

融资租赁是集融资与融物、贸易与技术更新于一体的新型金融产业。由于其融资与融物相结合的特点，出现问题时租赁公司可以回收、处理租赁物，因而在办理融资时对企业资信和担保的要求不高，所以非常适合中小企业融资。

【补充阅读3-1】

8.3万亿！融资租赁行业负重前行

2024年8月7日，由中国外商投资企业协会租赁业工作委员会组织编写的《中国融资租赁行业发展报告CL100-2024》正式发布。

该报告勾勒了我国融资租赁行业当前的整体发展状况，并对100家代表性金融租赁公司、融资租赁公司的财务资料从16个不同维度进行了全面、系统的分析，力求准确反映中国融资租赁行业的经营状况和发展动向。

同时，该报告还对我国融资租赁行业的发展环境、专项数据、重点企业、热点问题等进行了深入分析，并介绍了全球主要国家和地区的租赁业发展情况。

截至2023年底，我国融资租赁行业的总资产达到83 071亿元，比2022年底的77 409亿元增长了5 662亿元，增速约为7.31%。2023年，我国融资租赁行业新增业务额约29 350亿元人民币，比2022年的27 214亿元增长了2 136亿元，增速约为7.85%。从报告中对样本公司的分析来看，总资产收益率由2022年的1.42%降至2023年的1.40%，净资产收益率由9.27%降至9.23%，净利润率则由21.18%升至21.83%。在利差被不断挤压的情况下，融资租赁行业仍保持较为稳定的盈利能力。

融资租赁是促进设备流通和拉动社会投资的重要手段，行业发展与设备投资的强弱密切相关。2023年在复苏乏力、投资疲软、监管趋严的大背景下，我国融资租赁行业的总资产和新增业务额继续保持稳健增长，且增速较2022年明显回升，整个融资租赁行业展现出较强的韧性和活力。未来，随着经济增长动能的逐步释放和刺激投资政策的落地，以及企业转型的力度进一步加强，融资租赁行业的发展空间也会越来越大。

资料来源：中国外资租赁委员会.8.3万亿！融资租赁行业负重前行［EB/OL］.［2024-08-19］. http://clba.org.cn/newsinfo/7494736.html.

（2）融资租赁的形式。

融资租赁按照租赁当事人之间的关系，可以分为如下三种具体形式：

① 直接租赁。直接租赁是指出租人直接向承租人提供所需要的财产，并收取租金。直接租赁的出租人主要是制造商或租赁企业。直接租赁只涉及出租人和承租人。

② 杠杆租赁。这种租赁涉及承租人、出租人和资金出借者。从承租人的角度来看，这种租赁与其他租赁并无区别，承租人在基本租赁期内定期支付定额的租金，从而取得该租赁期内资产的使用权。但对出租人来说却不一样。一方面，出租人只拿出购置资产所需的部分资金（通常是资产价值的20%～40%）作为自己的投资；另一方面，出租人以该资产或出租权为抵押向资金出借者借入其余资金。资产出租后，出租人以收取的租金向资金出借者还贷。这样，出租人利用自己的少量资金推动了大额的租赁业务，其既是出租人，又是借款人，同时拥有资产的所有权，但必须及时偿还借款。如果不及时偿还借款，那么资产的所有权要归资金出借者所有。

③ 售后租回。该种租赁是指承租人先将某资产卖给出租人，再将该资产租回的一种租赁形式。在这种租赁形式下，出售资产的企业可得到相当于资产售价的一笔资金，同时仍然可以使用资产。当然，在租赁期内，承租人要支付租金，并失去了财产所有权。从事售后租回的出租人包括金融企业、保险企业、租赁企业等。

（3）融资租赁的特点。

① 租赁物由承租人决定，出租人出资购买并租赁给承租人使用，并且在租赁期间内只能租给一家企业使用。

② 承租人负责检查验收制造商所提供的租赁物，对于该租赁物的质量与技术条件，出租人不向承租人做出担保。

③ 出租人保留租赁物的所有权，承租人在租赁期间支付租金而享有使用权，并负责租赁期间租赁物的管理、维修和保养。

④ 租赁合同一经签订，在租赁期间任何一方均无权单方面撤销合同。只有在租赁物被毁坏或被证明已丧失使用价值的情况下方能中止执行合同，无故毁约则要支付相当重的

罚金。

⑤ 租期结束后，承租人一般对租赁物有留购和退租两种选择。若要留购，购买价格可由租赁双方协商确定。

（二）租赁筹资的优缺点

1. 租赁筹资的优点

（1）迅速获得所需资产，提高经营效率。租赁的特点是“融资”与“融物”同时进行，这使得租赁与举债相比，能够更快地获得所需资产，从而早日形成生产能力，提高企业的经营效率。此外，租赁的限制条款较少。租赁合同虽然也有一些限制条款，但与其他长期负债筹资方式相比要少得多，这同样会提高企业的经营效率。

（2）降低经营风险和财务风险。租赁合同中一般规定由出租人承担资产陈旧过时的风险，因而降低了承租企业的经营风险；租金在整个租赁期间分摊，降低了承租企业不能偿付到期债务的风险。同时，即使承租企业无力支付租金，根据租赁合同，出租人一般也只能将租赁资产收回，与长期借款和发行债券相比，这不会导致企业陷入破产危机。

（3）节税。租赁费用在税前列支，这给承租企业带来一定的节税利益。

2. 租赁筹资的缺点

（1）筹资成本高。筹资成本高是租赁筹资的主要缺点，租金总额占设备价值的比例一般要高于同期银行贷款的利率。在承租企业经济不景气、财务困难时期，固定的租金也会成为企业一项较为沉重的财务负担。

（2）丧失资产残值。租赁期满，若承租企业不能享有设备的残值，也可视为承租企业的一种机会损失。如若企业购买资产，就可享有资产残值。

（3）难于改良资产。由于租赁资产的所有权一般归出租人所有，因此承租企业未经出租人同意，往往不得擅自对租赁资产加以改良，以满足企业生产经营的需要。

五、留存收益

留存收益（Retained Earning）是指企业在对生产经营活动取得的税后利润进行分配时，留存一部分利润用于扩大企业的生产经营规模。这部分留存的收益称为盈余公积金和未分配利润，盈余公积可以按规定转增资本金，作为投资者向企业的投资，它是企业增加资本金的重要来源。留存收益有时又称为保留盈余或利润留存。

（一）留存收益的性质

从性质上看，企业通过合法有效的经营所实现的税后净利润，都属于企业的所有者。企业将本年度的利润部分甚至全部留存下来的原因有很多，主要包括：第一，收益的确认和计量是建立在权责发生制的基础上的，企业有利润，但企业不一定有相应的现金净流量增加，因而企业不一定有足够的现金将利润全部或部分分派给所有者。第二，法律法规从保护债权人利益和要求企业可持续发展等角度出发，限制企业将利润全部分配出去。《公司法》规定，企业必须从每年的税后利润中提取法定公积金。第三，企业基于自身扩大再生产和筹资的需求，也会将一部分利润留存下来。

（二）留存收益的筹资途径

1. 提取盈余公积

盈余公积是从当期企业净利润中提取的积累资金，主要用于企业未来的经营发展，经投资者审议后也可以用于转增股本（实收资本）和弥补以前年度经营亏损。

2. 未分配利润

未分配利润是指未限定用途的留存净利润。未分配利润有两层含义：第一，这部分净利润本年没有分配给公司的股东投资者；第二，这部分净利润未指定用途，可以用于企业未来的经营发展、转增股本（实收资本）、弥补以前年度的经营亏损及以后年度的利润分配。

（三）利用留存收益筹资的特点

1. 不发生筹资费用

与企业从外界筹集长期资本或普通股筹资相比较，留存收益筹资不发生筹资费用，资本成本较低。

2. 维持公司的控制权分布

利用留存收益筹资，不用对外发行新股或吸收新投资者，由此增加的权益资本不会改变公司的股权结构，不会稀释原有股东的控制权。

3. 筹资数额有限

留存收益的最大数额是企业到期的净利润和以前年度未分配利润之和，不像外部筹资，可以一次性筹集大量资金。企业如果发生亏损，那么当年就没有利润留存。另外，股东和投资者从自身期望出发，往往希望企业每年发放一定的利润，保持一定的利润分配比例。

六、吸收直接投资

企业资本金是指企业所有者为创办和发展企业而投入的资本，是企业股权资本最基本的组成部分。企业资本金因企业组织形式不同而有不同的表现形式，在股份制企业中称为“股本”，在非股份制企业中则称为“吸收直接投资”。

吸收直接投资是指非股份制企业以协议等形式吸收国家、其他企业、个人和外商等直接投入的资本，形成企业投入资本的一种筹资方式。吸收直接投资不以股票为媒介，适用于非股份制企业，是非股份制企业筹集股权资本的一种基本方式。

企业采用吸收直接投资方式筹措自有资本，必须符合一定的要求，主要有以下几个方面：第一，主体要求。采用吸收直接投资方式筹措投入资本的企业，应当是非股份制企业。第二，需要要求。直接投资的出资者以现金、实物资产、无形资产出资时，必须符合企业生产经营和科研开发的需要。第三，消化要求。企业筹集的投入资本，如果是实物和无形资产，必须在技术上能够消化，在工艺、人员方面能够适应。

（一）吸收直接投资的种类

1. 按投资者的性质分类

（1）吸收国家投资。国家投资是指有权代表国家投资的政府部门或者机构以国有资产投入企业。其主要为国家财政拨款，由此形成企业的国有资本。

（2）吸收法人投资。法人投资是指法人单位以其依法可以支配的资产投入企业。目前，吸收法人投资主要是指法人单位在进行横向经济联合时所产生的联营投资。

（3）吸收个人投资。吸收个人投资是指吸收本企业内部职工和城乡居民的直接投资，由此形成企业的个人资本。

（4）吸收外商投资。外商投资是指外国投资者以及我国香港、澳门和台湾地区投资者把资金投入企业。

2. 按投资者的出资形式分类

（1）吸收现金投资。吸收现金投资是企业吸收直接投资最为主要的形式之一，这是因为现金在使用上具有比其他出资方式更大的灵活性，它可以用于购置资产或支付费用。因此，企业在筹建时吸收一定量的现金将十分有利。也正因为如此，各国的法律对现金在资本总额中的比例均有一定要求。我国《公司法》规定，全体股东认缴的出资额由股东按照公司章程的规定自公司成立之日起五年内缴足。

（2）吸收实物投资。以厂房、建筑物、设备等固定资产和材料、燃料、商品等流动资产所进行的投资，均属于实物投资。投资实物的具体计价，可由双方按公平合理的原则协商确定，也可聘请专业资产评估机构评定。

（3）吸收无形资产投资。无形资产是指以专有技术、商标权、专利权等无形资产所进行的投资。企业在吸收无形资产投资时应特别谨慎，要进行认真的可行性研究，因为以无形资产投资实际上是把有关技术资本化了，把技术的价值固定化了，而技术实际上在不断老化，价值在不断减少甚至会完全丧失。

（二）初创企业的吸收直接投资

吸收直接投资是初创企业资金来源的最主要方式。投资者向初创企业直接投入资本金并成为初创企业的所有者，这些投资者可能是初创企业的创业团队、亲朋好友或天使投资人，也可能是风险投资机构和风险投资基金，通常用货币、实物、知识产权、土地使用权等可估价财产出资。

1. 吸收天使投资

（1）天使投资的内涵。天使投资（Angel Investment），是自由投资者或非正式风险投资机构对原创项目或小型初创企业进行的一次性前期投资。天使投资是风险投资的一种，是一种非组织化的创业投资形式。

天使投资人又被称为投资天使（Business Angel），是创业者的伯乐，也是推动技术创新和发展的重要动力。天使投资人一般有相当的财富积累和一定的风险承受能力，有丰富的管理经验或创业经历，有成熟的投资心态，善于借助他人的力量达到目标。

（2）天使投资的优势：①通常以自有资金来进行投资，因而是个体的、分散的、自发的和隐蔽的；②投资规模比较小，据统计，84%的天使投资的投资额小于250 000美元；③投资阶段比较早，一般而言，60%的天使投资额会投入在早期，而风险投资在早期仅投入25%，因此天使投资更敢于承担风险，投资进程比较快，同时投资成本比较低，但34%的中小企业不知道天使投资。

2. 吸收风险投资

（1）风险投资的内涵。风险投资（Venture Capital，VC），在中国是一个约定俗成的具有特定内涵的概念，其实把它翻译成创业投资更为妥当。广义的风险投资泛指一切具有高风险、高潜在收益的投资；狭义的风险投资是指以高新技术为基础，对生产与经营技术密集型产品的投资。根据美国风险投资协会（National Venture Capital Association，NVCA）的定义，风险投资是指由职业金融家投入新兴的、迅速发展的、具有巨大竞争潜力的企业中的一种权益资本。

之所以被称为风险投资，是因为在风险投资中有很多不确定性，这给投资及其回报带来很大的风险。一般来说，风险投资都是投资于拥有高新技术的初创企业，这些企业的创始人都具有很出色的技术专长，但是在公司管理上缺乏经验。另外，一种新技术能否在短期内转化为实际产品并为市场所接受，也是不确定的。还有其他一些不确定因素导致人们普遍认为这种投资具有高风险性，但是不容置疑的是风险投资的高回报率。

风险投资家既是投资者，又是经营者。风险投资家一般都有很强的技术背景，同时他们也拥有专业的经营管理知识，这样的知识背景使他们能够很好地理解高科技企业的商业模式，并且能够帮助创业者改善企业的经营和管理。

【德育专栏】

"创业投资"为何进入高频决策讨论

国务院总理李强2024年9月18日主持召开国务院常务会议，研究促进创业投资发展的有关举措。会议指出，创业投资事关科技创新、产业升级和高质量发展。要尽快疏通"募投管退"各环节存在的堵点卡点，支持符合条件的科技型企业境内外上市，大力发展股权转让、并购市场，推广实物分配股票试点，鼓励社会资本设立市场化并购母基金或创业投资二级市场基金，促进创投行业良性循环。

早在2024年6月7日举行的国务院常务会议中就把研究促进创业投资高质量发展的政策举措作为重要议题，时隔三个月之后，创业投资再一次成为国务院常务会议的关注焦点。事实上，不只是国务院常务会议，2023年底的中央经济工作会议明确提出"鼓励发展创业投资、股权投资"，2024年3月的政府工作报告也再一次提及"鼓励发展创业投资、股权投资，优化产业投资基金功能"；2024年4月，中央政治局会议更是明确提出"要积极发展风险投资，壮大耐心资本"。

在不到一年时间里，为什么创业投资会如此高频次地出现在决策讨论之中？答案其实也很简单——创业投资是市场活力的重要来源，更是链接从宏观经济增长到微观企业发展预期的关键枢纽。

创业投资也被称为风险投资，主要是指向具有高增长潜力的初创企业进行的股权投资，这些公司通常处于早期发展阶段，并且拥有创新的产品或服务。创业投资不仅能为初创公司提供资金支持，还能够为这些企业提供管理、市场营销以及关于行业专业知识等方面的指导。

创业投资支持创新企业，不仅能促进就业，其对于推动新技术落地和商业模式革新来说都扮演着积极角色，因此无论是从产业还是金融乃至是宏观三大层面来看，促进创业投资都是激活市场的一个极为关键的抓手。

过去几年的产业发展经验可以清晰看到，创业投资在商业模式的创新落地上发挥了重要作用，也为一批创业公司的快速崛起提供了充足的动力，是新经济生态规模扩大的基础。如今，当人工智能、半导体芯片等高新技术成为全球科技竞速中更关键的场域时，我们同样期待创业投资在其中能够发挥优势，再创新高。

资料来源：陈白．"创业投资"为何进入高频决策讨论［EB/OL］．［2024-09-23］．https：//www.gov.cn/zhengce/202409/content_6975902.htm.

（2）风险投资的运作过程。风险投资机构的投资决策是建立在极为科学周密的调查研究基础之上的。其一般基于三个准则：一是评估市场需求；二是核算投资成本；三是有把握回收投资。

风险资本的投资活动一般分为五个连续的步骤：一是交易发起（Deal Origination）；二是投资机会筛选（Screening）；三是评价（Evaluation）；四是交易设计（Deal Structure）；五是投资后管理（Post-investment Activities）。

风险投资机构在选择初创企业时，注重企业核心团队的创新能力和执行能力，其商业模式必须简明清晰，现金流好，企业的市场有足够的发展空间，并且能够持续增长。

风险资本的退出方式主要有四种：一是首次公开发行，即IPO；二是通过并购（广义）或股权转让交易模式退出；三是股权回购；四是清算和破产。

（三）吸收直接投资的评价

1.吸收直接投资的优点

（1）有利于增强企业信誉。吸收直接投资所筹集的资金属于自有资金，能增强企业的信誉和借款能力，对扩大企业经营规模、壮大企业实力具有重要作用。

（2）有利于尽快形成生产能力。吸收直接投资可以直接获取投资者的先进设备和技术，与仅能筹集现金的筹资方式相比，有利于尽快形成生产能力、尽快开拓市场。

（3）有利于降低财务风险。吸收直接投资可以根据企业的经营状况向投资者支付报酬，比较灵活，所以财务风险较小。

2.吸收直接投资的缺点

（1）资本成本较高。因为向投资者支付的报酬是根据其出资的数额和企业实现利润的多寡来计算的。

（2）企业控制权容易分散。投资者在投资的同时，一般都要求获得与投资数量相对应的经营管理权。这是外来投资的代价。

（3）不便于产权交易。投入资本筹资由于没有证券作为媒介，产权关系有时不够明确，也不便于产权交易。

第三节　资本成本

一、资本成本的概念和用途

（一）资本成本的概念

资本成本是企业的投资者（包括股东和债权人）对投入企业的资本所要求的最低报酬率或投资的机会成本，即投资于具有相同风险和期限的其他证券所能获得的期望报酬率。因此，资本成本也被称为必要期望报酬率、投资项目的取舍率及最低可接受的报酬率。

资本成本包含两个方面：一方面，资本成本与企业的筹资活动有关，是企业筹集和使用资金的成本，即筹资成本；另一方面，资本成本与企业的投资活动有关，是企业投资所要求的必要报酬率。这两个方面既有联系，也有区别。前者被称为企业的资本成本，后者被称为投资项目的资本成本。

1.企业的资本成本

企业的资本成本，是指组成企业资本结构的各种资金来源的成本组合，也就是各种个别资本成本的加权平均数。理解企业资本成本，需要注意以下问题：

（1）资本成本是企业取得资本使用权所付出的代价。从筹资企业的角度看，债权投资者的收益就是筹资企业的债务成本，权益投资者的报酬率就是筹资企业的股权成本。任何交易都至少有两方，一方所得就是另一方所失，一方的收益就是另一方的成本。因此，投资者的税前期望报酬率等于筹资企业的税前资本成本。

（2）资本成本是企业投资者要求的必要报酬率。资本成本是企业投资者要求的必要报酬率。如果企业的投资报酬率超过投资者的要求，其收益大于股东的要求，必然会吸引新的投资者购买该企业股票，股价将上升，现有股东的财富会增加；反之，有些股东将出售股票，股价将下跌，股东的财富会减少。因此，企业的资本成本是其投资的必要报酬率，或者说是维持企业股价不变的报酬率。

（3）不同资本来源的资本成本不同。企业可能有不止一种资本来源，普通股、优先股和债务是常见的三种来源。普通股、优先股和债务的投资者都希望在投资上获得报酬，但是由于风险不同，其所要求的报酬率也不同。企业的资本成本是企业资本结构中各种资金来源的成本组合，即普通股、优先股和债务等各种资本成本的加权平均值。

（4）不同企业的筹资成本不同。一个企业资本成本的高低，取决于三个要素：无风险报酬率、经营风险溢价和财务风险溢价。无风险报酬率，是指无风险投资所要求的报酬率，典型的无风险投资的例子是政府债券投资；经营风险溢价，是指由于企业未来前景的不确定性导致的要求投资报酬增加的部分；财务风险溢价，是指高财务杠杆产生的风险。企业的负债率越高，普通股收益的变动性越大，股东要求的报酬率也就越高。由于企业经营的业务不同（经营风险不同）、资本结构不同（财务风险不同），因此各企业的资本成本不同。企业的经营风险和财务风险越大，投资者要求的报酬率就越高，企业的资本成本也就越高。

2. 投资项目的资本成本

投资项目的资本成本是指项目本身所需投资资本的机会成本。理解项目资本成本，需要注意两个问题：

（1）区分企业资本成本和项目资本成本。企业资本成本是投资者针对整个企业要求的报酬率，或者说是投资者对于企业全部资产要求的必要报酬率。项目资本成本是企业投资于资本支出项目所要求的必要报酬率。

（2）每个项目都有自己的资本成本。项目不同，投资风险不同，它们的最低报酬率也不同。投资项目的资本成本即项目的必要报酬率，其高低主要取决于资本运用于什么样的项目，而不是从哪些来源筹资。每个项目都有自己的资本成本，它是项目风险的函数。

本章主要讨论企业的资本成本。

（二）资本成本的用途

企业的资本成本主要用于投资决策、筹资决策、营运资本管理和业绩评价等。

当投资项目与企业现存业务相同时，选择企业资本成本作为折现率是合适的。如果投资项目与现有资产平均风险不同，企业资本成本不能直接作为项目现金流的折现率，而需要根据项目风险与企业风险的差异进行适当的调整。项目资本成本是项目投资评价的基准。

筹资决策的核心是决定资本结构。最佳的资本结构是使企业价值最大化的资本结构，也是使加权平均资本成本最小化的资本结构（假设资本结构不改变企业的现金流）。预测资本结构变化对加权平均资本成本的影响，比预测其对企业价值的影响要简单。因此，加权平均资本成本可以指导资本结构决策。

在管理营运资本方面，资本成本可以用来评估营运资本投资政策和营运资本筹资政策。

资本成本就是投资者要求的报酬率，与企业实际的投资报酬率进行比较可以评价企业的经营业绩。

总的来说，资本成本是连接投资和筹资的纽带，具有广泛的用途。筹资决策决定了一个企业的加权平均资本成本，而加权平均资本成本是投资决策的依据；投资决策决定了企业所需资金的数额和时间，是筹资决策的依据；投资风险高于现有资产平均风险的项目，将增加企业的风险并提高企业的资本成本。

二、估计资本成本的方法

为了估计企业的资本成本，需要估计个别资本成本，然后根据各种资本所占的百分比，计算出加权平均值。加权平均资本成本，也称综合资本成本。其计算公式为：

$$K_w=\sum_{j=1}^{n}K_jW_j \tag{3-6}$$

其中：K_w为加权平均资本成本；K_j为第j种个别资本成本；W_j为第j种个别资本占全部资本的比重。

从上式可以看出，计算加权平均资本成本除了要计算个别资本成本外，还需要确定各种个别资本占全部资本的比重，即权数。权数的确定方法有三种：

（一）账面价值法

账面价值法是指根据企业资产负债表上显示的会计价值来衡量每种资本的比重。每年报告一次的资产负债表提供了负债和权益的比例，计算时比较方便。但是，账面结构反映的是历史结构，不一定符合未来的状态。账面价值会歪曲资本成本，因为账面价值与市场价值有很大差异。

（二）市场价值法

市场价值法是指根据当前负债和权益的市场价值比例来衡量每种资本的比重。由于市场价值不断变动，负债和权益的比例也随之变动，计算出的加权平均资本成本数额也是转瞬即逝的。

（三）目标资本结构法

目标资本结构法是指根据市场价值计量的目标资本价格衡量个别资本在总资本中的比重。

管理层决定的目标资本结构，代表对未来将如何筹资的最佳估计。如果企业向目标结构发展，将目标资本结构作为计算加权平均资本的权重是最有意义的。这种方法可以选用平均市场价格，回避因证券市场价格频繁变动而带来的不便；可以适用于企业筹措新资金，而不像账面价值法和市场价值法那样只反映过去和现在的资本结构。调查表明，目前大多数企业在计算资本成本时，一般采用按平均市场价值计量的目标资本结构作为权数。

【例3-5】某企业按平均市场价值计量的目标资本结构为长期债券30%、优先股10%、普通股40%、保留盈余20%。各种个别资本的成本分别为6%、12%、15.5%、15%，则该企业的加权平均资本成本为：

$$K_w=30\%\times6\%+10\%\times12\%+40\%\times15.5\%+20\%\times15\%=12.2\%$$

三、个别资本成本的估计方法

（一）债务成本的估计方法

债务成本的估计，一般采用到期收益率法计算债务的税前成本。

根据债券的估计公式，到期收益率是使得下式成立的K_d：

$$B_0 \cdot (1-f) = \sum_{t=1}^{n} \frac{I_t}{(1+K_d)^t} + \frac{M}{(1+K_d)^n} \tag{3-7}$$

其中：I_t为第t年年末支付的债务利息；B_0为债券发行总额或债券市价；K_d为债务税前成本；M为债务本金；n为债券期限；f为债务筹资费用率。

由于利息可以在税前扣除，因此债务的税后成本是税率的函数。利息的抵税作用使得债务的税后成本低于税前成本。计算公式为：

$$K_t = K_d \cdot (1-T) \tag{3-8}$$

其中：K_t为债务的税后成本；K_d为债务税前成本；T为所得税税率。

【例3-6】假设某企业发行期限为20年、债券票面利率为7.8%的债券1 000万元，每年付息，20年后一次还本，发行费用为2%，所得税税率为25%，则该债券的资本成本计算为：

$$1\,000 \times (1-2\%) = \sum_{t=1}^{20} \frac{1\,000 \times 7.8\%}{(1+K_d)^t} + \frac{1\,000}{(1+K_d)^{20}}$$

整理得：$980=78\times(P/A, K_d, 20)+1\,000\times(P/F, K_d, 20)$

采用逐步测试法求得：$K_d=8\%$

$K_i=K_d \cdot (1-T)=8\%\times(1-25\%)=6\%$

利息的抵税作用只发生在获利的企业。对于亏损的企业，所得税税率为零，因此债务的税后成本和税前成本是相等的。

用到期收益率法来计算债务成本主要适用于目前正在发行债券或者存在上市债券的企业。如果企业没有上市债券，就需要找到一个有可交易债券的可比企业作为参照物，然后计算可比企业长期债券的到期收益率，作为本企业的长期债务成本。可比企业应当与目标企业处于同一行业，具有类似的商业模式，最好两者的规模、负债比率和财务状况也比较类似。

（二）优先股成本

企业发行优先股，要支付筹资费用，定期支付股利。但它与债券不同，股利在税后支付，且没有固定的到期日。优先股资本成本的计算公式为：

$$K_p = \frac{D_p}{K_0(1-f)} \tag{3-9}$$

其中：K_p为优先股成本；D_p为优先股每年的股利；K_0为优先股发行总额；f为优先股筹资费用率。

【例3-7】某企业发行100万股优先股，筹资费率为4%，每年支付12%的股利，则优先股的资本成本为：

$$K_p = \frac{100 \times 12\%}{100 \times (1-4\%)} = 12.5\%$$

（三）普通股成本

对普通股的成本计算，历来有不同意见，其计算方法主要有以下两种：

1. 股利增长模型法

股利增长模型法就是按照股票投资的收益率不断提高的思路计算权益资本成本。一般假定收益以固定的年增长率递增。

按照股利增长模型法，普通股资本成本的计算公式为：

$$K_s=\frac{D_1}{P_0(1-f)}+g \quad (3-10)$$

其中：K_s为普通股成本；D_1为预期年股利额；P_0为普通股筹资额；f为普通股筹资费用率；g为普通股股利年增长率。

【例 3-8】假设某企业普通股每股市价为100元，筹资费用率为5%，第1年年末发放股利12元，以后每年增长4%，则：

$$K_s=\frac{12}{100\times(1-5\%)}+4\%=16.63\%$$

2. 资本资产定价模型法

按照资本资产定价模型法，普通股成本的计算公式为：

$$K_s=R_f+\beta\cdot(R_m-R_f) \quad (3-11)$$

其中：R_f为无风险报酬率；β为股票的贝塔系数；R_m为平均风险股票必要报酬率。

【例 3-9】假设某企业无风险报酬率为10%，市场证券组合的报酬率为16%，该企业股票的β系数为1.1，则：

$$K_s=10\%+1.1\times(16\%-10\%)=16.60\%$$

（四）留存收益成本

留存收益是所得税税后形成的，其所有权属于股东，实质上相当于股东对企业的追加投资。股东对这部分投资与以前缴给企业的股本要求有一定的报酬，所以，留存收益也要计算成本。留存收益成本的计算与普通股基本相同，但不用考虑筹资费用。其计算公式为：

$$K_r=\frac{D_1}{P_0}+g \quad (3-12)$$

其中：K_r为留存收益成本；D_1为预期年股利额；P_0为普通股筹资额；g为普通股股利年增长率。

【例 3-10】假设某企业普通股每股市价为100元，第一年年末股利为12元，以后每年增长4%，则：

$$K_r=\frac{12}{100}\times100\%+4\%=16\%$$

第四节 资本结构

资本结构（Capital Structure）是指企业各种长期资金筹集来源的构成和比例关系。企业有多种筹资方式，不同筹资方式的资本成本各不相同。每个企业都要研究各种资金的构成问题。在企业筹资决策中，企业应确定最佳资本结构，并在追加筹资中保持最佳结构。通常情况下，企业的资本结构由长期债务资本和权益资本构成。资本比例关系指的就是长期债务资本和权益资本各占多大比重。

一、资本结构理论

人们对资本结构有着若干不同的认识，资本结构理论主要有：

（一）早期的资本结构理论

资本结构理论和研究在西方始于20世纪50年代初期。1952年，美国财务管理学家大卫·杜兰特的研究成果是早期资本结构理论研究的正式开端之一。他把传统资本结构理论划分为三种类型：净利理论、营业净利理论、传统理论。

1. 净利理论

净利理论认为，企业利用负债可以降低企业加权平均资本成本，负债程度越高，企业的价值越大。

净利理论认为，当财务杠杆提高时，负债资本的成本和权益资本的成本均保持不变，这样会因资本结构中成本较低的负债资本所占比例增加，而使加权平均的资本成本降低，逐渐接近于负债成本。当企业资本成本最低时，企业的总价值最大，即为最佳资本结构。

2. 营业净利理论

营业净利理论认为，不论财务杠杆如何，加权平均的总成本都是固定的，增加成本较低的负债性成本会增加企业的风险，会使权益资本的成本提高，一升一降，加权平均的总成本仍保持不变。

根据这种理论，负债的实际成本与权益资本的实际成本是相同的。负债的成本可分为两部分：明示成本和非明示成本。明示成本可以用利息率来表示，而非明示成本则用因负债增加而使权益资本成本增加的部分来表示。按营业净利理论，企业的资本成本不受财务杠杆的影响，同时，企业不存在最优资本结构，筹资决策也就无关紧要。

3. 传统理论

传统理论认为，每一家企业均有一个最佳资本结构，企业可以通过财务杠杆的使用来降低其加权平均的资本成本，并增加企业的总价值。

权益资本成本随财务杠杆的使用而逐渐增加，但在一定程度内并不会明显增加企业的财务风险，债务资本成本保持相对稳定。因此，利用成本低的债务会使企业加权平均成本降低，企业总价值上升。但是，当债务比率超过一定程度时，企业财务风险加大，权益资本成本的上升就不能再被债务的低成本所抵消，加权平均资本成本便会上升，企业价值下降。若债务成本的比率继续增加，权益资本成本和债务资本成本均加速上升，导致加权平均资本成本更大幅度地增加。

（二）MM理论

上面介绍的三种理论都是建立在经验判断基础之上的，而MM理论则被称为当前最有影响的资本结构理论。这一理论是由美国著名财务管理学家莫迪格利安尼（France Modigliani）和米勒（Mertor Miller）于1958年创建的。MM理论使资本结构的研究成为一种严格的、科学的理论。当然，这一理论仍处于不断完善和发展过程中。

MM理论认为，在无税的环境下，企业的价值独立于其负债比率，也就是说，不论企业是否有负债，企业的加权平均资本成本都是不变的，企业的价值与企业的资本结构无关。当引入企业所得税后，负债会因利息的减税作用而增加企业的价值，这对投资者来说意味着更多的可分配经营收入，因此，负债企业的价值会超过无负债企业的价值，负债越多，差异越大。所以，当负债比率达到100%时，企业价值最大。

MM理论成功地利用数学模型揭示了资本结构中负债的意义，对财务理论做出了重大贡献。但是，学者和企业财务经理对MM理论的有效性是持怀疑态度的，因为实际上没有一家企业采纳MM理论的建议。MM理论的企业税模型得出的结论是企业负债比率达到100%时，企业价值最大，但这种情况在现实生活中是很少出现的。

（三）权衡理论

MM理论只考虑负债带来的减税利益，却忽略了负债带来的风险和额外费用，因此早期MM理论推导出的结论并不完全符合现实情况，只能作为这一理论研究的起点。此后，MM理论有所发展，在以往的基础上，在考虑了更多现实因素的情况下提出了权衡理论。权衡理论是在MM理论的基础上产生的，但比早期的MM理论更符合实际情况。

权衡理论认为：

（1）负债可以为企业带来减税利益。

（2）最初的MM理论假设在现实中不存在。事实是，各种负债成本随负债比率的提高而上升，当负债比率达到某一程度时，息税前利润会下降。同时，财务拮据的概率和代理成本会增加。

（3）当负债比率较低时，财务拮据和代理成本不明显；随着负债比率的提高，财务拮据和代理成本开始变得重要，会抵消部分减税利益；当负债比率上升至某一个点时，减税的边际收益完全被负债损失所抵消，即边际负债减税利益恰好与边际财务拮据和代理成本相等，企业价值最大，达到最佳资本结构；当负债比率超过这个点后，财务拮据和代理成本造成的损失将超过减税收益，导致企业价值下降。

二、确定资本结构的方法

从前述资本结构理论中可知，企业有其最佳资本结构。所谓最佳资本结构，是使公司价值最大化或加权平均资本成本最小化的资本结构。但在实际工作中，确定最佳资本结构却十分困难。以下介绍确定资本结构的两种方法。

（一）每股收益分析法

判断资本结构合理与否，一般方法是分析每股收益（EPS）的变化，即能提高每股收益的资本结构是合理的，反之则不够合理。每股收益的高低不仅受资本结构的影响，还受销售水平的影响，处理以上三者的关系，可以运用每股收益分析法。

每股收益分析是利用每股收益的无差别点进行的。所谓每股收益的无差别点，是指每股收益不受融资方式影响的销售水平。根据每股收益无差别点，可以判断在什么样的销售水平下适于采用何种资本结构。

每股收益无差别点可以通过计算得出。

每股收益的计算公式为：

$$EPS=\frac{(S-VC-F-I)(1-T)-PD}{N}=\frac{(EBIT-I)(1-T)-PD}{N} \tag{3-13}$$

其中：S为销售额；F为固定成本；T为企业所得税税率；N为流通在外的普通股股数；EBIT为息税前利润；VC为变动成本；PD为支付的优先股股利；I为年利息支出。

在每股收益无差别点上，无论是采用负债融资，还是采用权益融资，每股收益都是相等的。若以1代表负债融资，以2代表权益融资，则：

$EPS_1=EPS_2$

$$\frac{(S_1-VC_1-F_1-I_1)(1-T)-PD_1}{N_1}=\frac{(S_2-VC_2-F_2-I_2)(1-T)-PD_2}{N_2} \tag{3-14}$$

在每股收益无差别点上 $S_1=S_2=S$，则：

$$\frac{(S-VC_1-F_1-I_1)(1-T)-PD_1}{N_1}=\frac{(S-VC_2-F_2-I_2)(1-T)-PD_2}{N_2} \tag{3-15}$$

使得上述公式成立的销售额S为每股收益无差别点销售额。

【例3-11】某企业原有资本75万元，现因生产发展需要准备再筹集25万元资金，这些资金可以通过发行普通股来筹集，也可以通过发行债券来筹集。表3-1列示了企业资本结构的变化情况。

表3-1　**企业资本结构的变化情况**　金额单位：元

筹资方式	原资本结构	增加筹资后的资本结构	
		增发普通股（A）	增发企业债（B）
企业债（利率8%）	100 000	100 000	350 000
普通股（面值10元）	200 000	300 000	200 000
资本公积	250 000	400 000	250 000
保留盈余	200 000	200 000	200 000
资本总额合计	750 000	1 000 000	1 000 000
普通股股数（股）	20 000	30 000	20 000

发行新股时，每股发行价25元，筹资250 000元需发行10 000股，普通股股本增加100 000元，资本公积金增加150 000元。

企业的变动成本率为销售额的60%，固定成本为6.2万元，所得税税率为25%。

将上述资料中的有关数据代入公式：

$$\frac{(S-0.6S-6.2-0.8)\times(1-25\%)}{3}=\frac{(S-0.6S-6.2-2.8)\times(1-25\%)}{2}$$

S=32.5（万元）

此时的每股收益额为：

$$\frac{(32.5-0.6\times32.5-6.2-0.8)\times(1-25\%)}{3}=1.5\text{（元/股）}$$

上述每股收益无差别点分析如图3-1所示。

从图3-1中可以看出，当销售额高于32.5万元（每股收益无差别点的销售额）时，运用负债筹资可获得较高的每股收益；当销售额低于32.5万元时，运用权益筹资可获得较高的每股收益。

每股收益分析法只考虑了资本结构对每股收益的影响，并假定每股收益最大，股票价格也就最高。但把资本结构对风险的影响置于视野之外是不全面的，因为随着负债的增加，投资者的风险加大，股票价格和企业价值也会有下降的趋势，所以，单纯用每股收益分析有时会做出错误的决策。但在资金市场不完善的时候，投资人主要根据每股收益的多少来做出投资决策，每股收益的增加也的确有利于股票价格的上升。

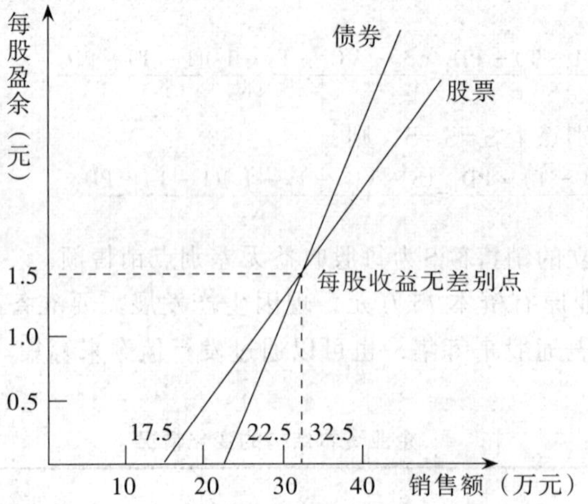

图3-1 每股收益无差别点分析

（二）方案对比优选法

在做出筹资决策之前，先拟订若干个备选方案，分别计算各方案的加权平均资本成本，根据计算结果选出加权平均资本成本最小的方案，并将其确定为相对最优的资本结构，这种方法称为方案对比优选法。

方案对比优选法通俗易懂，计算过程也不十分复杂，是确定资本结构的一种常用方法。但因所拟订的方案数量有限，故有把最优方案漏掉的可能，同时也难以区别不同方案之间的财务风险差异，有时也难以在计算过程中确定各种融资方式的资本成本。

【补充阅读3-2】

娃哈哈、农夫山泉风波背后：不同的资本结构，不同的舆论

自宗庆后逝世后，网络上出现不少“捧娃哈哈、踩农夫山泉”的文章和视频，导致两家的市场表现出现了截然不同的一面。其中娃哈哈官方旗舰店销量大涨500%，且正在继续攀升；农夫山泉官方旗舰店销量则暴跌90%，且正在持续恶化。

事件发酵至今，两家企业的“资本结构”也是网民们关注的一个焦点。天眼查显示，娃哈哈集团最大股东是杭州上城区文商旅投资控股集团有限公司，持有46%股权，其背后就是杭州上城区国资委。宗庆后独自持有29.4%股权，娃哈哈集团工会持有24.6%股权。至于农夫山泉，钟睒睒通过直接和间接持股的方式控制了农夫山泉84%的股份，先锋领航集团持股比例0.63%；贝莱德集团，持股比例0.63%；道富全球顾问公司，持股比例0.25%；恒生投资管理公司，持股比例0.14%。

因为有国资委的投资，娃哈哈被误称为“国有企业”；因为有美日资本投资，农夫山泉也被误称为“外资企业”。

值得一提的是，娃哈哈早年也曾引入过外资。

1992年后，中国正在经历发展经济的新高潮，对外开放和利用外资的实践从探路慢行到快速发展。一方面，外资需要借中国企业之力去打开中国市场；另一方面，引入外资是很多本土企业摆脱发展瓶颈的选择。

对20世纪90年代的娃哈哈来说，当看到国家的外资优惠政策吸引跨国公司来到中国市场，如果不扩大规模，提高市场竞争力就可能被市场淘汰，这种危机感和对资金尤其是技术的渴望，使娃哈哈很早便开始了对外资的探索。

思考：

（1）两家企业资本结构不同之处有哪些？

（2）为何舆论方向截然不同？

资料来源：路世明.娃哈哈、农夫山泉风波背后，那些不为人知的故事［EB/OL］.［2024-03-08］. https：//www.163.com/dy/article/ISOK72SP0519F5EB.html.

第五节　财务杠杆

一、经营风险和财务风险的影响因素

（一）经营风险的影响因素

经营风险一般反映为企业因经营环境的不确定性而导致利润变动的风险。经营风险主要来自以下几个方面：第一，销售方面。由于市场需求千变万化，产品的规格、品种及样式经常变化，因此企业难以使自己的产品在质量和数量两方面与市场需求完全吻合，这就不可避免地产生了销售风险。对于竞争性较强的企业，比如轻工业和零售商业企业，销售风险是威胁很大的。第二，投资方面。投资方面所面临的风险是指选择投资项目和确定投资数量时所面临的风险。在一定的时间之内，同时存在多种投资机会，选择哪一个项目来投资，投资多少，都要冒风险。第三，生产方面。由于企业的技术条件、管理水平、人事关系以及社会环境条件经常处在不断变化之中，因此，企业将各要素投入生产过程之后，产品的成本、质量，以及是否能如期完成生产计划、按期交货等因素，都是生产过程中的不确定性。在企业的全部成本中，固定成本所占比重较大时，单位产品分摊的固定成本会随之变动，最后导致利润发生更大幅度变动，经营风险就大；反之，经营风险就小。

（二）财务风险的影响因素

一般来说，企业在经营中总会借入资金，从而发生债务利息。企业负债经营，不论利润多少，债务利息是不变的。当企业在资本结构中增加了这类具有固定性融资成本的债务的比重时，固定的现金流出量就会增加，特别是在利息费用增加速度超过息税前利润增加速度的情况下，投资者将负担较多的债务成本，并经受较多的负债作用所引起的收益变动的冲击，企业的财务风险加大；反之，当债务资本比率较低时，财务风险就较小。此外，优先股股息也是一种固定性融资成本，与债务利息一样，也是影响企业财务风险的基本因素。

二、经营杠杆和经营杠杆系数

（一）经营杠杆

在固定成本水平保持不变的条件下，由于销售量一定程度的变动而引起息税前利润产生更大程度变动的经济现象就是经营杠杆（Operating Leverage）效应。经营杠杆效应产生的原因是，固定成本不变，当销售量增加时，变动成本将同比增加，销售收入也同比增加，但固定成本总额不变，单位固定成本反比例降低，这就导致单位产品成本降低，每单位产品利润增加，于是利润比销售量增加得更快。

考察ABC公司连续3年的销量、利润资料，见表3-2。

表3-2　　ABC公司盈利情况资料　　金额单位：元

项　　目	第一年	第二年	第三年
单价	150	150	150
单位变动成本	100	100	100
单位边际贡献	50	50	50
销量	10 000	20 000	30 000
边际贡献	500 000	1 000 000	1 500 000
固定成本	200 000	200 000	200 000
息税前利润（EBIT）	300 000	800 000	1 300 000

由表3-2可见，从第一年到第二年，销量比原来增加了100%，息税前利润比原来增加了166.67%；从第二年到第三年，销量比原来增加了50%，息税前利润比原来增加了62.5%。利用经营杠杆效应，企业在可能的情况下适当增加产销会取得更多的盈利，这就是经营杠杆利益。但我们也必须认识到，当企业受到不利因素影响而导致销售量下降时，息税前利润会以更大的幅度下降，即经营杠杆效应也会带来经营风险。

（二）经营杠杆系数

经营杠杆的大小一般用经营杠杆系数（Degree of Operating Leverage，DOL）表示，它是企业息税前利润变动率与销售量变动率之间的比率，计算公式为：

$$DOL=\frac{\Delta EBIT/EBIT}{\Delta Q/Q} \tag{3-16}$$

其中：DOL为经营杠杆系数；ΔEBIT为息税前利润变动额；EBIT为变动前的息税前利润；ΔQ为销售变动量；Q为变动前销售量。

为了便于应用，经营杠杆系数可通过销售额来表示，其公式为：

$$DOL_s=\frac{S-VC}{S-VC-F} \tag{3-17}$$

其中：DOL_s为销售额为S时的经营杠杆系数；S为销售额；VC为变动成本总额。

【例3-12】某企业生产A产品，固定成本为60万元，变动成本率为40%，当企业的销售额分别为400万元、200万元、100万元时，经营杠杆系数分别为：

$$DOL_{(1)}=\frac{400-400\times 40\%}{400-400\times 40\%-60}=1.33$$

$$DOL_{(2)}=\frac{200-200\times 40\%}{200-200\times 40\%-60}=2$$

$$DOL_{(3)}=\frac{100-100\times 40\%}{100-100\times 40\%-60}\to\infty$$

以上计算结果说明：

（1）在固定成本不变的情况下，经营杠杆系数说明了销售额增长（减少）所引起的利润增长（减少）幅度。比如，$DOL_{(1)}$说明在销售额为400万元时，销售额的增长（减少）会引起利润1.33倍的增长（减少）。

（2）在固定成本不变的情况下，销售额越大，经营杠杆系数越小，经营风险也就越小；反之，销售额越小，经营杠杆系数越大，经营风险也就越大。比如，当销售额为400万元时，$DOL_{(1)}$为1.33；当销售额为200万元时，$DOL_{(2)}$为2。显然后者的经营风险大于前者。

（3）当销售额达到盈亏临界点时，经营杠杆系数趋近于无穷大，如 $DOL_{(3)}$ 的情况。此时企业经营只能保本，若企业销售额稍有增加便可出现盈利，若销售额稍有减少便会发生亏损。

企业一般可以通过增加销售额、降低产品单位变动成本、降低固定成本比重等措施使经营杠杆系数下降，降低经营风险，但这往往要受多种非主观因素的制约。

三、财务杠杆系数

财务杠杆（Financial Leverage）是指在某一固定的债务与权益融资结构下，息税前利润的变动引起普通股每股收益更大程度变动的经济现象。在一定的息税前利润范围内，债务融资的利息成本和优先股的股息成本是不变的。随着息税前利润的增加，单位利润所负担的固定性融资成本就会相对减少，从而单位利润可供股东分配的部分就会相应增加，普通股每股收益的增长率将大于息税前利润的增长率。与经营杠杆作用大小的表示方式类似，财务杠杆作用的大小通常用财务杠杆系数表示。财务杠杆系数越大，表明财务杠杆作用越大，财务风险也就越大；财务杠杆系数越小，表明财务杠杆作用越小，财务风险也就越小。财务杠杆系数（Degree of Financial Leverage，DFL）的计算公式为：

$$DFL=\frac{\Delta EPS/EPS}{\Delta EBIT/EBIT} \tag{3-18}$$

其中：DFL为财务杠杆系数；ΔEPS为普通股每股收益变动额；EPS为变动前的普通股每股收益；ΔEBIT为息税前利润变动额；EBIT为变动前的息税前利润。

上述公式还可以推导为：

$$DFL=\frac{EBIT}{EBIT-I-PD/(1-T)} \tag{3-19}$$

其中：I为债务利息；PD为优先股股利；T为所得税税率。

【补充阅读3-3】

三去一降一补：深化供给侧结构性改革

纵观全球金融历史，所有经济危机的诱因几乎本质上都是债务危机，源自财务杠杆在上一个周期繁荣时期的过度使用以及不能在下一个周期来临之前及时去杠杆。

“三去一降一补”即去产能、去库存、去杠杆、降成本、补短板五大任务，是习近平总书记根据供给侧结构性改革提出的。供给侧结构性改革主要涉及产能过剩、楼市库存大、债务高企这三个方面，为解决好这一问题，就要推行“三去一降一补”的政策。

2021年3月5日，时任国务院总理李克强在《2021年国务院政府工作报告》中指出，继续完成“三去一降一补”重要任务。

其中，“杠杆”是指特定主体通过借入债务，以较小规模的自有资金撬动大量资金，以此扩大经营规模。比如个人、企业和政府等主体向金融机构借贷或发债等，都是加杠杆的行为。微观上一般以总资产与权益资本的比率衡量杠杆率水平，宏观上一般以“债务/GDP”衡量杠杆率水平。适度加杠杆有利于企业盈利和经济发展，但如果杠杆率过高，债务增速过快，还债的压力就会反过来增大金融风险甚至拖累发展。中央经济工作会议把“去杠杆”列为2016年结构性改革的重点任务之一，积极推动在提高生产效率、推动经济增长的过程中改善债务结构，增加权益资本比重，以可控方式和可控节奏逐步减少杠杆，防范金融风险压力，促进经济持续健康发展。

资料来源：360百科．三去一降一补［EB/OL］．［2024-10-15］．https：//baike.so.com/doc/30536916-32420761.html.

四、综合杠杆与企业总风险

如前所述，固定成本的存在产生了经营杠杆作用，从而使息税前利润的变动率大于销售量的变动率；同时，在负债经营情况下，固定性债务成本的存在产生了财务杠杆作用，从而使普通股每股收益的变动率大于息税前利润的变动率。如果两种杠杆共同起作用，那么销售量的变动率通过两级杠杆的放大效应，将对每股收益的变化产生更大的作用。这种在某一固定成本比率和某一债务资本比率下，销售量变动对每股收益所产生的作用，称为综合杠杆。

对综合杠杆作用的计量，是通过计算综合杠杆系数（Degree of Total Leverage，DTL）指标来进行的。该指标的经济含义是每股收益变动率相对于销售量变动率的比率。计算公式为：

$$DTL=\frac{\Delta EPS/EPS}{\Delta Q/Q}=\frac{\Delta EPS/EPS}{\Delta EBIT/EBIT}\times\frac{\Delta EBIT/EBIT}{\Delta Q/Q}=DOL\times DFL \tag{3-20}$$

式（3-20）表明：综合杠杆系数即经营杠杆系数与财务杠杆系数的乘积。

在实际运用中还可以将式（3-20）转换为用销售量Q或用边际贡献M来表达的两种形式：

$$DTL=\frac{Q(P-V)}{Q(P-V)-F-I-PD/(1-T)} \tag{3-21}$$

或 $$DTL=\frac{M}{M-F-I-PD/(1-T)}=\frac{M}{EBIT-I-PD/(1-T)} \tag{3-22}$$

其中：M为边际贡献；P为单价；V为单位变动成本；F为总固定成本；Q为销售量；I为债务利息；PD为优先股股利；T为所得税税率。

【例3-13】某企业2023年产品销售量比2022年增长20%，在其他条件（包括产品售价、固定成本、单位变动成本、负债比率、年利息率、所得税税率和资本总额）均不改变的情况下，息税前利润（EBIT）和每股收益（EPS）的变动情况见表3-3。

表3-3 **息税前利润及每股收益变动情况表** 金额单位：万元

项　目	2022年	2023年	增长率（%）
销售量（万台）	20	24	20
销售收入（售价100元/台）	2 000	2 400	20
总变动成本（单位变动成本40元/台）	800	960	20
边际贡献额	1 200	1 440	20
总固定成本	600	600	

续表

项　目	2022年	2023年	增长率（%）
息税前利润（EBIT）	600	840	40
资本总额	5 000	5 000	
债务资本总额	2 000	2 000	
负债比率（%）	40	40	
年利息额（年利率10%）	200	200	
税前利润总额	400	640	60
所得税（税率25%）	100	160	
税后利润总额	300	480	60
权益资本总额	3 000	3 000	
普通股股数（10元/股，万股）	300	300	
每股收益（EPS）	1	1.6	60

根据公式，综合杠杆系数为：

$$DTL=\frac{\Delta EPS/EPS}{\Delta Q/Q}=\frac{60\%}{20\%}=3$$

根据公式，综合杠杆系数也可计算为：

$$DTL=DOL\times DFL=\frac{40\%}{20\%}\times\frac{60\%}{40\%}=2\times1.5=3$$

根据公式，综合杠杆系数也可以计算为：

$$DTL=\frac{Q\cdot(P-V)}{Q\cdot(P-V)-F-I}=\frac{20\times(100-40)}{20\times(100-40)-600-200}=3$$

在【例3-13】中，按2022年的边际贡献额与息税前利润之间的关系计算，经营杠杆系数为2，在此作用下，2023年销售量增长20%，导致息税前利润增长40%。按2022年的息税前利润与税前利润之间的关系计算，财务杠杆系数为1.5，在此作用下，2023年息税前利润增长40%，导致每股收益增长60%。因此，在经营杠杆和财务杠杆的共同作用下，2023年销售量增长20%，最终导致每股收益增长60%，增长3倍（2×1.5），这就是综合杠杆的作用。

在负债经营情况下，企业同时承担经营风险和财务风险。如果市场和经营状况良好，在综合杠杆的作用下，销售量（额）的增长会引起每股收益的大幅度上升；反之，如果市场和经营状况恶化，那么销售量（额）的下降会引起每股收益的大幅度减少。这种由综合杠杆表现的经营风险和财务风险共同作用下每股收益的不确定性，称为企业总风险。在其他因素不变的情况下，综合杠杆系数越大，表明企业总风险程度越高，反之则总风险程度越低。

此外，根据企业承受风险的能力以及生产经营特点，在某一综合杠杆水平之下，经营杠杆和财务杠杆可以有多种不同的组合。例如，财务状况良好的企业可以适当提高财务杠杆系数，充分发挥负债经营对提高权益资本报酬率的作用，相对降低经营杠杆系数，规避经营风险；而经营状况良好的企业可以适当提高经营杠杆系数，充分发挥固定成本对提高盈利水平的作用，相对降低财务杠杆系数，规避财务风险。

本章小结

本章第一节介绍商业信用、短期借款和短期融资券等短期筹资方式的基本概念和特点；第二节介绍发行股票、发行债券、长期借款、租赁、留存收益和吸收直接投资等长期筹资方式的基本概念和特点；第三节论述资本成本的概念和意义，介绍个别资本成本包括债务成本、普通股成本、优先股成本和留存收益成本的计算方法，以及加权平均资本成本的确定方法；第四节介绍资本结构理论，以及最佳资本结构的确定方法；第五节介绍经营风险和财务风险的影响因素、经营杠杆和财务杠杆的基本原理，以及经营杠杆系数、财务杠杆系数和综合杠杆系数的计算方法。本章思政元素索引表见表3-4。

表3-4 本章思政元素索引表

教学模块	教学内容	课程思政教育资源	社会主义核心价值观
短期筹资管理	商业信用	放弃现金折扣成本	诚信
长期筹资管理	股票的分类 债券的信用等级	差别化表决权 守信激励，失信惩戒	平等、和谐、诚信、法治
资本成本	资本成本的测算	投资的机会成本	公正
财务杠杆	经营杠杆和财务杠杆效应	去产能、去杠杆的政策意义	自由、平等

主要知识点

(1) 企业短期筹资方式的类别与特点；(2) 放弃现金折扣的资本成本的计算与应用；(3) 短期借款本息偿还方式的特点；(4) 企业长期筹资方式的类别与特点；(5) 资本成本的含义及应用；(6) 个别资本成本和加权平均资本成本的计算；(7) 每股盈余分析法在确定最佳资本结构中的应用；(8) 经营杠杆和财务杠杆的定义、影响因素及应用；(9) 经营杠杆系数、财务杠杆系数和综合杠杆系数的计算。

思考题

1.试述股票发行的价格如何确定。

2.试述债券融资的优缺点。

3.试说明融资租赁筹资的优缺点。

4.试分析普通股融资的优缺点。

5.试说明优先股融资的优缺点。

6.试分析资本成本的作用。

7.试述普通股股东具有哪些基本权利。

8.可转换公司债券的特点是什么？

课后练习

一、单项选择题

1. 企业外部筹资的方式很多，但不包括（　　）。

A. 投入资本筹资　　B. 企业留用利润　　C. 发行股票筹资　　D. 长期借款筹资

2. 出租人既出租某项资产，又以该项资产为担保借入资金的租赁方式是（　　）。

A. 经营租赁　　B. 售后回租　　C. 杠杆租赁　　D. 直接租赁

3. 长期借款筹资与长期债券筹资相比，其特点是（　　）。

A. 利息能节税　　B. 筹资弹性大　　C. 筹资费用大　　D. 债务利息高

4. 下列关于普通股融资优缺点的表述中，不正确的是（　　）。

A. 筹资风险大　　B. 筹资限制少

C. 可能会分散公司的控制权　　D. 会增加公司被收购的风险

5. 下列关于债券的表述中，不正确的是（　　）。

A. 当票面利率高于市场利率时，溢价发行债券

B. 提前偿还所支付的价格通常要高于债券的面值，并随到期日的临近而逐渐下降

C. 当预测利率下降时，可以提前赎回债券

D. 用发行新债券得到的资金来赎回旧债券属于提前偿还常用的办法

6. 甲公司向银行借款1 000万元，年利率为8%，期限1年，按照贴现法付息，银行要求按照借款金额的12%保持补偿性余额，该借款的有效年利率为（　　）。

A. 11%　　B. 9.8%　　C. 9%　　D. 10%

7. 如果企业经营在季节性低谷时除了自发性负债外不再使用短期借款，其所采用的营运资金融资政策属于（　　）。

A. 配合型融资政策　　B. 激进型融资政策

C. 稳健性融资政策　　D. 配合型或稳健型融资政策

8. 关于直接筹资和间接筹资，下列表述错误的是（　　）。

A. 直接筹资仅可以筹集股权资金　　B. 直接筹资的筹资费用较高

C. 发行股票属于直接筹资　　D. 融资租赁属于间接筹资

9. 某企业生产经营淡季时占用流动资产50万元，固定资产100万元，生产经营旺季还要增加40万元的波动性存货，若企业股东权益为80万元，长期负债50万元，其余则要靠借入短期借款解决资金来源，该企业实行的是（　　）。

A. 激进型筹资策略　　B. 保守型筹资策略

C. 适中型筹资策略　　D. 长久型筹资策略

10. 下列各项中，属于短期债务筹资缺点的是（　　）。

A. 不容易取得资金　　B. 筹资风险高

C. 筹资成本高　　D. 筹资弹性不足

二、多项选择题

1. 优先股筹资的优点有（　　）。

A. 不用偿还本金　　B. 股利支付既固定，又有一定弹性

C. 筹资限制少　　D. 有利于增强公司信誉

2. 以公开间接方式发行股票的特点包括（　　）。

A. 易于足额募集资本　　B. 发行成本低

C. 有利于提高公司的知名度　　D. 股票变现性强，流通性好

3. 影响债券发行价格的因素包括（　　）。

A. 债券面额　　B. 票面利率　　C. 市场利率　　D. 债券期限

4. 某生产和销售食品的企业目前正处于生产经营活动的旺季。该企业的资产总额70万元，其中长期资产30万元、流动资产40万元，永久性流动资产约占流动资产的40%；负债总额36万元，其中临时性负债为10万元，由此可得出的结论有（　　）。

A. 该企业采取的是保守型营运资本筹资政策

B. 该企业采取的是激进型营运资本筹资政策

C. 该企业目前的易变现率为60%

D. 该企业目前的易变现率为75%

5. 在下列各项中，不属于商业信用融资内容的有（　　）。

A. 预收货款　　B. 短期借款

C. 赊购商品　　D. 办理应收票据贴现

三、计算题

1. 某公司全部资本为750万元，债务资本比率为0.4，债务利率为12%，所得税税率为25%。在销售利润为80万元时，税后利润为29.48万元。

要求：该公司的财务杠杆系数。

2. 甲公司只生产销售C产品，其总成本习性模型为Y=15 000+7X。假定该企业2023年C产品每件售价为12元，产品销售为15 000件，按市场预测2024年C产品的销售数量将增长12%。

要求：

（1）计算2023年甲公司的边际贡献总额；

（2）计算2023年甲公司的息税前利润；

（3）计算2024年甲公司的经营杠杆系数；

（4）计算2024年甲公司的息税前利润增长率；

（5）假定甲公司2023年发生负债利息8 000元，2024年保持不变，计算2024年的总杠杆系数。

3. A公司是近年来快速崛起的一家生物制药公司，目前的资本结构如表3-5所示。2023年年底，A公司准备投资一项新的药品开发项目，目前估计需要前期资金900万元，后续的资金将从本药品的盈利中获取。咨询公司综合考虑了A公司的相关情况，并结合当地的实际状况，向A公司提供了两个具有可行性的方案。

表3-5　**A公司2023年12月31日的资本结构**　金额单位：万元

项目	金额	比例
负债	3 600	45%
股东权益	4 400	55%
总资产	8 000	100%

方案一：向商业银行贷款。贷款费用为贷款总金额的1%，同时，商业银行要求维持10%的补偿性余额，2024年的贷款利率为7%。

方案二：向全社会公开发行股票。鉴于A公司目前的状况，咨询公司暂定发行价格为每股10元，发行费用约为总金额的4%，同时2024年预计将按每股0.6元发放现金股利。

要求：如果你是A公司的财务部经理：

（1）请分别计算两种筹资方式的成本，并做出自己的选择。

（2）如果A公司可以采用以上两种筹资方式的混合模式，同时该公司第一大股东希望在筹资活动结束后，公司的资产负债率约为49%，请计算此时该公司应该如何进行筹资（结果保留整数）。

（3）在上述计算的基础上，填写A公司新的资本结构表（如表3-6所示）。

表3-6　A公司2024年×月×日的资本结构

项目	金额	比例
负债		
股东权益		
总资产		

4. 八方公司拟发行面额1 000元、票面利率6%、5年期债券一批，每年年末付息一次。

要求：试分别测算该债券在不同市场利率下的发行价格：

（1）市场利率为5%；

（2）市场利率为6%；

（3）市场利率为7%。

5. 假设某公司的资本来源包括以下两种形式：（1）100万股面值为1元的普通股。假设公司下一年的预期股利是每股0.10元，并且以后将以每年10%的速度增长。该普通股目前的市场价格是每股1.80元。（2）面值总额为800 000元的债券，该债券在3年后到期，每年末要按面值的11%支付利息，3年到期支付本金。该债券目前在市场上的交易价格是每张95元（每张面值100元）。假设不考虑筹资费，所得税税率为25%。

要求：分别计算该公司普通股和债券的资本成本。

第四章

企业投资管理

学习目标

1.掌握项目投资的含义与类型。

2.掌握现金流量的估计方法。

3.项目投资决策评价指标的计算及各自优缺点的比较。

教学引导案例

东环公司是生产汽车零部件的企业，所生产的产品一直供不应求。为提高生产能力，公司准备新建一条生产线。负责这项投资决策的财务总监经过调查研究后，得到如下相关资料：该投资项目初始投资为340万元，当年投资当年收益，项目寿命期为5年，5年后估计可收回固定资产残值等现金流量40万元。企业提供的资料表明，每年的营业收入可达3 200万元，每年的付现成本为2 840万元，固定资产折旧和无形资产摊销等非付现成本为每年60万元，企业所得税税率为25%；若贴现率为15%，请在净现值指标计算基础上判断该项目是否可行。

营业净流量的计算见表4-1。

表4-1 营业净流量计算表 单位：万元

项目	第一年	第二年	第三年	第四年	第五年
营业收入	3 200	3 200	3 200	3 200	3 200
减：付现成本	2 840	2 840	2 840	2 840	2 840
折旧和摊销	60	60	60	60	60
税前利润	300	300	300	300	300
减：企业所得税	75	75	75	75	75
税后利润	225	225	225	225	225
营业现金净流量	285	285	285	285	285

案例思考题：

1.投资决策中为什么使用现金流量作为主要评价依据？

2.项目投资决策中如何预测现金流量？

第一节 企业投资管理概述

一、投资的概念和种类

投资是指企业将财力投放于一定的对象，以期在未来获取收益的行为。投资是财务活动中最重要的活动，筹资的目的是投资，而利润分配活动是对投资活动的结果进行分配。在财务决策中，投资决策处于核心地位。

投资可分为以下类型：

（1）按照投资行为的介入程度，分为直接投资和间接投资。

直接投资（Direct Investment）是指不借助金融工具，由投资人直接将资金转移交付给被投资对象使用的投资，包括企业内部直接投资和对外直接投资。前者形成企业内部用于生产经营的各项资产，如流动资产、固定资产、无形资产等；后者形成企业持有的各种股权性资产，如持有子公司或联营公司股份等。

间接投资（Indirect Investment）是指通过购买被投资对象发行的金融工具而将资金转移交付给被投资对象使用的投资，如企业购买特定投资对象发行的股票、债券、基金等。

（2）按照投资的方向，分为对内投资和对外投资。

从企业的角度看，对内投资就是项目投资，是指将资金投放于为取得供本企业生产经营使用的固定资产、无形资产、其他资产和垫支流动资金而形成的一种投资。

对外投资是指为购买其他主体发行的有价证券或其他金融产品，以货币资金、实物资产、无形资产向其他主体注入资金而发生的投资。

（3）按照投资收回的时间，分为长期投资和短期投资。

长期投资是指为了满足生产经营上的长远（一年以上或一个营业周期以上）需要而进行的资金投放活动，主要包括证券投资和固定资产投资。

短期投资是指收回期限在一年以下或一个营业周期以下的投资，主要包括流动资产投资。

本章讨论的投资，是指属于直接投资范畴的企业内部投资，即项目投资。

（4）按照投资在生产过程中的作用，可分为初创投资和后续投资。

初创投资是指建立新企业时所进行的各种投资，其特点是投入的资金通过建设形成企业的原始资产，为企业的生产、经营或服务创造必备条件。

后续投资是指为巩固和发展企业再生产所进行的各种投资，包括为维持企业简单再生产所进行的更新投资、为实现扩大再生产所进行的追加投资、为调整生产经营方向所进行的转移性投资等。

【德育专栏】

以耐心资本助力新质生产力发展

2024年4月30日，中共中央政治局会议强调，在“因地制宜发展新质生产力”的同时，“要积极发展风险投资，壮大耐心资本”。所谓“耐心资本”，泛指对风险有较高承受力且对资本回报有着较长期限展望的资金，是一种专注于长期投资的资本形式，不以追求短期收益为首要目标，而更重视长期回报的项目或投资活动的资本，通常较少受到市场短期波动干扰，资本回报有较长期限展望且对风险有较高承受力。其特点是坚持长期主义、深耕价值投资、耐受风险波动和追求收益回报。

耐心资本作为追求长期投资、战略投资、稳定投资的资本，可以成为反映新质生产力发展的风向标，引领资本向发展新质生产力聚集。作为发展新质生产力的核心要素，科技创新研发投入大、周期长、风险高，离不开耐心资本等金融资源的长期支持，在此基础上推动创新性产业和未来产业向前发展。由此，耐心资本可以成为新质生产力发展的金融支撑器和稳定器。与此同时，耐心资本也是连接新的生产要素与传统生产要素的兼容性纽带，可以成为促进传统产业转型升级形成新质生产力的催化剂。

耐心资本作为稀缺资本、优质资本、安全资本，要想更好地助力新质生产力的发展，建议布局应多向重要战略领域倾斜，发挥促进生产力发展的关键性、引领性和全局性作用。统筹支持实体经济和虚拟经济的发展，为因地制宜发展新质生产力、加强国家战略科技力量布局、培育壮大新兴产业、超前布局建设未来产业、运用先进科技赋能传统产业转型升级提供金融助力。因地制宜发展新质生产力，就是要根据不同产业领域、不同地区、不同所有制性质企业的具体情况，制定各产业、各地区、各个企业提升发展质量的策略和方法以及路径，从而形成各具特色、不同竞争优势的新质生产力。为此，耐心资本首先是投资于实体经济领域，新兴产业、未来产业、传统产业都是实体经济的重要投资领域。耐心资本也需要投资于虚拟经济领域，通过虚拟经济的发展间接支持实体经济的发展，在不断优化金融结构的同时，使耐心资本成为服务于实体经济尤其是投资于未来产业的领头羊。

资料来源：程恩富，刘美平.以耐心资本助力新质生产力发展［N］. 光明日报，2024-06-25（11）.

二、项目投资

（一）项目投资的类型

项目投资（Project Investment）是指以特定建设项目为投资对象的一种长期投资行为。项目投资可进一步分为新建项目投资和更新改造项目投资。

新建项目投资是指通过增加生产要素的投入量，扩大再生产的规模而进行的投资，属于外延扩大再生产的类型。按其涉及的内容，还可进一步分为单纯固定资产投资项目和完整工业投资项目。前者简称为固定资产投资，其特点在于：在投资中只包括固定资产投资而不涉及流动资产投资；后者则不仅包括固定资产投资，还包括流动资产投资、无形资产投资。因此，不能将项目投资简单地等同于固定资产投资。

更新改造项目投资是指以恢复或改善生产能力为目的而进行的投资，属于简单再生产或内含扩大再生产的类型。

（二）项目计算期的构成和资金投入方式

项目计算期是指投资项目从投资建设开始到最终清理结束整个过程的全部时间，即该项目的有效持续时间。完整的项目计算期包括建设期和生产经营期。建设期的第1年年初称为建设起点，建设期的最后1年年末称为投产日；项目计算期的最后1年年末称为终结点。从投产日到终结点之间的时间间隔称为生产经营期，生产经营期包括试产期和达产期（完全达到设计生产能力）。项目计算期、建设期、生产经营期之间的关系如下：

项目计算期（n）=建设期（s）+生产经营期（p）　　(4-1)

投资主体将原始投资投入具体项目的方式包括一次投入和分次投入两种形式。一次投入方式是指投资行为集中一次发生在项目计算期第一个年度的年初或年末；如果投资行为涉及两个或两个以上年度，或虽只涉及一个年度但分别发生在年初和年末，则属于分次投入方式。

（三）项目投资的意义

与其他形式的投资相比，项目投资具有投资内容独特（每个项目都至少涉及一项形成固定资产的投资）、投资数额大、影响时间长、发生频率低、变现力差和投资风险大等特点。

1. 项目投资是取得利润的基本前提

企业财务管理的目标是不断为股东创造新的财富。为此，企业就要采取各种措施增加利润、降低风险。在市场经济条件下，企业要想获得利润，必须拥有一定数量的资金，并把资金投放到各种可行项目上，才能进行生产经营，取得利润。

2. 项目投资是维持企业简单再生产的必要手段

在科学技术和社会经济迅速发展的今天，要维持简单再生产，必须对所使用的机器设备进行更新，对产品和生产工艺进行改革，不断提高员工的文化科学技术水平等。企业只有通过一系列的投资活动，才能建立起维持简单再生产不可缺少的条件。

3. 项目投资是企业扩大再生产的必要前提

企业为不断提高价值，增强竞争能力，必须适当扩大生产经营规模。为此，企业要扩建厂房，增添机器设备，运用更先进的设备更新已有设备。这些都需要企业投入资金。

4. 项目投资是降低企业经营风险的重要方法

企业把资金投向生产经营的关键和薄弱环节，可以平衡企业的各种生产经营能力，形成强大的综合能力。企业把资金投向多个行业，实行多元化经营，能增强企业销售和盈利的稳定性。这些都是降低企业经营风险的重要方法。

（四）项目投资决策的程序

1. 投资项目的提出

投资项目的提出是根据企业的长远发展战略、中长期投资计划和投资环境的变化，在把握良好投资机会的情况下提出的。投资项目的提出是项目投资决策程序的第一步，它可以由企业管理当局或企业高层管理人员提出，也可以由企业的各级管理部门和相关部门领导提出。一般而言，企业管理当局和企业高层管理人员提出的投资项目多是具有战略意义的投资项目或扩大生产能力的投资项目，其投资金额巨大，影响深远；由企业各级管理部门和相关部门领导提出的投资项目主要是战术性投资项目或维持性投资项目。对于由企业管理当局和企业高层管理人员提出的具有战略意义的投资项目或扩大生产能力的投资项目，一般要由企业的计划、市场、生产、财务和物资部门参与共同论证；对于企业各级管理部门和相关部门领导提出的战术性投资项目或维持性投资项目，可先由提出部门进行可行性论证。

2. 投资项目的评价

投资项目的评价主要涉及以下几项工作：①对提出的投资项目进行适当分类，为分析评价做好准备；②计算有关项目的建设周期，测算有关项目投产后的收入、费用和经济效益，预测有关项目的现金流入和现金流出；③运用各种投资评价指标，把各项投资按可行程度排序；④写出详细的评价报告。

3. 投资项目的决策

投资项目评价后，应按分权管理的决策权限由企业高层管理人员或相关部门经理作最后决策。投资额较小的战术性投资项目或维持性投资项目，一般由部门经理做出决策；金额较大的投资项目一般要由企业最高管理当局或企业高层管理人员做出决策；特别重大的投资项目还需要报董事会或股东大会批准。不管最后由谁作决策，其结论一般都可分为以下三种：①接受这个投资项目，可以进行投资；②拒绝这个投资项目，不能进行投资；③发还给项目提出部门，重新论证后再行处理。

4. 投资项目的执行

决定对某项目进行投资后，要积极筹措资金，实施项目投资。在投资项目的执行过程中，要对工程进度、工程质量、施工成本和工程预算进行监督、控制和审核，防止工程建设中的舞弊行为，确保工程质量，保证按时完成。

5. 投资项目的再评价

在投资项目的执行过程中，应注意原来做出的投资决策是否合理，是否正确。一旦出现新的情况，就要随时根据变化的情况做出新的评价。如果情况发生重大变化，原来的投资决策已变得不合理，那么就要进行是否终止投资或怎样终止投资的决策，以避免更大的损失。

【补充阅读4-1】

阿里巴巴持续增资 打造物流新生态

电商行业巨头阿里巴巴凭借独到的投资眼光和卓越的管理能力，在多个领域布局，在群雄争霸中站稳脚跟。其实在早期，在电商业务高速发展和竞争日益激烈的双重背景下，物流作为电商的“最后一公里”，却存在时效控制力弱、信息不透明等问题，难以满足日益增长的消费者需求。阿里巴巴发现了这一痛点，决定通过投资菜鸟网络，打造一个数据驱动的智慧物流网络平台，以提升物流效率，优化消费者体验。

2013年，阿里巴巴牵头设立了菜鸟网络，并投入了大量资金用于基础设施建设和数据化设施的搭建。这一时期，菜鸟网络主要聚焦于电子面单平台等数据化设施的建设，与各大快递公司进行连接，为后续的发展奠定了坚实的基础。2015年，阿里巴巴集团旗下的云峰基金宣布入股圆通速递，持股20%，进一步强化了菜鸟网络在物流领域的布局。此后，阿里巴巴继续通过增资与购买老股的方式，对菜鸟网络进行投资。

2018年9月26日，阿里巴巴集团宣布增持旗下菜鸟网络的股份，并将在已投入数百亿元的基础上，未来五年继续投入1 000亿元，加快建设全球物流网络。此次增持不仅体现了阿里巴巴对菜鸟网络的坚定信心，也彰显了其服务于新零售战略的长远眼光。按照协议，阿里巴巴将投资菜鸟网络53亿元人民币，增资后，阿里巴巴持有菜鸟股权将从原来的47%增加到51%，并新增一个董事席位。2019年11月，阿里巴巴再次领衔完成对菜鸟网络的新一轮增资，通过增资与购买老股的方式，斥资人民币233亿元（约合33亿美元），持有菜鸟网络股权从约51%增加至约63%。其后一季度，菜鸟网络的收入同比增长67%，达人民币75.18亿元。

自投资菜鸟网络以来，阿里巴巴的物流体系得到了显著提升。在物流效率方面，菜鸟网络通过数据驱动的智能仓库、智能配送等核心领域建设，大幅提升了物流时效。目前，阿里系电商平台上，已有一部分商品可以实现当日达、次日达服务，以及天猫超市推出的1小时送达的生鲜服务。在全球化方面，菜鸟网络联合全球物流伙伴加大eWTP全球物流枢纽建设、海外仓布局。此前，菜鸟已经投资建设了全球订单履约中心（GFC）、eWTP超级物流枢纽等，为阿里巴巴的全球化战略提供了有力的支撑。此外，菜鸟网络还通过入股合作伙伴的方式，如百世物流（仓配一体）、万象物流/晟邦物流（落地配）、卡行天下（干线）、心怡科技（仓储管理）、速递易（快递柜）等上下游企业，进一步强化了其在物流领域的布局和影响力。

思考：在日益激烈的市场竞争中，企业如何通过有效的投资策略来保持竞争优势？

三、初创企业的投资决策

初创投资是指企业创立时所进行的投资。其投资目的主要是保证企业创建时能拥有最基本的生产经营条件和与之相应的流动资产。

企业在初创过程中，失败或夭折的可能性很高。投资能够成功不仅与拥有优秀的创业团队有关，还与投资政府扶持的产业、获得财政补贴等因素密不可分。另外，制定可行的投资战略和选择合适的投资决策分析方法对创业企业尤为重要。

企业投资是资源配置的机制和实现形式，企业投资战略关乎初创企业的资金用途或投向。该战略在企业总体战略的指导下，通过各种内外部资源的分析和未来形势的预测，制定可行的投资战略。

投资决策分析方法包括非贴现法、贴现法和其他投资决策分析方法等。非贴现法包括投资回收期法和平均报酬率法；贴现法主要包括净现值法、获利指数法和内含报酬率法等；其他投资决策分析方法包括实物期权法和层次分析法等。本章主要介绍非贴现法和贴现法。

【德育专栏】

“创投17条”护航创业投资全链条

创业投资作为支持科技创新和产业升级的重要力量，具有“投早、投小、投硬科技”的典型特征，能够精准对接种子期、初创期和成长期科技型企业的融资需求。然而，长期以来，创业投资领域面临着资金来源单一、退出机制不畅、市场环境有待优化等问题，制约了其高质量发展。时隔八年，国务院再次印发创业投资领域的指导性文件《促进创业投资高质量发展的若干政策措施》（又称“创投17条”），围绕创业投资“募投管退”全链条，按照市场化法治化原则引导创业投资稳定和加大对重点领域投入，强化企业创新主体地位，促进科技型企业成长，为培育发展新质生产力、实现高水平科技自立自强、塑造发展新动能新优势提供有力支撑。

1. 募资端：拓宽资金来源，引导长期资金

“创投17条”在募资端提出了多项创新举措，旨在解决创业投资“缺长钱”的问题。一是鼓励保险资金等长期资金投资创业投资，支持符合条件的创业投资机构发行公司债券和债务融资工具，增强筹集长期稳定资金的能力。二是扩大金融资产投资公司直接股权投资试点范围，支持其在创业投资、股权投资、企业重组等方面发挥专业优势。数据显示，

截至2024年，中央企业共管理了126只创投基金，认缴规模达529亿元，已投资金额313亿元，主要投向了先进制造、能源、电子信息等领域。

2. 投资端：建立对接机制，优化投资环境

针对创投机构“有钱难投”的问题，该政策文件建立了创业投资与创新创业项目的对接机制，由国家发展改革委牵头，会同相关部委，组织遴选符合条件的科技型企业、专精特新中小企业，加强与创业投资机构对接。此外，“创投17条”还提出实施专利产业化促进中小企业成长计划，优选一批高成长性企业，鼓励创业投资机构围绕企业专利产业化开展领投和针对性服务。

3. 管理端：强化监管，落实税收优惠政策

在创投机构的投资与管理方面，“创投17条”提出要优化政府出资的创业投资基金管理，改革完善基金考核、容错免责机制，健全绩效评价制度。另外，健全符合创业投资行业特点和发展规律的国资创业投资管理体制和尽职合规责任豁免机制，探索对国资创业投资机构按照整个基金生命周期进行考核。同时，对创投基金实施与其他私募基金差异化的监管政策，支持创业投资基金规范发展。政策还持续落实落细创业投资企业的税收优惠政策，加大政策宣传辅导力度，持续优化纳税服务。

4. 退出端：拓宽退出渠道，优化退出政策

“创投17条”提出，充分发挥沪深交易所主板、科创板、创业板和全国中小企业股份转让系统（北交所）等功能，拓宽并购重组退出渠道。对突破关键核心技术的科技型企业，建立上市融资、债券发行、并购重组绿色通道。同时，落实好境外上市备案管理制度，畅通外币创业投资基金退出渠道。此外，政策还支持发展并购基金和创业投资二级市场基金，优化私募基金份额转让业务流程和定价机制。

证监会市场监管二司司长吴萌表示，证监会将不断深化资本市场的改革和开放，努力为缓解“退出难”提供良好的基础。例如，北京、上海、广东、浙江、宁波、江苏、安徽七个地区的区域性股权市场先后开展私募基金的份额转让试点工作，目前已经完成私募份额转让232亿元。私募份额的质押融资316亿元，这项试点工作也将有利于支持二手份额转让基金的进一步发展。

资料来源：国务院办公厅 . 国务院办公厅关于印发《促进创业投资高质量发展的若干政策措施》的通知［S/OL］.［2024-06-15］. https：//www.gov.cn/gongbao/2024/issue_11446/202407/content_6961922.html.

第二节　现金流量估计

一、现金流量的含义

现金流量（Cash Flow），是指投资项目在其计算期内发生的各项现金流入量和现金流出量的增加量。这里的现金是指广义的现金，不仅包括各种货币资金，还包括投资项目需要投入的非货币性资产的变现价值。现金流量是评价投资方案是否可行时必须事先计算的基础性数据，是计算项目投资决策评价指标的主要依据和重要信息。

现金流量包括现金流出量（Cash Outflow）、现金流入量（Cash Inflow）和现金净流量（Net Cash Flow）。现金流出量是指投资项目引起的现金流出的增加量；现金流入量是指投资项目引起的现金流入的增加量；现金净流量是指一定时期现金流入量和现金流出量的

差额。

现金流量按照在该投资项目发生的时间点不同，又可分为初始现金流量、营业现金流量和终结现金流量。

（一）现金流出量的内容

1. 非流动资产投资

非流动资产投资主要包括增加固定资产、无形资产等引起的现金流出。这是建设期发生的最主要的现金流出量，可能在项目初期一次性流出，也可能在项目建设期内分期流出。建设期流出的非流动资产投资，在项目进入营业期间以折旧、摊销的形式分期收回，剩余部分以残值的形式收回。

2. 垫支营运资本

新项目付诸实施，会相应地增加对原材料等流动资产的需要，企业必须追加流动资金才能满足生产经营的正常运转，主要包括对原材料、现金等流动资产的投资。这些资金一般在项目开始投产时流出，在项目计算期期末一次性收回。

3. 经营成本

经营成本，又称为付现的营运成本（简称付现成本），是指在经营期内为满足正常生产经营而动用现实货币资金支付的成本费用。它是生产经营阶段最主要的现金流出量。从数量上来讲，某年的付现成本等于该年的总成本费用扣除该年的固定资产折旧额和无形资产的摊销额。因为每年的固定资产折旧费、无形资产摊销费不是当期的付现成本，并不引起实际现金的流出，因此扣除这部分资金就形成了企业的现金流出。

4. 上缴税金

上缴税金主要包括各种流转税和所得税。

（二）现金流入量的内容

1. 营业现金收入

营业现金收入是指固定资产、无形资产投入使用后每年实现的全部销售收入或业务收入，是经营期主要的现金流入量。

2. 固定资产、无形资产的残值收入

固定资产、无形资产的残值收入是指固定资产、无形资产在终结点报废清理时所收回的价值。

3. 收回的营运资本

收回的营运资本主要是指新建项目在项目计算期完全终止时（终结点）因不再发生新的替代投资而回收的原垫付的全部营运资本投资额。当项目终结时，由于生产停止，期初垫支的营运资本可以收回，视为该项目的一项现金流入。

（三）现金净流量及其计算

现金净流量又称净现金流量，是指在项目计算期内各年现金流入量与现金流出量的差额。它是计算项目投资决策评价指标的重要依据。

无论是在经营期内，还是在建设期内，都存在净现金流量。当现金流入量大于现金流出量时，净现金流量为正值；反之，则为负值。建设期内的净现金流量一般为负值，经营期内的净现金流量一般为正值。在进行项目投资决策的时候，应计算不同时期的净现金流量。其计算公式为：

年净现金流量（NCF）=该年现金流入量-该年现金流出量 （4-2）

可以根据投资项目不同阶段的现金流入量和现金流出量的具体内容，直接计算各阶段的净现金流量。

建设期净现金流量=-（长期资产投资支出+垫支的流动资金） （4-3）

营业现金净流量=营业收入-付现成本-所得税 （4-4）

=营业收入-（营业成本-折旧摊销额）-所得税

=营业收入-营业成本-所得税+折旧摊销额

=净利润+折旧 （4-5）

=（营业收入-营业成本）×（1-所得税税率）+折旧摊销额

=营业收入×（1-所得税税率）-付现成本×（1-所得税税率）+折旧摊销额×所得税税率 （4-6）

在营业现金净流量的三个计算公式中，公式（4-4）称为直接计算法，公式（4-5）称为间接计算法，公式（4-6）称为分项计算法。其中，分项计算法使用最为广泛，因为它不需要计算利润和所得税。

终结点净现金流量=营业现金净流量+残值收入+收回的营运资本 （4-7）

下面举例说明净现金流量的计算方法。

【例4-1】甲公司拟新建一条生产流水线，现有A、B两个方案可供选择。A方案需要投资100 000元，使用寿命为5年，采用直线法计提折旧，寿命期满无残值，投产后预计每年的营业收入为60 000元，每年的付现成本为20 000元。B方案需要投资120 000元，使用寿命也是5年，采用直线法计提折旧，寿命期满有残值20 000元，投产后预计每年的营业收入为80 000元，付现成本第一年为30 000元，以后随着设备陈旧，逐年将增加修理费4 000元，另外投产期期初需要垫支营运资本30 000元。

假设企业的所得税税率为25%，试计算两个方案每年的净现金流量。

根据上述资料先计算两个方案每年的折旧额。

A方案每年的折旧额=$\frac{100\ 000}{5}$=20 000（元）

B方案每年的折旧额=$\frac{120\ 000-20\ 000}{5}$=20 000（元）

计算两个方案的营业现金净流量，再结合建设期净现金流量和终结点净现金流量编制两个方案的全部净现金流量，分别见表4-2和表4-3。

表4-2 **投资项目经营期净现金流量计算表** 单位：元

项目 \ 时间（t）	1	2	3	4	5
A方案：					
营业收入（1）	60 000	60 000	60 000	60 000	60 000
付现成本（2）	20 000	20 000	20 000	20 000	20 000
折旧（3）	20 000	20 000	20 000	20 000	20 000
税前利润（4）=（1）-（2）-（3）	20 000	20 000	20 000	20 000	20 000

续表

项目 \ 时间（t）	1	2	3	4	5
所得税（5）=（4）×25%	5 000	5 000	5 000	5 000	5 000
净利润（6）=（4）-（5）	15 000	15 000	15 000	15 000	15 000
净现金流量（7）=（3）+（6）	35 000	35 000	35 000	35 000	35 000
B方案：					
营业收入（1）	80 000	80 000	80 000	80 000	80 000
付现成本（2）	30 000	34 000	38 000	42 000	46 000
折旧（3）	20 000	20 000	20 000	20 000	20 000
税前利润（4）=（1）-（2）-（3）	30 000	26 000	22 000	18 000	14 000
所得税（5）=（4）×25%	7 500	6 500	5 500	4 500	3 500
净利润（6）=（4）-（5）	22 500	19 500	16 500	13 500	10 500
净现金流量（7）=（3）+（6）	42 500	39 500	36 500	33 500	30 500

表4-3　**投资项目净现金流量计算表**　单位：元

项目 \ 时间（t）	0	1	2	3	4	5
A方案：						
固定资产投资	-100 000					
净现金流量		35 000	35 000	35 000	35 000	35 000
现金流量合计	-100 000	35 000	35 000	35 000	35 000	35 000
B方案：						
固定资产投资	-120 000					
垫支营运资本	-30 000					
净现金流量		42 500	39 500	36 500	33 500	30 500
固定资产残值收入						20 000
收回垫支营运资本						30 000
现金流量合计	-150 000	42 500	39 500	36 500	33 500	80 500

在表4-2和表4-3中，t=0代表第一年年初；t=1代表第一年年末；t=2代表第二年年末；后面的以此类推。在现金流量的计算中，为了简化计算，一般都假定各年投资在年初一次进行，各年经营现金流量在各年年末一次发生，把终结现金流量看成是最后一年年末发生。

二、现金流量的作用

企业之所以将现金流量作为投资项目评价的重要价值信息，而将投资项目的利润信息放在次要位置，主要是基于以下方面的考虑：

（一）采用现金流量才能使投资决策更符合客观实际

在项目投资决策中，在整个项目计算期内，现金流量总额与利润总额是相等的，但现金流量的分布是客观的，而利润则存在不科学、不客观的成分。

利润的计算在一定程度上要受存货估价、费用摊配和折旧计提等不同方法的影响，因而，利润的计算有较大的主观随意性，作为决策的主要依据不太可靠。

利润反映的是某一会计期间"应计"的现金流量，而不是实际的现金流量。若以未实际收到的现金收入作为收益，具有较大风险，容易高估投资项目的经济效益，存在不科学、不合理的成分。

计算利润时没有明确地将投资项目投产后额外费用所能带来的税金节约额（如新增资产的折旧等可以抵免应税收益，从而少纳所得税）考虑在内，而税金节约额恰恰是衡量投资项目经济效益的重要组成部分，因为它实际上减少了以税金形式表现的现金流出。以现金流量作为评价基础时，税金节约额要么被当作现金流出量的一个减项，要么被当作一项独立的现金流入。无论以何种方式表示，税金节约额都被明确地当作项目投资经济效益评价的一个重要因素。

【例4-2】假设某项固定资产投资分3年投入，共计600万元，从第2～5年每年产生销售收入500万元。表4-4中列出了直线折旧法与加速折旧法两种方法下不同时期的利润额。

表4-4　**现金流量总额与利润的计算**　单位：万元

项目 \ 时间（t）	0	1	2	3	4	5	合计
固定资产投资	-200	-200	-200				-600
营业收入（1）			500	500	500	500	2 000
直线折旧法							
付现成本（2）			250	250	250	250	1 000
折旧（3）			150	150	150	150	600
利润（4）=（1）-（2）-（3）			100	100	100	100	400
加速折旧法							
付现成本（5）			250	250	250	250	1 000
折旧（6）			240	180	120	60	600
利润（7）=（1）-（5）-（6）			10	70	130	190	400
营业现金流入 （4）+（3）或（7）+（6）			250	250	250	250	1 000
垫支流动资金		-120				120	0
净现金流量	-200	-320	50	250	250	370	400

注：加速折旧法下固定资产投资第2～5年分别按照40%、30%、20%与10%折旧。从表4-4中可以看出，现金流量总额（净现金流量合计）为400万元，在直线折旧法与加速折旧法下，4年的利润总额均为400万元。但由于受到不同折旧方法的影响，第2～5年每年的利润额各不相同。

（二）现金流量的增加是企业生存发展的基础

一个企业要生存，必须有足够的现金，因为企业生存的直接威胁是破产，破产的直接动因是不能清偿到期债务。企业要避免清算，就必须具有一定的偿债能力，而一定的偿债能力是以足够的现金流量作为保证的。另外，现金净增量是企业实现规模扩张的重要资金来源。企业债权人、投资者最关心的是企业经过一段时间的经营，是否有足够的现金来支付利息和股利，是否有足够的现金清偿到期债务以及扩大生产经营规模。而且，经营活动中现金净流量的增加表明企业具有良好的盈利质量，可以增强债权人和投资者对企业投资的信心，为企业规模扩张提供良好的资金保证。

（三）采用现金流量有利于考虑资金时间价值

科学的项目投资决策必须认真考虑资金的时间价值，这就要求在决策时一定要弄清每笔预期收入款项和支出款项的具体时间，因为不同时间的资金具有不同的价值。在衡量方案优劣时，应根据各投资项目寿命周期内各年的现金流量，结合资金的时间价值来确定。而利润的计算，并不考虑资金收付的时间，它是以权责发生制为基础的。

利润与现金流量在时间上的差异主要表现在以下几个方面：

（1）购置固定资产付出大量现金时不计入成本，因而不影响利润。

（2）将固定资产等的价值以折旧形式逐期计入成本时影响利润，却又不需要付出现金。

（3）计算利润时不考虑垫支的流动资金的数量和回收的时间。

（4）在确认销售收入实现时，只要符合收入的确认条件，就计算为当期的销售收入，从而增加了利润，尽管其中可能会有一部分并未于当期收到现金而形成了应收账款。

可见，在投资决策分析中只有用现金流量（而不是利润）才能很好地考虑资金时间价值因素，借以正确衡量投资项目的优劣。

【补充阅读4-2】

武汉无线电厂的盛与衰

武汉无线电厂，曾以其“长江音响”品牌红遍大江南北，成为一代人的记忆。这座承载着无数荣耀与梦想的工厂，它的兴衰史不仅映射出中国电子产业的变迁，更深刻地揭示了企业在投资决策与现金流管理上的微妙平衡。

武汉无线电厂成立于20世纪，最初以生产电子产品为主。在改革开放初期，这家企业迅速崛起，成为当地高科技企业的代表。1981年，武汉无线电厂年产50万部收音机，工厂几乎把所有的人力、财力都用在收音机的生产上。当时，武汉无线电厂的职工近2 000人，其生产的收音机产品供不应求，企业效益蒸蒸日上。

然而，好景不长，随着国外和港澳地区的收音机大量涌入国内市场，武汉无线电厂的收音机产品受到了严重冲击，一度到了交不起电费、贷不到款发工资的境地。1982年4月，武汉市政府不愿眼看着这家高科技企业垮台，给了两条政策：一是搞承包制，在完成基数后企业所有利润留存滚动发展；二是赋予厂长经营自主权，允许企业自主选择发展项目。在厂长程贻幼的带领下，武汉无线电厂从1986年开始进入了高速发展时期。1986年至1996年，武汉无线电厂面向中小城镇的工薪阶层开发生产中低档音响产品，“长江音响”品牌迅速崛起，并跻身中国名牌音响行列。1987年，“长江音响”获得国家最高质量奖。这一时期，武汉无线电厂不仅在产品上下功夫，还创造了一种独特的资金管理模式——“长江资金管理”。其核心是“年度总额控制，月度计划用款，先算后用，量入为出，自求平衡”。这种在今天看来十分常见的资金管理模式使得武汉无线电厂在资金周转上达到了全国同行业领先水平。1992年至1996年，武汉无线电厂连续五年荣获“金桥奖”，年销售额超过1.6亿元，利润达到2 200万元，在全国300多家电子音响生产企业中名列前五。

谁料风云突变，VCD市场迅速崛起突然打断了“长江音响”的销路，彼时，武汉无线电厂没有一分负债，而且有品牌、有设备、有人员，尤其是还有高达8 000万元的“闲钱”。按当时利率，每月利息就是100多万元。对于这笔资金的使用，有人主张投入VCD项目，因为厂里的技术人员早在1995年就开发出了这个产品，但是领导决策时因认为VCD是个“过渡产品”而被否决了。后又与浙江一家企业合资生产寻呼机，因招致多人反对，计划被迫取消……由于对新产品开发“看不准”，投资决策时犹豫不决，迟迟不敢出招，这8 000万元被一直放在银行里闲置了3年，错过了市场机遇。1998年，武汉无线电厂一直无法摆脱困境，企业处于半停产状态，而全厂2 000名职工的工资、各种福利等固定费用仍在源源不断地开支。最终，8 000万元存款在3年内就因买断工龄消耗殆尽，企业最终走向衰败。

资料来源：黄鹄矶.当年武汉无线电厂的“长江音响”红遍大江南北，现在只留下“8 000万元”传说［EB/OL］.［2021-12-20］. https://baijiahao.baidu.com/s?id=1719722915412952334&wfr=spider&for=pc.

思考：同样面对新兴产品的市场冲击，武汉无线电厂第一次“囊中羞涩”却能走上强盛之路，第二次“堆金积玉”却走向穷途末路。请分析其背后的原因。

三、现金流量分析中应注意的问题

1. 实际现金流量原则

根据实际现金流量原则，投资项目的现金流量必须按它们实际发生的时间测量。比如，假设一项活动会产生一笔税费，但将在下一年支付，那么现金流量就必须按税费实际支出的那一年考虑，而不是公司利润表上记录税费的那一年。投资项目经常是以利润表中获得的数据作为支持，这些数据表明了该项目对公司会计利润的预计影响。但是，利润表中所列示的税金、收入和费用等项目通常是按照权责发生制确认的，而现金流量必须按照收付实现制确认。因此，为了做出投资决策，需要把会计利润转换为现金流量。

2. 区分相关成本与非相关成本

相关成本是指与特定决策有关的，在分析评价时必须加以考虑的成本。例如，差额成本、未来成本、重置成本和机会成本等都属于相关成本。而与特定决策无关的，在分析时不必加以考虑的成本是非相关成本。例如，沉没成本、账面成本等往往是非相关成本。

例如：某公司2021年曾打算新建一个厂房，并请有关专家做过可行性研究，支付咨询费10万元，后来由于外部条件变化，该项目被搁置下来。2024年，该公司又想新建厂房，在决策是否新建厂房时，该笔10万元咨询费不需要考虑，因为这10万元属于过去发生的而现在不能改变的沉没成本。

3. 不要忽视机会成本

在投资方案的选择中，如果选择了一个投资方案，则必须放弃其他途径的投资机会。其他投资机会可能取得的收益是实行本方案的一种代价，被称为这项投资方案的机会成本。

机会成本不是通常意义上的“成本”，它不是一种支出或费用，而是失去的收益。这种收益不是实际发生的，而是潜在的。它总是针对具体方案而言的，机会成本在决策中的意义在于它有助于全面考虑可能采取的各种方案，以便为既定资源寻求最有利的使用途径。

4. 要考虑投资方案对企业其他部门的影响

在采纳一个新的项目后，该项目可能对企业的其他部门造成有利或不利的影响。在进行投资决策时，一定要予以考虑。

例如：某企业正在对一个资本投资项目进行评价。预计投产后第一年项目自身产生的现金净流量为1 000万元，但由于该项目与企业其他项目具有竞争关系，因此会导致其他项目收入减少200万元。假设企业所得税税率为25%，则该资本投资项目第一年的现金净流量为850万元。

5. 要重视对净营运资金的影响

一般情况下，企业开办一项新业务并使销售额扩大后，一方面，对于存货和应收账款等流动资产的需求会增加，企业必须筹措新的资金以满足这种额外的需求；另一方面，企业扩充的结果是，应付账款与一些应付费用等流动负债也会同时增加，从而降低企业流动资金的实际需要。所谓净营运资金的需要，是指增加的流动资产与增加的流动负债之间的差额。

当投资方案的寿命周期快要结束时，企业将与项目有关的存货出售，应收账款变为现金，应付账款和应付费用也随之偿付，净营运资金恢复到原有水平。通常，在进行投资分析时，要假定开始投资时筹措的净营运资金在项目结束时能收回。

6. 所得税和折旧对现金流量的影响

所得税是企业的一种现金流出，它取决于利润大小和所得税税率的高低，而利润大小受折旧方法的影响。折旧对投资决策产生影响，实际是由所得税引起的。

（1）税后收入和税后费用。

由于所得税的作用，企业营业收入有一部分会流出企业，企业实际得到的现金流入是税后收入：

税后收入=收入金额×（1-所得税税率）　　　　(4-8)

这里的“收入金额”是指根据税法的规定需要纳税的营业收入，不包括项目结束时收回垫支流动营运资本等现金流入。

凡是可以减免税负的项目，实际支付额并不是真实的成本，而应将因此减少的所得税考虑进去。考虑了所得税影响以后的费用净额，称为税后费用。

税后费用的计算公式为：

税后费用=费用金额×（1-所得税税率）　　　　(4-9)

（2）折旧的抵税作用。

增加成本会减少利润，从而使所得税减少。折旧可以起到减少税负的作用，这种作用被称为“折旧抵税”。

【例4-3】假设甲公司和乙公司的全年营业收入、付现销售费用均相同，所得税税率为25%。两者的区别是甲公司有一项可计提折旧的资产，每年折旧额相同。两家公司的现金流量见表4-5。

表4-5 折旧对税负的影响 单位：元

项目	甲公司	乙公司
营业收入	20 000	20 000
费用：		
付现销售费用	10 000	10 000
折旧	3 000	0
合计	13 000	10 000
税前利润	7 000	10 000
所得税费用（25%）	1 750	2 500
税后利润	5 250	7 500
营业现金净流量	8 250	7 500

甲公司税后利润虽然比乙公司少2 250元，但营业现金净流量多750元，其原因在于有3 000元的折旧计入费用，使应纳税所得额减少3 000元，从而少纳税750元（3 000×25%）。可以看出，由于增加了3 000元的折旧，企业获得了750元的现金流入。折旧对税负的影响可按下式计算：

折旧抵税=折旧×所得税税率=3 000×25% =750（元）

第三节 项目投资决策评价指标

项目投资决策评价指标被用于衡量和比较投资项目可行性，作为方案决策的量化标准与尺度。通过评价指标，对投资方案的经济效益进行评价和分析，从而决定是否选用该投资方案，或是对多个可行的投资方案进行分析和评价，从中选出最优方案。选择客观、恰当的投资决策评价指标是进行正确投资决策的前提。企业常用的评价指标主要有非贴现评价指标和贴现评价指标两类。

非贴现评价指标又称为静态评价指标，是指不考虑资金时间价值的评价指标，主要有投资回收期和平均报酬率。

贴现评价指标又称为动态评价指标，是指考虑资金时间价值的评价指标，主要有净现值、获利指数、内含报酬率。

一、投资回收期

（一）投资回收期的概念及计算

投资回收期（Payback Period，PP）是指收回初始投资所需要的时间，即以投资项目净现金流量抵偿原始总投资所需要的时间。该指标一般以年为单位。对投资者来说，总是希望能尽快地收回投资，即投资回收期越短越好。

投资回收期的计算，因每年营业净现金流量是否相等而有所不同。

（1）如果每年的营业净现金流量相等，则投资回收期的计算公式为：

$$投资回收期=\frac{原始投资额}{每年的净现金流量} \quad (4-10)$$

在【例4-1】中，A方案每年的净现金流量为35 000元，所以：

$$A方案投资回收期=\frac{100\ 000}{35\ 000}=2.857（年）$$

（2）如果每年的营业净现金流量不相等，则可用累计净现金流量的方法来计算投资回收期，即先计算各年尚未回收的投资额。

在【例4-1】中，B方案每年的净现金流量不相等，现列表计算如下（见表4-6）：

$$B方案投资回收期=4-\frac{2\ 000}{33\ 500}=3.94（年）$$

表4-6　**B方案净现金流量情况**　单位：元

年度	每年净现金流量	年末尚未回收的投资额
1	42 500	107 500
2	39 500	68 000
3	36 500	31 500
4	33 500	-2 000
5	30 500	—

若运用投资回收期选择互斥投资方案，则应优先选择投资回收期短的方案；若选择是否进行投资，则必须设置基准投资回收期，当投资回收期短于或等于基准投资回收期时，则可以考虑接受项目，否则应予拒绝。

（二）投资回收期的特点

投资回收期的概念容易理解，计算也比较简单，但这个指标只是一个静态评价指标，没有考虑资金的时间价值，只能反映投资回收的速度和投资项目的变现能力，而没有考虑回收期满后的现金流量情况。因此，该方法具有较大的片面性和局限性，在进行投资决策时，只能作为贴现指标的辅助指标使用。

投资回收期评价指标特别适合下列情况的项目和企业：

对投资环境不稳定、投资风险较大且不易衡量的项目，投资回收期可以作为衡量项目的流动性和提示投资风险的指标。使用投资回收期作为决策标准，有利于早日收回投资，避免政治、经济等不利因素的影响。

对于流动资金短缺而又面临许多投资机会的企业来说，投资于回收期短的项目可以快速收回投资成本，并重新投资新的项目。

使用投资回收期评价指标进行决策的效果可以在项目建成后的最初几年显现出来，有利于企业考察和评价其经理人员的投资分析能力。

二、平均报酬率

（一）平均报酬率的概念及计算

平均报酬率（Average Rate of Return，ARR）是指投资项目周期内平均的年投资报酬率，也称为平均投资报酬率。其计算公式为：

$$平均报酬率=\frac{年平均利润}{原始投资额}\times 100\% \tag{4-11}$$

其中：年平均利润可采用息税前利润、利润总额、净利润。

依据【例4-1】的资料（见表4-2和表4-3），年平均利润按利润总额计算，计算A、B方案的平均报酬率如下：

$$A方案平均报酬率=\frac{20\,000}{100\,000}\times 100\%=20\%$$

$$B方案平均报酬率=\frac{(30\,000+26\,000+22\,000+18\,000+14\,000)\div 5}{150\,000}\times 100\%=14.67\%$$

在采用平均报酬率指标对投资项目进行分析评价时，需要事先确定一个企业期望的平均报酬率，以便与项目的平均报酬率进行比较，并决定取舍。

当项目平均报酬率大于期望平均报酬率时，该方案可取；当项目平均报酬率小于期望平均报酬率时，该方案不可取。

（二）平均报酬率的特点

平均报酬率简明易懂，容易计算掌握，并能说明各投资方案的收益水平。该指标的主要缺点是：未考虑资金的时间价值，没有使用现金流量信息。平均报酬率通常不作为独立的投资决策评价指标，更多的是在事后的考核评价中使用。

三、净现值

（一）净现值的概念及计算

净现值（Net Present Value，NPV）是指项目投入使用后的净现金流量，按资本成本或企业要求达到的报酬率折算为现值，减去初始投资额的现值后的差额。其计算公式为：

$$NPV=\left[\frac{NCF_1}{(1+i)^1}+\frac{NCF_2}{(1+i)^2}+\cdots+\frac{NCF_n}{(1+i)^n}\right]-C=\sum_{t=1}^{n}\frac{NCF_t}{(1+i)^t}-C \tag{4-12}$$

其中：NPV为净现值；NCF_t为第t年的净现金流量；i为贴现率；n为投资项目的寿命期；C为初始投资额的现值。

净现值的计算过程一般分为以下三步：

（1）计算每年的净现金流量。

（2）计算未来报酬的总现值。这又可以分成两种情况：①如果每年的净现金流量相等，则可以将其看作普通年金，用年金现值的方法计算；②如果每年的净现金流量不相等，则只能用基本公式，用复利现值系数将各年净现金流量折合成现值，再加以合计。

（3）计算净现值。应注意的是，如果初始投资额不是在建设起点一次性投入的，则应当将分期投入的投资额先折现成现值，然后再计算净现值。

仍以【例4-1】中的资料为例，假设贴现率为10%，计算A、B方案的净现值。

A方案各年的净现金流量相等，则：

$$\begin{aligned}NPV_A&=NCF\times(P/A,\ i,\ n)-100\,000\\&=35\,000\times(P/A,\ 10\%,\ 5)-100\,000\\&=35\,000\times 3.791-100\,000\\&=32\,685（元）\end{aligned}$$

B方案各年的净现金流量不相等，则：

$$NPV_B=NCF_1\times(P/F,10\%,1)+NCF_2\times(P/F,10\%,2)+NCF_3\times(P/F,10\%,3)+NCF_4\times(P/F,10\%,4)+NCF_5\times(P/F,10\%,5)-150\ 000$$

$$=42\ 500\times0.909+39\ 500\times0.826+36\ 500\times0.751+33\ 500\times0.683+80\ 500\times0.621-150\ 000$$

$$=21\ 542（元）$$

用净现值法评价选择方案的标准是：如果净现值大于0，说明投资方案可行，可以采纳；如果净现值小于等于0，说明投资方案不可行，应该舍弃；如果有多个投资方案可供选择，应该选择净现值大于0且最大者为最优方案。

在上述计算中，A、B两个方案的净现值均大于0，但A方案的净现值大于B方案，故应选择A方案。

（二）净现值的特点

净现值评价指标的优点是：它充分考虑了货币时间价值，不仅估算现金流量的数额，还考虑现金流量的时间；它能反映投资项目在整个经济年限内的总效益；它可以根据未来需要改变贴现率，因为项目的经济年限越长，贴现率变动的可能性越大，在计算净现值时，只改变公式中的分母就行了。

但是，在实际运用中，净现值评价指标也存在一定的局限性。首先，净现值评价指标的假设前提不完全符合实际。净现值评价指标的一个假设前提是投资者要求的收益率（贴现率）等于投资方案各年净现金流量的再投资收益率。但由于各个再投资项目的性质不同，各自的再投资收益率也不相同，因此，假定一个统一的再投资收益率不符合实际情况。同时，各年的经济形势不同，资本市场又在不断变化，因此，社会平均投资收益率及投资者要求的收益率也会发生相应变动。一般来讲，投资者在投资分析时对项目所要求的收益率，与项目建成后各年实际净现金流量的再投资报酬率并不完全相同，因此，净现值评价指标的假设前提并不总是符合实际状况，致使净现值指标缺乏一定的客观性。

其次，净现值不能揭示项目本身可能达到的实际投资收益率，只能将实际的投资收益率与事先设定的预期收益率作比较，得出实际投资收益率大于、小于或是等于事先设定的预期收益率的结论。如果在投资分析时所选择的预期收益率不符合实际，那么所选择的预期收益率过高或过低都会影响投资决策。

最后，净现值反映的是一个绝对数值，没有考虑资本限额的影响。在只存在独立项目或互斥项目且没有资本限额的投资评价中，净现值的评价原则简单明确。但在有两个项目且有资本限额的情况下，单纯采用净现值这个绝对值指标进行投资评价，可能会发生偏差。

四、获利指数

（一）获利指数的概念及计算

获利指数（Profitability Index，PI）又称现值指数，是指投资项目未来报酬的总现值与初始投资额的现值之比。其计算公式为：

$$PI=\frac{\frac{NCF_1}{(1+i)^1}+\frac{NCF_2}{(1+i)^2}+\cdots+\frac{NCF_n}{(1+i)^n}}{C}=\frac{\sum_{t=1}^{n}\frac{NCF_t}{(1+i)^t}}{C} \tag{4-13}$$

其中：PI为获利指数；NCF_t为第t年的净现金流量；i为贴现率；n为投资项目的寿命期；C为初始投资额的现值。

获利指数计算未来报酬的总现值与计算净现值所采用的方法相同。

仍用【例4-1】中的资料来计算A、B方案的获利指数。

$$PI_A=\frac{35\,000\times(P/A,10\%,5)}{100\,000}=1.33$$

$$PI_B=［42\,500\times(P/F,10\%,1)+39\,500\times(P/F,10\%,2)+36\,500\times(P/F,10\%,3)+33\,500\times(P/F,10\%,4)+80\,500\times(P/F,10\%,5)］\div 150\,000=1.14$$

用获利指数评价选择方案的标准是：如果获利指数大于1，说明投资方案可行，可以采纳；如果获利指数小于或等于1，说明投资方案不可行，应该舍弃；如果有多个投资方案可供选择，应该选择获利指数大于1且最大者。

在上述计算中，A、B两个方案的获利指数均大于1，但A方案的获利指数大于B方案，故应选择A方案。

（二）获利指数的特点

获利指数是一个折现的相对量指标，它的优点跟净现值一样，也考虑了资金的时间价值，可以从动态的角度反映投资项目的资金投入与产出之间的关系，有利于在初始投资额不同的投资方案之间进行比较。其缺点是，无法直接反映投资项目的实际收益率，因此也像净现值一样，必须先预设一个贴现率。

净现值是绝对数形式，反映项目的投资收益；获利指数是相对数形式，反映项目的投资效率。所以，获利指数适用于独立投资方案的比较，而净现值则适用于互斥投资方案的比较。

由于净现值和获利指数使用的信息是相同的，因此一般情况下，二者在评价投资方案时得出的结论是一致的。只有当初始投资额不相同时，二者才会产生矛盾。

五、内含报酬率

（一）内含报酬率的概念及计算

内含报酬率（Internal Rate of Return，IRR）是指投资项目实际渴望达到的收益率，即能使投资项目净现值等于零的折现率，又称为内部收益率或内部报酬率。它反映了投资项目的真实报酬率，其计算公式为：

$$\left[\frac{NCF_1}{(1+i)^1}+\frac{NCF_2}{(1+i)^2}+\cdots+\frac{NCF_n}{(1+i)^n}\right]-C=0$$

$$\sum_{t=1}^{n}\frac{NCF_t}{(1+i)^t}-C=0 \tag{4-14}$$

其中：i为内含报酬率；NCF_t为第t年的净现金流量；n为投资项目的寿命期；C为初始投资额的现值。

在项目投资决策的指标计算中，内含报酬率的计算最复杂，通常根据每年净现金流量是否相等，采用不同的方法。

（1）如果每年的净现金流量相等，则按以下步骤计算。

第一步：根据净现值等于0时净现金流量的现值与投资额的现值相等，计算出项目寿命期内的年金现值系数。

$$\text{年金现值系数}(P/A,i,n)=\frac{\text{初始投资额}}{\text{每年的净现金流量(NCF)}} \tag{4-15}$$

第二步：根据计算出的年金现值系数，查年金现值系数表，找出与计算的年金现值系数相等的贴现率，即为要求的内含报酬率。

【例4-4】某投资项目在建设起点一次性投资254 600元，当年完工并投产，经营期为15年，每年可获得净现金流量50 000元，求该项目的内含报酬率。

$$(P/A，i，n)=\frac{254\ 600}{50\ 000}=5.092$$

查表得i=18%。

如果没有恰好相等的年金现值系数，则找出与所求的年金现值系数最接近的较大和较小的年金现值系数及对应的贴现率。

第三步：根据找出的两个临近的年金现值系数和贴现率，用内插法求出投资项目的内含报酬率。

依据【例4-1】中的资料，A方案每年的净现金流量相等，用内插法（也称插值法）计算内含报酬率。

$$年金现值系数=\frac{初始投资额}{每年的净现金流量(NCF)}=\frac{100\ 000}{35\ 000}=2.857$$

查年金现值系数表，没有正好等于2.857的年金现值系数。当n=5时，20%的年金现值系数是2.991，24%的年金现值系数是2.745，由此可以估算A方案的内含报酬率应该是在20%～24%之间，现用内插法计算如下：

$$\frac{i-20\%}{24\%-20\%}=\frac{2.857-2.991}{2.745-2.991}$$

i=22.18%

A方案的内含报酬率为22.18%。

（2）如果每年的净现金流量不相等，一般采用逐次测试法计算内含报酬率。

逐次测试法的具体计算过程为：估计一个贴现率，代入净现值计算公式。如果净现值大于0，说明该项目的内含报酬率比所估计的贴现率大，应提高贴现率再次进行测算；如果净现值小于0，说明该项目的内含报酬率比采用的贴现率小，应降低贴现率再次进行测算。经过多次测算，直到找到一个可以使净现值等于0的贴现率。如果无法直接找到使净现值为0的贴现率，则可找出一个最接近0的正净现值和一个最接近0的负净现值及其各自所对应的贴现率，再用内插法计算出项目的内含报酬率。

在【例4-1】中，B方案每年的净现金流量不相等，计算其内含报酬率，必须逐次进行测算，测算过程所得的数据见表4-7。

表4-7　**B方案的测算数据**　金额单位：元

测算次数	设定贴现率（%）	净现值
1	10	21 542
2	12	12 371.5
3	14	3 936.5
4	16	−3 810

由此可以看出，最接近0的两个净现值分别为3 936.5元和−3 810元，相应的贴现率分别为14%和16%，所以14%<IRR<16%。采用内插法计算项目内含报酬率如下：

$$\frac{i-14\%}{16\%-14\%}=\frac{0-3\,936.5}{-3\,810-3\,936.5}$$

$$i=15\%$$

B方案的内含报酬率为15%。

如果投资项目的内含报酬率大于企业的资本成本，说明投资方案可行，可以采纳；如果内含报酬率小于等于资本成本，说明投资方案不可行，应该舍弃；如果有多个投资方案可供选择，应在满足内含报酬率大于资本成本的前提下，选择内含报酬率最大的方案。

上述计算中A方案的内含报酬率为22.18%，B方案的内含报酬率为15%，A方案的内含报酬率比较高，因此应选择A方案。

（二）内含报酬率的特点

内含报酬率有以下几个特点：它充分考虑了资金的时间价值，能反映投资项目本身的真实报酬率；概念易于理解，容易被人接受；克服了比较基础不同（如初始投资额或经济寿命期不同）时评价和排列各备选方案优先顺序的困难，可按内含报酬率从大到小排列各方案的优先顺序。但其计算过程比较复杂，特别是每年NCF不相等的投资项目，一般需要进行多次测算才能求得，并且内含报酬率隐含了再投资假设，即各年的净现金流入量是假定各个项目在其全过程内按各自的内含报酬率进行再投资而形成增值，这一假定具有较大的主观性，缺乏客观的经济依据。

【补充阅读4-3】

绿色投资

随着全球对可持续发展和环境保护的日益重视，绿色投资逐步成为企业投资的新领域。绿色投资是兼顾社会发展、环境改善及经济效益提升的发展资源，与传统投资相比，绿色投资更加注重项目的环保性、可持续性和社会责任感。它不仅关注项目的财务回报，更看重其在减少污染、节能减排、资源循环利用等方面的贡献。这种投资方式不仅有助于企业实现经济效益和社会效益的双赢，也符合全球绿色发展的潮流。

在中国，绿色投资已经得到了广泛的关注和发展，特别是自2020年“双碳”目标提出之后，绿色经济已经成为我国经济复苏的重要引擎之一，是促进和引领经济高质量发展的重要动能。国家发展改革委副主任赵辰昕表示要持续加大对绿色产业的支持，推动绿色产业持续健康更好地发展。据报道，2022年我国绿色投资规模达到2.6万亿元，未来5年可能累计增加16.3万亿元。北京银行董事长霍学文认为绿色金融是金融业未来发展的重要战略支点。在中国经济绿色发展为导向，环境管制日渐严格和公民环保意识不断提升的大背景下，企业也更加重视环境责任的履行，日渐强化绿色投资行为，且投资者对企业环境投资的敏感性日益增强。

本章小结

本章第一节介绍投资的一般概念及种类，项目投资的概念及类型；第二节介绍项目投资引起的现金流量的内容及估计方法，以及估计现金流量时应注意的问题；最后一节介绍项目投资决策评价指标的含义、计算方法及优缺点。本章思政元素索引表见表4-8。

表4-8　　**本章思政元素索引表**

教学模块	教学内容	课程思政教育资源	社会主义核心价值观
企业投资管理概述	项目投资决策程序	创新创业教育	敬业、公正
现金流量估计	现金流量的作用 现金流量分析中应注意的问题	现金流量使投资决策更符合客观实际 学习的机会成本	诚信、公正
项目投资决策评价指标	贴现评价指标	投资风险价值和货币时间价值	公正、法治

主要知识点

(1) 投资的概念及种类；(2) 项目投资的类型、项目计算期的构成和项目投资的程序；(3) 现金流量的内容和现金净流量的计算；(4) 现金流量的作用；(5) 现金流量分析中应注意的问题；(6) 投资回收期的概念、计算与特点；(7) 净现值的概念、计算与特点；(8) 获利指数的概念、计算与特点；(9) 内含报酬率的概念、计算与特点。

思考题

1.什么是现金流量？其构成情况如何？

2.如何理解在投资决策中采用现金流量而不采用利润？

3.在现金流量分析中应注意哪些问题？

4.静态评价指标有哪些？各有什么优缺点？

5.动态评价指标有哪些？各有什么优缺点？

6.在进行投资项目的选择时，创业企业有哪些具体的投资分析决策方法？

课后练习

一、单项选择题

1.下列各项中，属于长期投资决策静态评价指标的是（　　）。

A.获利指数　　B.平均投资报酬率

C.净现值　　D.内部收益率

2.已知某投资项目的原始投资额为100万元，建设期为2年，投产后第1~8年每年NCF为25万元，第9~10年每年NCF为20万元。则该项目包括建设期的静态投资回收期为（　　）。

A.4年　　B.5年　　C.6年　　D.7年

3.静态投资回收期恰好是（　　）。

A.净现值为0时的年限　　B.净现金流量为0时的年限

C.累计净现值为0时的年限　　D.累计净现金流量为0时的年限

4.下列长期投资决策评价指标中，数值越小越好的指标是（　　）。

A.净现值　　B.投资回收期　　C.内部收益率　　D.投资利润率

5.当某方案的净现值大于0时，其内部收益率（　　）。

A.可能小于0　　B.高于资本成本率

C.一定大于设定的折现率　　D.高于投资利润率

6.能使投资方案的净现值等于0的折现率，称为（　　）。

A.净现值率　　B.资本成本率　　C.内部收益率　　D.投资利润率

7.如果其他因素不变，一旦折现率提高，则下列指标中数值会变小的是（　　）。

A.净现值　　B.平均报酬率　　C.内部收益率　　D.投资回收期

8.在评价单一方案的财务可行性时，如果不同评价指标之间的评价结论发生了矛盾，就应当以下列项目中（　　）指标的结论为准。

A.净现值　　B.投资回收期　　C.平均报酬率　　D.年平均报酬率

9.在单一方案决策过程中，与净现值评价结论可能发生矛盾的评价指标是（　　）。

A.净现值率　　B.获利指数　　C.投资回收期　　D.内部收益率

10.下列关于净现值和现值指数的说法，不正确的是（　　）。

A.净现值反映投资的效益

B.现值指数反映投资的效率

C.现值指数消除了不同项目间投资额的差异

D.现值指数消除了不同项目间项目期限的差异

11.对投资项目的内含报酬率指标大小不产生影响的因素是（　　）。

A.投资项目的原始投资　　B.投资项目的现金流量

C.投资项目的有效年限　　D.投资项目的资本成本

12.已知某投资项目于期初一次投入现金100万元，项目资本成本为10%，项目建设期为0，项目投产后每年可以产生等额的永续现金流量。如果该项目的内含报酬率为20%，则其净现值为（　　）。

A.10万元　　B.50万元　　C.100万元　　D.200万元

二、多项选择题

1.在长期投资决策中，属于建设期现金流出项目的有（　　）。

A.固定资产投资　　B.垫支营运资本　　C.经营成本　　D.无形资产投资

2.在项目投资中，经营期终结点发生的回收额包括（　　）。

A.原始投资　　B.收回的营运资本

C.折旧与摊销额　　D.收回的固定资产残值

3.下列指标中，属于动态指标的有（　　）。

A.获利指数　　B.净现值　　C.内部收益率　　D.平均报酬率

4.现金流量是由（　　）构成的。

A.初始现金流量　　B.营业现金流量

C.终结现金流量　　D.后期现金流量

5.净现值法与现值指数法的共同之处在于（　　）。

A.都是相对数指标，反映投资的效率

B.都必须按预定的贴现率折算现金流量的现值

C.都不能反映投资方案的实际投资收益率

D.都没有考虑货币时间价值因素

6.用现金流量作为衡量投资项目效益的依据，是因为（　　）。

A.现金流量能准确反映企业未来期间盈利状况

B.体现了资金时间价值观念

C.可以排除主观因素的影响

D.体现了风险、收益之间的关系

E.为不同时点的价值折现提供了依据

7.下列表述正确的有（　　）。

A.净现值>0，说明该方案可行

B.净现值=0时的贴现率为内含报酬率

C.净现值是特定方案下未来现金流入现值与现金流出现值之差额

D.净现值>0，现值指数<1

三、计算题

1.某投资项目一次性投资120万元，投资时需垫支流动资金30万元，项目期末可以收回。该项目使用期10年，期末有残值10万元，采用直线法计提折旧。投产后每年可获得营业收入60万元，而每年付现成本32万元，假设企业的所得税税率为25%。

要求：计算项目期内各年的净现金流量。

2.某企业拟投资一个新项目，现有甲、乙两个投资方案可供选择：

甲方案投资总额1 000万元，建设期一年，投资分两次进行，第一年年初投入500万元，第二年年初投入500万元，第二年建成并投产，投产后每年税后利润100万元，项目建成后可用9年，9年后残值100万元。

乙方案投资总额1 500万元，建设期二年，投资分三次进行，第一年年初投入700万元，第二年年初投入500万元，第三年年初投入300万元，第三年建成并投产，投产后每年税后利润200万元，项目建成后可用8年，8年后残值200万元，若资金成本为10%，项目按直线法进行折旧。

要求：

（1）通过计算净现值进行方案选优。

（2）计算投资回收期。

3.某公司拟投资500万元修建一停车楼，预计停车楼每年可带来75万元的净利润，50年后停车楼报废，残值为0。该项目的最低期望报酬率为10%，公司要求在10年内收回投资。

要求：计算项目的净现值、获利指数和内含报酬率；根据不同的投资决策规则，分析某公司是否应该投资该项目。

4.某企业投资15 500元购入一台设备，该设备预计残值为500元，可使用3年，折旧按直线法计算。设备投产后每年销售收入增加额分别为10 000元、20 000元、15 000元，除折旧外的费用增加额分别为4 000元、12 000元、5 000元。企业适用的所得税税率为25%，要求的最低投资报酬率为10%，目前年税后利润为20 000元。

要求：

（1）假设企业经营无其他变化，预测未来3年每年的税后利润。

（2）计算该投资方案的净现值。

5.大华公司考虑购买一套新的生产线，公司投资部对该项目进行可行性分析时估计的有关数据如下：

（1）初始投资为3 000万元，该生产线能使用5年。

（2）按税法规定该生产线在5年内折旧（直线法折旧），净残值率为5%，在此会计政策下，预期第一年可产生400万元的税前利润，以后四年每年可产生600万元的税前利润。

（3）已知公司所得税税率为25%，公司要求的最低投资报酬率为12%。

公司董事会正在讨论该投资项目的可行性问题。

董事长认为：按照投资部提供的经济数据，该投资项目属于微利项目。理由是：投资项目在五年的寿命期内只能创造2 800万元的税前利润，扣除25%的所得税，税后利润约为1 876万元，即使加上报废时净残值150万元，根本不能收回最初的投资额3 000万元，更不用说实现12%的期望报酬率。

要求：根据以上资料，通过计算分析，回答下列问题。

（1）公司董事长的分析是否正确？

（2）如果该生产线能使用5年，折现率为12%，请你按净现值法评价该项目是否可行。

第五章

企业营运资本管理

学习目标

1. 掌握营运资本的概念及组成。
2. 掌握营运资本的管理策略。
3. 掌握持有现金和有价证券的动机、最佳现金余额水平的确定、现金管理策略。
4. 掌握企业信用政策的制定、应收账款的日常管理。
5. 掌握经济订货量基本模型的原理及应用。
6. 掌握存货的管理模式。

教学引导案例

随着2024年中秋假期的悄然落幕，不仅月饼市场冷清，乳制品行业也迎来了前所未有的寒冬。作为乳业市场的领头羊，伊利股份在2024年的业绩表现上更是遭遇了前所未有的挑战，其资金链紧绷、业绩下滑、市场需求疲软等问题接踵而至，让人不禁对其未来充满担忧。

2024年8月30日，伊利股份公布的上半年财报显示，公司营收同比大幅下滑9.49%至599.15亿元，这一数字不仅创下了自1996年以来的最大跌幅，也暴露出公司增长动力的严重不足。尽管归母净利润同比增长19.44%至75.31亿元，但扣除非经常性损益后的净利润却同比下滑8.15%至53.24亿元，这一数据更是让投资者忧心忡忡。

更令人担忧的是，伊利股份的业绩下滑并非一朝一夕之事。从2021年中期至2024年中期，公司营业收入同比增速连续四年下滑，扣非净利润增速也呈现断崖式下降。这一系列数据表明，伊利股份正面临前所未有的增长困境。

经营业绩的疲软和营运资本的变化直接导致了伊利股份资金链的紧绷。iFinD数据显示，2024年中期，公司货币资金仅为461.19亿元，已不足以覆盖同期482.37亿元的短期借款规模。这是伊利股份历史上首次出现货币资金无法覆盖短期债务的情况，显示出公司财务压力的巨大。伊利股份部分财务数据见表5-1。

表5-1　　　　**伊利股份部分财务数据**　　　　单位：亿元

财务指标	2019年	2020年	2021年	2022年	2023年	2024年
货币资金	113.25	116.95	317.42	338.53	433.72	461.19
应收票据及应收账款	18.37	17.59	21.07	32.5	33.05	37.33
其他应收款合计	1.95	1.15	1.26	2	1.95	1.77
短期借款	45.6	69.57	125.96	267.99	397.55	482.37
一年内到期的非流动负债	3.06	8.23	6.68	9.83	24.35	58.39
归母所有者权益合计	261.31	303.84	477.08	502.68	535.39	529.88
少数股东权益	1.43	1.49	10.83	38.75	37.81	37.76

此外，伊利股份的资产负债率也从近年来的低点52.15%攀升至62.13%，创下了历史新高。短债聚集的风险日益凸显，一年内到期的非流动负债从2019年的3.06亿元飙升至2024年中期的58.39亿元，涨幅近18倍。这一系列数据无疑为公司的未来发展蒙上了一层阴影。

伊利股份的业绩滑坡与国内乳业市场需求的低迷密切相关。近年来，国内宏观经济环境不佳，消费者信心普遍不足，导致液态奶等乳制品的终端消费需求大幅放缓。数据显示，2022年至2023年，乳制品全渠道收入同比增速连续两年处于负增长状态。在此背景下，伊利股份的液态奶业务遭受了重创，营收同比下滑13.05%，成为公司业绩承压的主要原因。

在业绩增长承压的背景下，伊利股份却坚持高额分红和回购策略。2024年，公司每10股分红12元（含税），分红金额高达76.39亿元，分红比例达到73.25%，创历史新高。然而，这一举动并未给二级市场带来明显提振，反而引发了市场对其商业模式的质疑。

一边是高举债务，一边是高额分红，伊利股份的“高负债与高分红”并举策略引发了市场的广泛讨论。这种商业模式在某种程度上折射出了公司盈利能力的有限性。在净资产收益率逐年下滑的背景下，加大分红力度是否明智，成为市场关注的焦点。

资料来源：财经三剑客. 乳业巨头伊利股份陷困境，资金链紧绷成隐忧［EB/OL］.［2024-09-25］. https：//blog.csdn.net/qq_15113419/article/details/142533037.

案例思考题：

1.伊利的业绩变化给你带来了哪些启示？

2.对消费行业的上市公司来说，决定业绩的关键因素有哪些？

第一节　企业营运资本管理概述

一、营运资本的概念及组成

营运资本（Working Capital）是指企业投放到日常经营活动中的周转资本。营运资本在概念上有广义和狭义之分。广义的营运资本也称毛营运资本（Gross Working Capital），是指一个企业的流动资产总额。狭义的营运资本也称净营运资本（Net Working Capital），是指流动资产减去流动负债后的余额，即企业以长期融资方式满足的那一部分流动资产投资。本书中的营运资本是指狭义的营运资本。因此，营运资本管理的内容既包括流动资产管理，也包括流动负债管理。

净营运资本=流动资产-流动负债 (5-1)

企业的短期资金来源只有短期负债即流动负债，长期资金来源可以是非流动负债也可以是所有者权益。当流动资产大于流动负债时，说明企业有一部分流动资产是以长期资金的方式提供的，这部分资金就被称为营运资本。因此，营运资本也可以理解为长期资本被用于流动资产的部分。

因为：

资产 = 权益

↓ ↓

流动资产+非流动资产 = 流动负债+非流动负债+所有者权益

所以：

营运资本=流动资产-流动负债=（非流动负债+所有者权益）-非流动资产

显然，企业营运资本的变化不仅受到流动资产与流动负债的影响，而且受到企业长期融资和非流动资产变化的影响。

企业营运资本的多少可以反映企业在一定时期内资产的流动性和偿债能力。在一定条件下，营运资本越多，流动性就越好。同时，营运资本越多，说明企业越有充分的流动资产来保障未来流动负债的偿付，其短期偿债能力就越强。但有时营运资本越多，说明企业融资政策越谨慎，资本成本越高，这会在一定程度上增加企业风险。另外，企业在一定时期内营运资本的多少，也能反映企业在一定时期内非流动负债的偿付能力。因为部分资产实际上是由长期资本提供保障的，所以，营运资本越多，长期债务的风险也就越小。

企业营运资本的多少还可以用来衡量企业经营风险的大小。一般情况下，营运资本越多，企业的违约风险越小，举债融资能力就越强。因此，许多债权人要求借款企业保持一定数量的营运资本，或保持合适的流动比率（流动资产/流动负债）。

当然，仅凭这一指标来评价企业的偿债能力和风险大小难免会失之偏颇。这是因为，除了数量以外，营运资本的质量也是至关重要的，如果金额很大，但质量不高，比如在应收账款中坏账比重较高，则偿债能力较低。总之，营运资本是一个抽象的概念，是一个差量，可以从一个侧面来反映流动资产的质量与状况。

二、营运资本的内容

营运资本既然是企业流动资产与流动负债的差额，因此，其内容也分为以下两大部分：

（一）流动资产

流动资产是指现金和预期能在一年内变现的资产。流动资产可按不同的标志进行分类：

1. 按经济内容分为现金、短期有价证券、应收及预付账款、存货

（1）现金，有狭义和广义之分。狭义现金是指企业持有的库存现金，即现钞；广义现金是指企业所有可以即时使用的支付手段，也称货币资金，包括所有的库存现金、在途现金、银行存款、业务周转金等。

（2）短期有价证券，是指准备在一年内变现的有价证券。

（3）应收及预付账款，是指企业在生产经营过程中形成的各种应收未收或预先支付的款项，包括应收账款、应收票据、预付账款、其他应收款等。

（4）存货，是指企业准备随时变现或在一个营业周期以内变现的各种实物形态的资产。企业持有存货的主要目的是出售，而不是作为劳动工具来使用，这也是区别于固定资产的主要特征。存货包括原材料、辅助材料、在产品、半成品、产成品、低值易耗品等。

2. 按管理需求分为经营性流动资产和金融性流动资产

企业活动可分为经营活动和金融活动，其资产也对应分为两部分。经营性流动资产是企业在销售商品、提供劳务过程中形成的流动资产，包括货币资金、无息应收票据、各类应收项目、存货等；金融性流动资产是企业利用经营活动多余资金进行投资所形成的流动资产，包括有息应收票据、短期权益性投资及其所形成的应收股利等。

【德育专栏】

柜台债券业务进入发展新阶段

随着金融市场的不断发展，柜台债券市场作为金融市场的重要组成部分，正迎来全面扩容的历史机遇。这一变化为投资者提供了更多的投资选择。近年来，中国人民银行不断推进金融市场改革，加强金融基础设施建设，提升金融市场的深度和广度。在此背景下，柜台债券市场得以快速发展，并逐渐成为投资者和企业进行资金融通的重要平台。2024年5月1日起，中国人民银行发布的《关于银行间债券市场柜台业务有关事项的通知》正式施行，进一步扩大了柜台债券投资品种，优化相关机制安排，便利了居民和其他机构投资者的债券投资。

对于企业而言，柜台债券市场的扩容意味着更多的融资选择和更低的融资成本。企业可以根据自身的资金需求和市场情况，选择适合的债券品种进行融资，这有助于优化企业的融资结构，降低融资成本。同时，柜台债券市场的优化也提升了市场的透明度，使企业能够更准确地了解市场动态和投资者需求，从而更好地进行财务规划和风险管理。

此外，柜台债券市场的扩容还为企业提供了更多的投资机会。企业可以将闲置资金投资于柜台债券市场，获取相对稳定的收益，从而提高资金利用效率。同时，柜台债券市场的流动性也为企业提供了灵活的退出机制，使企业能够在需要时快速变现债券资产，满足资金流动性需求。

柜台债券市场的扩容也体现了我国金融市场改革开放的深化和普惠金融理念的实践。通过优化柜台债券市场的相关规则，进一步吸引各类投资者参与，既有利于推动多层次债券市场的高质量发展，也有利于增强金融市场的活力和韧性。这一变革不仅有助于提升金融服务的覆盖面和普惠性，还为企业提供了更加公平、透明、高效的融资环境，有助于实现经济的可持续发展和社会的共同富裕。

资料来源：杨洁．柜台债券市场扩容在即 多家国有大行透露“已做好准备”[N]．证券日报，2024-04-25（A3）．

（二）流动负债

流动负债是指在一年内或大于一年的一个营业周期内到期需要偿还的债务。流动负债是企业短期资金的来源。流动负债具有周期短、成本低、弹性大等特点。流动负债包括短期借款、交易性金融负债、应付及预收账款、应付票据、应付短期融资券、应交税费、应付股利和其他应付款等。流动负债可按不同的标志进行分类：

1. 按管理需求分为经营性流动负债和金融性流动负债

（1）经营性流动负债是指销售商品、提供劳务所形成的短期负债，包括无息应付票据、各类应付项目、普通股的应付股利等。

（2）金融性流动负债是指短期债务融资活动所形成的负债，包括各种需要计息的应付账款、有息应付票据、应付优先股股息、短期借款等。

2. 按流动负债形成原因分为自然性负债和自主性负债

（1）自然性负债是指企业在生产经营或经济交往过程中，不需要正式安排，因支付时间拖后而自然形成的负债，如应付账款、应付票据、应付职工薪酬、应交税费等。

（2）自主性负债也叫主动性负债，是指企业根据生产经营需求通过专门做出的融资安排而获得的流动负债，如短期借款、交易性金融负债等。

三、营运资本的特点

营运资本是关系到企业经营效率的决定性因素之一，如何科学地安排营运资本是财务管理的一项重要职能。要想有效地管理企业的营运资本，就必须认真研究营运资本的特点，以便在营运资本运作过程中采取有针对性的措施。营运资本一般具有以下特点：

1. 周转的短期性

企业运用在营运资本上的资金，周转速度较快，周转期较短，通常应在一年或一个营业周期内收回。因此，在营运资本的供应上，企业可以根据这一特点采用短期的筹资方式来解决，如短期银行借款、商业信用等。

2. 需求数量的波动性

营运资本占用的数量通常会随着企业内外经营条件的变化而变化，时高时低，波动很大。因此，在流动资产管理上，企业必须合理配置各项流动资产，并根据波动情况，随时调整投资和融资策略。

3. 存在形态的可变性

营运资本在周转使用的过程中，通过存在形态的不断变化来完成其创造价值的过程。营运资本的实物形态在货币性资产、储备资产、生产资产、成品资产、结算资产之间依顺序转化，大部分需要从一个形态变化成另一个形态才能完成其价值的增加。相对于固定资产而言，存在形态的可变性是其显著特点。

4. 来源的灵活性

营运资本的来源渠道多，融资方式灵活，针对不同的融资需求可以选用不同的融资组合来满足。营运资本的配置与企业的经营风格有较大的关联性，取决于管理者的风险偏好。

四、营运资本的管理目的

营运资本作为企业日常经营周转使用的资金，是企业资金运动的关键环节。在企业的财务决策中，财务人员经常会面临风险与收益之间权衡的问题。一方面，他们希望企业具有较高的盈利能力；另一方面，他们也希望企业承受较低的风险。为此，财务人员应该在两者之间做出合理的权衡。这也是营运资本管理成为企业管理者耗费精力较多的管理活动之一的原因。营运资本管理的目的就是通过相关管理活动的安排与实施，保证企业既具有足够的流动性，又具有较强的盈利能力和抗风险能力。流动性是蕴含于企业经营过程中的动态意义上的偿付能力，也是企业资产运用的固有特征。保持营运资本具有适度的流动性和较强的盈利性是营运资本管理的出发点。因此，企业要合理确定现金持有量，保持良好的流动资产结构，加快应收账款的回收、加速存货的周转，使全部营运资本都能按照营运资本政策预定的目标进行运营，以实现企业价值最大化。所以，上述方面就成为企业营运资本管理的主要内容。

五、营运资本管理策略

（一）营运资本的投资管理策略

投资活动是指企业配置资产的活动或行为。企业的资产，可以分为流动资产和非流动资产。企业资产总额中流动资产和非流动资产各自占有的比重称为企业的资产组合。一般来说，非流动资产的盈利能力大于流动资产，而流动资产的变现能力又强于非流动资产。当企业资产总额一定时，流动资产比例高，非流动资产比例低，则风险较小，但收益率较低；非流动资产比例高，流动资产比例低，则收益率较高，但风险较大。安排好两者之间的比例关系，实质上是对风险与收益的权衡。

营运资本管理策略就是如何针对不同的企业状况，确定一个既能维持正常生产经营活动，又能在减少或不增加风险的前提下给企业带来尽可能多的利润的流动资产水平的决策。其包括流动资产与固定资产之间的配比结构决策和流动资产内部不同形态的各项流动资产之间的配比结构决策。前者涉及企业的资产投资组合策略，后者涉及企业的相对规模投资策略。

1.资产投资组合策略

为便于分析，假定企业的非流动资产占用额保持不变，并假定在相关的产量范围内，企业的应收账款及存货的管理是非常有效的，在每一产量水平下，应收账款和存货的投资是一定的。这样一来，我们的分析就可集中于流动资产中的现金与有价证券部分。一般而言，一个企业的流动资产占全部资产的比重越大，则在流动负债保持不变的情况下，其净营运资本越多，支付到期债务的能力越强，风险也就越小。另外，在某一特定的销售水平下，流动资产所占比重越大，其冻结或近于闲置在流动资产上的资金也就越多，其利润自然低于将这些资金投资于非流动资产所产生的利润，因而其盈利能力也就越弱。相反，流动资产占全部资产的比重越小，则企业的盈利能力越强，而风险也越大。图5-1显示了三种可供选择的资产组合策略。

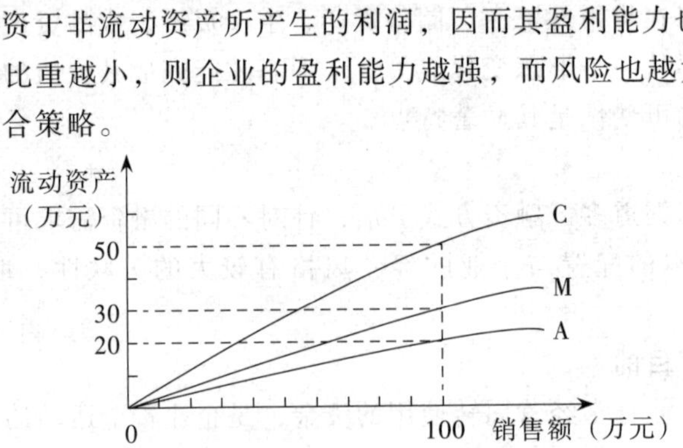

图5-1　资产投资组合策略

从图5-1可以看出，流动资产与销售水平之间呈非线性关系，表现为三条不同的曲线。这是因为，在流动资产的持有中存在规模经济因素，即随着销售水平的增加，流动资产将以递减的速度增加，特别是现金和存货。也就是说，随着销售水平的增加，用于这些方面的资金可以因时间、数量上的不一致性而相互调剂使用，由此使用于流动资产的资金的增加速度小于销售的增加速度。曲线C代表一种稳健（保守）的营运资本管理策略。在这一策略下，企业持有的流动资产占全部资产的比重相当大。由于流动资产的收益率一般低于固定资产的收益率，因此，这一策略下的预期盈利能力将比较低。假定流动负债保持不变，则这一策略将使营运资本增加，企业技术性无力清偿的风险也就比较低。

与曲线C相反，曲线A代表一种较激进的营运资本管理策略。在此策略下，企业持有的流动资产占全部资产的比重相对比较少，其净营运资本也就相对较少。结果是，这一策略使企业在取得较高预期盈利能力的同时，也承受较高的陷入财务困境的风险。

曲线M则代表一种适中的营运资本管理策略，其预期盈利能力和风险都居于曲线A与曲线C之间。

综上可知，稳健型投资策略包括：持有大量的现金余额和短期有价证券；大规模的存货投资；放宽信用条件，从而持有高水平的应收账款。

激进型投资策略包括：保持低水平的现金余额；不投资短期有价证券；小规模的存货投资；不允许赊账，没有应收账款。

适中型投资策略则介于两者之间。

上述三种类型的策略各有利弊。对于一个特定的企业而言，究竟应该选择哪种类型的流动资产投资策略，需要从以下几个方面考虑：

（1）企业经营周期的长短。企业经营周期较长，在产品、产成品及应收账款等项目往往占用较多的资金，因而不适宜采用激进型投资策略。

（2）企业销售额的大小。企业销售额较大，企业在应收账款和存货方面占用的资金较多，必然要求较高的流动资产规模。

（3）偿债能力比率的行业标准。不同行业的偿债能力比率（如流动比率等）标准往往有较大的差异，如果企业所在行业的偿债能力比率标准较低，则通常倾向于选择激进型投资策略。

（4）存货政策。采用较高安全库存量政策的企业，显然适宜采用保守型投资策略。

（5）信用政策。采用较为宽松的信用政策必然导致较高的应收账款余额，因而适宜选择保守型投资策略。

（6）企业流动资产管理效率。如果企业的流动资产管理效率较低，则不适宜选择激进型投资策略。

（7）管理者对风险的态度。究竟选择哪种策略，最终需要管理者做出判断。保守的管理者一般不会选择激进型投资策略。

2. 相对规模投资策略

营运资本投资策略也可以用流动资产的相对规模来衡量。流动资产的相对规模是指流动资产与销售收入的比率，即为取得1元销售收入应该占用的流动资产。可见，如果一个企业采用保守型投资策略，则会保持较高的流动资产与销售收入的比率；反之，激进型企业会选择保持较低的流动资产与销售收入的比率。

由于“营业现金净流量=税后经营利润+折旧与摊销-经营性营运资本投资=税后经营利润+折旧与摊销-（期末经营性营运资本投资-期初经营性营运资本投资）”，所以，在利润水平和固定资产投资规模不变的情况下，通过降低经营性营运资本投资可以增加营业现金净流量，进而增加企业价值。

（二）营运资本的融资管理策略

营运资本的融资管理策略，是指确定流动资产所需资金中短期资金和长期资金的比例，亦称营运资本的筹资管理策略，通常用经营性流动资产中长期筹资来源的比重衡量，该比率称为易变现率。

易变现率=［（股东权益+长期债务+经营性流动负债）-长期资产］÷经营性流动资产

易变现率高，资金来源的持续性强，偿债压力小，管理起来比较容易，称为稳健型融资策略。易变现率低，资金来源的持续性弱，偿债压力大，称为激进型融资策略。在稳健型融资策略和激进型融资策略之间，分布着一系列风险程度不同的融资策略，称为适中型融资策略。

实际上，资产负债表各项目按流动性排列，揭示了企业未来现金流量的数额、时间顺序及其不确定性。从时间上看，资产与其资金来源各个项目之间形成了一种内在的对应关系，因而，可以将资产分为长期资产与短期资产，相应地，资金来源也可以分为长期融资与短期融资。

它们之间的对称关系表现在：

（1）长期资产通常由长期融资提供。否则，企业组织就可能因以短期融资支持长期资产而导致到期不能偿债，从而陷入财务困境。当然，企业组织可以不断地借新债还旧债，用短期融资来支持长期资产，获得低融资成本，但是，一旦新债难以筹措，企业组织就可能陷入财务困境。

（2）短期资产通常由短期融资提供。这时，短期资产可以在较短的时间内实现、转移或摊销其价值，也就可以保证短期融资的清欠和退还。

（3）短期资产也可以由长期融资提供。从理论上说，这是一种最保险的方法，当然，也是一种成本最高的方法。在这种情况下，企业组织通常不会面临偿债或流动性压力，但长期融资要支付比短期融资更高的融资成本。

流动资产的融资来源有短期来源（流动负债）和长期来源（长期负债和权益资本）。这就要求企业财务人员分析确定应以多大比例的流动负债和多大比例的长期资金作为流动资产的正常资金来源，即如何正确地确定最优的筹资组合问题。

企业总的筹资量等于投放在固定资产与流动资产上的资金之和。流动资产又可以进一步划分为永久性流动资产和临时性流动资产两大类。永久性流动资产是指用于满足企业长期稳定的资金需要的那部分流动资产。临时性流动资产是指受季节性或周期性影响的那部分流动资产。例如，对应收账款和存货的投资，产品销售高峰期比年内其他时期要求更多。相应地，企业的筹资需要也可以划分为永久性资金需要和波动性资金需要两部分。固定资产和永久性流动资产共同构成永久性资金需要，而临时性流动资产则构成波动性资金需要，如图5-2所示。

对流动资产中的永久性与波动性部分，应合理安排其相应的资金来源。

1. 适中型融资策略

适中型融资策略也称配合型融资策略，是指企业负债的到期结构与企业资产的寿命期相对应。具体地说，短期及季节性流动资产即临时性流动资产的变动，通过短期负债融资；而永久性流动资产及固定资产的变动，则通过长期负债、自发性负债或权益资本融资（如图5-3所示）。

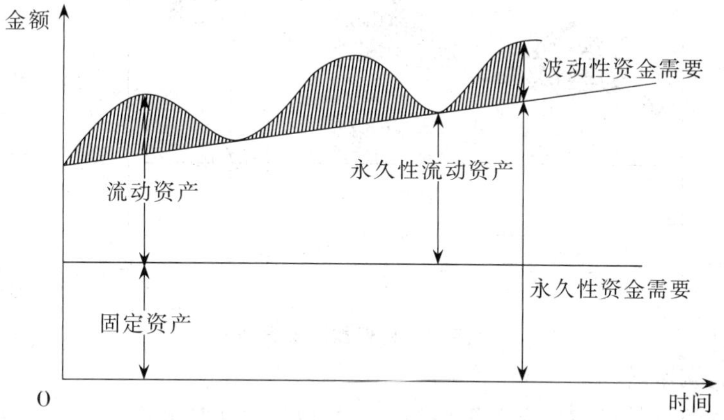

图5-2　资产与资金匹配

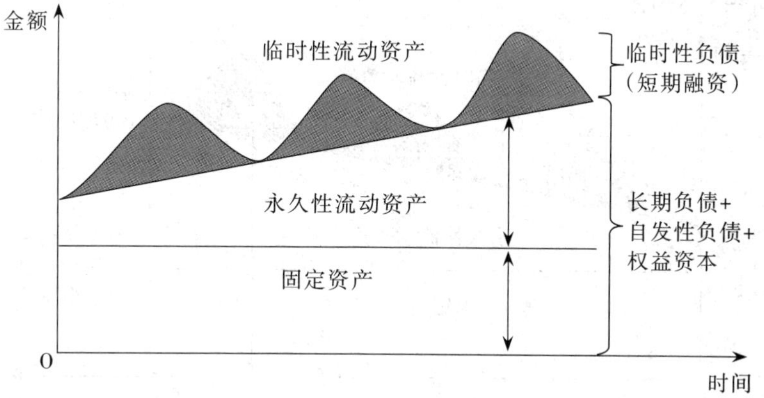

图5-3　适中型融资策略

从图5-3可以看出，只要企业的短期融资计划做得好，实现现金流动与预期安排相一致，那么在季节性低谷时，企业就应该没有任何流动负债；只有在波动性资金需求的高峰期，企业才向外举借短期负债，在现金剩余时偿还。永久性资金需要将随企业的成长而增加，相应地，其融资的需求量也随之增加。然而也必须看到，这仅仅是一种理想的融资模式，较难在现实经济生活中完美实现。

2. 稳健型融资策略

稳健型融资策略，是指企业将其一部分预期的波动性资金需要，以长期负债、自发性负债或权益资本的方式融通（如图5-4所示）。

由图5-4可以看出，企业的资金需要，除永久性流动资产和固定资产由长期负债、自发性负债或权益资本融通外，还有部分临时性流动资产也由长期负债、自发性负债或权益资本融通。这一融资策略使短期负债比例相对较低，由此可降低企业无法偿还到期债务的风险，也降低了利率变动的风险。然而，与此同时，这一筹资方式也因长期负债的融资成本高于短期融资，以及在季节性低谷时企业因继续持有长期负债而需要支付债务利息，从而降低了归属于股东的预期收益。

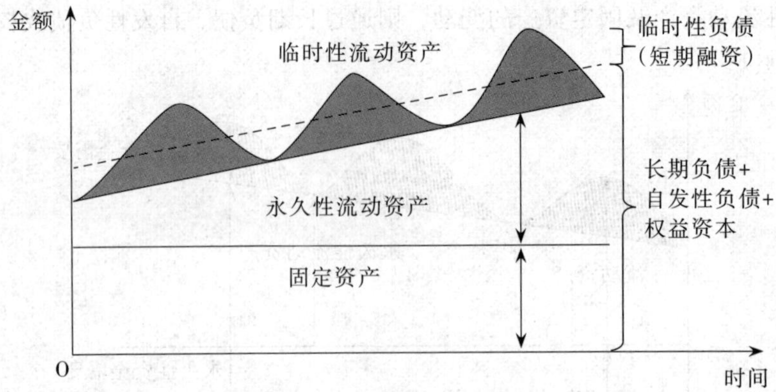

图5-4 稳健型融资策略

3. 激进型融资策略

激进型融资策略与稳健型融资策略相反，是以短期负债来融通部分永久性流动资产的资金需要（如图5-5所示）。

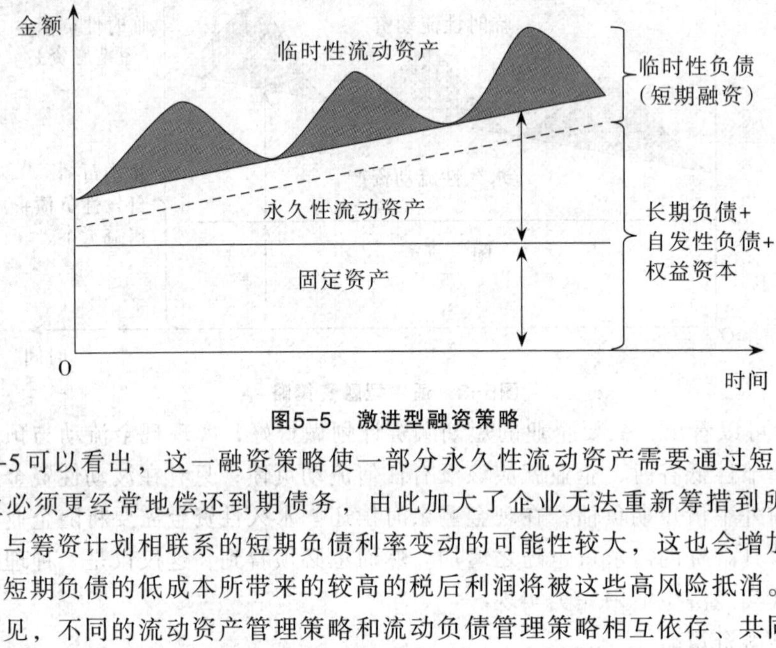

图5-5 激进型融资策略

由图5-5可以看出，这一融资策略使一部分永久性流动资产需要通过短期负债融通，从而使企业必须更经常地偿还到期债务，由此加大了企业无法重新筹措到所需资金的风险。另外，与筹资计划相联系的短期负债利率变动的可能性较大，这也会增加企业的盈利变动风险。短期负债的低成本所带来的较高的税后利润将被这些高风险抵消。

由此可见，不同的流动资产管理策略和流动负债管理策略相互依存、共同作用，形成了上述三种类型的营运资本融资策略。

第二节 现金和有价证券管理

现金是可以立即投入流通的交换媒介。它的首要特点是普遍的可接受性，即可以立即用来购买商品和货物、接受劳务或偿还债务。因此，现金是企业中流通性最强的资产。属于现金内容的项目，包括企业的库存现金、各种形式的银行存款、银行汇票和银行本票。现金具有立即支付性、通用性和非营利性的特征，因此，企业现金管理需要在支付能力和机会成本之间做出权衡。

有价证券是企业现金的一种转换形式。有价证券变现能力强，能在极低的交易成本下迅速转变为现金。所以，当一些企业有多余现金时，常将现金转换成有价证券，待企业现金流出量大于流入量，需要补充现金的不足时，再出让有价证券换回现金。在这种情况下，有价证券就成了现金的替代品。此外，将现金转换为有价证券可以获取收益，这是持有有价证券的另一个原因。

一、持有现金和有价证券的动机

企业持有现金和有价证券的基本动机主要有以下三个方面：交易性动机、预防性动机和投机性动机。

（一）交易性动机

交易性动机是持有现金的基本动机。企业为满足日常经营性收支活动必须持有一定量的现金。企业每天的现金收入和现金支出很少同时等额发生，保留一定的现金余额可使企业的业务在现金支出大于现金收入时不至于中断。企业开展业务所需要支付的现金数量取决于销售水平。正常营业活动所产生的现金收入和支出以及它们的差额一般同销售量成正比。其他现金的收支，如买卖有价证券、购入机器设备、偿还借款等，较难预测，但随着销售数量的增加，都有增加的倾向。

（二）预防性动机

预防性动机是指为应付意外事件对现金的需求而持有现金的要求。企业预计的现金需求量一般是指正常情况下的需求量，但有许多意外事件会影响企业现金的收入与支出。例如，水灾、火灾等灾害，以及主要顾客未能及时付款等，都会打破企业的现金收支计划，使现金收支出现不平衡。因此，企业必须有一定数量的安全储备现金，使企业更好地应对这些意外事件的发生。影响预防性动机的因素之一就是对现金流入和现金流出的预测能力。如果预测能力强，则预防紧急情况或其他偶然情况的现金需求持有量较低。另一个影响预防性动机的因素是企业的临时借款能力。此外，企业是否愿意承担风险也是影响预防性动机的因素之一。

（三）投机性动机

投机性动机是指为利用不寻常的购买机会而持有的现金的要求。例如，遇到廉价原材料或其他资产供应的机会，便可用手头现金大量购入；在适当时机购入价格有利的股票和其他有价证券等。当然，除了金融企业和投资公司外，一般地讲，其他企业专为投机性需要而特殊持有的现金不多，遇到不寻常的购买机会，也常设法临时筹集资金。但拥有相当数额的现金，确实为临时的大批采购提供了方便，也为突然到来的投机机会（如股票）提供了保障。

二、现金管理的目标及内容

现金管理的目标是在保证企业生产经营所需现金的同时，节约使用资金，并从暂时闲置的现金中获得最多的利息收入。企业的库存现金没有收益，银行存款的利率也远远低于企业的资金利润率。现金结余过多，会降低企业的收益；但现金太少，又可能会出现现金短缺，影响生产经营活动。现金管理应力求做到既保证企业交易所需资金，以降低风险，又不使企业有过多的闲置现金，以增加收益。

现金管理的内容包括确定适当的现金持有量和有效管理日常的现金收支。

三、最佳现金余额的确定

确定最佳的现金余额，是现金管理中的一项重要内容。确定最佳现金余额的方法主要有以下几种：

（一）鲍莫尔现金模型

鲍莫尔（Baumol）现金模型把企业现金看作存货，当企业现金余额降至某一水平之下时，企业将通过出售有价证券来提高现金余额（如图5-6所示）。由于有价证券的出售与购买都有交易成本，所以这种交易频率不能过高。总目标是维持某一现金余额水平，并使与之相应的证券交易的总成本最低。

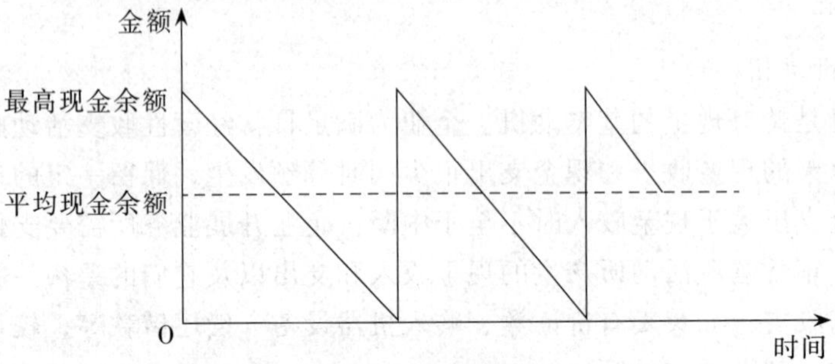

图5-6　鲍莫尔现金模型

设企业现金余额的初始值为c，平均每阶段需支付的现金数量为s，有价证券的交易成本为固定值k，r为有价证券的收益率，则维持该运转过程的总成本B为：

$$B=\frac{ks}{c}+\frac{rc}{2} \tag{5-2}$$

其中：$\frac{s}{c}$为每阶段有价证券的交易次数；$\frac{c}{2}$为现金余额平均值。

求极值：

$$\frac{\partial B}{\partial c}=-\frac{ks}{c^2}+\frac{r}{2}=0$$

因而：

$$c^*=\sqrt{\frac{2ks}{r}} \tag{5-3}$$

其中：c^*为现金最佳持有量。

【例5-1】某企业平均每月支付100万元现金，所持有的有价证券的年平均收益率为12%，每销售一次有价证券的成本为100元，则现金最佳持有量为：

$$c^*=\sqrt{\frac{2\times 100\times 1\,000\,000}{12\%\div 12}}=141\,421\text{（元）}$$

按这一现金持有量，该企业每月要销售有价证券7.07次（1 000 000÷141 421），即大约每4天就要出售一次有价证券。

（二）成本分析模型

成本分析模型是通过分析持有现金的成本，寻找使持有成本最低的现金持有量。

企业持有的现金有以下三种成本：

1. 机会成本

现金作为企业的一项资金占用，是有代价的，这种代价就是它的机会成本。现金资产作为非营利性资产，其持有额越大，机会成本越高。但企业出于交易和预防风险的需要，必须持有一定量的现金，为此付出相应的机会成本是必要的，但现金拥有量过多，机会成本就会大幅度上升，不利于资金效率的提升。

2. 管理成本

企业拥有现金会发生管理费用，如管理人员工资、安全措施费等，这些费用是现金的管理成本。管理成本是一种固定成本，与现金持有量之间无明显的比例关系。

3. 短缺成本

现金的短缺成本，是因缺乏必要的现金，不能应付业务开支需要而使企业蒙受的损失或为此付出的代价。现金的短缺成本随现金持有量的增加而下降，随现金持有量的减少而上升。

使上述三项成本之和最小的现金持有量，就是最佳现金持有量。

如果把以上三种成本线放在一个图上（如图5-7所示），就能体现出持有现金的总成本，找出最佳现金持有量的点：总成本是一条抛物线，该抛物线的最低点即为持有现金的最低总成本。超过这一点，机会成本上升的代价会大于短缺成本下降的好处；而在这一点之前，短缺成本下降的代价又会大于机会成本上升的好处。这一点对应的横轴上的值就是最佳现金持有量。在具体计算最佳现金持有量时，可以先分别计算各种方案的机会成本、管理成本与短缺成本之和，再从中选出各项成本之和最低的方案，其相应的现金持有量就是最佳现金持有量。

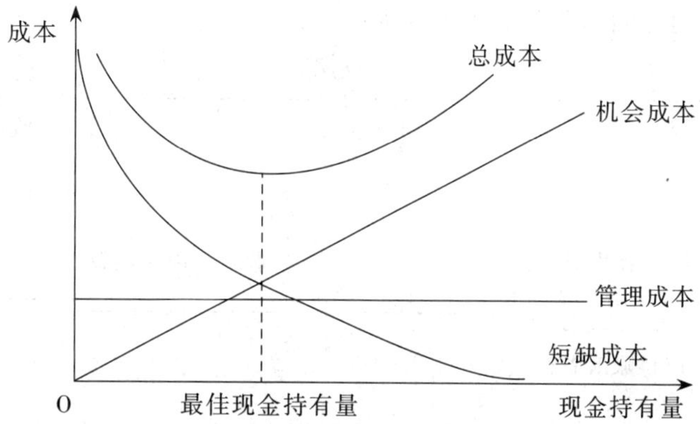

图5-7　现金成本

【例5-2】某企业有四种现金持有方案，它们各自的机会成本、管理成本和短缺成本见表5-2。

表5-2　**现金持有方案**　单位：元

项目＼方案	甲	乙	丙	丁
现金持有量	25 000	50 000	75 000	100 000
机会成本	3 000	6 000	9 000	12 000
管理成本	20 000	20 000	20 000	20 000
短缺成本	12 000	6 750	2 500	0

注：该企业的资本收益率为12%。

上述四种方案的现金持有总成本的计算结果见表5-3。

表5-3　现金持有总成本　单位：元

项目＼方案	甲	乙	丙	丁
资本成本	3 000	6 000	9 000	12 000
管理成本	20 000	20 000	20 000	20 000
短缺成本	12 000	6 750	2 500	0
总成本	35 000	32 750	31 500	32 000

将以上各方案的总成本加以比较可知，丙方案的总成本最低，也就是说，当企业的现金余额为75 000元时，各方面的总代价最低，对企业最合算，故75 000元是该企业的最佳现金持有量。

（三）现金周转模型

现金周转模型是通过现金周转天数确定最佳现金持有量的模型。现金周转天数，亦称现金周转期，是指从现金投入生产经营开始，到产成品出售，再转化为现金的整个过程所经历的天数。现金周转天数的长短取决于存货周转天数、应收账款周转天数及应付账款周转天数的长短。它们之间的关系如图5-8所示。

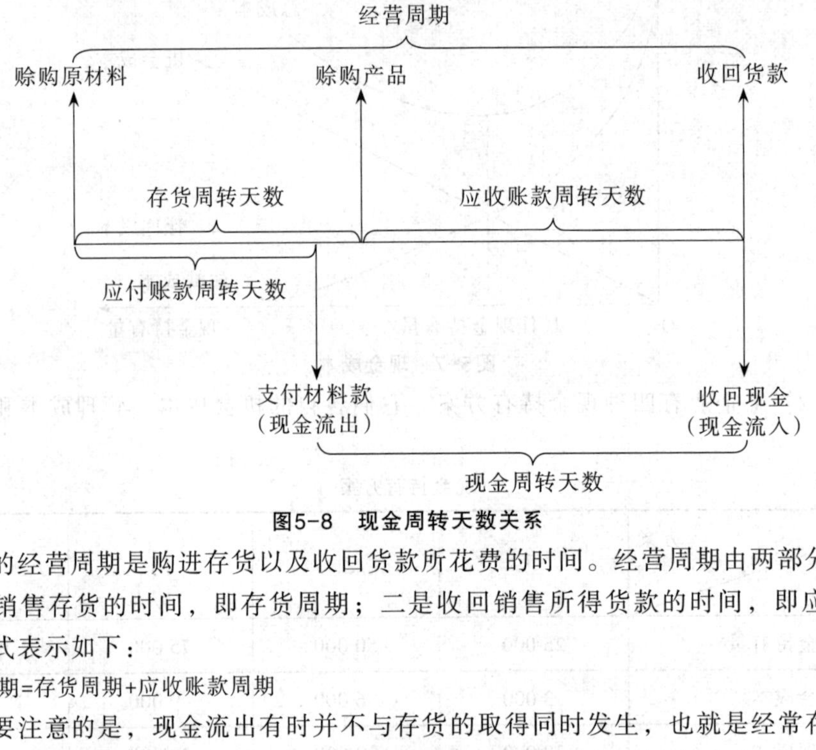

图5-8　现金周转天数关系

企业的经营周期是购进存货以及收回货款所花费的时间。经营周期由两部分构成：一是购进并销售存货的时间，即存货周期；二是收回销售所得货款的时间，即应收账款周期。用公式表示如下：

经营周期=存货周期+应收账款周期　(5-4)

但需要注意的是，现金流出有时并不与存货的取得同时发生，也就是经常存在应付账款。由图5-8可以看出，在企业的一个经营周期中，经营周期的长度（天数）等于存货周转天数加上应收账款周转天数。而一个经营周期所经历的天数减去应付账款周转天数才是现金周转天数。因此，可以得到如下的现金周转天数的计算公式：

现金周转天数=存货周转天数+应收账款周转天数-应付账款周转天数　(5-5)

其中：

$$存货周转天数=\frac{存货平均余额}{年销售成本\div 360} \tag{5-6}$$

$$应收账款周转天数=\frac{应收账款平均余额}{年销售收入\div 360} \tag{5-7}$$

$$应付账款周转天数=\frac{应付账款平均余额}{年销售成本\div 360} \tag{5-8}$$

如前所述，现金周转期依赖于存货周转期、应收账款周转期和应付账款周转期。当存货周转期和应收账款周转期延长时，现金周转期也会延长；如果企业可以延期付款，即延长应付账款周转期，则现金周转期也可以缩短。

如果假定企业一定时期（例如1年）内的现金需求已知，并且假定企业的经营是持续均衡的，即存货、应收账款与应付账款的周转速度保持稳定，则该企业的最佳现金持有量可以通过下述公式求得：

$$最佳现金持有量=\frac{年现金需求总额}{360}\times 现金周转天数 \tag{5-9}$$

【例5-3】已知某企业的经营具有持续稳定的特点。该企业存货周转天数为120天，应收账款周转天数为60天，应付账款周转天数为30天，全年需要现金7 200万元。求该企业的最佳现金持有量。

利用前述公式可知，该企业的现金周转天数为：

现金周转天数=120+60-30=150（天）

所以，该企业的最佳现金持有量为：

$$最佳现金持有量=\frac{7\,200}{360}\times 150=3\,000（万元）$$

（四）随机模型

前面我们介绍了三种确定最佳现金持有量的模型，这三种模型都假设企业经营较为稳定，并且假设企业一定时期内的现金需求量可以准确预测出来。而当企业的实际情况与上述两种假设相差太远时，选择随机模型则较为适宜。

随机模型假定企业每日的净现金流量完全是随机的，无法预先知道。按照该模型，企业可以设定一个控制区域，当现金持有量达到该区域的上限时，将现金转换为有价证券；当现金持有量下降到该区域的下限时，出售有价证券（如图5-9所示）。当现金持有量处于上限与下限之间时，现金和有价证券均不进行转换。

在图5-9中，H和L分别代表现金持有量的上限和下限，R代表恢复点。当现金持有量在H和L之间波动时，不对其进行调整；当现金持有量上升至上限H时，将数额为H-R的现金用来购买短期有价证券，使现金持有量降至R；当现金持有量降至下限L时，将数额为R-L的短期有价证券出售以补充现金，使现金持有量升至R。其中，下限L是企业现金的安全储备额，可以取为0，但现实中企业一般不会等到现金持有量降为0时再补充现金，所以L通常取大于0的某一数值。L的取值取决于企业的现金流量情况及管理者对风险的态度。

根据米勒-奥尔（Miller-Orr）模型，R可以按以下公式确定：

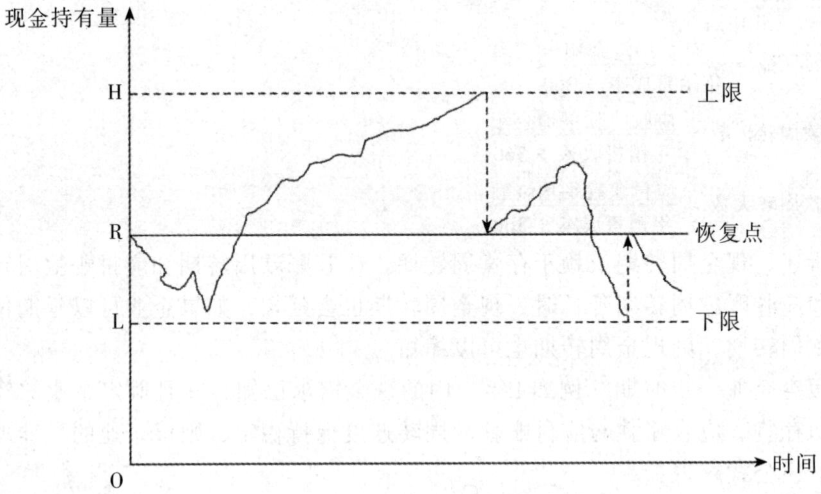

图5-9 现金持有量随机模型

$$R=\sqrt[3]{\frac{3F\sigma^2}{\frac{4i}{360}}}+L \tag{5-10}$$

其中：R为现金持有量恢复点；F为有价证券每次转换的固定成本；σ为每日净现金流量的标准差；i为有价证券的年利率。

恢复点R值求出后，可以按下述公式求得H值：

$$H=3R-2L \tag{5-11}$$

【例5-4】某企业的财务人员记录了上月22个工作日的净现金流量值，经计算得到日净现金流量的标准差为1 200元。另外，已知有价证券的年利率为10%，有价证券每次转换的固定成本为50元，且该企业财务人员认为企业的最低现金持有量为5 000元。请确定该企业现金持有量的恢复点以及现金持有量的上限。

该企业现金持有量的恢复点为：

$$R=\sqrt[3]{\frac{3\times 50\times 1\,200^2}{4\times 0.1\div 360}}+5\,000=10\,812\text{（元）}$$

现金持有量的上限为：

$$H=3R-2L=3\times 10\,812-2\times 5\,000=22\,436\text{（元）}$$

计算结果表明，该企业在控制现金持有量时，首先取现金持有量为10 812元，然后将现金持有量控制在5 000~22 436元。当现金持有量降至5 000元时，企业卖出5 812元的有价证券（或从银行取得5 812元的借款），使现金持有量重新上升为10 812元；当现金持有量上升至22 436元时，企业应购买11 624元的有价证券，使现金持有量降至10 812元。

最后要说明的一点是，上述确定最佳现金持有量的方法（特别是鲍莫尔模型）是建立在现金和有价证券的自由转移（即自由地用现金买入有价证券或卖出有价证券获取货币资金）的基础上的，并不完全符合我国的情况。我国企业可利用下列公式确定最佳现金持有量：

$$\text{最佳现金持有量}=\left(\begin{matrix}\text{上年现金}\\\text{平均占用额}\end{matrix}-\begin{matrix}\text{不合理}\\\text{占用额}\end{matrix}\right)\times\text{（1±预计销售收入变化的百分比）} \tag{5-12}$$

另外，现金持有量的多少是多个因素共同作用的结果，有时数学模型并不能把各种因素的变化都考虑进去。所以，在大多数情况下，还需要财务人员根据经验进行分析判断并加以确定。

综上所述，企业在确定其现金持有量时，需要结合自身情况选择合适的方法，并主要考虑企业的预期现金流量、临时借款能力和现金管理效率等因素。

四、现金日常管理策略

为实现现金管理目标，企业可以采取以下几种策略：

1. 力求实现现金流入与现金流出同步化

从理论上讲，如果现金流入与现金流出在时间和数量上完全同步，企业的现金持有量可以降为0。当然，现实中企业不可能完全做到这一点。但是，企业在制订现金计划时，如果能有意识地朝该方向努力，则企业的现金持有量可以显著降低。

2. 加速货款回收

应收账款收账期可分为两个时间段：一是从企业赊销产品开始至客户付款开出支票（或其他结算单据）这段时间；二是从客户开出支票到款项划入企业银行账户这段时间。

为缩短从客户开出支票到款项划入企业银行账户这段时间，企业应尽量让客户选用一种速度较快的结算方式，将款项及早划入企业银行账户。当企业收到客户的支票或其他结算单据时，应及时送交银行。

3. 适当进行保理业务

保理是保付代理的简称，是指保理商与债权人签订协议，转让其对应收账款的部分或全部权利与义务并收取一定费用的过程。

保理又称托收保付，是卖方（供应商或出口商）与保理商之间存在的一种契约关系。根据契约，卖方将其现在或将来的基于其与买方（债务人）订立的货物销售（服务）合同所产生的应收账款转让给保理商，由保理商提供下列服务中的至少两项：贸易融资、销售分户账管理、应收账款催收、信用风险控制与坏账担保。可见，保理是一项综合性金融服务方式，与单纯的融资或收账管理有本质的区别。

应收账款保理是企业将赊销形成的未到期应收账款在满足一定条件的情况下转让给保理商，以获得银行的流动资金支持，加快资金周转。

4. 充分利用现金浮游量

现金浮游量就是企业账户上的现金余额与银行账户上所示的存款余额之间的差额。由于有关结算单据的传递路线和时间不同，所以，对于某些经济业务的结算单据，企业已经入账而银行尚未入账，或者银行已经入账而企业尚未入账，都会使得企业账户上的现金余额与银行账户上所示的存款余额不同。当企业的银行账户上所示的存款余额大于企业账户上的现金余额时，便产生了现金浮游量。对于每日现金流量较大的企业而言，充分利用现金浮流量可以显著降低现金余额，从而提高资金的利用率。

加速收款的重点在于减少现金回收的浮游量，缩短从客户为清偿债务而签发支票的日期起到现金存入公司银行账户的日期止的时间差距。

5. 科学进行现金与短期有价证券的转换

企业在经营过程中经常会出现资金的暂时闲置。由于这部分资金在不远的未来有特定的用途，所以不能将其用于长期投资。但是，如果企业仅以现金的形式持有，则其收益率极低。因此，当出现资金暂时闲置时，企业可以将其用于购买有价证券，获取短期收益，并利用有价证券的立即变现性规避减值风险，等企业急需资金时再将其变现转回。如此一来，不仅不会影响企业未来对资金的需求，还会提高资金的利用率。

第三节 信用管理

企业销售商品、提供劳务时，如果同意顾客采用不即时付款的方式即为授予信用。授信就是对顾客的投资，这种投资是为了销售产品或提供劳务。当企业对顾客授予信用时，应收账款就会随之产生。应收账款是指企业因对外销售商品、提供劳务等应向购买商品或接受劳务的单位收取的款项，包括应收账款、其他应收款、应收票据等。

一、信用管理的目标

近几年，随着商品经济的发展以及商业信用的推行，企业应收账款数额明显增多。企业提供商业信用，采取赊销、分期付款等销售方式，可以扩大销售，增加利润。但应收账款的增加，也会造成资本成本、坏账损失等费用的增加。信用管理的基本目标就是在销量增加与授信成本之间做出权衡，即在充分发挥应收账款功能的基础上，降低应收账款投资的成本，使企业提供商业信用、扩大销售所增加的收益大于各项有关费用。企业授信成本包括机会成本、管理成本、坏账成本。

企业应收账款的信用成本=机会成本+管理成本+坏账成本 (5-13)

（一）机会成本

企业在销售商品、提供劳务时一旦授信，应收回的资金就要被顾客占用，这部分资金就失去了用于其他投资可获得的收益，如投资于有价证券便会有利息收入。这种因授信而放弃的其他收入，即授信的机会成本。计算公式如下：

机会成本（应计利息）=应收账款占用资金×资本成本 (5-14)

其中：资本成本通常按有价证券利息率计算。

应收账款占用资金=应收账款平均余额×变动成本率 (5-15)

应收账款平均余额=日销售额×平均收现期 (5-16)

$$变动成本率=\frac{变动成本}{销售收入} \quad (5-17)$$

【例5-5】假设某公司预测的年度赊销收入净额为3 000 000元，应收账款周转天数（或收账天数）为60天，变动成本率为60%，资本成本为10%。请计算应收账款的机会成本。

$$应收账款平均余额=\frac{3\,000\,000}{360}\times 60=500\,000（元）$$

应收账款占用资金=500 000×60%=300 000（元）

机会成本（应计利息）=300 000×10%=30 000（元）

（二）管理成本

管理成本主要包括调查顾客信用情况的费用、收集各种信息的费用、账簿的记录费用、收账费用、收集相关信息的费用、其他费用。

（三）坏账成本

企业授信便会产生应收账款，应收账款因故不能收回而发生的损失，就是坏账成本。

此项成本一般与应收账款发生的时间成正比。

任何企业在应收账款上的投资都取决于赊销的规模和平均收账期。平均收账期越长，坏账的可能性就越大。

二、信用政策的制定

（一）信用标准

信用标准是企业同意向顾客提供商业信用而提出的基本要求。企业的信用标准是信用政策制定的关键环节。如果企业的信用标准较严，只对信誉很好、坏账损失率很低的顾客给予赊销，则会减少坏账损失，减少应收账款的机会成本，但这可能不利于扩大销售量，甚至会使销售量减少；如果信用标准较宽，虽然会增加销售量，但也会相应增加坏账损失和应收账款的机会成本。企业应根据具体情况进行权衡。

企业在设定某一顾客的信用标准时，往往先要评估顾客的信用等级，这可以通过5C评估法来进行。5C评估法是指重点分析影响信用的五项风险因素，即品德（Character）、能力（Capacity）、资本（Capital）、抵押品（Collateral）、条件（Condition）。品德是指顾客愿意履行其付款义务的可能性；能力是指顾客偿还贷款的能力；资本是指一个企业的财务状况；抵押品是指顾客能否为获取商业信用提供担保资产；条件是指一般的经济情况对企业的影响，或某一地区的一些特殊情况对顾客偿还能力的影响。上述五项因素的英文首字母都是C，故称为“5C评估法”。这些信息可以从一系列渠道获得，包括企业同顾客以前交往的经验。如果是一个新客户，则可以要求其提交前三年审计过的财务报表。客户有时也会提交所得税报表来代替其他报表。

【补充阅读5-1】

信用分级管理，降呆账促销售

江苏某家大型物资贸易公司，在物资市场饱和、以赊销为主的经营状况下，其2000年的销售收入为4亿元，而呆账损失只有4 000多万元。这个成绩来自于该公司的信用等级管理。该公司根据5C分析法对客户进行评估后将其分为三类：A级客户，公司可以继续满足其赊销的要求；B级客户，即有回款不及时的客户，对于他们提出的赊销要求，公司要严格调查以往的销售记录和原始档案后决定；C级客户，即让公司出现呆账的客户，公司会拒绝交易。

通过对客户进行信用等级管理，公司可以对不同信用等级的客户投入不同的人力和物力，采取不同的服务方式和给予不同的信用额度，促进公司销售额的增长和信用风险的降低，同时也为公司积累了一批优质的客户。

资料来源：贵州诚信网 . 信用 5C 分析法［EB/OL］.［2021-04-25］. https：//credit.shaanxi.gov.cn/394/98065.html.

（二）信用期限

信用期限是企业为顾客规定的最长付款时间。例如，某企业允许顾客在购货后的50天内付款，则信用期限为50天。

信用期过短，不足以吸引顾客，在竞争中会使销售额下降；信用期放长，对销售额增加固然有利，但只顾及销售增长而盲目放宽信用期，则可能使所得的收益被增长的费用抵消，甚至造成收益减少。因此，企业必须慎重研究，分析改变现行信用期对收入和成本的影响，合理确定信用期。当由于延长信用期而提升的销售收入大于由此增加的应收账款成本时，企业可以延长信用期，否则不宜延长。若要缩短信用期，情况则与此相反。

（三）现金折扣

现金折扣是企业对顾客在商品价格上所作的扣减。企业向顾客提供这种价格上的优惠，主要目的在于吸引顾客为享受优惠而提前付款，缩短企业的平均收账期。另外，现金折扣也能招揽一些视折扣为减价出售的顾客前来购货，以此扩大销售量。

提供比较优惠的信用条件能增加销售量，但也会带来额外的负担，如增加应收账款的机会成本、坏账成本和现金折扣成本等。

三、企业授信决策

企业在进行授信决策时，需要在收益和成本之间做出权衡，通过比较不同授信方案的信用成本前后的收益总额来进行决策。具体步骤如下：

（1）计算各方案的信用成本前收益：

信用成本前收益=赊销额-变动成本

=赊销额×（1-变动成本率） (5-18)

（2）计算各方案的信用成本：

信用成本=机会成本+管理成本+坏账成本

（3）计算各方案的信用成本后收益：

信用成本后收益=信用成本前收益-信用成本 (5-19)

（4）决策：选择信用成本后收益最高的方案。

【例5-6】长虹公司预计在现行的经济政策下全年赊销收入净额为240万元，变动成本率为65%，资本成本（或有价证券利息率）为10%，假设固定成本总额保持不变。该公司信用经理考虑了以下三个关于信用条件的备选方案：

A.维持现行“N/30”的信用条件；

B.将信用条件放宽到“N/60”；

C.将信用条件放宽到“N/90”。

各种备选方案估计的赊销水平、坏账百分比和收账费用等有关数据见表5-4。

表5-4 **三种备选方案下信用政策的有关数据** 金额单位：万元

项目	A（N/30）	B（N/60）	C（N/90）
年赊销额	240	264	280
应收账款周转次数	12	6	4
应收账款平均余额	240÷12=20	264÷6=44	280÷4=70
应收账款占用资金	20×65%=13	44×65%=28.6	70×65%=45.5
坏账损失占年赊销额比例	2%	3%	5%
坏账成本	240×2%=4.8	264×3%=7.92	280×5%=14
管理成本	2.4	4	5.6

信用成本与收益方案比较见表5-5。

表5-5　　**信用成本与收益方案比较**　　单位：万元

项目	A（N/30）	B（N/60）	C（N/90）
年赊销额	240	264	280
变动成本	156	171.6	182
信用成本前收益	84	92.4	98
信用成本			
机会成本	13×10%=1.3	28.6×10%=2.86	45.5×10%=4.55
坏账成本	4.8	7.92	14
管理成本	2.4	4	5.6
小计	8.5	14.78	24.15
信用成本后收益	75.5	77.62	73.85

因为考虑信用成本后，B方案收益最高，因此应该选择B方案。

四、应收账款的日常管理

（一）信用调查

信用政策建立以后，企业必须首先对客户的信用进行调查，搜集有关的信用资料，以确定是否同意客户赊欠货款。

（二）信用评估

完成信用资料的搜集后，企业要对这些资料进行分析，并对客户的信用状况进行评估。只有正确评估客户的信用状况，才能合理执行企业的信用政策。信用评估的常用方法主要有两种，即5C评估法和信用评分法。

（三）收账的日常管理

收账是应收账款日常管理中的一项重要工作。应收账款发生后，企业应采取各种措施，尽量按期收回款项。当客户违反信用条件时，还要做好应收账款催收工作。否则，企业可能因款项拖欠时间过长而发生坏账，从而遭受损失。

（四）收账政策的制定

收账政策是指信用条件被违反时企业采取的收账策略。企业如果采用较积极的收账政策，则可能减少应收账款投资，减少坏账损失，但会增加收账费用；如果采用较消极的收账政策，则可能增加应收账款投资，增加坏账损失，但会减少收账费用。

收账政策的制定受到诸多因素的制约，如销售额、信用期、现金折扣、坏账损失率、过剩生产能力、机会成本率、存货投资等。比如，应收账款回收天数的缩短受到信用期的限制。当企业给予客户一定的信用期时，在没有折扣期的情况下，客户是不会提前还款的，企业也不可能在信用期未到期前就去催促还款。因此，在制定收账政策时，要综合考虑各种因素。但是，不管各种因素如何产生影响，最根本的就是要遵循收益大于成本的原则。

（五）应收账款风险的防范

在应收账款的日常管理过程中，企业应尽量规避各种风险，通常采取的措施主要有：

① 销售合同条款尽量完善，避免给信用不良的客户以可乘之机。

② 在赊销前，企业必须作信用调查，提供咨询报告，进行详细客观的信用评估。

③ 赊销时产生质量等方面的争议的可能性比现金交易时大，企业应该及时解决。

④ 出现货款拖欠时，企业应当尽快了解原因并采取措施，比如将交易方式转换为现金或者信用证，对应收账款作动态管理。

⑤ 对应收账款进行账龄分析，并在全面考虑各项因素的情况下采取恰当的手段进行催收。应收账款逾期3个月以内，主要进行内部处理；逾期3个月以上，可以考虑通过外部力量进行追讨；逾期1年以上，则可以采取诉讼手段，但是必须考虑到案件败诉或无法执行回款的可能性。

【补充阅读5-2】

智飞生物遭遇业务困境，哪里出了问题？

智飞生物曾是中国疫苗行业的领军企业，被誉为“疫苗之王”。其在2017年至2021年期间，凭借代理国际医药巨头默沙东的HPV疫苗（包括四价和九价）等爆款产品，实现了营收和股价的飞速增长。市值一度超过3 600亿元，股价涨幅高达40倍以上。

然而，智飞生物在迅速扩张的同时，也面临着巨大的应收账款风险。公司应收账款从2019年的44亿元持续攀升至2023年的270亿元，甚至在一季报中首次突破300亿元大关。这一数据表明，智飞生物在销售过程中产生了大量的应收账款，且未能及时回收。

智飞生物的财报数据也进一步加剧了投资者的担忧。2023年财报显示，公司全年营业收入虽然同比增长38.3%，但归母净利润仅同比增长7.04%，扣非净利润同比增长5.4%。这种增收不增利的情况意味着公司产品利润出现了问题。而2024年一季报更是雪上加霜，营业收入同比增长仅为2%，归母净利润和扣非净利润同比下降均超过28%。

财报的利空直接导致了智飞生物股价的暴跌。2024年4月23日，智飞生物股价大幅低开并持续走低，盘中一度大跌超过15%，收盘大跌11.99%，股价创出4年新低。公司市值也随之下滑，从之前的1 000亿元以上跌破900亿元，甚至逼近800亿元。

智飞生物的业务困境不仅仅体现在应收账款风险和财报利空上，其还面临着自研能力薄弱、代理产品受到挑战以及市场竞争日益激烈等多重问题。公司在代理HPV疫苗方面取得了巨大成功，但这也导致了其严重依赖代理产品过日子。然而，随着国内疫苗厂商开始布局HPV疫苗市场并打起“价格战”，智飞生物的代理产品销量和利润率都受到了严重影响。

此外，智飞生物还面临着默沙东“砍单”的风险。默沙东作为智飞生物的“甲方爸爸”，在供应疫苗方面拥有绝对的主动权。一旦默沙东决定减少或停止向中国市场供应疫苗，智飞生物将面临巨大的业务困境。

展望未来，智飞生物需要采取积极有效的措施来应对应收账款风险和业务困境。首先，公司应加强内部管理，优化资源配置，提高运营效率。其次，加大研发投入，加快新产品的研发进度和上市步伐，以丰富产品线并提升市场竞争力。同时，公司还应调整销售策略，加强市场推广和渠道建设，提升品牌知名度和美誉度。此外，拓展国际市场也是智飞生物寻求新的增长点的重要途径。

资料来源：财经锐眼V.3 000亿巨头“崩了”，应收账款高达300亿！[EB/OL].［2024-04-23］. https：//caifuhao.eastmoney.com/news/20240423170307745223200.

第四节　存货管理

存货是实物形态的流动资产，主要是指企业在生产经营过程中为销售或者耗用而储备的物资，包括材料、燃料、低值易耗品、在产品、半成品、产成品等。在企业的流动资产中，存货所占的比重较大，一般占比40%~60%。存货利用程度的好坏，对企业财务状况的影响极大。因此，加强存货管理，使存货水平保持最优是财务管理的重要内容之一。

一、存货管理的目标

进行存货管理的主要目标是控制存货水平，在充分发挥存货功能的基础上，降低存货成本。企业储存存货主要是出于以下几个方面的动机：

1. 保证生产或销售等经营需要

原材料是生产过程中必需的物质资料，为了保证生产的顺利进行，企业必须适当地储备一些原材料；而储备必要的产成品则是为了有利于销售。

2. 维持均衡生产，应对供求波动

存货在生产不均衡和商品供求波动时可以起到调节作用。企业的产品，一般不是生产一件就出售一件，而是组织成批生产和成批销售才经济合算。其原因主要有以下几点：

（1）顾客为节约采购成本和其他费用，一般要成批采购；

（2）为了达到运输上所需要的最低批量，应组织成批发运；

（3）为了应对市场上突如其来的需求，应适当储存一些产成品；

（4）适当储存原材料和产成品，便于维持均衡生产和正常销售，降低产品成本。

3. 预防风险

企业在采购、运输、生产和销售过程中，都可能发生一些难以预料的情况，保持一定的存货储备可以避免或减少意外事件造成的损失。

但是，过多的存货要占用较多的资金，并且会增加包括仓储费、保险费、维护费、管理人员工资在内的各项开支。存货占用资金是有成本的，占用较多资金会使利息支出增加并导致利润损失，而各项开支的增加更是直接使成本上升。因此，存货管理的目标就是要在各种存货成本与效益之间做出权衡，以达到两者的最佳结合。

二、存货成本

（一）取得成本

取得成本是指为取得某种存货而支出的成本，通常用TC_a来表示。它是由订货成本和购置成本组成的。

订货成本是指取得订单的成本，如办公费、差旅费、通信费等支出。订货成本中有一部分与订货次数无关，如常设采购机构的基本开支等，称为订货的固定成本，用F_1表示。另一部分与订货次数有关，如差旅费、通信费等，称为订货的变动成本。每次订货的变动成本用K来表示，订货次数等于存货年需要量D与每次进货批量Q之商。订货成本的计算公式为：

$$TC = F_1 + \frac{D}{Q} \cdot K \qquad (5\text{-}20)$$

购置成本是指存货本身的价值，经常用数量与单价的乘积来确定。存货年需要量用D

表示，单价用P表示，则购置成本为D·P。

取得成本等于订货成本加购置成本，计算公式为：

$$TC_a=F_1+\frac{D}{Q}\cdot K+D\cdot P \tag{5-21}$$

（二）储备成本

储备成本是指为保持存货储备而发生的成本，包括存货占用资金的应计利息、仓库费用、保险费用、存货破损和变质损失等，通常用TC_c来表示。就存货占用资金的应计利息而言，若企业用现有的现金购买存货，便失去了将现金存放于银行或投资于证券而应取得的利息，称为放弃利息；若企业借款购买存货，便要支付利息费用，称为付出利息。

储备成本也分为固定成本和变动成本。固定成本与存货数量无关，如仓库折旧、仓库职工的固定月工资等，常用F_2来表示。变动成本与存货数量有关，如存货占用资金的应计利息、存货的破损和变质损失、存货的保险费用等，单位变动成本用K_c表示，每次进货批量用Q表示。储备成本的计算公式为：

$$TC_c=F_2+K_c\cdot\frac{Q}{2} \tag{5-22}$$

（三）缺货成本

缺货成本是指由于存货供应中断而造成的损失，包括材料供应中断造成的停工损失、产成品库存缺货造成的拖欠发货损失和丧失销售机会的损失，通常用TC_s来表示。如果生产企业以紧急采购代替材料来解决库存材料中断之急，那么缺货成本表现为紧急额外购入成本（紧急额外购入的开支一般大于正常采购的开支）。

如果以TC表示储备存货的总成本，则计算公式为：

$$\begin{aligned}TC&=TC_a+TC_c+TC_s\\&=F_1+\frac{D}{Q}\cdot K+D\cdot P+F_2+K_c\cdot\frac{Q}{2}+TC_s\end{aligned} \tag{5-23}$$

企业最优的存货量，就是使上式中储备存货的总成本最小的值。

但是要注意，缺货成本能否作为决策相关成本，应视企业是否允许出现存货短缺而定。若允许缺货，则缺货成本与存货数量反向相关，即属于决策相关成本；反之，则缺货成本为零，也就无须加以考虑。

三、存货决策

影响存货决策的因素是多方面的，但在决策过程中一般围绕以下两个问题进行分析：一是企业的合理存货量是多少，即确定经济存货量；二是何时订货才是最有利的时机，即确定经济订货点。按照存货管理的目的，需要确定合理的进货批量和进货时间，使存货的总成本最低。这个批量叫作经济订货量或经济批量。有了经济订货量，就很容易确定最适宜的进货时间。

与存货总成本有关的变量（即影响总成本的因素）很多，为了解决这个比较复杂的问题，有必要简化或舍弃一些变量，先解决简单的问题，再扩展到复杂的问题。这就需要设立一些假设，并在此基础上建立经济订货量的基本模型。

（一）经济订货量的基本模型

经济订货量基本模型需要设立的假设条件是：

（1）企业能够及时补充存货，即需要订货时便可立即取得存货。

（2）能集中到货，而不是陆续入库。

（3）不允许缺货，即无缺货成本，TC_s为零，这是因为良好的存货管理本来就不应该出现缺货成本。

（4）需求量确定，即D为已知常量。

（5）存货单价不变，不考虑现金折扣，即P为已知常量。

（6）企业现金充足，不会因现金短缺而影响进货。

（7）所需存货市场供应充足，不会因买不到所需存货而产生其他影响。

有了上述假设后，存货总成本的公式可以简化为：

$$TC=F_1+\frac{D}{Q}\cdot K+D\cdot P+F_2+K_c\cdot\frac{Q}{2} \tag{5-24}$$

其中：订货的固定成本F_1、每次订货的变动成本K、存货年需要量D、单价P、存货固定储存成本F_2、单位存货年变动储存成本K_c为常数，存货总储存成本TC的大小取决于每次进货批量Q。

为了求出TC的极小值，以Q求微分，即：

$$\frac{dTC}{dQ}=\frac{K_c}{2}-\frac{DK}{Q^2}=0 \tag{5-25}$$

可得到经济订货量Q^*的计算公式为：

$$Q^*=\sqrt{\frac{2KD}{K_c}} \tag{5-26}$$

这个基本模型还可以演变为以下形式。

每年最佳订货次数N^*的计算公式为：

$$N^*=\frac{D}{Q^*}=\frac{D}{\sqrt{\frac{2KD}{K_c}}}=\sqrt{\frac{DK_c}{2K}} \tag{5-27}$$

与批量相关总成本的计算公式为：

$$TC_{(Q^*)}=\frac{KD}{\sqrt{\frac{2KD}{K_c}}}+\frac{\sqrt{\frac{2KD}{K_c}}}{2}\cdot K_c=\sqrt{2KD\cdot K_c} \tag{5-28}$$

每年最佳订货周期的计算公式为：

$$T^*=\frac{1}{N^*}=\frac{1}{\sqrt{\frac{DK_c}{2K}}} \tag{5-29}$$

经济订货量占用资金的计算公式为：

$$I^*=\frac{Q^*}{2}\cdot P=\sqrt{\frac{KD}{2K_c}}\cdot P \tag{5-30}$$

【例5-7】某企业年需要A材料2 000千克，单价为100元，一次订货成本为40元，年储存成本为1%，求最佳经济批量。

经济订货量Q^*（实物）$=\sqrt{\frac{2KD}{K_c}}=\sqrt{\frac{2\times 40\times 2\,000}{100\times 1\%}}=400$（千克）

最佳订货次数$N^*=\sqrt{\frac{DK_c}{2K}}=\sqrt{\frac{2\,000\times100\times1\%}{2\times40}}$=5（次）

与批量相关总成本=$\sqrt{2KD\cdot K_c}=\sqrt{2\times40\times2\,000\times100\times1\%}$=400（元）

每年最佳订货周期=$\frac{1}{N^*}=\frac{1}{5}$=0.2（年）=2.4（月）

经济订货量占用资金=$\frac{Q^*}{2}\cdot P=\frac{400}{2}\times100$=20 000（元）

经济订货量是理论上的最佳订货批量，但在实际应用时，订货批量往往受企业外部条件的限制，如供货单位规定的最低订货量或运输量的限制等。为了提高存货的经济效益，除了随时掌握外部条件的变化趋势，采取应变措施外，还要根据外部条件的变化情况及时进行预测分析，及时调整订货方案，确定既经济合理又切实可行的订货批量。

（二）存货的日常管理

随着业务流程重组的兴起以及计算机行业的发展，库存管理系统也得到了很大的发展。从MRP（物料资源规划）发展到MRP-Ⅱ（制造资源规划），再到ERP（企业资源规划），以及后来的柔性制造和供应链管理，加之外包等管理方法的快速发展，都大大促进了企业库存管理方法的发展。这些新的生产方式与信息技术革命融为一体，提高了企业的整体运作效率。下面将对六种典型的存货日常管理方法进行介绍。

1. ABC分类管理法

企业储备的存货品种很多，金额也不一致。有的存货虽然品种数量少，但金额却很大；有的存货虽然品种数量多，但金额却很小。如果企业不分主次、面面俱到，对每一种存货都进行严密的规划和严格的控制，反而会“捡了芝麻，丢了西瓜”。ABC分类管理法正是针对这一问题提出的区分重点与一般的管理分析方法。其目的在于使企业分清主次，突出重点，兼顾一般，提高存货管理的整体效果。ABC分类管理法就是对企业的全部存货按照一定的标准分为ABC三类，实行按品种重点管理、按类别一般控制和按总额灵活掌握的分类管理法。这样既可以强化重点控制，又可以简化日常管理。

（1）ABC分类的标准

ABC分类的标准包括品种数量的多少、存货重要程度的高低、价格的高低、耗用量的大小、采购的难易等。但主要标准有两个，一是品种数量标准，二是金额标准，而金额标准又是最基本的标准。A类存货品种数量少，金额比较大；C类存货品种数量多，金额比较小；介于两者之间的为B类，其品种数量居中，金额也适中。企业不同，其分类标准也不同，没有严格的额度限制，但通常将金额比重控制在A：B：C=70%：20%：10%的水平上，将品种数量比重控制在A：B：C=10%：20%：70%的水平上。企业对于A类存货应当重点管理，对于B类存货一般兼顾，对于C类存货灵活掌握，具体标准见表5-6。

（2）ABC分类管理法的实施过程

① 列示全部存货的明细资料，包括材料名称、耗用量、单价等，计算每一存货在一定时期的价值总额。

② 计算每一存货金额占全部存货金额的百分比。

③ 按照金额从大到小的顺序排列，并累加金额百分比，编制表格。

④ 当金额百分比累加到70%左右时，以上存货视为A类，B类和C类亦可比照A类累加并确定。

表5-6　**ABC分类管理法的分类标准**

项目	A类	B类	C类
管理要求	严格控制	一般控制	简便控制
控制对象	品种	类别	总金额
储存记录情况	详细记录	一般记录	一般记录
采购方式	按计划	一般掌握	按需要
检查方式	经常检查	定期检查	必要时抽查
领用方式	限额领料	一般掌握	一般掌握

⑤ 编制ABC分类表并绘制ABC分类图。

2. 准时生产制

企业（特别是制造企业）存货所占用的资金量往往巨大，如果在日常管理中不重视存货的周转问题，将会给企业造成巨大损失。根据日常管理经验，对于存货必须定期盘存，以了解库存和使用情况，以便及时处置闲置存货，以加速周转。

准时生产制（Just-in-Time，JIT）最早是由丰田公司提出并将其应用于实践的，是指制造企业事先与供应商和客户协调好，只有当制造企业在生产过程中需要原料或零件时，供应商才将原料或零件送来，而每当产品生产出来就会被客户取走，这样一来，制造企业的库存持有水平就可以大大下降。

JIT的基本思想是生产的计划和控制及库存管理，所以，JIT生产模式又被称为“精益生产”。JIT的核心是追求一种无库存的生产系统，或使库存达到最小的生产系统。为此，包括看板在内的一系列具体方法被开发出来，并逐渐形成一套独具特色的生产经营体系。

JIT以准时生产为出发点，首先使生产过量问题和其他方面的浪费暴露出来，然后对设备、人员等进行淘汰、调整，达到降低成本、简化计划和提高控制的目的。在生产现场控制技术方面，JIT的基本原则是在正确的时间生产正确数量的零件或产品，也就是即时生产。它将传统生产过程中前道工序向后道工序送货，改为后道工序根据看板向前道工序取货。看板系统是准时生产制现场控制技术的核心，但准时生产制不仅仅是看板管理。

【补充阅读5-3】

一年内三次停产：强悍的丰田，“脆弱”的供应链

近年来，丰田汽车的供应链问题不断，屡次导致丰田汽车相关工厂停产。

2023年10月17日，因位于日本爱知县丰田市的零部件工厂发生爆炸事故影响了零部件供应，丰田汽车位于爱知和三重两县的6家工厂共10条生产线当日全天暂停车辆装配工作。据悉，发生爆炸的工厂是丰田汽车零部件供应商Chuo Spring，该工厂为多家日本汽车制造商生产汽车悬架线圈。同在10月17日，丰田发言人表示，生产汽车发动机和气门弹簧的供应商Chuo Spring发生的事故导致丰田汽车车身和丰田工业的部分生产停止，该公司将在今天决定受影响的工厂是否从明天开始恢复运营。

仅2023年，丰田汽车相关工厂已发生三次停产事件。2023年9月底，相关媒体报道显示，日本政府官员称，由于受台风影响，8月份汽车生产减少，丰田工厂暂停生产。2023年8月底，生产丰田和雷克萨斯汽车的12座工厂的生产处于停止状态，随后，剩下的2座工厂也将停产。这意味着，日本国内的全部14座工厂将停产。据悉，此次停产的原因是系统故障，无法处理零部件的订货。

另外，据了解，日本本土工厂的年产量约占丰田汽车年产量的1/3，日本本土所有工厂停工一天会延缓约1.3万辆汽车的生产，相当于丰田日本工厂月产能的4%～5%。或受上述消息影响，彼时，丰田汽车股价在东京交易时段一度下跌0.7%。

值得注意的是，在2022年，丰田汽车也多次因供应链问题影响整车产量。要知道，丰田汽车在生产组织和管理上有一套专属的“生意经”，并被业内争相效仿，称其为“丰田生产方式”，又被称作“精益生产”，还被称为“准时生产制（JIT）”。

换言之，丰田汽车认为，车辆生产管理与零件的采购是其中起到最关键作用的一环。它是实体工厂生产的前工程，是降低汽车生产成本的捷径。正是由于丰田汽车采用精益生产系统，零部件均为按需生产，库存率维持在极低的水平，因此当其供应链环节一旦受挫，必然使其生产被迫中断。

思考：在汽车的“新生产时代”，丰田倡导的精益生产模式还是最好的生产方式吗？

资料来源：盖世汽车.一年内三次停产：强悍的丰田，“脆弱”的供应链［EB/OL］.［2023-10-18］. https：//caifuhao.eastmoney.com/news/20231018120412302725280.

3.供应商管理库存

供应商管理库存（Vendor Managed Inventory，VMI）是指供应商等上游企业基于其下游客户的生产经营、库存信息，对下游客户的库存进行管理与控制。它是一种在供应链环境下的库存运作模式，本质上是将多级供应链问题变成单级库存管理问题，相当于按照用户发出订单进行补货的传统做法。VMI是以实际或预测的消费需求和库存量，作为市场需求预测和库存补货的解决方法，即由销售资料得到消费需求信息，供货商可以更快速地反映市场变化和消费需求。

近年来，为了降低库存成本、整合供应链资源，越来越多的企业开始尝试VMI，特别是零售行业，如沃尔玛、永辉超市等零售企业以及海尔等制造企业。

对供应商来说，VMI的优势主要表现在：（1）数据透明化，简化了配送预测工作；（2）结合当前存货情况，使促销工作易于实施；（3）减少分销商的订货偏差，减少退货；（4）需求拉动透明化，提高配送效率，以有效补货，避免缺货；（5）有效的预测使生产商能更好地安排生产计划。

分销商和消费者的受益主要表现在：（1）提高了供货速度；（2）减少了缺货；（3）降低了库存；（4）将计划和订货工作转移给供应商，降低了运营费用；（5）在恰当的时间适量补货，提升了总体物流绩效；（6）供应商更专注于提升物流服务水平。

4.OPM战略

OPM（Other People's Money，即善用别人的金钱）战略是指企业充分利用做大规模的优势，增强与供应商的讨价还价能力，将占用在存货和应收账款上的资金及资金成本转嫁给供应商的营运资本管理战略。简言之，OPM战略本质上是一种对企业营运资金的综合管理模式。

实施OPM战略的关键是看企业在价值链中是否具有竞争优势，比如产品优势、销售渠道优势等。成功的OPM战略不仅有助于增强企业的财务弹性，而且可以增加经营活动产生的现金流量。通过预收购买方的部分货款、延期支付供应商货款、降低采购价格，企业账面上会长期存有大量浮存现金，将这些现金用于规模扩张可以进一步提升企业竞争力，进而带来更多的账面浮存现金。

OPM战略涉及企业的经营性现金流量、现金储备等指标，反映企业充分把握投资机会和面对市场逆境时还本付息及股利支付的能力，所以，现金周转期的长短是决定OPM战略能否有效实施的主要标准。在大部分情况下，当现金周转期短或者为负值时，说明企业在营运资本管理中应付账款周转天数长，占用供应商资金的能力较强，对应收账款和存货的管理能力较强，能够与客户以现金等迅速变现的方式进行交易，所以，企业的现金流运用效率比较高。

OPM战略增强了企业的财务弹性，但同时应该注意到，虽然因为占用了一部分供应商的资金，使得本企业的营运资本管理处于低成本的状态，却也增加了企业的风险。

5. 财务共享服务

Bryant Bergeron（2004）在《共享服务精要》中阐述了共享服务的定义："企业新设置一个内部半自主业务单元即一个独立的机构来归集、管理非核心业务，旨在为集团集约业务、提高效率、节约成本，提升对所服务的各成员单位的服务质量，并据此向其收取费用。"财务共享服务就是将原来分散在不同业务单元进行的核算管理、资金管理等与财务会计相关的活动，从原来的业务单元中分离出来，由专门成立的独立实体为集团内外部单位提供统一的服务，该模式下单独设立的实体为财务共享服务中心。

财务共享服务中心发展到一定阶段，不仅能做好集团内部财务基础工作，支撑集团扩张脚步，而且可以逐步对外部客户开放服务，成为集团的"利润中心"。通过对财务共享服务中心每项业务的流程再造、标准化和流程化的集中处理，可以实现业务处理效率的进一步提高，达到增强管控力度、降低成本支出以及提高成员单位或外部客户满意度等目的，促使集团拥有更高的财务管理水平。

6. 智能财务云

伴随着智能技术和以云计算为基础的云服务的广泛应用，智能财务云被认为是两者的组合，是未来财务智能化实践探索的方向。

由于计算机和网络技术的高速发展，机器智能创造已逐渐成为现实，人们注意到机器与人类智能之间的联系，继而开始拓展人工智能领域。开发人工智能技术的目的是使机器具有人类智能，从而在关键的节点取代人的某些工作。智能技术可以被视为机器智能和人工智能的统称，是既构造机器智能系统又创造出能替代人的脑力劳动的信息技术。现今，越来越多的智能技术被应用于社会的方方面面，在财务领域也得到了延伸。例如，企业逐步采用电子发票、移动办公软件、电商平台、拍照识别等新技术，使得前端数据采集自动化、核算处理流程化、财务档案无纸化、财务决策智能化成为可实现的目标，企业财务共享服务中心向智能化发展具备了一定的技术基础。

在此背景下，企业财务共享服务中心的建设可以把RPA、OCR识别、自动提单、一键对账、报表自动合并等智能技术作为嵌入点，通过设定特定流程节点上的智能化应用来解放财务人员的双手双眼，减少人工判定、识别的错误和时间成本，快速处理特定的业务场景，帮助企业提高营运资金管理效率，降低人工成本。

7. 司库体系管理

司库体系是指企业集团依托财务公司、资金中心等管理平台，运用现代网络信息技术，以资金集中和信息集中为重点，以提高资金运营效率、降低资金成本、防控资金风险为目标，以服务战略、支撑业务、创造价值为导向，对企业资金等金融资源进行实时监控和统筹调度的现代企业治理机制。

集团司库体系从集团资金管理升级发展而来，在管理内容上，从狭义的资金扩展到资金等金融资源；在管理目标上，从资金保障升级为价值创造；在管理流程上，从财务资金流程延伸到业财融合；在管理视角上，从资金运营拓展到资金运营+资源管理+内控管理+数智化应用的立体化、全链条、全生态的业务管控和金融服务。

【德育专栏】

新兴信息技术引起的第三次财务变革

在新技术风起云涌的数字经济时代，智能化技术对所有行业、所有企业以及人类生活带来深远影响。近年来，云计算、大数据、区块链、人工智能等新兴信息技术在财务领域的应用日渐成熟，给财务管理带来了新的发展契机，使财务从信息化向智能化方向转变。2020年8月，国务院国资委发布的《关于加快推进国有企业数字化转型工作的通知》指出，智能财务以一种全新的财务管理理论和财务转型理念为来源，形成一种具有全过程、全方位、全功能的智能管理新模式。智能财务是近年来学术界和行业企业共同面临的财务领域新生事物，其理论探讨与实践探索引发了广泛的关注。作为第三次财务变革（第一次是财务电算化，第二次是财务信息化），智能财务已是财务发展的最新前沿，逐渐深入到日常财务工作中，也将通过财务的数字化转型推动企业的数字化转型。

智能财务的发展方兴未艾，目前还没有统一的权威定义。但是，有学术专家提出智能财务具有以下几个特点：一是全面共享，包括智能财务系统相关的平台、数据、人员和组织共享，特别是财务数据的共享；二是高效融合，在政策、规则、流程、系统、数据、标准统一的基础上，实现企业中业务、财务和管理的一体化融通；三是深度协同，在新型财务管理模式下，基于智能财务相关平台，实现财务专业分工，以及各级财务组织和财务管理各部门之间的深度协同；四是精细化管理，基于智能财务平台系统，采集存储和处理细微粒度的交易数据和过程数据，实现基层业务单元和经营流程层面的精细化管理；五是智能化应用，在财务管理全过程中，重点梳理和设计出可智能化的应用场景，并应用相关技术实现智能化。

智能化和财务工作能融合发展成为智能财务，其原因主要是：其一，财务数据本身就具有大数据的特点；其二，基于多变量的可描述规则更适合智能化处理，而企业会计准则恰是体现了这类规则；其三，大量手工的、重复性高、逻辑性强的财务工作很适合智能技术处理。

在数字经济时代，随着电子商务、电子支付、数字化供应链、数字化营销等在企业经营管理活动中的广泛应用，企业将会产生大量的各类经营数据，数据也是企业最重要的资产。智能财务系统利用OCR、二维码、RFID、物联网等技术实现大数据的采集和预处理；利用HDFS、MongoDB等分布式存储系统实现大数据的存储和管理；利用数据挖掘、数据建模等技术实现大数据的分析和处理，最终以数据可视化的直观方式实现大数据的展示和应用。

当前数字经济蓬勃发展和智能化变革的大趋势下，我国企事业单位（特别是大型企业集团）开展智能财务转型适逢其时，也是迫在眉睫。智能财务是企业数字化转型的重要组成部分和首要突破口，不但助力财务转型和财务变革，也助力企业实现决策科学化、运行高效化、管理精细化，助力推动企业整体数字化转型的发展进程，助力以数据为核心的数字经济加速发展。

资料来源：史爱武.智能财务：新兴信息技术引起的第三次财务变革［N］. 中华读书报，2022-11-30（18）.

本章小结

本章第一节主要介绍营运资本的概念和组成，营运资本的特点、内容和管理目的，以及营运资本的投资管理策略和融资管理策略；第二节主要介绍持有现金和有价证券的动机、现金管理目标、最佳现金持有量水平的确定方法和现金日常管理策略；第三节主要介绍信用管理的目标、信用政策的制定、信用政策的分析方法和应收账款日常管理策略；第四节主要介绍存货管理的目标、存货成本的构成、存货决策方法和存货日常管理策略。本章思政元素索引表见表5-7。

表5-7　　本章思政元素索引表

教学模块	教学内容	课程思政教育资源	社会主义核心价值观
企业营运资本管理概述	营运资本的融资管理策略	理财观、金钱观	诚信
现金和有价证券管理	持有现金和有价证券的动机	关联交易	公正、法治
信用管理	信用政策的制定	5C评估法	诚信
存货管理	存货的日常管理	财务智能化实践	富强

主要知识点

（1）营运资本的概念和特点；（2）营运资本的投资管理策略；（3）营运资本的融资管理策略；（4）企业持有现金资产的动机和成本；（5）最佳现金持有量的确定方法；（6）信用管理的目标，信用政策的构成，信用标准的5C评估法；（7）企业授信决策分析；（8）应收账款的日常管理；（9）经济订货批量模型的假设及计算；（10）存货ABC分类管理法；（11）准时生产制的原理；（12）供应商管理库存；（13）OPM战略；（14）财务共享服务；（15）智能财务云。

思考题

1. 营运资本的投资和融资管理策略有哪些？
2. 营运资本的特点是什么？
3. 试说明现金周转天数的确定方法。
4. 试述企业应收账款管理的主要内容。

5.试述确定经济订购批量时所需的基本假设。

6.什么是存货的ABC分类管理法？

7.什么是存货的JIT管理方法？

8.如何确定最佳现金持有量？

课后练习

一、单项选择题

1.在各种持有现金的原因中，属于应对未来现金流入和流出随机波动的需要是（　　）。

A.交易需要　　B.预防需要　　C.投机需要　　D.长期投资需要

2.企业为了使其持有的交易性现金余额降到最低，可采取的措施是（　　）。

A.力争使现金流同步　　B.使用现金浮游量

C.加速收款　　D.推迟应付款的支付

3.信用的“5C”系统中，“资本”是指（　　）。

A.顾客的财务状况，表明顾客可能偿还债务的背景

B.顾客拒付款项或无力支付款项时能被用作抵押的资产

C.影响顾客付款能力的经济环境

D.企业流动资产的数量和质量以及流动资产与流动负债的比例

4.在确定最佳现金持有量时，采用成本分析模式和存货模式均需考虑的因素是（　　）。

A.机会成本　　B.交易成本　　C.短缺成本　　D.管理成本

5.在稳健型融资策略下，下列结论中成立的是（　　）。

A.长期负债、自发性负债和权益资本三者之和大于永久性资产

B.长期负债、自发性负债和权益资本三者之和小于永久性资产

C.临时性负债大于临时性流动资产

D.临时性负债等于临时性流动资产

6.某企业固定资产为800万元，永久性流动资产为200万元，临时性流动资产为200万元。已知长期负债、自发性负债和权益资本可提供的资金为900万元，则该企业采取的是（　　）。

A.配合型融资策略　　B.激进型融资策略

C.稳健型融资策略　　D.以上策略均可

7.某企业预测的年度赊销额为1 000万元，应收账款平均收账天数为45天，变动成本率为60%，资本成本为10%，则该企业应收账款的机会成本为（　　）万元。

A.0.16　　B.0.11　　C.12.50　　D.7.5

8.如果企业经营在季节性低谷时除了自发性负债外不再使用短期借款，其所采用的营运资本融资策略属于（　　）。

A.配合型融资策略　　B.激进型融资策略

C.稳健型融资策略　　D.配合型或稳健型融资策略

9.某企业全年需要A材料3 600吨，单价100元/吨，目前每次的订货量和订货成本分

别为600吨和400元，则该企业每年存货的订货成本为（　　）元。

A.4 800　　B.1 200　　C.3 600　　D.2 400

10.企业置存现金的原因，主要是为了满足（　　）。

A.交易性、预防性、收益性需要　　B.交易性、投机性、收益性需要

C.交易性、预防性、投机性需要　　D.预防性、收益性、投机性需要

二、多项选择题

1.企业储存存货的原因有（　　）。

A.使资产总额更多　　B.保证生产经营的需要

C.保证销售的需要　　D.出于降低成本的考虑

2.在激进型融资策略下，临时性负债的资金来源用来满足（　　）。

A.全部临时性流动资产的需要

B.部分永久性流动资产和固定资产的需要

C.部分永久性资产的需要

D.全部永久性资产的需要

3.为了提高现金使用效率，企业应当（　　）。

A.加速收款

B.在不影响信誉的前提下推迟应付款的支付

C.使用现金浮游量

D.力争使现金流入与现金流出同步

4.在供货企业提供数量折扣的情况下，影响经济订货量的因素是（　　）。

A.购置成本　　B.储存成本中的固定成本

C.储存成本中的变动成本　　D.订货成本中的变动成本

5.经济订货量的假设条件包括（　　）。

A.存货单价不变　　B.企业现金充足

C.需求量稳定，并且能预测　　D.存货陆续到货

6.下列属于影响应收账款机会成本的因素有（　　）。

A.变动成本率　　B.资本成本

C.销售利润率　　D.应收账款周转天数

7.缩短应收账款周转天数，有利于（　　）。

A.提高应收账款占用资金的使用效率

B.缩短营业周期

C.企业减少资金占用

D.企业增加利润

8.下列因素中，会引起经济订货量占用资金上升的是（　　）。

A.存货年需要量增加　　B.单位存货年变动储存成本增加

C.单价上升　　D.每次订货的变动成本增加

9.在确定经济订货量时，下列表述中正确的有（　　）。

A.随着每次进货批量的变动，变动性订货成本和变动性储存成本呈反方向变化

B.变动性储存成本的高低与每次进货批量成正比

C.变动性订货成本的高低与每次进货批量成反比

D.年变动储存成本与年变动订货成本相等时的采购批量，即为经济订货量

10.下列各项措施中，能够缩短现金周转期的有（　）。

A.减少对外投资　　B.延迟支付货款

C.加速应收账款的回收　　D.加快产品的生产和销售

三、计算分析题

1.某企业预测2023年度销售收入净额为4 500万元，现销与赊销的比例为1∶4，应收账款平均收账天数为60天，变动成本率为50%，企业的资本成本为10%，一年按360天计算。

要求：

（1）计算2023年度赊销额。

（2）计算2023年度应收账款的平均余额。

（3）计算2023年度应收账款占用资金。

（4）计算2023年度应收账款的机会成本。

（5）若2023年度应收账款需要控制在400万元，在其他因素不变的条件下，应收账款平均收账天数应调整为多少天？

2.某企业预测的2023年度赊销额为3 600万元，其信用条件是N/30，变动成本率为60%，资本成本（或有价证券利息率）为10%。假设企业收账政策不变，固定成本总额不变。该企业准备了以下三个信用条件的备选方案：

A：维持N/30的信用条件；

B：将信用条件放宽到N/60；

C：将信用条件放宽到N/90。

三个备选方案估计的赊销水平、坏账百分比和收账费用等有关数据见表5-8。

表5-8　**三个备选方案估计的有关数据**　金额单位：万元

项目	A	B	C
信用条件	N/30	N/60	N/90
年赊销额	3 600	3 960	4 200
坏账损失占年赊销额比例	2%	3%	6%
收账费用	36	60	144

要求：确定最佳方案。

3.某公司每年需用某种材料6 000件，平均每次订货成本为150元，每件材料的年储存成本为5元，该种材料的采购价为20元/件，一次订货量在2 000件以上时可获2%的折扣，在3 000件以上时可获5%的折扣。

要求：

（1）计算公司经济订货量；

（2）公司一次采购多少时总成本最低？

4.假设某公司预计全年需耗用甲零件5 000件。该零件的单位采购成本为20元，单位

年储存成本为单位采购成本的10%，平均每次订货成本为50元。假设该零件不存在缺货的情况。

要求：

（1）计算甲零件的经济订货量；

（2）计算经济订货量下的相关总成本和全部总成本；

（3）计算经济订货量的平均占用资金；

（4）计算年度最佳订购次数。

第六章

企业利润分配管理

学习目标

1. 掌握企业利润分配的顺序。
2. 掌握股利种类及股利的发放程序。
3. 理解股利理论的主要内容。
4. 掌握股利政策的影响因素以及不同类型股利政策的原理。
5. 理解股票回购的动机与方式。

教学引导案例

由沃伦·巴菲特（Warren Buffett）创建于1956年的伯克希尔·哈撒韦公司（Berkshire Hathaway Inc.），是一家世界著名的保险和多元化投资集团，总部在美国。该公司主要通过国民保障公司和GEICO以及再保险巨头通用科隆再保险公司等附属机构从事财产与伤亡保险、再保险业务。伯克希尔·哈撒韦公司拥有珠宝经销连锁店Helzberb Diamonds、糖果公司See's Candies、从事飞行培训业务的飞安国际公司、鞋业公司H.H. Brown and Dexter等公司的股份。伯克希尔·哈撒韦公司还持有美国运通、可口可乐、吉列等公司的股份。据统计，伯克希尔·哈撒韦公司仅在1967年向股东支付了上市后首次也是唯一一次红利——每股10美分。巴菲特在2013年的致股东信中指出："一个盈利的公司可以用不同的方式分配盈余（互相之间并不排斥），而公司管理层首先需要审视对现有业务再投资的可能性，即提高效率，开拓市场，延伸或完善产品线，拓宽使公司领先于竞争对手的护城河。"由于不同的投资者可能渴望得到不同程度的股息支付，且股息要被征税，这不利于长期投资者，所以在巴菲特看来，这些都是分配股息的劣势所在。巴菲特在早年运作伯克希尔·哈撒韦公司的时候就曾表示不愿给公司股东派息。在1985年的致股东信中，巴菲特表示，只有当伯克希尔·哈撒韦公司无法从自己的生意模式中为股东提供具有吸引力的回报时才会考虑派息。伯克希尔·哈撒韦公司之所以不分红，是因为它有足够的能力获得高于市场的回报并维持利润。巴菲特表示，将大笔现金返还给投资者将是灾难。2021年7月6日该公司的每股价格为416 930美元。

案例思考题：

1.你愿意让巴菲特帮助你管理现金，每年获得20%以上的增值，还是愿意让巴菲特把现金发放给你，存到银行以获取4%甚至更低的存款利息？

2.面对一个长期分红但股价不涨和一个不分红但股价能涨10 000倍的股票，你会选择哪一个？

第一节　企业利润分配概述

一、利润分配的基本原则

利润分配是企业的一项重要工作，它关系到企业、投资者等有关各方的利益，涉及企业的生存与发展。因此，在利润分配的过程中，应遵循以下原则：

（一）依法分配原则

企业利润分配的对象是企业缴纳所得税后的净利润，这些利润是企业的权益，企业有权自主分配。国家有关法律、法规对企业利润分配的基本原则、一般次序和重大比例也作了较为明确的规定，其目的是保障企业利润分配能够有序进行，维护企业所有者、债权人以及职工的合法权益，促使企业增加积累，增强风险防范能力。我国有关利润分配的法律法规主要有《公司法》《中华人民共和国外商投资法》等，企业在利润分配中必须切实执行上述法律法规。利润分配在企业内部属于重大事项，企业的章程必须在不违背国家有关规定的前提下，对本企业利润分配的原则、方法、决策程序等内容做出明确而又具体的规定，企业在利润分配中也必须按规定办事。

（二）资本保全原则

资本保全是责任有限的现代企业制度的基础性原则之一，企业在利润分配中不能侵蚀资本。利润分配是对经营中资本增值额的分配，不是对资本金的返还。按照这一原则，一般情况下，企业如果存在尚未弥补的亏损，应首先弥补亏损，再进行其他分配。

（三）充分保护债权人利益原则

保护债权人的利益，是指按照风险承担的顺序及合同契约的规定，企业必须在利润分配之前向所有债权人偿清到期债务，否则不能进行利润分配。同时，在利润分配之后，企业还应保持一定的偿债能力，以免产生财务危机，危及企业生存。此外，企业在与债权人签订某些长期债务契约的情况下，其利润分配政策还应征得债权人的同意或审核方能执行。

（四）多方及长短期利益兼顾原则

利益机制是制约机制的核心，而利润分配的合理与否是利益机制能否持续发挥作用的关键。利润分配涉及投资者、经营者、职工等多方利益，企业必须兼顾，并应尽可能地保持稳定的利润分配。企业在获得稳定增长的利润后，应增加利润分配的数额或百分比。同时，由于发展及优化资本结构的需要，除依法必须留存的利润外，企业仍可以出于长远发展的考虑，合理留存利润。在积累与分配关系的处理上，企业应贯彻积累优先的原则，合理确定提取盈余公积和分配给投资者利润的比例，使利润分配真正成为促进企业发展的有效手段。

企业利润分配不仅影响企业筹资和投资决策，而且涉及多方利益关系，关乎长远利益与近期利益、整体利益与局部利益的协调。利润分配必须兼顾各方面的利益，坚持分配与积累并重、投资与收益对等，确保利润分配中的公开、公平和公正。如果利润分配不公，则会影响企业和谐健康发展。

二、利润分配的顺序

（一）依法缴纳所得税

《企业财务通则》规定，企业的利润按照国家规定进行相应的调整后，依法缴纳所得税。企业在计算所得税税前扣除项目时，按国家的统一规定执行。每个企业必须按照国家税法规定的税率及时、足额地上缴所得税。企业依法上缴所得税是其利润分配的首要步骤。

（二）税后利润的分配顺序

企业向股东（投资者）分派股利（分配利润），应按一定的顺序进行。按照《公司法》的有关规定，利润分配应按下列顺序进行：

第一，计算可供分配的利润。将本年净利润（或亏损）与年初未分配利润（或亏损）合并，计算出可供分配的利润。如果可供分配的利润为负数（即亏损），则不能进行后续分配；如果可供分配的利润为正数（即本年累计盈利），则可以进行后续分配。

第二，计提法定盈余公积。按抵减年初累计亏损后的本年净利润计提法定盈余公积。计提法定盈余公积的基数不一定是可供分配利润，也不一定是本年税后利润。只有不存在年初累计亏损时，才能按本年税后利润计算应提取数。这种“补亏”是按账面数字进行的，与所得税法的亏损后结转无关，关键在于不能用资本发放股利，也不能在没有累计盈余的情况下提取法定盈余公积。

第三，计提任意盈余公积。

第四，向股东（投资者）支付股利（分配利润）。

企业股东会或董事会违反上述利润分配顺序，在弥补亏损和提取法定盈余公积之前向股东分配利润的，必须将违反规定发放的利润退还企业。

上述利润分配顺序包含下列逻辑关系：

第一，企业发生的年度亏损，可以用下一年度的税前利润弥补；下一年度利润不足以弥补的，可以在5年内延续弥补；5年内不足以弥补的，可以用税后利润弥补。此外，还可以用以前年度计提的盈余公积弥补。

第二，法定盈余公积从净利润中提取形成，用于弥补企业亏损、扩大公司生产经营或者转为增加公司资本。公司分配当年税后利润时应当按照10%的比例提取法定盈余公积；当法定盈余公积累计额达到公司注册资本的50%时，可不再继续提取。任意盈余公积的提取由股东会或股东大会根据需要决定。

第三，企业向普通股股东和优先股股东支付股利，或者向投资者分配利润，要在提取盈余公积之后。其中，优先股股东按照面值的一定百分比优先于普通股股东得到股利。向普通股股东支付股利（分配利润）应以各股东（投资者）持有股份的数额（投资额）为依据，每一股东（投资者）取得的股利（分得的利润）与其持有的股份数（投资额）成正比。股份有限公司原则上应从累计盈利中分派股利，无盈利不得支付股利，即贯彻“无利不分”的原则。但公司在用盈余公积抵补亏损以后，为维护其股票信誉，经股东大会特别决议，也可用盈余公积支付股利。

【德育专栏】

《证券法》将对上市公司现金分红形成强制性约束

2019年12月28日，修订后的《中华人民共和国证券法》在全国人大表决通过，并于2020年3月1日起正式实施。现金分红制度是本次《证券法》修订新增的重要内容之一，也是国内首次从法律高度明确上市公司税后利润分配义务，相关条款与证监会、交易所已经形成的上市公司分红规则、指引等共同构成从法律到部门规章的现金分红制度体系，具有里程碑意义。

上市公司现金分红是资本市场的一项基础性制度。尽管上市公司是否分配利润、分配多少及采取何种形式分配，本质上属于公司经营自由事宜，然而我国证券市场中小投资者占比高、中小股东对上市公司治理参与力度较低，上市公司存在“重融资、轻分红”的历史问题，证监会等相关监管部门从2000年起就一直致力于构建促使上市公司现金分红的引导性机制，以改观A股市场“铁公鸡”现象、保障投资者权益。

本次新《证券法》第九十一条文明确提出，上市公司章程设置中必须引入现金分红条款，并如实履行税后利润分配义务。具体表述为“两个应当”：上市公司应当在章程中明确分配现金股利的具体安排和决策程序，依法保障股东的资产收益权；上市公司当年税后利润，在弥补亏损及提取法定公积金后盈余的，应当按照公司章程的规定分配现金股利。立法的主要意图在于保护投资者的资产收益权。

立法的强制性约束措施，本质上是引导股东支持上市公司现金分红的引导性机制。通过形成法律约束力、市场信誉约束压力、交易谈判的压力，提升股东的社会责任感，培养上市公司分红习惯。从境外成熟资本市场看，证券市场现金股利分配制度普遍经历从无监管向有监管转变，并经过市场完善的过程后，监管又逐步弱化，最终上市公司的分红仍交由市场机制来解决，投资者用脚投票，通过选择愿意回报中小股东的上市公司来表达投资意志。

资料来源：路颖．证券法将对上市公司现金分红形成强制性约束［EB/OL］.［2020-06-12］. https://news.cnstock.com/event,20200515hd-515zjft-202006-4547280.htm.

第二节　股利支付形式与程序

一、股利支付形式

1. 现金股利

现金股利（Cash Dividend），是指以现金支付的股利，它是股利支付最常见的方式。公司选择发放现金股利，除了要有足够的留存收益外，还要有足够的现金，而现金的充足性往往是公司发放现金股利的主要制约因素。实务中，经常有投资者将股票回购视为现金股利的替代形式。

2. 财产股利

财产股利，是指以现金以外的其他资产支付的股利，主要以公司所拥有的其他公司的有价证券，如债券、股票等，作为股利支付给股东。

3. 负债股利

负债股利，是指以负债方式支付的股利，通常以公司的应付票据支付给股东，有时也以发放公司债券的方式支付股利。

财产股利和负债股利实际上是现金股利的替代，但这两种股利支付形式在我国公司实务中很少使用。

4. 股票股利

股票股利（Stock Dividend），是指股份有限公司以股票的形式从公司净利润中分配给股东的股利，我国公司实务中通常也称其为“红股”。股票股利的发放是以股票的形式无偿分配给具有获得股票股利资格的股东，从而增加股东的持股数量。

对公司来说，股票股利并没有使得现金流出企业，也不会导致公司财产减少，只是将公司的留存收益转化为股本和资本公积。但股票股利会增加流通在外的股票数量，同时降低股票的每股价值。它不改变公司股东权益总额，但会改变股东权益的构成。

【例6-1】某公司在2024年发放股票股利前，其资产负债表上的股东权益各组成项目情况见表6-1。

表6-1 **某公司2024年发放股票股利前股东权益各组成项目情况** 单位：万元

项目	金额
普通股股本（面值1元，发行在外2 000万股）	2 000
资本公积	3 000
盈余公积	2 000
未分配利润	3 000
股东权益合计	10 000

假设该公司宣布发放10%的股票股利，现有股东每持有10股即可获赠1股普通股。若该股票当时市价为5元，那么随着股票股利的发放，需要从“未分配利润”项目中划转出的资金为：

2 000 ×10%×5=1 000（万元）

由于在我国上海证券交易所和深圳证券交易所流通的股票面值均为每股1元，不随着股票股利的发放而变化，所以由于股票面值（1元）不变，在发放200万股的情况下，“普通股”项目只应增加200万元，其余的800万元（1 000-200）应作为股票溢价转至“资本公积”项目，而公司的股东权益总额并未发生改变，仍是10 000万元，股票股利发放后的资产负债表上的股东权益部分见表6-2。

表6-2 **某公司2024年发放股票股利后股东权益各组成项目情况** 单位：万元

项目	金额
普通股股本（面值1元，发行在外2 200万股）	2 200
资本公积	3 800
盈余公积	2 000
未分配利润	2 000
股东权益合计	10 000

假设某股东在公司派发股票股利之前持有公司的普通股为10万股，那么，他所拥有的股权比例为：

10÷2 000×100%=0.5%

派发股票股利之后，他所拥有的股票数量和股份比例为：

10×（1+10%）=11（万股）

11÷2 200×100%=0.5%

可见，发放股票股利不会对公司股东权益总额产生影响，但会引起资金在各股东权益项目间的再分配，而股票股利派发前后每一位股东的持股比例也不会发生变化。需要说明的是，例题中股票股利以市价计算价格是很多西方国家通行的做法，但在我国，股票股利的价格则是按照股票面值来计算的。

发放股票股利虽然不直接增加股东的财富，也不增加公司的价值，但对股东和公司都有特殊意义。

对股东来讲，股票股利的优点主要有：（1）派发股票股利后，理论上每股市价会成比例下降，但实务中并非必然结果。这是因为，市场和投资者普遍认为，发放股票股利往往预示着公司会有较大的发展和成长，这样的信息传递会稳定股价，或使股价下降比例减少甚至不降反升，股东便可以获得股票价值相对上升的好处。（2）由于股利收入和资本利得税率的差异，如果股东把股票股利出售，还会给他带来资本利得纳税方面的好处。

对公司来讲，股票股利的优点主要有：（1）发放股票股利不需要向股东支付现金，在再投资机会较多的情况下，公司可以为再投资提供成本较低的资金，从而有助于公司的发展。（2）发放股票股利可以降低公司股票的市场价格，既有利于促进股票的交易和流通，又有利于吸引更多的投资者成为公司股东，进而使股权更为分散，有效地防止公司被恶意控制。（3）股票股利的发放可以传递公司未来发展前景良好的信息，从而增强投资者的信心，在一定程度上稳定股票价格。

【补充阅读6-1】

“现金奶牛”贵州茅台

贵州茅台酒股份有限公司，作为中国白酒行业的领军企业，不仅以其独特的酱香型白酒享誉国内外，更因其稳健的盈利能力和慷慨的分红政策被投资者誉为“现金奶牛”。

贵州茅台酒股份有限公司，成立于1999年11月20日，总部位于贵州省仁怀市茅台镇，是中国著名的白酒生产企业。公司以生产茅台酒而闻名，茅台酒是中国大曲酱香型白酒的代表，具有独特的酿造工艺和深厚的文化底蕴。2001年8月27日，公司在上海证券交易所上市，股票代码为600519。上市以来，贵州茅台凭借其强大的品牌影响力和稳健的经营策略，市值持续增长，成为A股市场的标杆企业之一。

财务状况：稳健的盈利与充裕的现金流

贵州茅台作为中国白酒行业的龙头企业，以其独特的品牌价值和稳定的产品质量，保持了长期的高盈利状态。其销售毛利率持续保持在90%以上，净资产收益率也稳定在20%以上，显示出其强劲的盈利能力。此外，贵州茅台的现金流量状况同样稳健，销售收现比率始终保持在1以上，表明其净利润全部以现金形式实现，经营活动产生的现金流量充足，为高派现股利提供了坚实的财务基础。根据2023年的数据显示，公司实现营业总收入1 505.60亿元，净利润775.21亿元，累计现金分红总额达2 714.41亿元，为IPO募资净额的135.85倍。这些数据表明了贵州茅台在白酒行业中的领先地位和对股东的丰厚回报。

股权结构：大股东的利益驱动

贵州茅台的股权结构中，贵州省国资委作为第一大股东，持股比例超过60%，处于绝对控股地位。这种“一股独大”的股权结构使得大股东对公司的股利政策有着决定性的影响。在地方财政收入需求增加时，通过高派现股利政策，可以为地方政府提供额外的财政支持。因此，贵州茅台的高派现股利政策在一定程度上反映了大股东的利益诉求。

市场信号：传递公司信心与增强投资者信任

从信号理论的角度来看，贵州茅台的高派现股利政策是公司向市场传递其良好经营状况和未来盈利预期的一种方式。通过持续的高派现，贵州茅台展示了其强大的财务实力和对未来发展的自信，这有助于增强投资者对公司的信心，吸引更多的投资，从而在资本市场上营造良好的公众形象。

思考：现金股利和股票股利哪个好？贵州茅台在制定股利政策时，如何考虑股东对短期现金回报的需求与公司长期发展的资金需求之间的平衡？

二、股票分割与股票回购

（一）股票分割

股票分割又称拆股，即将一股股票拆分成多股股票的行为。股票分割一般只会增加发行在外的股票总数，不会对公司的资本结构产生任何影响。股票分割与股票股利非常相似，都是在不增加股东权益的情况下增加股份的数量。所不同的是，股票股利虽然不会引起股东权益总额的改变，但股东权益的内部结构会发生变化，而股票分割之后，股东权益总额及其内部结构都不会发生任何变化，变化的只是股票面值。

股票分割的作用如下：（1）降低股票价格。股票分割会使每股市价降低，买卖该股票所需资金量减少，从而可以促进股票的流通和交易。流通性的提高和股东数量的增加，会在一定程度上加大对公司股票恶意收购的难度。此外，降低股票价格还可以为公司发行新股做准备，因为股价太高会使许多潜在投资者力不从心，不敢轻易对公司股票进行投资。（2）向市场和投资者传递“公司发展前景良好”的信号，有助于提高投资者对公司股票的信心。

与股票分割相反，如果公司认为股票价格过低，不利于其在市场上的声誉和未来的再筹资时，为提高股票的价格，会采取反分割措施。反分割，又称股票合并或缩股，是指将多股股票合并为一股股票的行为。反分割显然会降低股票的流通性，提高公司股票投资的门槛，它向市场传递的信息通常是不利的。

拆股和缩股在我国上市公司中很少使用，但在发达国家资本市场上较为普遍。

【例6-2】某公司原发行面值2元的普通股400 000股，若按1股换成2股的比例进行股票分割，分割前后该企业股东权益各组成项目见表6-3和表6-4。

如果企业本年盈余440 000元，那么股票分割前的每股收益为1.1元（440 000÷400 000）。

假定股票分割后企业盈余不变，则股票分割后的每股收益为0.55元（440 000÷800 000），每股市价也会因此下降。

表6-3　某公司股票分割前股东权益各组成项目　单位：元

项目	金额
普通股股本（面值2元，已发行400 000股）	800 000
资本公积	800 000
未分配利润	4 000 000
股东权益合计	5 600 000

表6-4　某公司股票分割后股东权益各组成项目　单位：元

项目	金额
普通股股本（面值1元，已发行800 000股）	800 000
资本公积	800 000
未分配利润	4 000 000
股东权益合计	5 600 000

从实践效果来看，由于股票分割与股票股利非常相近，所以一般要根据证券监督管理部门的具体规定对二者加以区分。

对于企业来讲，实行股票分割的主要目的是通过增加股数降低每股市价，从而吸引更多的投资者。此外，股票分割往往是成长型企业采取的行为，所以宣布股票分割后容易给人一种“企业正处于发展之中”的印象，这种有利信息会对企业有所帮助。

对于股东来讲，股票分割后各股东持有的股数增加，但持股比例不变，持有股票的总价值不变。不过，只要股票分割后每股现金股利的下降幅度小于股票分割幅度，那么股东仍能多获现金股利。另外，股票分割向社会传递了有利信息和降低了的股价，可能导致购买该股票的人增加，反而使其价格上升，进而增加股东财富。

尽管股票分割与发放股票股利都能达到降低企业股价的目的，但一般只有在企业股价剧烈上涨且预期难以下降时，才会采用股票分割的办法降低股价；而在企业股价上涨幅度不大时，往往通过发放股票股利使股价维持在理想范围之内。

相反，若企业认为股票价格过低，那么，为了提高股价，会采用缩股的股票合并措施。

【补充阅读6-2】

揭秘拆分盘“只涨不跌”的投资神话

拆分盘，顾名思义，是一种可以进行拆分的股票。它的核心特点是股票数量的增加，而价格保持相对稳定或上涨。这种模式与传统股市中股票数量固定、价格波动的特点形成鲜明对比。拆分盘的运作依赖于新会员的加入和资金的注入，而非公司业绩或市场价值的提升。

拆分盘通常设定一个固定的发行数量，并承诺永不增发。随着新会员的加入和资金的注入，拆分盘中的股票数量会通过拆分机制增加，而价格则通过市场供需关系调整。当股票价格上涨到一定程度时，会触发拆分，股票数量翻倍，价格回落，但投资者的总价值保持不变或略有增加。

尽管拆分盘提供了一种看似“只涨不跌”的投资方式，但它也伴随着显著的风险。首先，拆分盘的增长依赖于新会员的持续加入和资金的注入，一旦新会员增长放缓或资金注入不足，拆分盘可能面临泡沫破裂的风险。其次，拆分盘的高手续费和长回本周期也增加了投资者的财务负担。此外，市场上还存在一些以高收益为诱饵的拆分盘骗局，投资者需要谨慎辨别。

对于考虑投资拆分盘的投资者，建议首先充分了解拆分盘的运作原理和潜在风险。在投资前，应评估自己的风险承受能力和投资目标，避免盲目跟风。同时，建议投资者分散投资，以降低单一项目的风险敞口。

（二）股票回购

1. 股票回购的内涵

股票回购（Stock Repurchase）是指企业出资购回其本身发行在外的股票的过程，回购的股票称为库藏股票。企业以多余现金购回股东所持股份，使流通在外的股份减少，每股股利增加，从而使股价上升，股东因此获得好处，这相当于企业支付给股东股利，所以，可以将股票回购看作是一种现金股利的替代方式。股票回购和现金股利对股东的效用可通过下例说明。

【例6-3】某企业普通股的每股收益、每股市价等资料见表6-5。

表6-5 **某企业普通股的每股收益、每股市价等资料** 金额单位：元

项目	金额
税后利润	1 500 000
流通在外股份数（股）	500 000
每股收益	3
每股市价	60
市盈率（每股市价÷每股收益）	20

假定企业准备从盈余中拨出500 000元发放现金股利，每股可得股利1元（500 000÷500 000），那么每股市价为61元（原每股市价60元+预期股利1元）。

若企业改将500 000元以每股61元的价格购回股票，可购得8 197股，那么每股收益将为3.05元（1 500 000÷（500 000−8 197））。

如果市盈率仍为20，股票回购后的每股市价将为61元（3.05×20）。这与支付现金股利后的每股市价相同。或者说，企业不论采取支付现金股利方式还是股票回购方式，分配给股东的股利都是1元。

然而，股票回购却有着与发放现金股利不同的意义。

对股东来讲，股票回购后股东得到的是资本利得，需要缴纳资本利得税，发放现金股利后股东则需要缴纳一般所得税，在前者低于后者的情况下，股东将得到纳税上的好处。但是，我们进行的上述分析是建立在多个假设之上的，如假设可用61元（计算出的市价）购回股票，以及假设股票回购后市盈率不变等。实际上，这些因素是很可能因股票回购而

发生变化的，其结果对股东有益还是有害难以预料。也就是说，股票回购对股东利益产生的影响具有不稳定性。

对企业来讲，股票回购具有以下意义：(1）企业拥有回购的库藏股票，可用来交换被收购或被兼并企业的股票，也可用来满足认股权证持有人认购企业股票或可转换证券持有人转换企业普通股的需要。(2）企业拥有回购的库藏股票，还可以在需要现金时将库藏股票重新售出。(3）股票回购可以改变企业的资本结构，加大负债的比例，发挥财务杠杆的作用。(4）当企业拥有多余资金而又没有把握长期维持高股利政策时，使用股票回购的方式将多余现金分给股东，可避免股利出现大的波动。(5）通过股票回购，可避免企业落入被他人控制的局面。(6）股票回购价格的确定需要考虑各种因素，比较复杂，一旦因回购而使股价下跌，将给股东和企业造成损失。此外，股票回购还可能会使企业有操纵股价和帮助股东逃避应纳所得税之嫌，遭受有关部门的调查或处罚。因此，企业实施股票回购必须谨慎行事。

我国《公司法》规定，公司不得收购本公司股份。但是，有下列情形之一的除外：减少公司注册资本；与持有本公司股份的其他公司合并；将股份用于员工持股计划或者股权激励；股东因对股东大会做出的公司合并、分立决议持异议，要求公司收购其股份；将股份用于转换上市公司发行的可转换为股票的公司债券；上市公司为维护公司价值及股东权益所必需。可见，我国法规不允许企业拥有库藏股票，但股票回购在西方国家证券市场上经常出现。此外，许多风险投资协议中存在风险资本要求公司回购风险资本所持有股票的条款，这里的股票回购一般是作为风险资本的退出渠道，发生在下列情形：(1）创始人（或大股东）放弃上市计划；(2）创始人（或大股东）违反相关法律法规或者经营不善，导致公司无法上市；(3）在风险资本约定的期限内，公司无法达到上市条件。

2. 股票回购的方式

股票回购的方式主要有两种：

(1）公开市场购买，是指企业通过经纪人从有关证券市场购回自身发行的股票。当企业在公开市场购回股票时，需要披露购回股票的意图、数量等信息，并遵从证券交易管理机构的有关规定。由于管理部门规定的某些条款对企业回购股票的出价方式有所限制，因此，企业需要花费很长时间才能购回数额较多的股票。

(2）投标出价购买，是指企业按某一收购价格向股东提出回购若干股份。这种收购价一般高于当时市价，投标出价时间通常为2~3周。采用这种方式购回股票，也需要披露相关信息。这种购回方式的成本尽管较高，但对欲收购巨额股票的企业来说还是适宜的。

三、股利支付程序

公司股利的发放必须遵守相关要求，按照日程安排来进行。上市公司股利分配的基本程序是：首先由公司董事会根据股利水平和股利政策，制订股利分配预案，提交股东大会审议，通过后方能生效。经过上述决策程序之后，公司方可对外发布股利分配公告，具体实施分配方案。在我国，股利分配决策权属于股东大会。

(1）股利宣告日（Dividend Declaration Date），即董事会将股利支付情况予以公告的日期。股份公司分配股利必须遵循法定的程序，先由董事会提出利润分配预案，然后提交股东大会投票表决，股东大会决议通过分配预案之后，向股东宣布发放股利的方案，并确定股权登记日、除息（或除权）日和股利发放日等。

（2）股权登记日（Dividend Record Date），即有权领取本期股利的股东资格登记截止日期。凡是在此指定日期收盘之前取得公司股票，成为公司在册股东的投资者都可以作为股东享受公司分派的股利。在这一天之后取得股票的股东则无权领取本次分派的股利。

（3）除息日（Ex-dividend Date），即领取股利的权利与股票分离的日期。就我国上市公司而言，一般为股权登记日后的下一交易日。由于在除息日之前的股票价格中包含了本次派发的股利，而自除息日起的股票价格中则不包含本次派发的股利，所以通常需要除权调整上市公司每股股票对应的股利价值，以便于投资者对股价进行对比分析。也就是说，由于失去了“付息”的权利，除息日的股票价格会下跌。

实务中，除息日一般是指领取现金股利的权利与股票分离的日期，而除权日一般是指领取股票股利的权利与股票分离的日期。在我国资本市场上，上市公司向老股东定向配售股票（简称“配股”）时，股东可以行使购买股票的权利与股票分离的日期，亦称为除权日。此外，上市公司利用资本公积转增股本时，股东获得新增股票的权利与股票分离的日期，也称为除权日。

（4）股利发放日，即公司按照公布的分红方案向股权登记日在册的股东实际支付股利的日期。

【例6-4】2024年3月4日，某上市公司董事会公告称2023年度每股收益为0.48元，利润分配预案为：每10股送2股，派0.50元（含税），利用资本公积转增1股。

2024年4月10日，该公司股东大会公告称，公司实施2023年度利润分配及资本公积转增股本方案为：每10股送2股，转增1股，派0.50元（含税）。股权登记日为2024年4月25日，除权除息日为4月26日，新增可流通股上市日为4月28日。

上述方案实施后，按新股本摊薄计算，该公司2023年度摊薄每股收益为：

2023年度摊薄每股收益=0.48÷（1+0.3）=0.37（元/股）

摊薄每股收益，又称稀释每股收益（Diluted EPS），反映每股收益随着股本扩张而下降的程度。

若该公司2024年4月25日收盘价为11.59元/股，则2024年4月26日证券交易所显示的前一交易日收盘价为：

（11.59−0.05）÷（1+0.3）=8.88（元/股）

股价从2024年4月25日收盘价11.59元/股变为8.88元/股的过程，称为除权除息，8.88元/股为除权价格，反映领取现金股利、股票股利和新转增的股票的权利与股票本身实现了分离。除权价只是作为计算除权日股价涨跌幅度的基准，提供的只是一个基准参考价。如果除权后股票交易市价高于该除权基准价格，这种情形使得除权后的股东财富较除权前有所增加，一般称之为“填权”；反之，股价低于除权基准价格则会减少除权后的股东财富，一般称之为“贴权”。发放股票股利后，每股市价一般会下降，但股价的影响因素很多，因此其变动方向可能出现上升、下降或不变中的任意一种。

【德育专栏】

新时代国企混合所有制改革路径

混合所有制是全球化时代市场经济条件下生产资料占有社会属性的客观要求。它使得生产和资本的社会化推进到新的高度，在一定范围内适应了全球化时代社会生产力的发展要求。国有企业作为国有资本的代理人和政府投资出资人代表，是我国社会经济群体中不可或缺的重要部分，其有序高效发展，也是新时代经济高质量发展的要求。国有企业混合所有制改革，是本轮国企改革的重要举措。进一步理清政府和市场的关系，并完善企业产权保护制度，是国有企业混合所有制改革的重要方面；优化国有企业控制权分配，实现激励约束相容，对提高国有企业治理效率、改善国有企业经营绩效和提高效用发挥着重要作用；积极推进国有企业混合所有制改革，对当前建立现代经济体系、推进供给侧结构性改革、提高资源配置效率、促进创新发展、推动经济高质量发展具有重要的理论和现实意义。

在实践探索中，我国国有企业混合所有制的发展主要采取三种路径：一是引入非国有资本参与；二是引入战略投资者平台；三是采取增资扩股、出资新设等方式探索实行企业员工持股计划。从发展历程看，以1998年为起点到2008年的十年，是混合所有制改革缓慢发展的尝试阶段；2013年至今，特别是2016年末中央经济工作会议提出“混合所有制改革是国企改革的重要突破口”之后，混合所有制改革节奏明显加快，取得的进展显著。一是混合所有制企业户数不断增加。二是重要领域混合所有制改革实质有序推进。石油、铁路、民航、电信、军工等领域先后试点推进。进一步放大国有资本功能，提高国有资本配置和运行效率。三是国有控股混合所有制员工持股试点推进，国有资本的布局和结构得到不断优化。经过多年来国有企业混合所有制改革的试点工作实践，一批国有企业通过改制发展成为混合所有制企业或正在积极探索混合所有制改革，并取得了初步成效。

通过国企混合所有制改革的探索，现代企业制度进一步完善，公司治理结构逐步规范，大多数试点企业已从计划经济体制附属的传统国营企业转变为市场经济体制下的独立自主经营市场主体。

资料来源：姜凌，许君如．新时代国企混合所有制改革路径探究［N］．经济参考报，2019-08-26（A07）．

第三节　股利理论与分配政策

一、股利理论

企业的股利分配方案既取决于企业的股利政策，又取决于决策者对股利分配的理解与认识，即股利分配理论。股利分配理论是指人们对股利分配的客观规律的科学认识与总结，其核心问题是股利政策与公司价值的关系。市场经济条件下，股利分配要符合财务管理目标。人们对股利分配与财务目标之间关系的认识存在不同的流派与观念，还没有一种被大多数人接受的权威观点和结论，但主要有以下两种较流行的观点：

（一）股利无关论

股利无关论认为，在一定的假设条件限制下，股利政策不会对公司价值或股票价格产生任何影响，投资者不关心公司股利的分配。公司市场价值的高低，是由公司所选择的投资决策的获利能力和风险组合决定的，与公司的利润分配政策无关。

由于公司对股东的分红只是盈利减去投资之后的差额部分，且分红只能采取派现或股票回购等方式，因此，一旦投资政策确定，那么，在完全资本市场上，股利政策的改变就仅仅意味着收益在现金股利与资本利得之间分配上的变化。如果投资者按理性行事的话，这种改变不会影响公司的市场价值以及股东的财富。该理论是建立在完全资本市场理论之上的，假定条件包括：第一，市场具有强式效率；第二，不存在任何形式的公司所得税或个人所得税；第三，不存在任何筹资费用；第四，公司的投资决策与股利决策彼此独立。

（二）股利相关理论

与股利无关理论相反，股利相关理论认为，企业的股利政策会影响股票价格和公司价值。主要观点有以下几种：

1. "手中鸟"理论

该理论认为，将留存收益再投资给公司带来的收益具有较大的不确定性，并且投资风险随着时间的推移会进一步加大。因此，厌恶风险的投资者偏好确定的股利收益，而不愿将收益留存在公司内部，去承担未来的投资风险。该理论认为公司的股利政策与公司的股票价格是密切相关的，即当公司支付较高的股利时，公司的股票价格会随之上升，公司价值将提高。

2. 信号传递理论

该理论认为，在信息不对称的情况下，公司可以通过股利政策向市场传递有关公司未来获利能力的信息，从而影响公司的股价。一般来讲，预期未来获利能力强的公司，往往愿意通过相对较高的股利支付水平吸引更多的投资者。对于市场上的投资者来讲，股利政策的差异或许是反映公司预期获利能力的有价值的信号。如果公司连续保持较为稳定的股利支付水平，那么投资者会对公司未来的盈利能力与现金流量抱有乐观的预期。如果公司的股利支付水平突然发生变动，那么股票市价也会对这种变动做出反应。

3. 代理理论

该理论认为，股利政策有助于减缓管理者与股东之间的代理冲突，即股利政策是协调股东与管理者之间代理关系的一种约束机制。该理论认为，股利的支付能够有效地降低代理成本。一方面，股利的支付减少了管理者对自由现金流量的支配权，这在一定程度上可以抑制公司管理者的过度投资或在职消费行为，从而保护外部投资者的利益；另一方面，较多的现金股利发放减少了内部融资，使公司进入资本市场寻求外部融资，这会使公司接受来自资本市场的严格监督，进而减少代理成本。因此，较高的股利政策降低了企业的代理成本，但同时增加了外部融资成本，理想的股利政策应当使这两种成本之和最小。

4. 所得税差异理论

该理论认为，由于普遍存在的税率及纳税时间的差异，资本利得比股利收入更有助于实现收益最大化目标，企业应当采用低股利政策。由于股利收入和资本利得被认为是不同类型的收入，所以在很多国家，对它们征收所得税的税率不同。一般而言，对资本利得征收的税率低于对股利收入征收的税率。另外，相对于股利收入来说，投资者对资本利得的纳税时间选择更具有弹性。所以，即使股利收入和资本利得在税率上没有差别，但因为投资者可以自由地推迟资本利得的纳税时间，所以也会存在延迟纳税带来的收益差异。因此，在其他条件不变的情况下，投资者更偏好资本利得而不是股利收入。持有高股利支付政策股票的投资者，为了取得与低股利支付政策股票相同的税后净收益，通常要求更高的税前回报预期，所以会导致资本市场上的股票价格与股利支付水平呈反向变化，而权益资本成本与股利支付水平呈正向变化的情况。

二、利润分配的制约因素

企业的利润分配涉及企业相关各方的切身利益，受众多不确定因素的影响。因此，在确定利润分配政策时，应当综合考虑各种相关因素的影响。

（一）法律因素

为了保护债权人和股东的利益，法律就公司的利润分配做出如下规定：

1. 资本保全约束

资本保全约束，即规定公司不能用资本（包括实收资本或股本和资本公积）发放股利，目的在于维持企业资本的完整性，保护企业完整的产权基础，保障债权人的利益。

2. 资本积累约束

资本积累约束，即规定公司必须按照一定的比例和基数提取盈余公积，股利只能从企业的可供分配利润中支付。此处的可供分配利润包含公司当期的净利润按照规定提取盈余公积后的余额和以前累积的未分配利润。另外，在进行利润分配时，一般应当贯彻“无利不分”的原则，即当企业在该年度出现亏损时，一般不进行利润分配。

3. 超额累积利润约束

由于资本利得与股利收入的税率不一致，如果公司为了避税而使盈余的保留大大超过公司目前及未来的投资需要，那么将被加征额外的税款。

4. 偿债能力约束

偿债能力约束，即要求公司考虑现金股利分配对偿债能力的影响，确定公司在利润分配后仍能保持较强的偿债能力，以维持公司的信誉和借贷能力，从而保证公司的正常资金周转。

（二）公司因素

公司基于短期经营和长期发展的考虑，在确定利润分配政策时，需要关注以下因素：

1. 现金流量

受制于会计规范的要求和会计处理方法的选择，公司盈余与现金流量并非完全同步，净收益的增加不一定意味着可供分配的现金流量的增加。公司在进行利润分配时，要保证正常的经营活动对现金的需求，以维持资金的正常周转，使生产经营得以有序进行。

2. 资产的流动性

企业现金股利的支付会减少其现金持有量，降低资产的流动性从而保持一定的资产流动性是企业正常运转的必备条件。

3. 盈余的稳定性

一般来讲，公司的盈余越稳定，其股利支付水平也就越高。

4. 投资机会

如果公司的投资机会多，对资金的需求量大，那么公司就很可能会考虑采用较低的股利支付水平；相反，如果公司的投资机会少，对资金的需求量小，那么它就很可能倾向于采用较高的股利支付水平。此外，如果公司将留存收益用于再投资所得报酬低于股东个人单独将股利收入投资于其他投资机会所得的报酬，那么公司就不应多留存收益，而应多发放股利，这样才有利于股东价值最大化。

5. 筹资因素

如果公司具有较强的筹资能力，随时能筹集到所需资金，那么它就具有较强的股利支付能力。另外，留存收益是企业内部筹资的一种重要方式，与发行新股或举债相比，它不需要花费筹资费用，同时增加了公司权益资本的比重，降低了财务风险，便于低成本取得债务资本。

6. 其他因素

鉴于股利的信号传递作用，公司不宜经常改变利润分配政策，应保持一定的连续性和稳定性。此外，利润分配政策还受到其他公司的影响。比如，不同发展阶段、不同行业的公司股利支付比例会有差异，这就要求公司在进行政策选择时充分考虑自身的发展阶段以及所处行业的状况。

（三）股东因素

股东在控制权、收入和避税方面的考虑也会对公司的利润分配政策产生影响。

1. 控制权

现有股东往往将股利政策作为维持其控制地位的工具。企业支付较高的股利导致留存收益减少，当企业为有利可图的投资机会筹集所需资金时，发行新股的可能性增加，新股东的加入必然稀释公司的控制权。所以，股东倾向于选择较低的股利支付水平，以便从内部的留存收益中取得所需资金。

2. 收入

如果股东依赖现金股利维持生活，他们往往要求企业支付稳定的股利，反对留存收益过多。

3. 避税

由于股利收入的税率要高于资本利得的税率，因此，出于避税的考虑，一些高股利收入的股东往往倾向于选择较低的股利支付水平。

（四）其他因素

1. 债务契约

一般来说，股利支付水平越高，留存收益越少，企业的破产风险越大，就越有可能损害债权人的利益。因此，为了保证自己的利益不受侵害，债权人通常会在债务契约、租赁合同中加入关于借款企业股利政策的限制条款。

2. 通货膨胀

通货膨胀会使货币购买力下降，导致固定资产重置资金不足，此时，企业往往不得不考虑留有一定的利润，以便弥补由于购买力下降造成的固定资产重置资金缺口。因此，在通货膨胀时期，企业一般采取偏紧的利润分配政策。

【补充阅读6-3】

金融领域的“甜蜜陷阱”：庞氏骗局

庞氏骗局，是对金融领域投资诈骗的称呼，是金字塔骗局（Pyramid Scheme）的始祖。在中国，庞氏骗局又称“拆东墙补西墙”或“空手套白狼”。简言之，就是利用新投资人的钱来向老投资者支付利息和短期回报，以制造赚钱的假象，进而骗取更多的投资。很多非法的传销集团就是用这一招聚敛钱财。

这种骗术是一个名叫查尔斯·庞兹（Charles Ponzi）的投机商人“发明”的。查尔斯·庞兹是一位生活在19、20世纪的意大利裔投机商，1903年移民到美国。1919年他开始策划一个阴谋，骗子们向一个事实上子虚乌有的企业投资，许诺投资者将在3个月内得到40%的利润回报，然后，狡猾的庞兹把新投资者的钱作为快速盈利付给最初投资的人，以诱使更多的人上当。由于前期投资的人回报丰厚，庞兹成功地在7个月内吸引了30 000名投资者。这场阴谋持续了一年之久，被利益冲昏头脑的人们才清醒过来，后人称之为“庞氏骗局”。

“庞氏骗局”是一种将新投资者的资金支付给早期投资者作为回报的欺诈性金融行为。这种模式不可持续，因为其依赖于不断增加的新投资者的资金流入来维持，而不是通过合法的商业活动或投资来产生利润。当新资金的流入无法满足支付需求时，整个骗局就会崩溃，导致大多数投资者损失惨重。

恒大集团自2009年上市以来，采取了“高负债、高杠杆、高周转与低成本”的策略进行快速扩张。然而，这种模式也导致了其负债规模的迅速增长，截至2021年6月30日，恒大集团的总债务达到了1.71万亿港元，而其账面非受限货币资金仅有1 043亿港元，短期债务现金缺口高达1.33万亿港元。与此同时，恒大集团在2013至2019年间的股利支付率维持在50%左右，累计平均股利支付率高达43.43%，许家印家族在恒大集团上市以来的12年间共分得近600亿港元的现金股利。

这种在高债务压力下依然进行高派现分红的行为，被一些学者和市场观察者视为潜在的非伦理行为，因为它可能涉及利用股份制的“好处”与“便利”来侵占其他利益相关者的利益。这种行为在性质上可能构成“庞氏骗局”或“庞氏分红”，即通过新债务或消耗资本来支付股利，而不是依靠公司的实际经营成果。

因此，监管机构可能需要加强对公司分红政策的监督，确保公司分红行为不会损害债权人和其他利益相关者的利益。同时，也需要提高公司分红信息的披露质量，使投资者能够更好地做出投资决策。

思考：“庞氏骗局”对投资者和金融市场有哪些负面影响？监管机构应如何加强对公司分红政策的监督，以防止“庞氏分红”等非伦理行为的发生？

资料来源：孙旭东．不必谈庞氏分红而色变［EB/OL］．[2024-02-20].https://xueqiu.com/7955260278/279120317.

三、股利政策

股利政策（Dividend Policy）是指公司股东大会和董事会对一切与股利有关的事项所采取的具体做法，是关于公司是否发放股利、发放多少股利以及何时发放股利等方面的方针和策略，主要涉及公司对其收益是进行分配还是留存以用于再投资。

股利政策有狭义和广义之分。狭义的股利政策探讨的是保留盈余和普通股股利支付的比例关系问题，即股利发放比率的确定。而广义的股利政策则包括股利宣告日的确定、股利发放比例的确定、股利发放时的资金筹集等问题。股利政策既要保持相对稳定，又要符合公司财务目标和发展目标。

在实际工作中，通常有以下几种股利政策可供选择：

1. 剩余股利政策

剩余股利政策是指公司在面对良好的投资机会时，根据目标资本结构测算出投资所需的权益资本额，先从盈余中留用，然后将剩余的盈余作为股利来分配，即净利润首先满足公司的资金需求，如果还有剩余，就派发股利，如果没有，则不派发股利。

剩余股利政策的理论依据是MM股利无关理论。根据MM股利无关理论，在完全理想状态下的资本市场中，公司的股利政策与普通股每股市价无关，故而股利政策只需要随着公司投资、融资方案的制订而自然确定。因此，采用剩余股利政策时，公司要遵循如下四个步骤：

（1）设定目标资本结构。在此资本结构下，公司的加权平均资本将达到最低水平。

（2）确定公司的最佳资本预算，并根据公司的目标资本结构预计资金需求中所需增加的权益资本数额。

（3）最大限度地使用留存收益来满足资金需求中所需增加的权益资本数额。

（4）留存收益在满足公司权益资本增加需求后，若还有剩余，再用来发放股利。

【例6-5】某公司2023年税后净利润为1 000万元，2024年的投资计划需要资金1 200万元，公司的目标资本结构为权益资本占60%、债务资本占40%。

按照目标资本结构的要求，公司投资方案所需的权益资本数额为：

1 200 ×60%=720（万元）

公司当年全部可用于分配的盈利为1 000万元，除了满足上述投资方案所需的权益资本数额外，还有剩余可用于发放股利。2023年，公司可以发放的股利数额为：

1 000−720=280（万元）

假设该公司当年流通在外的普通股为1 000万股，那么，每股股利为：

280÷1 000=0.28（元/股）

剩余股利政策的优点有：留存收益优先保证再投资的需要，有助于降低再投资的资本成本，保持最佳资本结构，实现企业价值的长期最大化。

剩余股利政策的缺点有：若完全遵照剩余股利政策，股利发放额就会每年随着投资机会和盈利水平的波动而波动。在盈利水平不变的前提下，股利发放额与投资机会的多寡呈反向变化；而在投资机会不变的情况下，股利发放额将与公司盈利呈同向变化。剩余股利政策不利于投资者安排收入与支出，也不利于公司树立良好的形象，一般适用于公司初创阶段。

2. 固定或稳定增长的股利政策

固定或稳定增长的股利政策是指公司将每年派发的股利额固定在某一特定水平，或是在此基础上维持某一固定比率逐年稳定增长。公司只有在确信未来盈利不会发生逆转时才会宣布实施固定或稳定增长的股利政策。在这一政策下，应首先确定股利分配额，而且该分配额一般不随资金需求的波动而波动。

固定或稳定增长的股利政策的优点有：（1）由于股利政策本身的信息含量，稳定的股利向市场传递着公司正常发展的信息，有利于树立公司的良好形象，增强投资者对公司的信心，稳定股票的价格。（2）稳定的股利有助于投资者安排股利收入和支出，有利于吸引那些打算进行长期投资并对股利有很高依赖性的股东。（3）稳定的股利可能不符合剩余股利理论，但考虑到股票市场受多种因素影响（包括股东的心理状态和其他要求），为了将股利维持在稳定的水平上，即使推迟某些投资方案或暂时偏离目标资本结构，也可能比降低股利或降低股利增长率更为有利。

固定或稳定增长的股利政策的缺点有：（1）股利的支付与企业的盈利相脱节，即不论公司盈利多少，均要支付固定的或按固定比例增长的股利，这可能会导致企业资金紧缺，财务状况恶化。（2）在无利可分的情况下，若依然实施固定或稳定增长的股利政策，就违反了《公司法》的规定。

因此，采用固定或稳定增长的股利政策，要求公司能对未来的盈利和支付能力做出准确的判断。一般来说，公司确定的固定股利额不宜太高，以免陷入无力支付的被动局面。固定或稳定增长的股利政策通常适用于经营比较稳定或正处于成长期的企业，且很难被长期采用。

3. 固定股利支付率政策

固定股利支付率政策是指公司每年将净利润的某一固定百分比作为股利分派给股东。这一百分比通常称为股利支付率，股利支付率一经确定，一般不得随意变更。在这一股利政策下，只要公司的税后利润计算出来，所派发的股利也就相应确定了。固定股利支付率越高，公司留存的净利润就越少。

固定股利支付率政策的优点有：（1）采用固定股利支付率政策，股利与公司盈余紧密地配合，体现了“多盈多分、少盈少分、无盈不分”的股利分配原则。（2）由于公司的获利能力在年度间是经常变动的，因此，每年的股利也应当随着公司收益的变动而变动。采用固定股利支付率政策，公司每年按固定比例从税后利润中支付现金股利，从企业支付能力的角度看，这是一种稳定的股利政策。

固定股利支付率政策的缺点有：（1）大多数公司每年的收益很难保持稳定不变，导致年度间的股利额波动较大。由于股利的信号传递作用，波动的股利很容易给投资者带来经营状况不稳定、投资风险较大的不良印象，成为公司的不利因素。（2）容易使公司面临较大的财务压力。这是因为公司实现的盈利多，并不代表公司有足够的现金流用来支付较高的股利额。（3）确定合适的固定股利支付率的难度比较大。

由于公司每年面临的投资机会、筹资渠道都不同，而这些都可能影响公司的股利分配，所以，一成不变地奉行固定股利支付率政策的公司在实际中并不多见，固定股利支付率政策仅适用于那些处于稳定发展阶段且财务状况也较稳定的公司。

【例6-6】某公司长期以来用固定股利支付率政策进行股利分配，确定的股利支付率为30%。2023年度税后净利润为1 500万元。如果仍然继续执行固定股利支付率政策，公司本年度将要支付的股利为：

1 500 ×30%=450（万元）

鉴于公司下一年度有较大的投资需求，因此，本年度拟采用剩余股利政策。如果公司下一年度的投资预算为2 000万元，目标资本结构为权益资本占60%。按照目标资本结构的要求，公司投资方案所需的权益资本额为1 200万元（2 000×60%）。则：

公司2023年度可以发放的股利=1 500-1 200=300（万元）

4. 低正常股利加额外股利政策

低正常股利加额外股利政策，是指公司事先设定一个较低的正常股利额，每年除了按正常股利额向股东发放股利外，还在公司盈余较多、资金较为充裕的年份向股东发放额外股利。但是，额外股利并不固定，不意味着公司永久地提高了股利支付率。

低正常股利加额外股利政策的优点有：（1）赋予公司较大的灵活性，使公司在股利发放上留有余地，并具有较大的财务弹性。公司可根据每年的具体情况，选择不同的股利发放水平，以稳定和提高股价，进而实现公司价值的最大化。（2）使那些依靠股利度日的股东每年至少可以得到虽然较低但比较稳定的股利收入，从而吸引住这部分股东。

低正常股利加额外股利政策的缺点有：(1) 各个年份之间公司盈利的波动使得额外股利不断变化，造成分派的股利不同，容易使投资者产生收益不稳定的感觉。(2) 当公司在较长时间内持续发放额外股利时，可能会被股东误认为是“正常股利”，一旦取消，传递出的信号可能会使股东认为这是公司财务状况恶化的表现，进而导致股价下跌。

相对而言，对那些盈利随着经济周期而波动较大的公司来说，或者在公司的盈利与现金流量很不稳定时，低正常股利加额外股利政策也许是一种不错的选择。

本章小结

本章第一节介绍利润分配的原则和利润分配的顺序；第二节概述股利支付形式和股利支付程序，重点介绍了股票股利、股票分割与股票回购对股东和公司的影响；第三节介绍股利理论和利润分配的制约因素，以及剩余股利政策、固定或稳定增长的股利政策、固定股利支付率政策和低正常股利加额外股利政策的原理及特点。本章思政元素索引表见表6-6。

表6-6 **本章思政元素索引表**

教学模块	教学内容	课程思政教育资源	社会主义核心价值观
利润分配概述	利润分配原则	多方及长短期利益兼顾	平等、和谐
股利支付形式与程序	股票回购的意义	混合所有制改革的意义	和谐、法治
股利理论与分配政策	股利相关理论	委托代理矛盾	平等、友善

主要知识点

(1) 利润分配的基本原则；(2) 股份公司和有限责任公司的利润分配顺序；(3) 企业亏损的弥补方式和盈余公积的用途；(4) 股利支付程序，以及除权价的计算；(5) 股票股利的特点，以及股票股利与股票分割和股票回购的区别；(6) 利润分配的制约因素；(7) 剩余股利政策的原理及应用；(8) 固定或稳定增长的股利政策、固定股利支付率政策和低正常股利加额外股利政策的特点及适用范围。

思考题

1.试说明剩余股利政策的原理。

2.公司的股利政策是否必须保持稳定？评价公司股利政策是否合理的依据有哪些？

3.结合我国资本市场的实际情况，试说明我国上市公司股利分配政策的特点。

4.公司在选择采用股票股利进行股利分配时，应考虑哪些因素？

5.如果一家公司打算针对员工建立股票期权计划，那么股票期权计划中用来奖励给员工的股票可以如何取得？请结合我国相关法律法规进行说明。

课后练习

一、单项选择题

1.对于稳定股票价格不利从而给投资者以公司不稳定感觉的股利分配政策是（　　）。

A.剩余股利政策　　B.固定或稳定增长的股利政策

C.固定股利支付率政策　　D.低正常股利加额外股利政策

2.发放股票股利，不会（　　）。

A.引起每股收益下降　　B.使公司留存大量现金

C.使股东权益各项目的比例发生变化　　D.使股东权益总额发生变化

3.某公司现有发行在外的普通股1 000 000股，每股面额1元，资本公积3 000 000元，未分配利润8 000 000元，股票市价20元。若按10%的比例发放股票股利并按市价折算，则公司报表列示的资本公积将为（　　）元。

A.1 000 000　　B.2 900 000　　C.4 900 000　　D.3 000 000

4.发放股票股利后，每股市价将（　　）。

A.上升　　B.下降

C.不变　　D.可能出现以上三种情况中的任意一种

5.经计算，企业本年有盈利，则提取法定盈余公积的基数为（　　）。

A.累计盈利　　B.本年的税后利润

C.抵减年初累计亏损后的本年净利润　　D.加计年初未分配利润的本年净利润

6.公司采取剩余股利政策分配利润的根本理由在于（　　）。

A.使公司的利润分配具有较大的灵活性

B.降低综合资本成本

C.稳定对股东的利润分配额

D.使对股东的利润分配与公司的盈余紧密配合

7.某股份公司目前的每股收益和每股市价分别为2元和20元。现拟实施每10股送1股的送股方案。若股价随股数成比例变动，则送股后的每股收益和每股市价分别为（　　）元。

A.1.82，18.18　　B.2，18.18　　C.2，20　　D.1.82，22

8.某公司原发行普通股300 000股，拟发放15%的股票股利。已知原每股收益为3.68元，若盈余总额不变，则发放股票股利后的每股收益将为（　　）元。

A.3.2　　B.4.3　　C.0.4　　D.1.1

9.对于股份有限公司来讲，实行股票分割的主要目的在于通过（　　），从而吸引更多的投资者。

A.增加股票股数降低每股市价　　B.减少股票股数降低每股市价

C.增加股票股数提高每股市价　　D.减少股票股数提高每股市价

10.下列项目中不能用于分派股利的是（　　）。

A.盈余公积　　B.资本公积

C.税后利润　　D.上年未分配利润

11.当公司的盈余和现金流量都不稳定时，对股东和企业都有利的股利分配政策是（　　）。

A.剩余股利政策　　B.固定或稳定增长的股利政策

C.固定股利支付率政策　　D.低正常股利加额外股利政策

二、多项选择题

1.下列说法中不正确的有（　　）。

A.只要本年净利润大于0，就可以进行利润分配

B.只要可供分配利润大于0，就必须提取法定盈余公积

C.不能用资本发放股利，也不能在没有累计盈余的情况下提取法定盈余公积

D.如果存在年初累计亏损，则在计提法定盈余公积之前应该先按照税法规定补亏

2.下列项目中可用于弥补亏损的有（　　）。

A.盈余公积　B.资本公积　C.税后利润　D.税前利润

3.采用低正常股利加额外股利政策的理由是（　　）。

A.向市场传递公司正常发展的信息

B.使公司具有较大的灵活性

C.保持理想的资本结构，使综合成本最低

D.使依靠股利度日的股东有比较稳定的收入，从而吸引住这部分股东

4.采用固定或稳定增长的股利政策对公司不利的方面表现在（　　）。

A.稀释了股权

B.股利支付与公司盈余脱节，资金难以保证

C.易造成公司不稳定的印象

D.无法保持较低的资本成本

5.下列属于我国《公司法》规定的公司可以收购本公司股份的情形有（　　）。

A.减少公司注册资本　　B.回购股份奖励给本公司职工

C.与持有本公司股份的其他公司合并　　D.增持库藏股票

6.下列股利政策中不利于股东安排收入与支出的有（　　）。

A.剩余股利政策　　B.固定或稳定增长的股利政策

C.固定股利支付率政策　　D.低正常股利加额外股利政策

7.根据股利相关论，影响股利分配的法律因素有（　　）。

A.资本保全　B.企业积累　C.净利润　D.资本成本

三、计算题

1.某公司本年税后净利为300万元，下年拟上一个新项目，需要投资400万元，公司目标资本结构中产权比率为0.667，公司流通在外的普通股为1 000万股，假设公司采用剩余股利政策。

要求：计算回答以下问题。

（1）公司本年可发放的股利额是多少？

（2）股利支付率是多少？

（3）每股股利是多少？

2.某公司以50%的资产负债率作为目标资本结构，公司当年税后利润为500万元，预计公司下一年度的总资产要达到1 200万元，现有的权益资本为250万元。

要求：计算回答以下互不相关的问题。

（1）若采用剩余股利政策，则当年股利支付率为多少？

（2）若股利支付率为100%，则在市盈率为10、每股收益为2元的条件下，应增发多少股普通股？

3.某公司年终利润分配前的股东权益项目资料见表6-7。

表6-7　**股东权益项目资料**　单位：万元

项目	金额
普通股股本（每股面值2元，200万股）	400
资本公积	160
未分配利润	840
股东权益合计	1 400

要求：计算回答以下互不相关的问题。

（1）计划按每10股送1股的方案发放股票股利，并按发放股票股利后的股数派发每股现金股利0.2元，股票股利的金额按现行市价35元计算。完成这一分配方案后的股东权益各项目数额是多少？

（2）若按1股换2股的比例进行股票分割，则股东权益各项目数额、普通股股数分别是多少？

（3）假设利润分配不改变市净率（每股市价/每股净资产），公司按每10股送1股的方案发放股票股利，股票股利按现行市价35元计算，并按新股数发放现金股利，且希望普通股市价达到每股30元，则每股现金股利应是多少？

第七章

财务报表分析

学习目标

1.了解财务报表分析的含义、目的、内容、方法和程序。

2.能够利用比率分析法对企业偿债能力、营运能力和盈利能力进行分析与评价。

3.理解企业财务综合分析法。

教学引导案例

2023年3月31日，河南双汇投资发展股份有限公司（以下简称双汇公司）发布了2022年度财务报告。双汇公司董事会报告称：2022年，国内外宏观形势更加错综复杂，全球经济低增长、高通胀、不确定性风险大幅增加，中国经济仍有下行压力，国内猪肉价波动较大，中外猪肉价差大幅收窄，肉类行业竞争加剧，面对复杂多变的市场形势，公司在董事会的正确领导下，保持战略定力，精心谋划部署，实施管理升级，坚持结构调整、创新发展、做大规模，公司总体保持稳健经营。

双汇公司坚持“继续调整结构，突出五大产业，整合全球资源，创新发展上规模”的战略方针，围绕多元化、个性化、品质化的消费需求，不断加强新品研发，积极推动产品形态多元化、消费功能多元化、消费人群多元化和消费情景多元化，推动产品结构向肉蛋奶菜粮结合转变，向一碗饭、一桌菜转变，推动产品进家庭、上餐桌。

2022年，主要受中外价差收窄、进口肉业务规模下降影响，公司肉类产品总外销量315万吨，同比下降4.5%；受销量下降及猪肉价格下降影响，本期实现营业总收入627亿元，同比下降6.1%；同时，公司积极调整产品结构，有效落实两调一控，较好把控市场行情，科学运作冻品业务，本期实现归属于上市公司股东的净利润56.2亿元，同比上升15.5%。

具体财务数据见表7-1、表7-2和表7-3。

表7-1

资产负债表

编制单位：河南双汇投资发展股份有限公司 2022年12月31日　　单位：万元

资产	期末余额	上年年末余额	负债和所有者权益	期末余额	上年年末余额
流动资产：			流动负债：		
货币资金	576 885	783 921	短期借款	314 735	233 796
折出资金	10 000		向中央银行借款		
交易性金融资产	103 117	146 449	折入资金		
衍生金融资产	17	54	交易性金融负债		
应收票据	5238	4 964	衍生金融负债		
应收账款	18 431	18 349	应付票据		3 056
预付款项	10 510	16 947	应付账款	391 861	211 331
其他应收款	2 055	4 549	预收款项	117	32
其中：应收利息			合同负债	310 408	222 220
应收股利			卖出回购金融资产款	50 844	93 037
买入返售金融资产			吸收存款及同业存放	7 774	6 747
应收分保账款			应付职工薪酬	102 787	94 278
存货	612 127	566 892	应交税费	47 851	37 270
合同资产	21 145	29 233	其他应付款	90 222	79 073
持有待售资产			其中：应付利息		
一年内到期的非流动资产	10 476		应付股利	8 489	3 531
发放贷款和垫款	22 173	18 265	应付手续费及佣金		
应收保费			持有待售负债		
应收分保合同准备金			一年内到期的非流动负债	8 147	1 308
结算备付金			其他流动负债	25 340	15 292
其他流动资产	215 405	162 378	流动负债合计	1 350 086	997 440
流动资产合计	1 607 579	1 752 001	非流动负债：		
非流动资产：			长期借款	1 229	1 282
债权投资		10 098	长期应付款		6 552
其他债权投资			租赁负债	20 657	21 580
长期应收款			预计负债		

续表

资产	期末余额	上年年末余额	负债和所有者权益	期末余额	上年年末余额
长期股权投资	18189	33 900	递延收益	26 262	29 201
其他非流动金融资产	6 365	7 743	递延所得税负债	24 717	26 710
投资性房地产			其他非流动负债		
固定资产	1 516 482	1 083 528	非流动负债合计	72 865	85 325
在建工程	272 577	309 733	负债合计	1 422 951	1 082 765
生产性生物资产	34 045	18 585	所有者权益：		
油气资产			股本	346 466	346 466
使用权资产	34 704	35 642	其他权益工具		
无形资产	122 371	106 684	资本公积	806 265	807 221
开发支出	1 883	1 084	其他综合收益		54
商誉			专项储备	923	
长期待摊费用	5 986	5 673	盈余公积	183 191	183 191
递延所得税资产	17 501	11 704	一般风险准备	11 563	11 038
发放贷款和垫款			未分配利润	836 873	932 904
其他非流动资产	3 516	21 360	少数股东权益	32 966	34 097
非流动资产合计	2 033 619	1 645 735	所有者权益合计	2218 247	2 314 971
资产总计	3 641 198	3 397 736	负债和所有者权益总计	3 641 198	3 397 736

法定代表人：万隆　　主管会计工作负责人：刘松涛　　会计机构负责人：李俊冉

资料来源：根据巨潮资讯网相关资料整理。数据四舍五入后存在尾差。

表7-2　　**利润表**

编制单位：河南双汇投资发展股份有限公司　　2022年度　　单位：万元

项　目	本期金额	上期金额
一、营业总收入	6 273 057	6 679 755
其中：营业收入	6 257 564	6 668 226
利息收入	15 489	11 525
已赚保费		
手续费及佣金收入	4	4
二、营业总成本	5 586 056	5 986 419

续表

项　　目	本期金额	上期金额
其中：营业成本	5 231 923	5 644 502
利息支出	2 898	2 317
手续费及佣金支出	72	62
税金及附加	34 233	30 735
销售费用	192 713	187 366
管理费用	113 437	108 158
研发费用	16 838	14 350
财务费用	−6 058	−1 071
其中：利息费用	13 389	13 083
利息收入	20 207	14 154
加：其他收益	31 306	40 707
投资收益（损失以“−”号填列）	10 606	22 179
其中：对联营企业和合营企业的投资收益	5 445	3 987
汇兑收益（损失以“−”号填列）		
公允价值变动收益（损失以“−”号填列）	393	−2 540
信用减值损失（损失以“−”号填列）	256	−718
资产减值损失（损失以“−”号填列）	−27 933	−129 831
资产处置收益（损失以“−”号填列）	12 447	728
三、营业利润（亏损以“−”号填列）	714 077	623 860
加：营业外收入	3 634	2 179
减：营业外支出	1 724	4 437
四、利润总额（亏损总额以“−”号填列）	715 987	621 602
减：所得税费用	144 267	133 238
五、净利润（净亏损以“−”号填列）	571 720	488 274
六、每股收益		
（一）基本每股收益	1.6223	1.4044
（二）稀释每股收益	1.6223	1.4044

法定代表人：万隆　　主管会计工作负责人：刘松涛　　会计机构负责人：李俊冉

资料来源：根据巨潮资讯网相关资料整理。数据四舍五入后存在尾差。

表7-3　**现金流量表**

编制单位：河南双汇投资发展股份有限公司　　2022年度　　单位：万元

项　　目	本期金额	上期金额
一、经营活动产生的现金流量		
销售商品、提供劳务收到的现金	6 810 887	7 118 525
客户存款和同业存放款项净增加额	1 009	1 815
存放中央银行和同业款项净减少额		8 977
收取利息、手续费及佣金的现金	11 961	10 517
拆出资金净减少额		30 000
代理买卖证券收到的现金净额		
收到的税费返还	43 460	
收到其他与经营活动有关的现金	97 371	98 613
经营活动现金流入小计	6 964 688	7 268 447
购买商品、接受劳务支付的现金	5 032 223	5 479 425
客户贷款及垫款净增加额	4 008	10 593
存放中央银行和同业款项净增加额	22 978	
客户存款和同业存放款项净减少额		
支付原保险合同赔付款项的现金		
拆出资金净增加额	10 000	
支付利息、手续费及佣金的现金	3 901	2 622
支付给职工及为职工支付的现金	426 112	442 082
支付的各项税费	572 591	612 831
支付其他与经营活动有关的现金	136 329	117 489
经营活动现金流出小计	6 208 142	6 665 042
经营活动产生的现金流量净额	756 546	603 405
二、投资活动产生的现金流量		
收回投资收到的现金	782 263	1 343 751
取得投资收益收到的现金	12 422	19 953
处置固定资产、无形资产和其他长期资产收回的现金净额	16 507	1 457

续表

项　　目	本期金额	上期金额
处置子公司及其他营业单位收到的现金净额		
收到其他与投资活动有关的现金	1 278	
投资活动现金流入小计	812 470	1 365 161
购建固定资产、无形资产和其他长期资产支付的现金	354 904	393 336
投资支付的现金	798 363	1 031 060
取得子公司及其他营业单位支付的现金净额	5 846	
支付其他与投资活动有关的现金	2 190	
投资活动现金流出小计	1 161 303	1 424 396
投资活动产生的现金流量净额	-348 833	-59 235
三、筹资活动产生的现金流量		
吸收投资收到的现金	1 077	573
其中：子公司吸收少数股东投资收到的现金	1 077	573
取得借款收到的现金	1 800 313	1 775 120
收到其他与筹资活动有关的现金	600	
筹资活动现金流入小计	1 801 990	1 775 693
偿还债务支付的现金	1 761 545	1 767 555
分配股利、利润或偿付利息支付的现金	677 148	606 701
其中：子公司支付给少数股东的股利、利润	4 063	10 662
支付其他与筹资活动有关的现金	4 816	1 632
筹资活动现金流出小计	2 443 509	2 375 888
筹资活动产生的现金流量净额	-641 519	-600 195
四、汇率变动对现金及现金等价物的影响	71	385
五、现金及现金等价物净增加额	-233 734	-55 639
加：期初现金及现金等价物余额	757 368	813 007
六、期末现金及现金等价物余额	523 634	757 368

法定代表人：万隆　　　主管会计工作负责人：刘松涛　　　会计机构负责人：李俊冉

资料来源：根据巨潮资讯网相关资料整理。数据四舍五入后存在尾差。

第一节　财务报表分析概述

一、财务报表分析的含义

财务报表分析，是指以企业财务报表和其他资料为依据和起点，采用专门方法，系统分析与评价企业过去和现在的财务状况、经营成果及其变动情况，帮助利益相关者改善决策的经济活动。

财务报表分析最基本的功能是将大量的报表数据转换成对特定决策有用的信息，减少决策的不确定性。与其他分析相比，财务报表分析更强调分析的系统性和有效性，并强调运用财务数据发现企业的问题。

（一）财务报表分析的意义

财务报表分析是企业财务管理的一项重要组成部分，既是对已完成的财务活动的总结，又是财务预测的前提，在财务管理的循环中起着承上启下的作用。其重要意义如下：

1. 评价企业的财务状况与实力

通过对企业财务报表等综合资料进行分析并计算相关指标，可以了解企业资金的流动状况是否良好，分析资产结构和负债水平是否合理，评价资本结构是否合适等，从而判断企业的偿债能力、营运能力等财务实力，发现企业财务状况方面可能存在的问题，并根据分析结果做出客观评价，为企业投资者和经营管理者提供决策有用的信息。

2. 评价企业的经营业绩，发现财务活动中存在的问题

通过指标的计算分析，可以评价企业的盈利能力及资产周转状况，总结经营管理中的成功经验，发现财务活动中存在的问题并提出解决措施，以达到扬长避短、提高企业经营管理水平和经济效益的目的。

3. 评价企业的发展趋势

通过财务报表分析，可以判断企业的发展趋势，预测其生产经营前景及盈利能力和偿债能力等，为企业经理人员进行生产经营决策、投资者进行投资决策和债权人进行信贷决策等提供重要依据，避免因决策失误带来重大损失。

（二）财务报表分析的主体

财务报表分析的主体是指与企业有利益关系，并希望通过对企业的财务报表进行分析以获得对其决策有用的财务信息的单位或个人，主要包括企业的所有者、债权人、经理人员、政府和其他利益相关者等。他们出于不同目的使用财务报表，需要不同的信息，采用不同的分析程序和方法，但最终目的都是满足自身决策的要求。

1. 企业所有者

所有者（Owner）是指企业的权益资金提供者，即普通股股东（Common Shareholder）。股东投资公司的目的是增加自己的财富，投资者都希望买入具有发展潜力的公司股票，以分享企业成长的利益。其最关心的主要是与企业价值评估和风险程度有关的信息。股东为决定是否投资，需要分析公司的盈利能力；为决定是否转让股份，需要分析盈利状况、股价变动和发展前景；为考察经营者业绩，需要分析资产盈利水平、破产风险和竞争能力；为决定股利分配政策，需要分析筹资状况。

2. 企业债权人

最初的财务报表分析主要是为银行服务的信用分析，大约产生于19世纪末20世纪初。债权人（Creditor）的主要决策是决定是否给企业提供信用，以及是否需要提前收回债权。因此，债权人更加关注企业收益的稳定性以及经营的安全性。债权人需要的财务信息与股东需要的财务信息存在差异，其着重分析的是企业的偿债能力以及企业的信用和违约风险，同时也关注企业盈利能力。

3. 企业经理人员

企业经理人员是指被所有者聘用的、对公司资产和负债进行管理的个人组成的团体，有时称之为“管理当局”。他们是企业生产经营的决策者，因此必须对企业经营、理财的各个方面的全部信息予以详尽的了解和掌握，主要进行各方面的综合分析，并关注企业经营风险和财务风险。

4. 政府

政府兼具多重身份，既是宏观经济的管理者，又是重要的市场参与者，其代表国家对国家出资企业履行出资人职责，享有出资人权益。为履行政府职能，政府需要了解公司的纳税情况、遵守政策法规和市场秩序的情况以及职工的收入和就业状况等。

5. 其他利益相关者

其他需要进行财务报表分析的利益相关者（Stakeholder）还有企业职工和工会、注册会计师、财务报表分析师等。企业职工和工会主要关心工资、保险、福利等是否符合劳务合同及政策法规的要求、与社会平均水平的差距，以及工资和福利是否与企业的盈利状况相适应。注册会计师通过分析性程序发现异常变动，并对引起变动的项目实施更细致的审计程序。专业的财务报表分析师以其专业能力为报表使用者服务。财务报表分析师通过财务报表分析寻找潜在的投资对象，评估企业的经济价值，为投资者提供咨询服务。经济学家也使用财务报表分析来研究经济问题。

【德育专栏】

上市公司三季报彰显经济韧性 财报分析成市场焦点

近日，随着2024年三季报披露工作的圆满结束，上市公司的业绩表现再次成为市场关注的焦点。据中国经济网等权威媒体报道，沪深两市上市公司整体经营业绩呈现边际改善态势，步入上升轨道，彰显出经济发展韧性。

财报数据显示，沪深两市上市公司前三季度共实现营业收入52.46万亿元，整体业绩稳健。其中，沪市上市公司合计实现营业收入37.48万亿元，同比微降1.2%，但净利润和扣非后净利润同比分别增长1.8%和2.2%，增速较上半年由负转正。深市上市公司同样表现出色，合计实现营业收入14.98万亿元，实现归母净利润8 062.29亿元，盈利公司占比超过3/4。

在具体行业中，多个行业三季度现金流增幅较大，展现出强劲的增长动力。例如，建筑装饰行业经营性现金净流入225亿元，同环比均实现由负转正；石油石化、机械设备、通信行业现金净流入环比增长16%、575%、27%；受益于下游工业生产和消费持续复苏，电力设备、公用事业、社会服务行业经营性现金净流入环比增长31%、47%、55%。

此外，研发驱动发展也成为上市公司三季报的亮点之一。多家公司加大科技创新投入，促进科技创新成果不断涌现。以科创板为例，前三季度研发投入迭创新高，累计实现研发投入1 040亿元，同比增长7%，研发投入占营业收入比例中位数达12.6%。

在个股方面，一些代表性公司的表现同样引人注目。如人民网发布2024年前三季度业绩报告，虽然净利润同比下降42.28%，但公司总体财务状况良好，现金流、盈利能力、成长能力优秀，偿债能力、资产质量良好。

随着上市公司三季报的披露完毕，财报分析成为市场关注的焦点。投资者和分析师纷纷通过对比历史数据、分析行业趋势、挖掘潜在机会等方式，对上市公司的业绩表现进行深入解读。同时，财报数据也为市场监管机构提供了重要的参考依据，有助于加强对上市公司的监管和规范市场秩序。

展望未来，随着国内外经济形势的复杂多变，上市公司面临的市场环境和竞争压力也将更加严峻。因此，加强财务管理、提高盈利能力、加大科技创新投入仍是上市公司持续发展的关键所在。同时，投资者也应保持理性投资心态，关注公司的基本面和长期发展前景，避免盲目跟风炒作和短期投机行为。

资料来源：彭江．上市公司“成绩单”彰显发展韧性［N］．经济日报，2024-11-03（1）．

二、财务报表分析的方法

财务报表分析的方法多种多样，不同的人出于不同的目的使用不同的财务报表分析方法。一般来讲，常用的财务报表分析方法可分为比较分析法、比率分析法和因素分析法三种。

（一）比较分析法

比较分析法是认识事物的最基本方法。没有比较，分析就无法开始。财务报表分析的比较分析法是对两个或几个有关的可比数据进行对比，揭示差异和矛盾的一种分析方法。

1. 按比较对象分类

按比较对象（和谁比）进行分类，比较分析可分为：

（1）趋势分析。这是指与本公司历史比，即与本公司不同时期（2～10年）的指标比较。

（2）横向比较。这是指与同类公司比，即与行业平均数或竞争对手比较。

（3）预算差异分析。这是指与计划预算比，即把实际执行结果与计划指标比较。

2. 按比较内容分类

按比较内容（比什么）进行分类，比较分析可分为：

（1）比较会计要素总量。总量是指报表项目的总金额，如总资产、净资产、净利润等。总量比较主要用于时间序列分析，如研究利润的逐年变化趋势，看其增长潜力。有时也用于同业对比，看公司的相对规模和竞争地位的变化。

（2）比较结构百分比。把资产负债表、利润表、现金流量表转换成结构百分比报表。例如，以收入为100%，看利润表各项目的比重。结构百分比报表用于发现有显著问题的项目，以揭示进一步分析的方向。

（二）比率分析法

财务比率是各会计要素之间的数量关系，反映它们的内在联系。财务比率是相对数，排除了规模的影响，具有较好的可比性，是最重要的比较内容。

根据分析的目的和要求不同，比率分析法主要分为构成比率分析和相关比率分析。构成比率分析是指计算某项财务指标占总体的百分比。相关比率分析是指根据经济活动客观存在的相互依存、相互联系的关系，将两个性质不同但相关的指标加以对比，求出比率，以便从经济活动的客观联系中认识企业生产经营状况。

比率分析法是财务报表分析中使用最普遍的分析方法。财务比率的计算相对简单，而对它加以说明和解释却比较复杂。

（三）因素分析法

因素分析法是依据财务指标与其驱动因素之间的关系，从数量上确定各因素对指标影响程度的一种方法。该方法将分析指标分解为各个可以计量的因素，并根据各个因素之间的依存关系，顺次用各因素的比较值（通常为实际值）替代基准值（通常为标准值或计划值），据以测定各因素对分析指标的影响。由于在分析时要逐次进行各因素的有序替代，因此又称为连环替代法。

因素分析法一般分为四个步骤：

（1）确定分析对象，即确定需要分析的财务指标，比较其实际数额和标准数额（如上年实际数额），并计算两者的差额。

（2）确定该财务指标的驱动因素，即根据该财务指标的形成过程，建立财务指标与各驱动因素之间的函数关系模型。

（3）确定驱动因素的替代顺序，即根据各驱动因素的重要性进行排序。

（4）按顺序计算各驱动因素脱离标准的差异对财务指标的影响。

公司是一个有机整体，每个财务指标的高低都受其他因素的驱动。从数量上测定各因素的影响程度，可以帮助人们抓住主要矛盾，或更有说服力地评价经营状况。

财务报表分析是一个研究过程，研究得越具体、越深入，则分析水平越高。财务报表分析的核心问题是不断追溯差异产生的原因。因素分析法提供了定量解释差异成因的工具。

三、财务报表分析的局限性

财务报表分析对企业的利益相关者了解企业的财务状况和经营业绩，评价企业的偿债能力、经营能力和盈利能力以及做出相关决策，有着显著的作用。但是，由于种种因素的影响，财务报表分析也存在一定的局限性。因此，在财务报表分析中，应注意这些局限性的影响，以保证分析结论的正确性和实用性。

（一）财务报表分析方法的局限性

财务报表分析能把整个财务报表的数据分成不同部分和指标，并找出有关指标之间的关系，以达到认识企业偿债能力、盈利能力和抵抗风险能力的目的。财务报表分析也很重视综合性，应当在分析的基础上，从总体上把握企业的经营能力。但是，财务报表分析只是一个认识过程，通常只能发现问题而不能提供解决问题的现成答案，只能做出评价而不能改善企业的状况。如某企业资产收益率低，通过分析知道原因是资产周转率低，进一步分析知道资产周转率低的原因是存货过多，再进一步分析知道存货过多主要是产成品积压。但对于如何处理积压产品，财务报表分析不能回答。因此，财务报表分析是检查手段，如同医疗上的检测设备和程序，能检查一个人的身体状况但不能治病。

（二）资料来源的局限性

1. 财务报表本身的局限性

财务报表（Financial Statement）是公司会计系统的产物。受会计环境和公司会计战略的影响，公司的会计系统可能导致财务报表扭曲公司的实际情况。财务报表本身存在以下三个方面的局限性：（1）财务报表没有披露公司的全部信息，管理层拥有更多的信息，但披露的只是其中一部分；（2）已经披露的财务信息存在会计估计误差，不一定是真实情况的准确计量；（3）管理层的各项会计政策选择使得财务报表扭曲公司的实际情况。

2. 财务报表的可靠性

只有根据符合规范的、可靠的财务报表，才能得出正确的分析结论。符合规范，是指除了以上三个方面的局限性以外，财务报表不存在虚假陈述。由于外部分析人员很难判定财务报表是否存在虚假陈述，因而财务报表的可靠性问题主要依靠注册会计师鉴定和把关。但是，注册会计师不能保证财务报表没有任何错报和漏报，而且并非所有注册会计师都是尽职尽责的。因此，分析人员必须自己关注财务报表的可靠性，对于可能存在的问题保持足够的警惕。

3. 比较基础的局限性

在比较分析时，财务报表分析主体必然要选择比较的参照标准，比如同业数据、本公司历史数据和计划预算数据。

横向比较时需要使用同业标准。同业的平均数只有一般性的指导作用，不一定有代表性，不是合理性的标志。选一组有代表性的公司，求其平均数作为同业标准，可能比整个行业的平均数更有意义。此外，不少公司实行多种经营，没有明确的行业归属，这使同业比较更加困难。

趋势分析以本公司历史数据作为比较基础。历史数据反映过去，也不代表具有合理性。经营环境的变化和会计规范的改变使财务数据失去直接可比性，恢复其可比性的成本很高，甚至缺乏必要的信息。

实际与计划的差异分析以预算作为比较基础。实际与预算出现差异，可能是执行有问题，也可能是预算不合理，而对两者进行区分并非易事。

第二节　企业偿债能力分析

偿债能力是指企业对债务的承受能力或保证程度，即企业偿还全部到期债务的保证程度。企业的债务或负债是指企业过去的交易或者事项形成的、预期会导致经济利益流出企业的现时义务。负债按照到期日的远近分为流动负债和非流动负债两大类。

偿债能力分析是企业财务报表分析的一个重要方面，通过这种分析可以揭示企业的财务风险。企业管理人员、债权人、投资者都十分重视企业的偿债能力分析。偿债能力分析分为短期偿债能力分析和长期偿债能力分析。

一、短期偿债能力分析

（一）评价企业短期偿债能力的主要指标

短期偿债能力（Short-term Solvency）是指企业偿还流动负债的能力，即企业对短期债权人或其承担的短期债务的保障程度，反映企业偿付日常到期债务的实力。

流动负债（Current Liability）是指企业在一年内或超过一年的一个营业周期内需要偿还的债务。这种债务的清偿，通常需要以流动资产作保障，更准确地讲，是需要用流动资产中的现金资产来清偿。因此，衡量一个企业有无短期偿债能力，主要看资产流动性的高低，即资产可变现性的高低。所以，短期偿债能力也称变现能力。评价企业短期偿债能力的指标主要有营运资本、流动比率、速动比率、现金比率等。

1. 营运资本

营运资本是指流动资产总额减流动负债总额后的剩余部分，也称净营运资本。它意味着企业的流动资产在偿还全部流动负债后还有多少剩余。计算公式如下：

$$营运资本=流动资产-流动负债 \tag{7-1}$$

公式中的流动资产一般采用资产负债表中的期初或期末流动资产总额（包括一年内到期的非流动资产），流动负债一般采用资产负债表中的期初或期末流动负债总额（包括一年内到期的非流动负债）。

营运资本的比较分析，主要是与本企业上年数据进行比较。该指标为绝对量指标，不仅受企业财务运作的影响，也受企业规模的影响。

根据表7-1中的数据，双汇公司的营运资本为：

年末营运资本=1 607 579-1 350 086=257 493（万元）

年初营运资本=1 752 001-997 440=754 561（万元）

该公司的营运资本总额年末与年初相比，数额减少较多，表明该公司的短期偿债能力有较大幅度的下降。

2. 流动比率

流动比率（Current Ratio）是流动资产与流动负债的比值，是分析企业短期偿债能力最为常用的指标，反映了企业短期偿债能力的强弱。计算公式如下：

$$流动比率=\frac{流动资产}{流动负债} \tag{7-2}$$

流动比率指标的意义在于揭示流动资产对流动负债的保障程度，考察短期债务偿还的安全性。流动比率越高，企业的偿债能力越强，债权人利益的安全程度也就越高。同时，流动比率的高低还受企业所处行业的性质与特点的影响。一般而言，流动比率的高低与营业周期的长短有关：营业周期越短，流动比率就越低；反之，营业周期越长，流动比率就越高。另外，流动比率的高低还与企业所采用的经营、销售政策和管理水平等有关，特别是与企业的现金流量情况有关。

流动比率是相对数，排除了企业规模的影响，更适合进行同业比较以及本企业不同历史时期的比较。流动比率计算简单，被广泛应用。

根据表7-1中的数据，双汇公司的流动比率为：

$$年末流动比率=\frac{1\ 607\ 579}{1\ 350\ 086}=1.19$$

$$年初流动比率=\frac{1\ 752\ 001}{997\ 440}=1.76$$

由此可以看出双汇公司2022年的流动比率年末比年初减少了0.57（1.19-1.76），说明该公司的偿债能力在2022年有所下降。但短期偿债能力是强还是弱，要与行业平均标准进行比较才能确定。

3. 速动比率

流动比率虽然可以用来评价流动资产总体的变现能力，但人们（特别是短期债权人）还希望获得比流动比率更进一步的有关短期偿债能力的指标，这个指标被称为速动比率

(Quick Ratio)，也称酸性测试比率（Acid-test Ratio）。

速动比率是指企业速动资产与流动负债的比值。计算公式如下：

$$速动比率=\frac{速动资产}{流动负债} \tag{7-3}$$

公式中的速动资产是指可以在较短时间内变现的流动资产，包括货币资金、交易性金融资产和各种应收款项等；其他的流动资产，包括存货、预付款项、一年内到期的非流动资产等，称为非速动资产。

速动比率是比流动比率更进一步反映企业短期偿债能力的指标。其之所以将存货等项目扣除，主要是因为：(1) 在流动资产中存货的变现速度最慢。由于存货在正常生产经营的情况下是不可能变现用于偿债的，除非在破产清算等特殊的情况下。而且由于某些原因，部分存货可能已经发生腐烂、变质损失或报废，部分存货可能已经被抵押给某债权人。同时，存货估价有多种方法，可能与变现金额相距甚远。(2) 预付款项、一年内到期的非流动资产和其他流动资产的金额有偶然性，不代表正常的变现能力。因此，将可偿债资产定义为速动资产，用来计算短期债务的存量比率更可信。

根据表7-1资产负债表的数据资料，双汇公司的速动资产为不包括预付款项、存货、一年内到期的非流动资产和其他流动资产的流动资产，具体数据如下：

年末速动资产=576 885+10 000+103 117+17+5 238+18 431+2 055+22 173=737 916（万元）

年初速动资产=783 921+146 449+54+4 964+18 349+4 549+18 265=976 551（万元）

双汇公司的速动比率为：

$$年末速动比率=\frac{737\ 916}{1\ 350\ 086}=0.55$$

$$年初速动比率=\frac{976\ 551}{997\ 440}=0.98$$

由此可以看出，双汇公司2022年的速动比率年末比年初减少了0.43（0.55-0.98），说明该公司的偿债能力有大幅度的减弱。但短期偿债能力是强还是弱，要与行业平均标准进行比较才能确定。

影响速动比率可信性的重要因素是应收账款的变现能力。账面上的应收账款不一定都能变成现金，实际坏账可能比计提的准备要多。此外，季节性变化可能使报表上的应收账款金额不能反映平均水平。

4. 现金比率

由于速动比率中依然存在资产变现能力的不确定性，如应收账款等，而债务的实际清偿需要真正的现金资产，因此，为进一步准确、直接地衡量企业的短期偿债能力，便产生了现金比率这个指标。

货币资金与流动负债的比值称为现金比率，计算公式如下：

$$现金比率=\frac{货币资金}{流动负债} \tag{7-4}$$

货币资金与其他速动资产不同，其本身就是可以直接偿债的资产，而其他速动资产需要等待不确定的时间，才能转换为不确定金额的现金。

以现金比率来衡量企业的短期偿债能力更为直观和准确，而且足量的现金资产可以保障流动负债的安全性。该比率越高，偿债能力越强，负债的安全性就越好。但该比率不能太高，太高就会带来较高的机会成本，从而丧失许多获利的机会。不同的企业应根据自身的经营策略设定标准，这主要取决于企业日常的现金流量。

根据表7-1中的数据，双汇公司的现金比率为：

$$年末现金比率=\frac{576\ 885}{1\ 350\ 086}=0.43$$

$$年初现金比率=\frac{783\ 921}{997\ 440}=0.79$$

由此可以看出，双汇公司2022年的现金比率年末比年初减少了0.36（0.43-0.79），说明该公司的偿债能力在2022年有所减弱。但短期偿债能力是强还是弱，要与行业平均标准进行比较才能确定。

从上述四个评价指标来看，双汇公司年末的各项指标比年初都有所下降，说明该公司的短期偿债能力在2022年有所减弱。这对债权人来说是一个坏的信号，说明公司面临的财务风险有所上升，其债权保障能力有所下降。但对双汇公司来说则可能是资产的运用效率有所上升，必须重视这一信号，结合其他财务指标进行进一步的分析，做出合理的政策调整。

5. 经营现金流量比率

经营现金流量比率（Operating Cash Flow Ratio）是指经营活动现金净流量占流动负债的比率。该比率用于衡量企业经营活动所产生的现金流量可以抵偿流动负债的程度。比率越高，说明企业的财务弹性越好。

计算公式如下：

$$经营现金流量比率=\frac{经营活动产生的现金流量净额}{流动负债} \tag{7-5}$$

通过该比率分析，可了解维持公司运行、支撑公司发展所需要的大部分现金的来源，从而判别公司财务状况是否良好、运行是否健康。一般而言，公司现金流入以经营活动为主，以收回投资、分得股利取得的现金以及银行借款、发行债券、接受外部投资等取得的现金为辅，是一种比较合理的结构。

根据表7-1和表7-3中的数据，双汇公司的经营现金流量比率为：

$$年末经营现金流量比率=\frac{756\ 546}{1\ 350\ 086}=0.56$$

$$年初经营现金流量比率=\frac{603\ 405}{997\ 440}=0.60$$

由此可以看出，双汇公司2022年的经营现金流量比率年末比年初减少了0.04（0.56-0.60），说明该公司的偿债能力在2022年有所减弱。由于企业2022年的投资活动增加而借入大量的短期借款导致流动负债期末余额过高，导致该公司的现金流量比率表现欠佳。

（二）影响企业短期偿债能力的表外因素

以上财务分析比率指标都是根据财务报表中的资料计算的。还应注意的是，有一些表外因素也会影响企业的短期偿债能力，甚至影响还相当大。财务报表使用者应尽可能了解这方面的信息，以便做出正确的判断。

1. 提升短期偿债能力的因素

（1）尚未使用的银行贷款指标和授信额度。已取得银行同意但企业尚未办理贷款手续的贷款限额和授信额度，可以随时增加企业的现金，提高支付能力，因而，可动用的银行贷款指标和授信额度是企业流动性的潜在积极因素，一般在附注中予以说明。

（2）准备很快变现的非流动资产。企业可能有一些非流动资产可以随时出售变现，而不出现在“一年内到期的非流动资产”项目中。例如，储备的土地、未开采的采矿权、目前出租的房产等，企业在资金周转困难时将其出售，并不影响持续经营。

（3）偿债能力声誉。具有良好的长期债务关系和偿债能力声誉的企业，在出现短期偿债困难时，通常有能力通过取得条件较为宽松的新贷款、发行债券或股票等方式筹集资金，从而可以在适当的期限内大大缓解其流动性，解决暂时的资金短缺，迅速提高短期偿债能力。

2. 降低短期偿债能力的因素

（1）或有负债。或有负债通常不需要在财务报表中反映，但其一旦成为事实上的负债，将会加大企业的偿债负担。因此，未记录于报表上的或有负债应在附注中尽量予以揭示，外部报表使用者也应加以注意。

（2）经营租赁合同中承诺的付款、建造合同和长期资产购置合同中的分期付款，也是一种承诺，应视同需要偿还的债务。

二、长期偿债能力分析

长期偿债能力（Long-term Solvency）是指企业偿还长期负债的能力。非流动负债是指企业在一年或超过一年的一个营业周期以后才需要偿还的债务。与流动负债相比，非流动负债具有数额较大、偿还期限较长等特点。对于这种债务的清偿，重点不是目前资产的流动性，而是债务到期或需要偿还时资产的流动性。因此，用流动比率、速动比率等指标来衡量长期偿债能力是不合理的。

（一）评价企业长期偿债能力的主要指标

企业借入长期负债的目的不是希望用借入的长期负债形成的资产直接来保证长期负债的偿还，而是通过借入资产的运营实现获利与增值，从而保障长期负债的偿还。因此，分析企业长期偿债能力时除了关注资产和负债的规模与结构外，还需要关注企业的盈利能力。具体的分析方法是：通过财务报表中的有关数据来分析权益与资产之间的关系、不同权益之间的内在关系以及收益与权益之间的关系，计算出一系列的比率，从而分析资本结构的合理性，以此评价企业的长期偿债能力。这些指标主要有资产负债率、权益乘数和已获利息倍数、现金流量利息保障倍数等。

1. 资产负债率

资产负债率（Debt Ratio），又称负债比率、债务比率、举债经营比率、杠杆比率，是全部负债总额除以全部资产总额的百分比，也就是负债总额与资产总额的比例关系。资产负债率反映总资产中有多大比例是通过借债来筹资的，衡量企业在清算时保护债权人利益的程度。计算公式如下：

$$资产负债率=\frac{负债总额}{资产总额}\times 100\% \quad (7\text{-}6)$$

资产负债率是衡量企业负债水平及风险程度的重要标志，是一个反向指标。资产负债率越低，企业的负债越安全，财务风险越小。但是从企业和股东的角度出发，资产负债率并不是越低越好。因此，评价时需要在收益与风险之间权衡利弊，充分考虑企业内部各种因素和外部市场环境，做出正确的判断。对于经营风险较高的企业，为降低财务风险，应选择较低的资产负债率；对于经营风险较低的企业，为增加股东收益，应选择较高的资产负债率。

仍以双汇公司为例，根据表7-1中的数据，其资产负债率为：

$$年末资产负债率=\frac{1\,422\,951}{3\,641\,198}\times100\%=39.08\%$$

$$年初资产负债率=\frac{1\,082\,765}{3\,397\,736}\times100\%=31.87\%$$

由此可以看出，双汇公司2022年的资产负债率年末比年初增加了7.21%（39.08%-31.87%），说明该公司的偿债能力在2022年有所减弱。该公司的资产负债率有点低，说明该公司没有充分利用财务杠杆作用来举债经营，经营比较保守。

2. 权益乘数

权益乘数（Equity Multiplier）是企业资产总额与所有者权益总额的比值，说明企业资产总额与所有者权益的倍数关系，是股权比率的倒数。计算公式如下：

$$权益乘数=\frac{资产总额}{所有者权益总额} \tag{7-7}$$

由于资产=负债+所有者权益，因此：

$$权益乘数=\frac{1}{1-资产负债率} \tag{7-8}$$

权益乘数是从不同的侧面反映公司资产的来源结构或融资结构的，是资产负债率的另一种表现形式，两者性质一样。权益乘数越低（资产负债率也就越低），说明企业的自有资本越充足，财务风险越小，财务状况越稳固，债权人的权益也就越安全，但财务杠杆作用也就越小；权益乘数越大，说明股东投入的资本越少，企业面临的财务风险就越高，财务杠杆作用也就越大。

根据表7-1中的数据，双汇公司的权益乘数为：

$$年末权益乘数=\frac{1}{1-39.08\%}=1.64$$

$$年初权益乘数=\frac{1}{1-31.87\%}=1.47$$

由此可以看出，双汇公司2022年的权益乘数年末比年初上升了0.17（1.64-1.47），且年末与年初数值都很低，说明企业资本结构变化不大，偿债能力较强，但也表明公司财务结构过于谨慎，没有很好地发挥财务杠杆提升净资产收益率的作用。

3. 已获利息倍数

已获利息倍数（Interest Coverage）是指企业息税前利润与利息费用的比值，用以衡量企业偿付借款利息的能力，也叫利息保障倍数。计算公式如下：

$$已获利息倍数=\frac{息税前利润}{利息费用} \tag{7-9}$$

公式中的“息税前利润”是指利润表中未扣除利息费用和所得税费用之前的利润，它可以用“利润总额加利息费用”来测算。

公式中的“利息费用”是指本期发生的全部应付利息，不仅包括财务费用中的利息费用，还包括计入固定资产成本的资本化利息。资本化利息虽然不从利润中扣除，但仍然是要偿还的。

已获利息倍数指标反映企业息税前利润为所需支付的债务利息的多少倍，重点衡量企业支付利息的能力。通常情况下，利息保障倍数越高，企业不能偿付其利息债务的可能性就越小；相反，则表明企业没有足够的资金来源偿还债务利息，企业偿债能力低。另外，如果高利息保障倍数不是由于高利润带来的，而是由于低利息导致的，则说明企业财务杠杆程度很低，未能充分利用举债经营的优势。

根据表7-2中的数据，2022年双汇公司的已获利息倍数为：

$$2022年已获利息倍数=\frac{715\,987+13\,389}{13\,389}=54.48$$

$$2021年已获利息倍数=\frac{621\,602+13\,083}{13\,083}=48.51$$

由此可以看出，双汇公司2022年的息税前利润是利息费用（包括资本化利息）的54.48倍，可以认为该公司具有非常强的偿付利息的能力。如果利息的归还没有问题，那么公司就有能力再借款用于归还到期本金，也就是可以采用“借新债还旧债”的方法维持原有的财务状况、资本结构，而不给公司造成流动性压力。

4. 现金流量利息保障倍数

现金流量利息保障倍数（Cash Flow Interest Coverage Ratio）是指企业经营活动产生的现金流量净额能够覆盖企业的利息支出的倍数。这个指标可以帮助评估企业通过经营活动所获得的现金流量是否足以支付利息支出。

现金流量利息保障倍数是企业经营活动产生的现金流量净额与企业应支付利息的比率，计算公式如下：

$$现金流量利息保障倍数=\frac{经营活动产生的现金流量净额}{利息支出} \tag{7-10}$$

一般来说，现金流量利息保障倍数越高，说明企业的偿债能力越强，因为它表示企业的经营活动所产生的现金流量相对于利息支出更为充裕。

现金流量利息保障倍数主要关注企业经营活动所产生的现金流量，而利息保障倍数主要关注企业的净利润。这两个指标在评估企业偿付利息能力时提供了不同的视角，综合考虑可以更全面地评估企业的财务状况。

根据表7-2和表7-3中的数据，双汇公司的现金流量利息保障倍数为：

$$2022年现金流量利息保障倍数=\frac{756\,546}{13\,389}=56.51$$

$$2021年现金流量利息保障倍数=\frac{603\,405}{13\,083}=46.12$$

由此可以看出，双汇公司的现金流量利息保障倍数从2021年的46.12倍上升至2022年的56.51倍，表明公司偿还利息费用的能力显著增强。较高的现金流量利息保障倍数表明公司有充足的经营现金流来支付利息费用，这表明公司这两年的偿付利息能力较好。这有利于增强投资者信心，降低借贷成本，并提高财务灵活性。

（二）影响企业长期偿债能力的表外因素

上述长期偿债能力比率都是根据财务报表数据计算而得的，还有一些表外因素也会影响企业的长期偿债能力，必须引起重视。

1. 长期租赁

当企业急需某种设备或厂房但又缺乏足够的资金时，可以通过租赁的方式解决。财产租赁的形式包括融资租赁和经营租赁。融资租赁形成的负债会反映在资产负债表中，而经营租赁的负债则未反映在资产负债表中。当企业的经营租赁额比较大、期限比较长或具有经常性时，就形成了一种长期性融资，因此，经营租赁也是一种表外融资。这种长期融资在到期时必须支付租金，会对企业偿债能力产生影响。如果企业经常发生经营租赁业务，应考虑租赁费用对偿债能力的影响。

2. 债务担保

担保项目的时间长短不一，有的涉及企业的长期负债，有的涉及企业的流动负债。在分析企业长期偿债能力时，应根据有关资料判断担保责任可能带来的长期负债问题。

3. 未决诉讼

未决诉讼一旦判决败诉，便会影响企业的偿债能力。因此，在评价企业长期偿债能力时要考虑其潜在影响。

第三节　企业营运能力分析

企业营运能力（Operating Capacity）分析，主要用营运效率比率（或称资产管理比率）指标来衡量企业在资产管理方面的效率。资产的营运能力表现为企业资产所占用资金的周转速度，反映企业资金的利用效率，体现企业管理人员的经营能力、资金运用能力，因此，企业营运能力分析也称为资金周转状况分析。企业生产经营资金的周转速度越快，表明企业资金的利用效果越好，利用效率越高，企业管理人员的经营能力越强。常见的评价指标有应收账款周转率、存货周转率、流动资产周转率、固定资产周转率和总资产周转率等。

一、应收账款周转率

应收账款在流动资产中有着举足轻重的地位，及时收回应收账款不仅可以增强企业的短期偿债能力，也反映企业在管理应收账款方面的效率。

（一）应收账款周转率的计算公式

反映应收账款周转速度的指标是应收账款周转率（Accounts Receivable Turnover），也称应收账款周转次数，是企业一定期间的销售收入与平均应收账款的比值，也就是年度内企业应收账款转为现金的平均次数，说明应收账款的流动速度。用时间表示的应收账款周转率就是应收账款周转天数，也叫作应收账款回收期或收现期，表示企业从取得应收账款的权利到收回款项、转换为现金所需要的时间。计算公式如下：

$$\text{应收账款周转率}=\frac{\text{销售收入}}{\text{平均应收账款}} \tag{7-11}$$

$$\text{应收账款周转天数}=\frac{360}{\text{应收账款周转率}} \tag{7-12}$$

公式中的平均应收账款一般用年初和年末应收账款的平均数来计算，即：

$$\text{平均应收账款}=\frac{\text{年初应收账款}+\text{年末应收账款}}{2} \tag{7-13}$$

一定期间内，企业的应收账款周转率越高，周转次数越多，表明企业应收账款回收速度越快，企业应收账款的管理效率越高，资产流动性越强，短期偿债能力越强。同时，较高的应收账款周转率可以有效地减少收款费用和坏账损失，从而相对增加企业流动资产的盈利能力。

根据表7-1和表7-2中的数据，2022年双汇公司的应收账款周转率和应收账款周转天数为：

平均应收账款=（18 431+18 349）÷2=18 390（万元）

应收账款周转率=6 257 564÷18 390=340.27（次）

应收账款周转天数=360÷340.27=1.06（天）

双汇公司的应收账款回收时间在1天左右，可以说公司的销货款大多及时收回了，或者说大量的商品销售都是现金销售，说明公司2022年应收账款的周转状况很好，资产的流动性较强，资金的营运效率较高，当然也可能是该公司的信用政策过于严格造成的。与前面的指标一样，可以将该指标与企业的目标值或者过去几年的实际值进行比较，更能说明问题。此外，还可以将该指标与行业的平均水平进行比较。如果该指标比同行业的平均水平低，则说明双汇公司目前状况不佳，在应收账款的管理方面还存在较大的问题，通过分析找出差距，寻找原因，提出改进措施，以提高公司资金的营运效率。

（二）在计算和使用应收账款周转率时应注意的问题

1. 销售收入的赊销比例问题

公式中的“销售收入”数据来自利润表中的“营业收入”项目。从理论上讲，应收账款是由赊销引起的，其对应的流量是赊销额，而非全部销售收入。因此，计算时应使用赊销额而非销售收入。但是，外部分析人员无法取得赊销数据，只好直接使用销售收入计算，实际上相当于假设现销是收现时间等于零的应收账款。只要现销与赊销的比例保持稳定，不妨碍与上期数据的可比性，只是一贯高估了周转次数。

2. 应收账款年末余额的可靠性问题

应收账款是特定时点的存量，容易受季节性、偶然性和人为因素影响。在用应收账款周转率进行业绩评价时，除了使用年初和年末的平均数外，还可以使用多个时点的平均数，以降低这些因素的影响。

3. 应收账款周转天数是否越少越好

如果赊销有可能比现销更有利，周转天数就不是越少越好。此外，收现时间的长短与企业的信用政策有关。改变信用政策，通常会引起企业应收账款周转天数的变化，因此，应与企业的信用政策相比较进行分析。

二、存货周转率

（一）存货周转率的计算公式

存货是企业一项非常重要的流动资产，是企业为生产和销售而持有的实物形态的流动资产。其主要构成内容为原材料、在产品和产成品等。各企业流动资产中存货的比重一般较大，也是资金占用的重要形式。存货的流动性直接影响企业的流动比率，因此，必须特别重视对存货的分析。

反映存货周转情况的指标主要有存货周转率和存货周转天数等。存货周转率（Inventory Turnover）也称存货周转次数，是企业一定时期内的销售收入或销售成本与平均存货的比值。用时间表示的存货周转率就是存货周转天数。

1. 以销售收入为周转额的存货周转率

$$存货周转率=\frac{销售收入}{平均存货} \tag{7-14}$$

$$存货周转天数=\frac{360}{存货周转率} \tag{7-15}$$

根据表7-1和表7-2中的数据，2022年双汇公司的存货周转率和存货周转天数为：

平均存货=（612 127+566 892）÷2=589 509.5（万元）

存货周转率=6 257 564÷589 509.5=10.61（次）

存货周转天数=360÷10.61=33.93（天）

2. 以销售成本为周转额的存货周转率

$$存货周转率=\frac{销售成本}{平均存货} \tag{7-16}$$

$$存货周转天数=\frac{360}{存货周转率} \tag{7-17}$$

同样，根据表7-1和表7-2中的数据，2022年双汇公司的存货周转率和存货周转天数为：

存货周转率=5 231 923÷589 509.5=8.88（次）

存货周转天数=360÷8.88=40.54（天）

（二）计算和使用存货周转率时应注意的问题

1. 销售收入与销售成本的选择

计算存货周转率时，是使用“销售收入”还是使用“销售成本”作为周转额，要看分析目的。在短期偿债能力分析中，为了评估资产的变现能力，需要计量存货转换为现金的金额和时间，应采用“销售收入”计算存货周转率。在分解总资产周转率时，为系统地分析各项资产的周转情况并识别主要的影响因素，应统一使用“销售收入”计算存货周转率。如果是为了评估存货管理的业绩，应当使用“销售成本”计算存货周转率，使分子和分母的计算口径保持一致。实际上，两种周转率的差额是毛利引起的，无论用“销售收入”还是“销售成本”计算都能达到分析目的。

2. 存货周转速度快慢

一般来说，存货周转率越高，说明存货周转速度越快，企业存货的占用水平越低，流动性越强，存货的积压风险越小，实现的销售额就越高，获利能力也越高。但该指标并不是越大越好，如果存货周转率太高，也可能说明企业存货管理存在一定的问题，如存货水平太低、储量太小，甚至经常缺货，或采购过于频繁等。存货过多会浪费资金，存货过少则不能满足流转需要，在特定的生产经营条件下存在一个最佳的存货水平。

3. 应付账款、存货和应收账款（或销售收入）之间的关系

一般来说，销售增加会拉动应收账款、存货、应付账款增加，不会引起周转率的明显变化。但是，当企业接受一个大订单时，通常首先增加存货，然后拉动应付账款增加，最后才引起应收账款（销售收入）增加。因此，在该订单没有实现销售以前，先表现为存货周转天数的增加。这种周转天数的增加没有什么不好。与此相反，预计销售萎缩时，通常首先减少存货，进而引起存货周转天数的下降。这种周转天数的下降不是什么好事，并非资产管理改善。因此，任何财务分析都要以认识经营活动的本质为目的，不可根据数值高低简单地得出结论。

4. 存货结构

在进行财务分析时，应关注构成存货的原材料、在产品、自制半成品、产成品和低值

易耗品之间的比例关系。各类存货的明细资料以及对存货重大变动的解释，应在附注中披露。正常情况下，它们之间存在某种比例关系。如果产成品大量增加，其他项目减少，很可能是销售不畅，生产节奏放慢。此时，总的存货金额可能并没有显著变动，甚至尚未引起存货周转率的显著变化。因此，在财务分析时既要重点关注变化大的项目，也不能完全忽视变化不大的项目，其内部可能隐藏着重要问题。

三、流动资产周转率

流动资产周转率（Current Asset Turnover）是反映流动资产总体周转情况的重要指标。其有两种计量方式，即流动资产周转率和流动资产周转天数。流动资产周转率是指企业一定时期的销售收入与流动资产平均余额的比率，即企业流动资产在一定时期（通常为一年）内周转的次数。用时间表示的流动资产周转率就是流动资产周转天数。其计算公式如下：

$$\text{流动资产周转率}=\frac{\text{销售收入}}{\text{流动资产平均余额}} \tag{7-18}$$

$$\text{流动资产周转天数}=\frac{360}{\text{流动资产周转率}} \tag{7-19}$$

流动资产周转次数表明一年内流动资产周转的次数，或者说明每一元流动资产支持的销售收入。流动资产周转天数表明流动资产周转一次需要的时间，也就是流动资产转换成现金平均需要的时间。

同样，根据表7-1和表7-2中的数据，2022年双汇公司的流动资产周转率和流动资产周转天数为：

流动资产平均余额=（1 607 579+1 752 001）÷2=1 679 790（万元）

流动资产周转率=6 257 564÷1 679 790=3.73（次）

流动资产周转天数=360÷3.73=96.51（天）

流动资产周转率指标不仅反映流动资产运用效率，而且影响企业的盈利水平。流动资产周转率越高，周转次数越多，表明企业以相同的流动资产占用实现的主营业务收入越多，说明企业流动资产的运用效率越好，进而使企业的偿债能力和盈利能力均得以增强；反之，则表明企业利用流动资产进行经营活动的能力较差，效率较低。

要注意，该指标并非越高越好，要结合存货和应收账款等流动资产的周转情况进行分析。因为流动资产中应收账款和存货占绝大部分，因此它们的周转状况对流动资产周转具有决定性影响。此外，也可以利用该指标进行横向和纵向的比较。

四、固定资产周转率

固定资产是企业重要的资产，在总资产中占有较大比重，决定了企业生产能力的大小，关系到企业产品的产量和质量。对固定资产周转情况的分析一般通过固定资产周转率和固定资产周转天数两个指标进行。

固定资产周转率（Fixed Asset Turnover）也称固定资产利用率，是企业销售收入与固定资产平均余额的比率。用时间表示的固定资产周转率就是固定资产周转天数。固定资产周转天数表明固定资产周转一次需要的时间，也就是固定资产转换成现金平均需要的时间。计算公式如下：

$$\text{固定资产周转率}=\frac{\text{销售收入}}{\text{固定资产平均余额}} \tag{7-20}$$

$$固定资产周转天数=\frac{360}{固定资产周转率} \tag{7-21}$$

该比率主要用于分析厂房、设备等固定资产的利用效率。固定资产周转率越高，固定资产周转天数越短，表明固定资产利用越充分，企业的经营活动越有效；反之，则表明固定资产的使用效率不高，提供的生产经营成果不多，企业固定资产的营运能力较差。企业要想提高固定资产周转率，就应加强对固定资产的管理，做到固定资产投资规模得当、结构分布合理。与流动资产不同，固定资产是形成企业生产能力的投资，在一定时期和一定生产范围内相对稳定，生产增加，销售收入提高，固定资产并不增加；销售收入降低，固定资产也不减少。

同样，根据表7-1和表7-2中的数据，2022年双汇公司的固定资产周转率和固定资产周转天数为：

固定资产平均余额=（1 516 482+1 083 528）÷2=1 300 005（万元）

固定资产周转率=6 257 564÷1 300 005=4.81（次）

固定资产周转天数=360÷4.81=74.84（天）

使用该指标时应注意两点：一是在应用固定资产周转率时采用的是固定资产净值，固定资产净值会因计提折旧而逐年减少，而且不同的折旧方法也会对它有所影响。二是公式中固定资产净值可采用年初、年末的平均数；如果固定资产净值变动不大，也可用年末数直接计算。

五、总资产周转率

（一）总资产周转率的计算公式及分析

总资产周转率（Total Asset Turnover）是指企业一定时期的销售收入与平均总资产的比率，它说明企业的总资产在一定时期（通常为一年）内周转的次数。用时间表示的总资产周转率就是总资产周转天数。总资产周转天数表明总资产周转一次需要的时间，也就是总资产转换成现金平均需要的时间。该指标是反映企业所有资产周转情况的重要指标。计算公式如下：

$$总资产周转率=\frac{销售收入}{平均总资产} \tag{7-22}$$

$$总资产周转天数=\frac{360}{总资产周转率} \tag{7-23}$$

一般来说，总资产周转率越高，总资产周转天数越短，表明企业所有资产利用越充分，说明企业以同样的资产取得的收入越多，因而资产的管理水平越高。对总资产的周转情况进行分析，同样可以采用横向和纵向的比较。通过与行业平均水平或竞争对手的情况进行比较，可以洞悉企业总资产的周转情况；通过与企业历史水平进行比较，可以看出企业总资产周转速度的变动趋势，并进一步分析原因，及时找到改进措施。

同样，根据表7-1和表7-2中的数据，2022年双汇公司的总资产周转率和总资产周转天数为：

总资产平均余额=（3 641 198+3 397 736）÷2=3 519 467（万元）

总资产周转率=6 257 564÷3 519 467=1.78（次）

总资产周转天数=360÷1.78=202.25（天）

（二）总资产周转速度驱动因素分析

总资产由各项资产组成，在销售收入既定的情况下，总资产周转率的驱动因素是各项资产。通过驱动因素分析，可以了解总资产周转率变动是由哪些资产项目引起的，以及哪些是影响较大的因素，从而为进一步分析指出方向。

将总资产周转率指标公式用平均流动资产或平均固定资产分解，整理即可得到：

$$总资产周转率=流动资产周转率\times流动资产占总资产平均比重 \tag{7-24}$$

或

$$总资产周转率=固定资产周转率\times固定资产占总资产平均比重 \tag{7-25}$$

这说明，流动资产周转率、固定资产周转率以及资产结构对总资产周转率有着直接的影响。因此，对总资产的周转情况进行分析，应结合流动资产、固定资产的周转情况，同时还要进行资产结构分析。

总之，用于衡量企业运用资产赚取收入的能力的各项资产周转指标，经常与反映盈利能力的指标结合在一起使用，以全面评价企业的盈利能力。

第四节　企业盈利能力分析

获取利润是企业生存和发展的目标及动力。盈利能力是指企业获取利润的能力，其大小是一个相对的概念，即利润是相对于一定的资源投入和一定的收入而言的。利润率越高，盈利能力越强；利润率越低，盈利能力越弱。因此，企业的盈利能力（Profit Ability）反映企业的财务状况和经营绩效，是企业偿债能力和营运能力的综合体现。企业的资源配置是否高效，能直接从资产结构的状况、资产运用效率、资产周转速度以及偿债能力等方面表现出来，从而决定了企业的盈利水平。

企业盈利能力涉及企业经营和非经营活动的各个方面，也关系到企业各个利益集团利益的最终实现。不管是投资者、债权人还是企业管理人员都非常关心企业的盈利能力。一般说来，对企业盈利能力的分析只涉及正常营业状况。非正常营业状况也会给企业带来收益或损失，但这只是特殊状况下的个别结果，不能说明企业的正常盈利能力。因此，在分析企业盈利能力时，应排除以下项目：（1）证券买卖等非正常项目；（2）已经或将要停止的营业项目；（3）重大事故或法律更改等特别项目；（4）企业会计准则和财务制度变更带来的累积影响等因素。

对企业盈利能力的分析，包括盈利水平、盈利的发展趋势、盈利的稳定性和持久性等，均是报表分析者关心的重要问题。同时，盈利能力对树立企业良好的财务形象、提高企业的偿债能力都有非常重要的影响，也是评价企业经营管理水平的重要方面。评价企业盈利能力的财务指标通常有销售利润率、总资产净利率、净资产收益率、每股收益等。另外，投资者经常将这些财务指标与表7-3中的现金流量表数据进行对比，评价企业盈利质量的好坏。

一、销售利润率

销售利润率（Profit Margin）是企业实现的税后利润与销售净收入的比率，通常称为销售净利率。计算公式如下：

$$销售净利率=\frac{净利润}{销售净收入}\times100\% \tag{7-26}$$

公式中的销售净收入是指扣除销售折让、销售折扣和销售退回之后的销售净额。显然，销售净利率越高越好。销售净利率是一项综合性较强的盈利指标，企业经济条件、融资方式、资本结构以及营业特点等因素都会影响销售利润率。

销售净利率指标说明每1元的销售收入会带来多少净利润，反映了企业销售收入的获利水平。净利润与销售净利率成正比关系，而销售净收入与销售净利率成反比关系。企业在增加销售净收入的同时，必须相应地获得更多的净利润才能使销售净利率保持不变或有所提高。通过分析销售净利率的升降变动，可以促使企业在扩大销售量的同时，注意改进经营管理水平，提高盈利能力。

仍以双汇公司为例，根据表7-2中的数据可知：

$$2022年销售净利率=\frac{571\ 720}{6\ 257\ 564}\times100\%=9.14\%$$

$$2021年销售净利率=\frac{488\ 274}{6\ 668\ 226}\times100\%=7.32\%$$

由此可以看出，双汇公司销售净利率2022年较2021年有所上升，说明企业产品的盈利能力有所增强。

在分析利润率指标时，分析者可以将连续若干年的数据进行比较，测定企业利润率的变化趋势，也可以将本企业的利润率指标与同行业平均值进行比较，进一步评价企业的盈利能力。

为了更深入地分析企业产品的获利能力，在财务报表分析中，可以通过计算销售毛利率指标来进行盈利能力分析。销售毛利是指销售收入扣除销售成本后的余额，该指标排除了企业日常活动对产品创造利润能力的影响。

二、总资产净利率

总资产净利率（Return on Asset，ROA）也称资产利润率或资产收益率，是企业税后利润与平均总资产的比率，反映了资产的盈利能力。计算公式如下：

$$总资产净利率=\frac{净利润}{平均总资产}\times100\% \tag{7-27}$$

总资产净利率指标表明企业所有资产的盈利能力，比率越高，每单位资产所创造的净利润就越高，企业资产的盈利能力就越强。评价该指标时，既可以与企业的历史水平比较，也可以与行业的平均水平比较，从而说明企业的获利能力。此外，还可以与企业的筹资成本进行比较。若该比率比企业的筹资成本高，则说明资产的盈利能力较强，财务杠杆能够发挥正作用；相反，企业就会产生真正意义上的亏损。

根据巨潮资讯网相关数据以及表7-1和表7-2中的数据可知，双汇公司2021年年初资产总额为3 470 388万元，则有：

2022年平均总资产=（3 641 198+3 397 736）÷2=3 519 467（万元）

2021年平均总资产=（3 397 736+3 470 388）÷2= 3 434 062（万元）

$$2022年总资产净利率=\frac{571\ 720}{3\ 519\ 467}\times100\%=16.24\%$$

$$2021年总资产净利率=\frac{488\ 274}{3\ 434\ 062}\times100\%=14.22\%$$

总资产净利率是一个总括性指标，因为不同资产的盈利能力不一样，因此，还可以根据分析者的要求分别计算流动资产、固定资产等的收益率，以满足不同分析者的需要。

三、净资产收益率

净资产收益率（Return on Equity，ROE）也称净值报酬率、净资产报酬率、所有者权益收益率、权益净利率等，是企业一定期间所有者的投资报酬率，是企业实现的税后利润与平均所有者权益的比率。计算公式如下：

$$\text{净资产收益率}=\frac{\text{净利润}}{\text{平均净资产}}\times 100\% \tag{7-28}$$

所有者权益（也称净资产）是指企业资产总额扣除负债总额后的差额。它包括实收资本、资本公积、盈余公积和未分配利润四个部分。净资产收益率越高，说明企业盈利能力越强；反之，则说明企业盈利能力越弱。因此，该比率对投资者来说是一个很重要的指标。它可以反映投资者所投入的每单位资金的盈利能力，即投资回报率。该比率应与投资者期望的报酬率相比较，如果高于期望报酬率，投资者就乐于投资。

同样，根据巨潮资讯网相关数据以及表7-1和表7-2中的数据可知，双汇公司2021年年初所有者权益总额为2 413 272万元，则有：

2022年平均净资产=（2 218 247+2 314 971）÷2=2 266 609（万元）

2021年平均净资产=（2 314 971+2 413 272）÷2=2 364 121.5（万元）

$$\text{2022年净资产收益率}=\frac{571\ 720}{2\ 266\ 609}\times 100\%=25.22\%$$

$$\text{2021年净资产收益率}=\frac{488\ 274}{2\ 364\ 121.5}\times 100\%=20.65\%$$

净资产收益率指标越高，说明股东投入的资本获得收益的能力就越强。该指标同样可以与同行业平均值相比较，或与企业本期资本成本相比较，还可以与企业历史水平相比较。

四、每股收益

（一）每股收益的含义及其计算公式

每股收益（Earnings per Share，EPS）是指本年实现的归属于普通股股东的净利润与发行在外的普通股股份总数的比值。其中，归属于普通股股东的净利润为公司当年实现的净利润扣除优先股股利后的余额。如果公司没有发行优先股，则可直接使用净利润计算每股收益。

每股收益的计算包括基本每股收益和稀释每股收益，大多使用基本每股收益。

基本每股收益是指企业按照归属于普通股股东的当期净利润除以发行在外普通股加权平均数计算的每股收益。计算公式为：

$$\text{每股收益}=\frac{\text{净利润}}{\text{发行在外普通股加权平均数}} \tag{7-29}$$

发行在外普通股加权平均数可按下式计算：

$$\frac{\text{发行在外普通股}}{\text{加权平均数}}=\frac{\text{年初普通}}{\text{股股数}}+\frac{\text{本期新发行的}}{\text{普通股股数}}\times\frac{\text{新股已发行时间}}{\text{报告期时间}} \tag{7-30}$$

每股收益反映了某会计年度内企业平均每股普通股获得的收益，用于评价普通股持有者获得报酬的程度，是衡量上市公司盈利能力最基本、最常用的核心财务指标，反映普通股的获利水平。该指标具有引导投资、增加市场评价功能、简化财务指标体系的作用。在分析时，可以进行公司间的比较，以评价该公司的盈利能力；也可以进行不同时期的比较，了解该公司盈利能力的变化趋势；还可以进行经营业绩和盈利预测的比较，掌握该公司的管理能力。

在使用每股收益分析盈利性时，要注意以下几个问题：（1）每股收益不反映股票所含有的风险；（2）股票是一个“份额”概念，不同股票的每一股在经济上不等量，它们所含有的净资产和市价不同，即换取每股收益的投入量不相同，限制了每股收益在公司间的比较；（3）每股收益多不一定意味着公司会多分红，利润分配还要看公司的股利分配政策。

（二）每股收益的延伸分析——市盈率

为了克服每股收益指标的局限性，可以延伸分析市盈率等财务比率。

市盈率（Price per Share/Earnings per Share，P/E）是指普通股每股市价为每股收益的倍数。计算公式为：

$$\text{市盈率}=\frac{\text{普通股每股市价}}{\text{普通股每股收益}} \tag{7-31}$$

市盈率是人们普遍关注的指标，体现市场对公司的共同期望。该比率反映投资人愿意对每单位净利润支付的价格，可以用来估计股票的投资报酬和风险。在市价确定的情况下，每股收益越高，市盈率越低，投资风险越小；在每股收益确定的情况下，市价越高，市盈率越高，投资风险越大。仅从市盈率高低的横向比较看，高市盈率说明公司能够获得社会信赖，具有良好的前景。

使用市盈率指标时应注意以下两点：第一，市盈率是基于以前年度的收益。如果投资者预期收益从当前水平大幅增长，市盈率将会相当高，也许是20倍、30倍或更多；如果投资者预期收益将从当前水平大幅下降，市盈率将会相当低，如10倍或更少。成熟市场上的成熟公司有非常稳定的收益，通常其每股市价为每股收益的10～12倍。因此，市盈率反映了投资者对公司未来前景的预期，相当于每股收益的资本化。第二，该指标不能用于不同行业公司之间的比较。充满发展机会的新兴行业市盈率普遍较高，而成熟行业的市盈率普遍较低，这并不能说明后者的股票没有投资价值。在每股收益很小或亏损时，市价不会降至零，很高的市盈率往往不说明任何问题。市盈率高低受净利润的影响，而净利润受可选择的会计政策的影响，从而使得公司间的比较受到限制。市盈率高低还受市价的影响，而影响市价变动的因素很多，包括投机炒作等，因此，观察市盈率的长期趋势很重要。企业界通常是在市盈率较低时，以收购股票的方式实现对其他公司的兼并，然后进行改造，待市盈率升高时，再以出售股票的方式卖出公司，从中获利。

由于投资者的期望报酬率一般为5%～10%，所以正常的市盈率为10～20倍。

通常情况下，投资者要结合其他有关信息，才能运用市盈率指标判断股票价值。

五、净利润现金比率

净利润现金比率（Net Profit Cash Ratio）是指企业本期经营活动产生的现金流量净额与净利润之间的比率关系。计算公式为：

$$\text{净利润现金比率}=\frac{\text{经营活动现金流量净额}}{\text{净利润}}\times 100\% \tag{7-32}$$

利润表提供的净利润是以权责发生制、配比原则、历史成本原则以及币值不变为前提确认的，由于受判断和估计的准确度影响，加上通货膨胀和一定会计期间资本性支出、存货周转速度以及商业信用的存在，使净利润和现金净额产生了差异。在一般情况下，净利润现金比率越大，企业盈利质量越高。如果一家企业的经营活动现金流量净额与净利润的现金比率低于1，说明净利润增长的背后并没有真金白银支撑，净利润只是“纸面富贵”，现金含量低，盈利质量差。如果净利润现金比率大于1，表示净利润含金量较高，净利润完全体现了现金流入。

仍以双汇公司为例，根据表7-2和表7-3中的数据可知：

$$2022年净利润现金比率=\frac{756\ 546}{571\ 720}\times 100\%=1.32$$

$$2021年净利润现金比率=\frac{603\ 405}{488\ 274}\times 100\%=1.24$$

由此可以看出，双汇公司净利润现金比率2022年较2021年有所上升，说明企业产品的盈利能力有所增强。两年的净利润现金比率都大于1，意味着企业在特定期间内的经营活动能够产生足够的现金流量来覆盖净利润，并具备一定的盈余。需注意的是，净利润现金比率大于1并不意味着企业没有任何财务风险或问题。该比率仅从经营活动现金流量净额和净利润的角度提供了一种衡量企业盈利能力与现金流动性的指标，而其他因素如债务状况、资产负债表结构等也需要综合考虑。

六、销售现金比率

销售现金比率（Cash Flow from Operations to Sales）是指企业经营活动现金流量净额与营业收入的比值。该指标反映企业销售质量的高低，与企业的赊销政策有关。如果企业有虚假收入，也会使该指标过低。计算公式为：

$$销售现金比率=\frac{经营活动现金流量净额}{营业收入}\times 100\% \tag{7-33}$$

销售现金比率反映了企业从每1元营业收入中所实现的净现金收入，从另一角度分析，也体现了企业对应收款项回收的效率。该比率越大，表明企业的收益质量越高，企业应收款项回收的效率越高。销售现金比率是在剔除了应收账款给公司带来的风险的情况下，从现金流入的角度反映销售收入的真实质量。

根据表7-2和表7-3中的数据，双汇公司的销售现金比率为：

$$2022年销售现金比率=\frac{756\ 546}{6\ 257\ 564}\times 100\%=0.12$$

$$2021年销售现金比率=\frac{603\ 405}{6\ 668\ 226}\times 100\%=0.09$$

由此可以看出，双汇公司销售现金比率2022年较2021年有所上升，但是连续两年均小于1，说明经营活动现金流量净额小于营业收入，可能当前有部分收入没有收现，盈利状况处于相对稳定但是总体来看并不良好的水平。需要注意的是，销售现金比率只是一个参考指标，不能单纯依靠该指标来判断企业的财务状况。

【补充阅读7-1】

酱油也“喝醉”？中炬高新财报闹乌龙

“2024年”穿越成“2023年”？中炬高新三季报出现日期错误引发关注。2024年11月3日晚间，中炬高新发布三季报更正公告，表示不久前发布的2024年第三季度报告因工作人员疏忽，出现个别日期错误。未更正的报告中显示“2023年1—9月实现合并净利润6.37亿元”，更正后为“2024年1—9月实现合并净利润6.37亿元”。

这样的乌龙让投资者们议论纷纷："低级错误也能犯，可见公司管理有多混乱""上市公司年份都能搞错，产品生产日期会搞错吗""酱油喝多了也会醉"……

关于上述事件中相关人员如何处理、后续公司如何对此加强管理等问题，北京商报记者向中炬高新官方邮箱发送了采访邮件，但截至发稿未收到回复。在公告中，中炬高新表示，除上述更正事项外，原2024年第三季度报告中的其他内容不变。公司对本次更正为投资者带来的不便深表歉意，今后公司将加强定期报告编制过程中的审核工作，提高信息披露质量。

中国食品产业分析师朱丹蓬表示，"中炬高新这两年内部管理非常混乱，内讧不止，出现这种低级错误几乎是意料之中。"

中炬高新在过去经历了一场激烈的股东内斗后，高层人士大换血。新任董事长余健华在2024年8月表示，2024年是"公司管理变革和转型升级的启动之年"。余健华称，中炬高新目前第一大股东是国资，并与市场化运作的鼎晖投资结成一致行动人，同时具备了国有背景以及市场化运作的双重属性。"只要我们能充分发挥这个优势，在市场竞争中必然会更具活力。"同时，余健华表示，"四季度作为今年最后冲刺阶段，公司将继续锚定'再造一个新厨邦，实现发展高质量'的战略目标不动摇"。

"再造一个新厨邦"是中炬高新2024年提出的战略目标。余健华表示，未来三年将"再造一个新厨邦"。按照规划，到2026年，旗下子公司美味鲜公司营业收入将达100亿元，营业利润将达15亿元。

从财报来看，2024年前三季度，中炬高新虽净利润同比扭亏为盈，但受房地产业务影响，岐江东岸商品房销售数量及销售单价同比减少，该公司营业收入同比下滑0.17%。而负责调味品业务的美味鲜公司，前三季度实现营业收入38.08亿元，同比微增0.46%。

作为拥有"厨邦""美味鲜"两大品牌的调味品企业，中炬高新最主要的酱油业务也面临下滑，该业务前三季度实现营收22.99亿元，同比下跌2.4%，占总营收的63.12%。鸡精鸡粉、食用油、其他产品分别实现营收5.08亿元、3.45亿元、4.89亿元，分别同比变动4.48%、1.94%、-12.94%。

朱丹蓬表示，现在中炬高新全国化的速度已经慢下来，整体的业绩表现也不是太好。在其他调味品品牌不断发力的市场环境下，中炬高新想要再造一个新厨邦存在较大不确定性。

资料来源：张函．酱油也"喝醉"？中炬高新财报闹乌龙［N/OL］．［2024-11-04］．https://m.bbtnews.com.cn/article/403203.

第五节　企业可持续增长能力分析

上述营运能力分析、偿债能力分析、盈利能力分析等都是从某个方面来分析企业的财务状况和经营成果，但企业的各个方面并不是孤立的，而是相互联系的。单独分析任何一项财务指标或一张会计报表，都难以全面评价企业的财务状况和经营成果。要想对企业财务状况和经营成果有一个整体的评价，就必须进行相互关联的分析，采用适当的标准进行综合评价。

企业的可持续增长能力分析作为支撑其立于多变市场竞争环境中的核心战略，综合了经营管理、财务流通、产品质量、企业形象、客户调研、企业文化以及服务满意度等多重影响因素，在此基础上探讨元素之间的联动关系与相互作用，可促成企业的产能持续增长与长远发展。基于财务报表数据分析这一视角，将财务范畴之外的影响因素剔除，单纯根据财务报表所提供的数据变动趋势，可观察企业在固定时段内的基本财务状况与运营效益。

一、希金斯可持续增长模型

美国财务学家罗伯特·希金斯（Robert Higgins）于 1977 年提出的可持续增长模型，能够在相应条件下，对公司的增长速度与经营管理、资金流动、政策制约等因素的关系进行详细描述，企业可以此数据为依据，制定未来销售增长率的发展目标及规划。

该模型下企业可持续增长率的计算，建立在企业遵循市场增长率、保持发行在外股数不变、维持同一目标资本结构与股利政策以及保持资产周转水平不变等条件之上。按照希金斯提供的计算方法，企业的销售增长率以新增资产为变动基数，而新增资产在“资产=负债+所有者权益”这一恒等公式下受到股东权益增长的限制，股东权益增长率与销售增长率基本同频一致，由此便可推导出企业的可持续增长模型：

$$
\begin{aligned}
\text{可持续增长率（SGR）} &= \frac{\text{净利润}}{\text{销售收入}} \times \frac{\text{销售收入}}{\text{期末总资产}} \times \frac{\text{期末总资产}}{\text{期初股东权益}} \times \text{本期留存收益} \\
&= \text{销售净利率} \times \text{留存收益率} \times \text{总资产周转率} \times \text{权益乘数} \qquad (7\text{-}34)
\end{aligned}
$$

希金斯可持续增长模型中的4个关键指标分别是：销售净利率、留存收益率、总资产周转率、权益乘数。这四项指标是否合理可以决定企业能否实现可持续增长。因此，我们在运用希金斯可持续增长模型进行研究时，这四项财务指标的波动情况就是研究的重要依据。

从希金斯可持续增长模型中我们可以得出，企业自身的经营效率和企业所制定及实施的财务政策是影响企业可持续增长能力的重要因素。4个指标中的销售净利率和总资产周转率对企业经营效率的影响是直接的；但是企业的财务政策会被权益乘数和留存收益率影响。因此，希金斯的观点是：企业可持续增长率受经营效率和财务政策的共同影响。通过可持续增长分析体系，可以很清楚地了解各种财务指标与可持续增长率之间的关系。当企业所要实现的实际增长率与可持续增长率不一致时，可以对各种财务指标进行相应的调整，适当改变企业的可持续增长率，使企业保持均衡增长。

1. 希金斯可持续增长模型的优越性

希金斯可持续增长模型的4个指标刚好可以界定企业可持续增长会受到的制约边缘。

企业资产周转率不但受到流动资产周转速度的影响，还会受到非流动资产周转速度的影响。其中，非流动资产周转率一定程度上取决于采用的折旧和摊销的方法，流动资产周转率一定程度上取决于企业的外部环境和企业自身的信誉水平。销售净利率取决于销售毛利率和期间费用的分摊是否到位。权益乘数是企业财务风险的镜子，企业必须时刻注意自身的财务风险是否在合理范围内，因为许多发展前景良好的企业倒闭的原因就是财务风险过高导致资金短缺。因此，在企业销售额出现较大变化的年份，企业应该及时采取行动调整资本结构、降低企业财务风险。企业留存收益率受限较多，调节空间不大。

希金斯可持续增长模型中涉及的四个指标，立足于企业自身的财务角度，在提升企业绩效方面提供了一些途径。如果一个企业将实现可持续增长作为发展目标，那么希金斯可持续增长模型就可以很好地为它提供包括提升企业自身资产的管理效率、提升企业的销售净利率、适度融资、稳定的股息率这四个方面的调整方法。

2. 可持续增长能力分析的指标应用

可持续增长能力分析体系的作用是解释指标变动的原因和变动趋势，为采取措施指明方向。下面仍以双汇公司为例来说明其应用。

（1）双汇公司的销售净利率

根据公式7-26以及表7-2中的数据可知，双汇公司的销售净利率为：

$$2022\text{年销售净利率}=\frac{571\ 720}{6\ 257\ 564}\times 100\%=9.14\%$$

$$2021\text{年销售净利率}=\frac{488\ 274}{6\ 668\ 226}\times 100\%=7.32\%$$

（2）双汇公司的留存收益率

留存收益率（Retention Ratio）是企业净利润扣除企业支付的现金股利后所剩余的收益与净利润之比。它表明公司的税后利润有多少用于发放股利，多少用于保留盈余和扩展经营。当企业利润总额一定时，减少现金股利的支付，可以使股利支付率降低，从而使留存收益率升高，使得企业的留存收益增加。计算公式如下：

$$\text{留存收益率}=\frac{\text{净利润}-\text{分配的股利}}{\text{净利润}} \tag{7-35}$$

根据表7-2中的数据可知，双汇公司的留存收益率为：

$$2022\text{年留存收益率}=\frac{571\ 720-346\ 466\times 1}{571\ 720}\times 100\%=39.4\%$$

式中“1”代表2022年双汇公司按每10股派10元（含税）的比例实施利润分配。

$$2021\text{年留存收益率}=\frac{488\ 274-346\ 466\times 1.298}{488\ 274}\times 100\%=7.9\%$$

式中“1.298”代表2021年双汇公司按每10股派12.98元（含税）的比例实施利润分配。

（3）双汇公司的总资产周转率

根据公式7-20以及表7-1和表7-2中的数据可知，2022年双汇公司的总资产周转率为：

2022年总资产周转率=6 257 564÷3 519 467=1.778（次）

2022年总资产周转率=6 668 226÷3 434 062=1.942（次）

（4）双汇公司的权益乘数

根据公式7-7以及表7-1和表7-2中的数据可知，双汇公司的权益乘数为：

$$2022\text{年权益乘数}=\frac{1}{1-39.08\%}=1.64$$

$$2021\text{年权益乘数}=\frac{1}{1-31.87\%}=1.47$$

（5）双汇公司的可持续增长率

由以上数据可知：

2022年可持续增长率（SGR）=9.14%×39.4%×1.778×1.64=10.50%

2021年可持续增长率（SGR）=7.32%×7.9%×1.942×1.47=1.65%

可以看出，双汇公司在2021年到2022年之间，可持续增长率的增长很明显，企业发展处于比较乐观的状态。

3. 可持续增长能力分析体系的评价

可持续增长是企业销售收入持续而平衡的增长。企业自身经营能力和效率是销售收入增长的根本力量，企业充足而合理的资金来源是支持销售增长的推动力量。经营能力和财务资源在企业追求可持续增长的过程中缺一不可。因此，企业的核心竞争力、资产配置方法、人力资源等属于影响企业可持续增长的经营因素，企业的融资方法、资本结构、股利政策等属于影响企业可持续增长的资本因素。为了实现可持续增长，企业可从经营因素和资本因素来寻求突破点。

（1）经营能力和效率是企业可持续增长的根本力量

①销售净利率。其表现企业的盈利能力。销售净利率越高说明单位营业收入所获得的利润越高，利润越高企业积累内部资金的能力越高，企业的可持续增长能力越高。

②总资产周转率。其表现企业的经营效率，代表企业单位资产的营业收入，总资产周转率高的话，营业收入增加可以减缓对资产的需求速度，有利于企业的可持续增长。

（2）企业资本因素是可持续增长的推动力量

①权益乘数。根据权益乘数的计算公式，股权筹资的比例与权益乘数成反比。权益乘数越小说明负债融资所占的比例越高，企业因此能够充分利用财务杠杆，获得足够的外部融资来支撑企业的可持续增长。

②留存收益率。留存收益率的大小一定程度上揭示了管理层对企业未来发展的认识和战略方向。留存收益率高，一方面说明企业愿意保留更多的利润，用较多的内部财务资源支持企业的可持续增长，另一面可能表明企业实行增长战略以及管理层对企业未来发展看好。股利支付率高可能表明企业本身不能创造出高于或等于市场平均回报率的价值，因此管理层选择将留存收益返还投资者，使这部分资源流向高回报率的地方。换句话说，企业的利润分配政策与企业管理层的意图有很大关系。

综上可知，企业的可持续增长能力主要取决于其经营因素和财务因素。

二、杜邦分析法

杜邦分析法是由美国杜邦公司最先设计和采用的，又称杜邦分析体系或杜邦财务分析体系，简称杜邦体系，是利用各主要财务比率之间的内在联系，对企业财务状况和经营成果进行系统评价的方法。该体系是以权益净利率为龙头，以资产净利率和权益乘数为分支，重点揭示企业获利能力及杠杆水平对权益净利率（即净资产收益率）的影响，以及各相关指标间的相互关系。

该方法的特点是将几个重要的用以评价企业经营绩效和财务状况的财务比率指标按其内在联系有机结合起来，形成一个完整的指标体系，并通过图示的方法，简单、直观、系统地将企业的有关财务信息展现在报表分析者面前，帮助报表分析者完整地了解企业财务状况（如图7-1所示）。该体系是一个多层次的财务比率分解体系。各项财务比率可在每个层次上与本企业历史水平或同业财务比率比较，并逐级向下分解，逐步覆盖企业经营活动的每个环节，以实现全面评价企业经营成果和财务状况的目的。

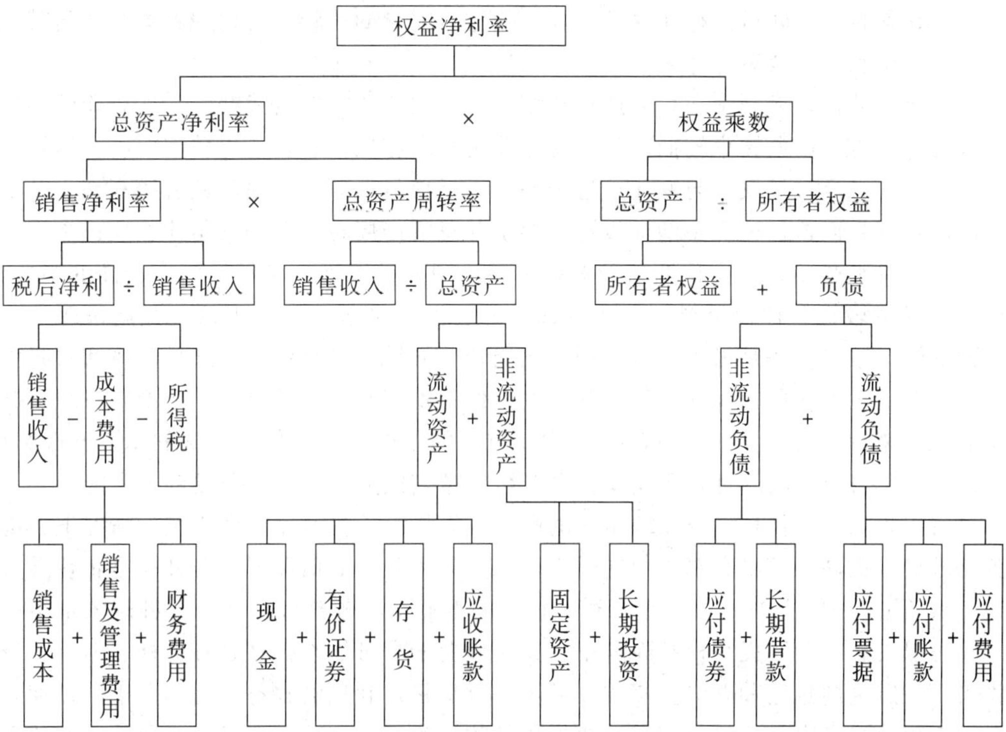

图7-1　杜邦财务分析图

1. 杜邦分析体系的核心比率

权益净利率是分析体系的核心比率，具有很好的可比性，可用于不同企业之间的比较。由于资本具有逐利性，总是流向投资报酬率高的企业，因此各企业的权益净利率比较接近。如果一个企业的权益净利率经常高于其他企业，就会引来竞争者，迫使该企业的权益净利率回到平均水平。如果一个企业的权益净利率经常低于其他企业，就得不到资金，会被市场驱逐，从而使幸存企业的权益净利率提升到平均水平。

权益净利率不仅有很好的可比性，而且有很强的综合性。为了提高权益净利率，管理者可从如下三个分解指标入手：

$$\text{权益净利率}=\frac{\text{净利润}}{\text{销售收入}}\times\frac{\text{销售收入}}{\text{平均总资产}}\times\frac{\text{平均总资产}}{\text{平均所有者权益}}$$

$$=\text{销售净利率}\times\text{总资产周转率}\times\text{平均权益乘数} \tag{7-36}$$

无论提高其中哪个比率，权益净利率都会提高。其中，销售净利率是利润表的概括，“净利润”和“销售收入”都是利润表项目，两者相除可以概括全部经营成果；权益乘数是资产负债表的概括，表明资产和所有者权益的比例关系，可以反映最基本的财务状况；总资产周转率把利润表和资产负债表联系起来，使权益净利率可以综合反映整个企业的经营成果和财务状况。

2. 权益净利率的驱动因素分解

杜邦分析体系要求在每一个层次上进行财务比率的比较和分解。通过与上年比较可以识别变动的趋势，通过与同业比较可以识别存在的差距。分解的目的是识别引起变动（或产生差距）的原因，并衡量其重要性，为后续分析指明方向。

第一层次的分解，是把权益净利率分解为销售净利率、总资产周转率和权益乘数。这三个比率在各企业之间可能存在显著差异。通过对差异的比较，可以观察本企业与其他企业的经营战略和财务政策有什么不同。

分解出来的销售净利率和总资产周转率可以反映企业的经营战略。一些企业的销售净利率较高，而总资产周转率较低；另一些企业则与之相反，总资产周转率较高，而销售净利率较低。两者经常呈反方向变化。这种现象不是偶然的。为了提高销售净利率，就要增加产品附加值，而这往往需要增加投资，会引起总资产周转率下降。与此相反，为了加快周转，就要降低价格，从而使销售净利率下降。通常情况下，销售净利率较高的制造业，总资产周转率较低；而总资产周转率很高的零售业，销售净利率很低。究竟采取“高盈利、低周转”策略，还是采用“低盈利、高周转”方针，是企业根据外部环境和自身资源做出的选择。正因如此，仅从销售净利率的高低并不能看出业绩好坏，应把它与总资产周转率联系起来综合考察企业经营战略。真正重要的是两者共同作用得到的总资产净利率。总资产净利率可以反映管理者运用受托资产赚取盈利的业绩，是最重要的盈利能力。

分解出来的财务杠杆可以反映企业的财务政策。在总资产净利率不变的情况下，提高财务杠杆可以提高权益净利率，但同时会增加财务风险（如何配置财务杠杆是企业最重要的财务政策）。一般说来，总资产净利率较高的企业，财务杠杆较低。这种现象也不是偶然的。可以设想，为了提高权益净利率，企业倾向于尽可能地提高财务杠杆。但是，贷款提供者不一定会同意这种做法。贷款提供者不分享超过利息的收益，更倾向于向预期未来经营活动现金流量净额比较稳定的企业提供贷款。为了稳定现金流量，企业的一种选择是降低价格以减少竞争，另一种选择是增加净营运资本以防止现金流中断，而这两种方法都会导致总资产净利率下降。这就是说，为了提高流动性，只能降低盈利性。因此，我们实际看到的是，经营风险低的企业可以得到较多的贷款，其财务杠杆较高；经营风险高的企业只能得到较少的贷款，其财务杠杆较低。总资产净利率与财务杠杆负相关，它们共同决定了企业的权益净利率。因此，企业必须使其经营战略和财务政策相匹配。

3. 杜邦分析体系的应用

杜邦分析体系的作用是解释指标变动的原因和变动趋势，为采取措施指明方向。下面仍以双汇公司为例来说明其应用。

（1）双汇公司的平均权益乘数

根据巨潮资讯网相关数据以及表7-1和表7-2中的数据可知，双汇公司2022年年初资产总额为3 397 736万元，所有者权益总额为2 314 971万元，双汇公司2021年年初资产总额为3 470 388万元，所有者权益总额为2 413 272万元，则有：

$$2022\text{年平均权益乘数}=\frac{(3\,397\,736+3\,641\,198)\div 2}{(2\,314\,971+2\,218\,247)\div 2}=1.553$$

$$2021\text{年平均权益乘数}=\frac{(3\,470\,388+3\,397\,736)\div 2}{(2\,314\,971+2\,413\,272)\div 2}=1.453$$

（2）净资产收益率的驱动因素分析

将净资产收益率公式进行简单变换，可以得到进一步的分析：

$$\text{净资产收益率}=\frac{\text{净利润}}{\text{平均总资产}}\times\frac{\text{平均总资产}}{\text{平均净资产}}=\text{总资产净利率}\times\text{平均权益乘数} \tag{7-37}$$

可以看出，企业一定时期的净资产收益率的高低，主要受总资产净利率和权益乘数两个因素的影响。净资产收益率与总资产净利率和权益乘数成正比。如果企业全部采用自有资本经营，那么净资产收益率与总资产净利率相等；如果企业适当举债经营，那么净资产收益率即股东投入资本所获得的收益率，将可能远远超过全部运用自有资本所获得的收益率，从而印证了举债经营对所有者权益的正面作用。

根据前面的计算结果，双汇公司2022年净资产收益率比2021年上升了，有关数据如下：

2022年净资产收益率=16.24%×1.553＝25.22%

2021年净资产收益率=14.22%×1.453=20.66%

通过分解可以看出，双汇公司的净资产收益率有所上升，主要是由于总资产收益率和权益乘数都上升，这说明双汇公司的净资产收益率上升既有资产运用的结果，也有财务杠杆的作用，即资本结构改变带来的，权益乘数上升对净资产收益率起着增强的作用。

（3）总资产净利率的驱动因素分析

总资产净利率也可以分解为与销售有关的组成部分，这样就可以更清楚地看到造成企业业绩变化的因素，分解公式为：

$$总资产净利率=\frac{净利润}{销售收入}\times\frac{销售收入}{平均总资产}=销售净利率\times总资产周转率 \tag{7-38}$$

这样的分解为分析企业总资产净利率提供了思路。可以看出，总资产净利率的高低取决于销售收入的盈利水平和资产管理水平。总资产净利率偏高，说明企业资产获得的利润较高；总资产净利率偏低，说明企业资产利用效率较低，经营管理中存在问题。在具体分析时，可以对该指标进行横向和纵向比较。对企业不同时期的该指标进行对比，可以判断企业总资产净利率的变动趋势；将企业的该指标与同行业的平均水平或先进水平进行比较，可以发现企业资产的收益率在同行业中所处的地位。

根据巨潮资讯网的相关资料，双汇公司2021年总资产周转率为1.942次（6 668 226÷3 434 062），则有：

2022年总资产净利率=9.14%×1.778=16.24%

2021年总资产净利率=7.32%×1.942=14.22%

通过分解可以看出，双汇公司2022年销售净利率上升了1.82%，加之资产使用效率提升，由此带来总资产净利率上升了2.02%，说明总资产净利率的上升主要是产品获利能力和资产使用效率上升带来的。至于资产使用效率上升的原因，则需要进一步通过指标分解来揭示。

此外，通过与本行业平均水平或同类企业相关指标对比，杜邦分析体系也有助于解释变动的趋势及其原因。

4. 杜邦分析体系的评价

杜邦分析体系可以被广泛用来解释指标的变动原因和变动趋势，同时为企业采取措施指明方向，但仍然存在某些局限性。

（1）计算总资产净利率的“总资产”与“净利润”不匹配

总资产为全部资产提供者所享有，而净利润则专属于股东，两者不匹配。由于总资产净利率的“投入”与“产出”不匹配，因此该指标不能反映实际报酬率。

（2）没有区分经营活动损益和金融活动损益

传统杜邦分析体系没有区分经营活动和金融活动。对于大多数企业来说，金融活动是净筹资，它们在金融市场上主要是筹资，而不是投资。筹资活动不产生净利润，而是支出净费用。在会计准则的制定过程中，关于这种筹资费用是否属于经营活动费用，始终存在很大争议，各国会计准则对此的处理不尽相同。从财务管理角度看，企业的金融资产是尚未投入实际经营活动的资产，应将其与经营资产相区别。与此相对应，金融损益也应与经营损益相区别，这样才能使经营资产和经营损益匹配。

（3）没有区分金融负债与经营负债

既然要把金融活动分离出来单独考察，就需要单独计量筹资活动成本。负债的成本（利息支出）仅仅是金融负债的成本，经营负债是无息负债。因此，必须区分金融负债与经营负债，将利息与金融负债相除，才是真正的平均利息率。此外，区分金融负债与经营负债后，将金融负债与股东权益相除，可以得到更符合实际的财务杠杆。经营负债没有固定成本，本来就没有杠杆作用，将其计入财务杠杆会歪曲杠杆的实际效应。

针对上述问题，人们对传统的财务报表和财务报表分析体系作了一系列的改进，逐步形成了新的管理用财务报表和新的杜邦财务分析体系，具体内容后续课程将会进行详细介绍，这里不再赘述。

【补充阅读7-2】

惊天造假五百亿，ST凯乐或成中国股市最大骗局

2023年2月8日晚，ST凯乐发布公告称，公司收到上交所《关于湖北凯乐科技股份有限公司股票终止上市的决定》，上交所决定终止公司股票上市。公告显示，ST凯乐股票自2022年12月29日起已连续20个交易日的每日收盘价均低于人民币1元，符合上交所规定的股票终止上市情形。因此，根据相关规定安排，上交所决定在2023年2月15日对ST凯乐股票予以摘牌，公司股票终止上市。至此，曾经连续5年巨额造假的ST凯乐最终结束A股之路，也成为2023年首个A股退市公司。

据悉，凯乐科技于2000年上市，最初公司以塑料管件制造销售为主营业务。2014年，凯乐科技进军专网通信行业，此后曾一度成为量子通信和专网通信板块的明星上市公司。但好景不长，2021年的专网通信事件成了凯乐科技开启颓势的导火索。而比起专网通信事件，更让人惊掉下巴的是凯乐科技巨额财务造假的曝光。

2022年12月2日晚间，凯乐科技收到上交所下发的《关于*ST凯乐触及重大违法退市风险警示情形相关事项的监管工作函》。公告显示，凯乐科技2016年至2020年与隋田力合作开展“专网通信”业务期间，其定期报告存在虚假记载。凯乐科技仅在2016年存在少量专网通信业务，其他专网通信业务均为虚假，仅是按照合同规定伪造采购入库、生产入库、销售入库等单据，没有与虚假专网通信业务匹配的生产及物流，以此虚增收入、利润。

通过业务造假，凯乐科技5年时间内累计虚增营业收入达512.25亿元，虚增收入金额占2016年至2020年披露营业收入的比例分别为48.99%、73.31%、86.32%、85.85%和91.13%；累计虚增利润总额59.36亿元，虚增利润总额占2016年至2020年披露利润总额的比例分别为64.97%、99.99%、144.84%、183.71%和247.45%。

同一时间，凯乐科技还收到中国证券监督管理委员会《行政处罚和市场禁入事先告知书》，证监会对公司涉嫌信息披露违法违规一案调查完毕，并依法拟作行政处罚，证监会拟决定对凯乐科技处以1 000万元的罚款，对凯乐科技前董事长朱弟雄处以500万元的罚款，并采取终身市场禁入措施。

但从现在凯乐科技的巨额财务造假情况来看，凯乐科技其实早在2016年就已身处退市边缘，只不过公司从与隋田力合作开始便牵扯在高达60亿元的虚构利润交易中，不仅未能挽救负利润颓势，还为之后的专网通信爆雷埋下祸根。

这家曾缔造过辉煌的荆州龙头企业最终以这种结果草草退出A市，实在很难不让人感到唏嘘。

资料来源：孟帅．“故事大王”凯乐科技成开年退市第一股，财务造假达500亿[EB/OL].[2023-02-09].https://baijiahao.baidu.com/s?id=1757366400348539370&wfr=spider&for=pc.

思考：能否通过企业财务报表分析发现财务造假？如何进行分析？

本章小结

本章第一节介绍财务报表分析的意义、财务报表分析的主体、财务报表分析的方法和财务报表分析的局限性；第二节介绍企业短期偿债能力分析指标和影响企业短期偿债能力的表外因素，以及企业长期偿债能力分析指标和影响长期偿债能力的表外因素；第三节介绍企业营运能力分析指标；第四节介绍企业盈利能力分析指标；第五节介绍可持续增长能力分析。本章思政元素索引表见表7-4。

表7-4　**本章思政元素索引表**

教学模块	教学内容	课程思政教育资源	社会主义核心价值观
财务报表分析概述	财务报表分析的意义和主体	帮助利益相关者改善决策	公正、法治
企业偿债能力	流动性和财务风险	企业财务分析分析与预警	诚信、法治
企业营运能力	资产周转效率	经济资源有效使用	公正、诚信
企业盈利能力分析	盈利质量	经营成果的真实性	公正
企业可持续增长能力分析	杜邦财务分析体系	权益净利率的综合性	公正

主要知识点

（1）财务报表分析的含义及意义；（2）财务报表分析的主体；（3）比较分析法、比率分析法和因素分析法这三种财务报表分析方法的特点；（4）财务报表分析的局限性；（5）用于偿债能力、营运能力和盈利能力分析的主要财务比率指标及其计算；（6）影响短期偿债能力和长期偿债能力的表外因素；（7）杜邦财务分析法的基本思想；（8）杜邦财务分析法的局限性。

思考题

1.什么是财务报表分析？其内容和方法各有哪些？

2.对信息使用者而言，财务报表分析有哪些具体作用？

3.如何分析评价企业偿债能力？运用哪些指标计算？

4.如何分析评价企业营运能力？运用哪些指标计算？

5.如何分析评价企业盈利能力？运用哪些指标计算？

6.影响企业短期偿债能力的表外因素有哪些？

7.为什么有的企业已获利息倍数小于1，却能在短期内顺利支付债务利息？

课后练习

一、单项选择题

1.现代财务分析始于（　）。

A.19世纪中期　　B.20世纪中期　　C.19世纪后期　　D.20世纪后期

2.财务报表分析的目的是通过对财务报告以及企业其他相关信息进行综合分析，得出简洁明了的结论，从而帮助企业相关利益人进行（　　）。

A.决策与评价　　B.分析与评价　　C.预测与决策　　D.考核与统计

3.根据经济活动客观存在的相互依存、相互联系的关系，将两个性质不同但又相关的指标加以对比，求出比率的分析方法是（　）。

A.绝对数分析　　B.相对数分析

C.构成比率分析　　D.相关比率分析

4.企业权益资金是指企业的（　　）。

A.实收资本总额　　B.所有者权益总额

C.负债总额　　D.资产总额

5.计算利息保障倍数时，所使用的利息费用是（　　）。

A.只包括经营利息，不包括资本化利息

B.不包括经营利息，只包括资本化利息

C.既包括经营利息，也包括资本化利息

D.全部财务费用

6.计算固定资产周转率时所使用的固定资产期初余额和期末余额是指固定资产的（　　）。

A.净值　　B.原值　　C.公允价值　　D.重置价值

7.甲公司去年的销售净利率为5%，总资产周转率为2.4，今年的销售净利率为5.4%，总资产周转率为2.2，资本结构没有变化，则今年的净资产收益率与去年相比（　　）。

A.升高　　B.降低　　C.相等　　D.无法确定

8.在流动负债一定的条件下，增加流动资产会（　　）。

A.降低企业的风险　　B.提高企业的风险

C.提高企业的收益率　　D.降低企业的机会成本

9.通过杜邦分析体系可知，权益净利率是一个综合性最强、最具代表性的指标，但不能通过（　　）改善。

A.加强销售管理，提高销售净利率　　B.加强负债管理，降低资产负债率

C.加强负债管理，提高产权比率　　D.加强资产管理，提高其利用率和周转率

10.某公司资产净利率为10%，若产权比率为1.5，则权益净利率为（　　）。

A.15%　　B.6.67%　　C.10%　　D.25%

11.某企业去年的销售净利率为5.73%，资产周转率为2.17；今年的销售净利率为4.88%，资产周转率为2.88。若两年的资产负债率相同，今年的权益净利率比去年（　　）。

A.下降　　B.不变　　C.上升　　D.难以确定

二、多项选择题

1.按比较对象分类，比较分析法可以分为（　　）。

A.绝对数比较　　B.行业标准比较

C.百分比变动比较　　D.历史标准比较

E.目标标准比较

2.下列项目中，属于速动资产的有（　　）。

A.货币资金　　B.预付账款　　C.应收账款　　D.存货

3.盈利能力的比率分析可以分为（　　）。

A.与筹资有关的盈利能力分析　　B.与投资有关的盈利能力分析

C.与销售有关的盈利能力分析　　D.与股本有关的盈利能力分析

4.留存收益的作用有（　　）。

A.增强企业的信用能力　　B.增强企业的获利能力

C.增加企业的净资产　　D.能够为企业的再发展提供资金来源

5.比率分析法主要分为（　　）。

A.相对比率分析　　B.趋势比率分析

C.相关比率分析　　D.构成比率分析

6.反映存货周转情况的指标有（　　）。

A.存货周转率　　B.存货周转天数　　C.营业周期　　D.存货周转次数

7.关注资产结构和资产管理效果分析的报表使用人包括（　　）。

A.企业管理者　　B.企业的债权人

C.企业所有者或股东　　D.政府及有关管理部门

8.杠杆贡献率的驱动因素包括（　　）。

A.权益净利率　　B.净经营资产利润率

C.税后利息率　　D.净财务杠杆

9.公司当年的经营利润很多，却不能偿还到期债务。为查清其原因，应检查的财务比率包括（　　）。

A.资产负债率　　B.流动比率

C.存货周转率　　D.应收账款周转率

10.下列状态中，（　　）会显示企业短期偿债能力较弱，财务状况不稳定。

A.非流动资产超过长期资本　　B.流动资产超过流动负债

C.净营运资本为负数　　D.流动负债超过流动资产

三、判断题

1.留存收益具有增强企业偿债能力的作用。（　　）

2.使用多期财务报告数据进行比较分析是为了查明某些特定项目在不同年度的差异。（　　）

3. 比较分析法是财务报表分析中最常用的基本方法。 (　　)

4. 企业营业利润与去年基本一致，而销售净利率却大幅度下降，其根本原因是销售费用增加。 (　　)

5. 对企业而言，速动比率大于1才是正常的。 (　　)

6. 总资产收益率越高，则净资产收益率也越高。 (　　)

7. 市盈率反映投资人愿意对每单位净利润支付的价格，可以用来估计股票的投资报酬和风险。 (　　)

8. 固定资产周转率是指企业年产品（或商品）销售收入净额与固定资产平均净值的差额，它反映企业固定资产周转状况，是衡量固定资产运用效率的一项指标。 (　　)

9. 总资产收益率的高低取决于销售净利率和权益乘数。 (　　)

10. 连环替代法是按顺序用各项因素的实际数替换基数，借以计算各项因素影响程度的一种分析方法。 (　　)

四、计算题

1. 某公司2020年营业收入为500万元，营业成本为营业收入的60%，营业净利率为15%，以营业成本计算的存货周转率为6，期初存货余额为40万元，期初应收账款余额为30万元，期末应收账款余额为20万元，速动比率为1.5，流动比率为3，流动资产占资产总额的25%，该公司期初资产总额为400万元，期末无预付账款、一年内到期的非流动资产和其他流动资产。

要求：分别计算应收账款周转率、总资产周转率和总资产净利率。

2. 某公司2020年有关资料见表7–5。

表7–5　**资产负债表（简表）**

2020年12月31日

单位：万元

资产	年末	年初	负债和所有者权益	年末	年初
货币资金	45	50	流动负债合计	150	175
应收账款	90	60	非流动负债合计	200	245
存货	144	92	负债合计	350	420
流动资产合计	279	202	所有者权益合计	350	280
固定资产	421	498			
资产总计	700	700	负债和所有者权益总计	700	700

同时，该公司2019年销售净利率为16%，总资产周转率为0.4，权益乘数为2.5，净资产收益率为16%，2020年营业收入为350万元，净利润为63万元。

要求：

（1）计算2020年年末的流动比率、速动比率、资产负债率和权益乘数；

（2）计算2020年总资产周转率、总资产周转天数、销售净利率和净资产收益率；

（3）分析销售净利率、总资产周转率和权益乘数变动对净资产收益率的影响。

3. 某公司2020年12月31日的资产负债表有关数据摘录见表7–6。

表7-6　　资产负债表（简表）

2020年12月31日　　单位：万元

资产	金额	负债和所有者权益	金额
货币资金	34	应付账款	
应收账款		应交税费	36
存货		非流动负债	
固定资产	364	实收资本	320
无形资产	26	未分配利润	
资产总计	568	负债和所有者权益总计	568

2020年其他资料如下：

（1）流动比率为1.78；

（2）资产负债率为0.4；

（3）应收账款周转率为16次（假定期初应收账款为42万元）；

（4）净利润为70万元，销售净利率为7%。

要求：计算表中空缺项目的金额。

4.F公司2020年年初的流动资产总额为900万元（其中应收票据为300万元，应收账款为200万元，存货为400万元），流动资产占资产总额的25%，流动负债总额为600万元，流动负债占负债总额的30%。该公司2020年年末的流动资产总额为1 100万元（其中应收票据为350万元，应收账款为300万元，存货为450万元），流动资产占资产总额的20%，流动负债占负债总额的32%。该公司2020年年末股东权益与年初股东权益的比值为1.5。已知该公司2020年营业收入为6 000万元，销售成本率为78%。

要求：

（1）计算2020年年初的负债总额、资产总额、权益乘数、流动比率和速动比率；

（2）计算2020年年末的股东权益总额、资产总额、流动比率、速动比率；

（3）计算2020年的应收账款周转率、存货周转率和总资产周转率。

5.已知某公司资产总额450万元，流动资产占30%，其中货币资金有25万元，其余为应收账款和存货。所有者权益项目共计280万元，本年实现毛利90万元。年末流动比率1.5，产权比率0.6，收入基础的存货周转率10次，成本基础的存货周转率8次。

要求：计算应收账款、存货、长期负债、流动负债、流动资产的数额。

6.某公司2023年度简化的资产负债表见表7-7。

表7-7　　资产负债表

2023年12月31日　　单位：万元

资产	年初数	年末数	负债及所有者权益	年初数	年末数
货币资金	120	100	应付账款	300	640
应收账款净值	100	190	应付职工薪酬	60	50

续表

资产	年初数	年末数	负债及所有者权益	年初数	年末数
存货	250	380	应交税费	70	50
流动资产合计	470	670	流动负债合计	430	740
固定资产合计	900	1 160	长期借款	240	390
			长期负债合计	240	390
			实收资本	700	700
			所有者权益合计	700	700
总计	1 370	1 830	总计	1 370	1 830

该公司2022年的销售净利率为15%，总资产周转率为0.5次，权益乘数为2.1，净资产收益率为15.75%。2023年度的销售收入净额为800万元，净利润总额为112万元。

要求：计算该公司2023年销售净利率、总资产周转率、权益乘数（保留四位小数）和净资产收益率（取整数）指标，定量分析2023年净资产收益率比2022年提高或降低的原因。

附录一

资金时间价值系数表

附表1　　复利终值系数表

期数	1%	2%	3%	4%	5%	6%	7%	8%	9%	10%
1	1.0100	1.0200	1.0300	1.0400	1.0500	1.0600	1.0700	1.0800	1.0900	1.1000
2	1.0201	1.0404	1.0609	1.0816	1.1025	1.1236	1.1449	1.1664	1.1881	1.2100
3	1.0303	1.0612	1.0927	1.1249	1.1576	1.1910	1.2250	1.2597	1.2950	1.3310
4	1.0406	1.0824	1.1255	1.1699	1.2155	1.2625	1.3108	1.3605	1.4116	1.4641
5	1.0510	1.1041	1.1593	1.2167	1.2763	1.3382	1.4026	1.4693	1.5386	1.6105
6	1.0615	1.1262	1.1941	1.2653	1.3401	1.4185	1.5007	1.5869	1.6771	1.7716
7	1.0721	1.1487	1.2299	1.3159	1.4071	1.5036	1.6058	1.7138	1.8280	1.9487
8	1.0829	1.1717	1.2668	1.3686	1.4775	1.5938	1.7182	1.8509	1.9926	2.1436
9	1.0937	1.1951	1.3048	1.4233	1.5513	1.6895	1.8385	1.9990	2.1719	2.3579
10	1.1046	1.2190	1.3439	1.4802	1.6289	1.7908	1.9672	2.1589	2.3674	2.5937
11	1.1157	1.2434	1.3842	1.5395	1.7103	1.8983	2.1049	2.3316	2.5804	2.8531
12	1.1268	1.2682	1.4258	1.6010	1.7959	2.0122	2.2522	2.5182	2.8127	3.1384
13	1.1381	1.2936	1.4685	1.6651	1.8856	2.1329	2.4098	2.7196	3.0658	3.4523
14	1.1495	1.3195	1.5126	1.7317	1.9799	2.2609	2.5785	2.9372	3.3417	3.7975
15	1.1610	1.3459	1.5580	1.8009	2.0789	2.3966	2.7590	3.1722	3.6425	4.1772
16	1.1726	1.3728	1.6047	1.8730	2.1829	2.5404	2.9522	3.4259	3.9703	4.5950
17	1.1843	1.4002	1.6528	1.9479	2.2920	2.6928	3.1588	3.7000	4.3276	5.0545
18	1.1961	1.4282	1.7024	2.0258	2.4066	2.8543	3.3799	3.9960	4.7171	5.5599
19	1.2081	1.4568	1.7535	2.1068	2.5270	3.0256	3.6165	4.3157	5.1417	6.1159
20	1.2202	1.4859	1.8061	2.1911	2.6533	3.2071	3.8697	4.6610	5.6044	6.7275
21	1.2324	1.5157	1.8603	2.2788	2.7860	3.3996	4.1406	5.0338	6.1088	7.4002
22	1.2447	1.5460	1.9161	2.3699	2.9253	3.6035	4.4304	5.4365	6.6586	8.1403
23	1.2572	1.5769	1.9736	2.4647	3.0715	3.8197	4.7405	5.8715	7.2579	8.9543
24	1.2697	1.6084	2.0328	2.5633	3.2251	4.0489	5.0724	6.3412	7.9111	9.8497
25	1.2824	1.6406	2.0938	2.6658	3.3864	4.2919	5.4274	6.8485	8.6231	10.835
26	1.2953	1.6734	2.1566	2.7725	3.5557	4.5494	5.8074	7.3964	9.3992	11.918
27	1.3082	1.7069	2.2213	2.8834	3.7335	4.8223	6.2139	7.9881	10.245	13.110
28	1.3213	1.7410	2.2879	2.9987	3.9201	5.1117	6.6488	8.6271	11.167	14.421
29	1.3345	1.7758	2.3566	3.1187	4.1161	5.4184	7.1143	9.3173	12.172	15.863
30	1.3478	1.8114	2.4273	3.2434	4.3219	5.7435	7.6123	10.063	13.268	17.449
40	1.4889	2.2080	3.2620	4.8010	7.0400	10.286	14.975	21.725	31.409	45.259
50	1.6446	2.6916	4.3839	7.1067	11.467	18.420	29.457	46.902	74.358	117.39
60	1.8167	3.2810	5.8916	10.520	18.679	32.988	57.946	101.26	176.03	304.48

续表

期数	12%	14%	15%	16%	18%	20%	24%	28%	32%	36%
1	1.1200	1.1400	1.1500	1.1600	1.1800	1.2000	1.2400	1.2800	1.3200	1.3600
2	1.2544	1.2996	1.3225	1.3456	1.3924	1.4400	1.5376	1.6384	1.7424	1.8496
3	1.4049	1.4815	1.5209	1.5609	1.6430	1.7280	1.9066	2.0972	2.3000	2.5155
4	1.5735	1.6890	1.7490	1.8106	1.9388	2.0736	2.3642	2.6844	3.0360	3.4210
5	1.7623	1.9254	2.0114	2.1003	2.2878	2.4883	2.9316	3.4360	4.0075	4.6526
6	1.9738	2.1950	2.3131	2.4364	2.6996	2.9860	3.6352	4.3980	5.2899	6.3275
7	2.2107	2.5023	2.6600	2.8262	3.1855	3.5832	4.5077	5.6295	6.9826	8.6054
8	2.4760	2.8526	3.0590	3.2784	3.7589	4.2998	5.5895	7.2058	9.2170	11.703
9	2.7731	3.2519	3.5179	3.8030	4.4355	5.1598	6.9310	9.2234	12.167	15.917
10	3.1058	3.7072	4.0456	4.4114	5.2338	6.1917	8.5944	11.806	16.060	21.647
11	3.4785	4.2262	4.6524	5.1173	6.1759	7.4301	10.657	15.112	21.199	29.439
12	3.8960	4.8179	5.3503	5.9360	7.2876	8.9161	13.215	19.343	27.983	40.038
13	4.3635	5.4924	6.1528	6.8858	8.5994	10.699	16.386	24.759	36.937	54.451
14	4.8871	6.2613	7.0757	7.9875	10.147	12.839	20.319	31.691	48.757	74.053
15	5.4736	7.1379	8.1371	9.2655	11.974	15.407	25.196	40.565	64.359	100.71
16	6.1304	8.1372	9.3576	10.748	14.129	18.488	31.243	51.923	84.954	136.97
17	6.8660	9.2765	10.761	12.468	16.672	22.186	38.741	66.461	112.14	186.28
18	7.6900	10.575	12.376	14.463	19.673	26.623	48.039	85.071	148.02	253.34
19	8.6128	12.056	14.232	16.777	23.214	31.948	59.568	108.89	195.39	344.54
20	9.6463	13.744	16.367	19.461	27.393	38.338	73.864	139.38	257.92	468.57
21	10.804	15.668	18.822	22.575	32.324	46.005	91.592	178.41	340.45	637.26
22	12.100	17.861	21.645	26.186	38.142	55.206	113.57	228.36	449.39	866.67
23	13.552	20.362	24.892	30.376	45.008	66.247	140.83	292.30	593.20	1178.7
24	15.179	23.212	28.625	35.236	53.109	79.497	174.63	374.14	783.02	1603.0
25	17.000	26.462	32.919	40.874	62.669	95.396	216.54	478.90	1033.6	2180.1
26	19.040	30.167	37.857	47.414	73.949	114.48	268.51	613.00	1364.3	2964.9
27	21.325	34.390	43.535	55.000	87.260	137.37	332.96	784.64	1800.9	4032.3
28	23.884	39.205	50.066	63.800	102.97	164.84	412.86	1004.3	2377.2	5483.9
29	26.750	44.693	57.576	74.009	121.50	197.81	511.95	1285.6	3137.9	7458.1
30	29.960	50.950	66.212	85.850	143.37	237.38	634.82	1645.5	4142.1	10143
40	93.051	188.88	267.86	378.72	750.38	1469.8	5455.9	19427	66521	*
50	289.00	700.23	1083.7	1670.7	3927.4	9100.4	46890	*	*	*
60	897.60	2595.9	4384.0	7370.2	20555	56348	*	*	*	*

注：*>99 999。

计算公式：复利终值系数=（1+i）^{n}，S=P（1+i）^{n}。

其中：

P——现值或初始值；

i——报酬率或利率；

n——计息期数；

S——终值或本利和。

附表2

复利现值系数表

期数	1%	2%	3%	4%	5%	6%	7%	8%	9%	10%
1	0.9901	0.9804	0.9709	0.9615	0.9524	0.9434	0.9346	0.9259	0.9174	0.9091
2	0.9803	0.9612	0.9426	0.9246	0.9070	0.8900	0.8734	0.8573	0.8417	0.8264
3	0.9706	0.9423	0.9151	0.8890	0.8638	0.8396	0.8163	0.7938	0.7722	0.7513
4	0.9610	0.9238	0.8885	0.8548	0.8227	0.7921	0.7629	0.7350	0.7084	0.6830
5	0.9515	0.9057	0.8626	0.8219	0.7835	0.7473	0.7130	0.6806	0.6499	0.6209
6	0.9420	0.8880	0.8375	0.7903	0.7462	0.7050	0.6663	0.6302	0.5963	0.5645
7	0.9327	0.8706	0.8131	0.7599	0.7107	0.6651	0.6227	0.5835	0.5470	0.5132
8	0.9235	0.8535	0.7894	0.7307	0.6768	0.6274	0.5820	0.5403	0.5019	0.4665
9	0.9143	0.8368	0.7664	0.7026	0.6446	0.5919	0.5439	0.5002	0.4604	0.4241
10	0.9053	0.8203	0.7441	0.6756	0.6139	0.5584	0.5083	0.4632	0.4224	0.3855
11	0.8963	0.8043	0.7224	0.6496	0.5847	0.5268	0.4751	0.4289	0.3875	0.3505
12	0.8874	0.7885	0.7014	0.6246	0.5568	0.4970	0.4440	0.3971	0.3555	0.3186
13	0.8787	0.7730	0.6810	0.6006	0.5303	0.4688	0.4150	0.3677	0.3262	0.2897
14	0.8700	0.7579	0.6611	0.5775	0.5051	0.4423	0.3878	0.3405	0.2992	0.2633
15	0.8613	0.7430	0.6419	0.5553	0.4810	0.4173	0.3624	0.3152	0.2745	0.2394
16	0.8528	0.7284	0.6232	0.5339	0.4581	0.3936	0.3387	0.2919	0.2519	0.2176
17	0.8444	0.7142	0.6050	0.5134	0.4363	0.3714	0.3166	0.2703	0.2311	0.1978
18	0.8360	0.7002	0.5874	0.4936	0.4155	0.3503	0.2959	0.2502	0.2120	0.1799
19	0.8277	0.6864	0.5703	0.4746	0.3957	0.3305	0.2765	0.2317	0.1945	0.1635
20	0.8195	0.6730	0.5537	0.4564	0.3769	0.3118	0.2584	0.2145	0.1784	0.1486
21	0.8114	0.6598	0.5375	0.4388	0.3589	0.2942	0.2415	0.1987	0.1637	0.1351
22	0.8034	0.6468	0.5219	0.4220	0.3418	0.2775	0.2257	0.1839	0.1502	0.1228
23	0.7954	0.6342	0.5067	0.4057	0.3256	0.2618	0.2109	0.1703	0.1378	0.1117
24	0.7876	0.6217	0.4919	0.3901	0.3101	0.2470	0.1971	0.1577	0.1264	0.1015
25	0.7798	0.6095	0.4776	0.3751	0.2953	0.2330	0.1842	0.1460	0.1160	0.0923
26	0.7720	0.5976	0.4637	0.3607	0.2812	0.2198	0.1722	0.1352	0.1064	0.0839
27	0.7644	0.5859	0.4502	0.3468	0.2678	0.2074	0.1609	0.1252	0.0976	0.0763
28	0.7568	0.5744	0.4371	0.3335	0.2551	0.1956	0.1504	0.1159	0.0895	0.0693
29	0.7493	0.5631	0.4243	0.3207	0.2429	0.1846	0.1406	0.1073	0.0822	0.0630
30	0.7419	0.5521	0.4120	0.3083	0.2314	0.1741	0.1314	0.0994	0.0754	0.0573
35	0.7059	0.5000	0.3554	0.2534	0.1813	0.1301	0.0937	0.0676	0.0490	0.0356
40	0.6717	0.4529	0.3066	0.2083	0.1420	0.0972	0.0668	0.0460	0.0318	0.0221
45	0.6391	0.4102	0.2644	0.1712	0.1113	0.0727	0.0476	0.0313	0.0207	0.0137
50	0.6080	0.3715	0.2281	0.1407	0.0872	0.0543	0.0339	0.0213	0.0134	0.0085
55	0.5785	0.3365	0.1968	0.1157	0.0683	0.0406	0.0242	0.0145	0.0087	0.0053

续表

期数	12%	14%	15%	16%	18%	20%	24%	28%	32%	36%
1	0.8929	0.8772	0.8696	0.8621	0.8475	0.8333	0.8065	0.7813	0.7576	0.7353
2	0.7972	0.7695	0.7561	0.7432	0.7182	0.6944	0.6504	0.6104	0.5739	0.5407
3	0.7118	0.6750	0.6575	0.6407	0.6086	0.5787	0.5245	0.4768	0.4348	0.3975
4	0.6355	0.5921	0.5718	0.5523	0.5158	0.4823	0.4230	0.3725	0.3294	0.2923
5	0.5674	0.5194	0.4972	0.4761	0.4371	0.4019	0.3411	0.2910	0.2495	0.2149
6	0.5066	0.4556	0.4323	0.4104	0.3704	0.3349	0.2751	0.2274	0.1890	0.1580
7	0.4523	0.3996	0.3759	0.3538	0.3139	0.2791	0.2218	0.1776	0.1432	0.1162
8	0.4039	0.3506	0.3269	0.3050	0.2660	0.2326	0.1789	0.1388	0.1085	0.0854
9	0.3606	0.3075	0.2843	0.2630	0.2255	0.1938	0.1443	0.1084	0.0822	0.0628
10	0.3220	0.2697	0.2472	0.2267	0.1911	0.1615	0.1164	0.0847	0.0623	0.0462
11	0.2875	0.2366	0.2149	0.1954	0.1619	0.1346	0.0938	0.0662	0.0472	0.0340
12	0.2567	0.2076	0.1869	0.1685	0.1372	0.1122	0.0757	0.0517	0.0357	0.0250
13	0.2292	0.1821	0.1625	0.1452	0.1163	0.0935	0.0610	0.0404	0.0271	0.0184
14	0.2046	0.1597	0.1413	0.1252	0.0985	0.0779	0.0492	0.0316	0.0205	0.0135
15	0.1827	0.1401	0.1229	0.1079	0.0835	0.0649	0.0397	0.0247	0.0155	0.0099
16	0.1631	0.1229	0.1069	0.0930	0.0708	0.0541	0.0320	0.0193	0.0118	0.0073
17	0.1456	0.1078	0.0929	0.0802	0.0600	0.0451	0.0258	0.0150	0.0089	0.0054
18	0.1300	0.0946	0.0808	0.0691	0.0508	0.0376	0.0208	0.0118	0.0068	0.0039
19	0.1161	0.0829	0.0703	0.0596	0.0431	0.0313	0.0168	0.0092	0.0051	0.0029
20	0.1037	0.0728	0.0611	0.0514	0.0365	0.0261	0.0135	0.0072	0.0039	0.0021
21	0.0926	0.0638	0.0531	0.0443	0.0309	0.0217	0.0109	0.0056	0.0029	0.0016
22	0.0826	0.0560	0.0462	0.0382	0.0262	0.0181	0.0088	0.0044	0.0022	0.0012
23	0.0738	0.0491	0.0402	0.0329	0.0222	0.0151	0.0071	0.0034	0.0017	0.0008
24	0.0659	0.0431	0.0349	0.0284	0.0188	0.0126	0.0057	0.0027	0.0013	0.0006
25	0.0588	0.0378	0.0304	0.0245	0.0160	0.0105	0.0046	0.0021	0.0010	0.0005
26	0.0525	0.0331	0.0264	0.0211	0.0135	0.0087	0.0037	0.0016	0.0007	0.0003
27	0.0469	0.0291	0.0230	0.0182	0.0115	0.0073	0.0030	0.0013	0.0006	0.0002
28	0.0419	0.0255	0.0200	0.0157	0.0097	0.0061	0.0024	0.0010	0.0004	0.0002
29	0.0374	0.0224	0.0174	0.0135	0.0082	0.0051	0.0020	0.0008	0.0003	0.0001
30	0.0334	0.0196	0.0151	0.0116	0.0070	0.0042	0.0016	0.0006	0.0002	0.0001
35	0.0189	0.0102	0.0075	0.0055	0.0030	0.0017	0.0005	0.0002	0.0001	*
40	0.0107	0.0053	0.0037	0.0026	0.0013	0.0007	0.0002	0.0001	*	*
45	0.0061	0.0027	0.0019	0.0013	0.0006	0.0003	0.0001	*	*	*
50	0.0035	0.0014	0.0009	0.0006	0.0003	0.0001	*	*	*	*
55	0.0020	0.0007	0.0005	0.0003	0.0001	*	*	*	*	*

注：*<0.0001。

计算公式：复利现值系数=（1+i）$^{-n}$，$P=\frac{S}{(1+i)^n}=S(1+i)^{-n}$。

其中：

P——现值或初始值；

i——报酬率或利率；

n——计息期数；

S——终值或本利和。

附表3

年金终值系数表

期数	1%	2%	3%	4%	5%	6%	7%	8%	9%	10%
1	1.0000	1.0000	1.0000	1.0000	1.0000	1.0000	1.0000	1.0000	1.0000	1.0000
2	2.0100	2.0200	2.0300	2.0400	2.0500	2.0600	2.0700	2.0800	2.0900	2.1000
3	3.0301	3.0604	3.0909	3.1216	3.1525	3.1836	3.2149	3.2464	3.2781	3.3100
4	4.0604	4.1216	4.1836	4.2465	4.3101	4.3746	4.4399	4.5061	4.5731	4.6410
5	5.1010	5.2040	5.3091	5.4163	5.5256	5.6371	5.7507	5.8666	5.9847	6.1051
6	6.1520	6.3081	6.4684	6.6330	6.8019	6.9753	7.1533	7.3359	7.5233	7.7156
7	7.2135	7.4343	7.6625	7.8983	8.1420	8.3938	8.6540	8.9228	9.2004	9.4872
8	8.2857	8.5830	8.8923	9.2142	9.5491	9.8975	10.260	10.637	11.029	11.436
9	9.3685	9.7546	10.159	10.583	11.027	11.491	11.978	12.488	13.021	13.580
10	10.462	10.950	11.464	12.006	12.578	13.181	13.816	14.487	15.193	15.937
11	11.567	12.169	12.808	13.486	14.207	14.972	15.784	16.646	17.560	18.531
12	12.683	13.412	14.192	15.026	15.917	16.870	17.889	18.977	20.141	21.384
13	13.809	14.680	15.618	16.627	17.713	18.882	20.141	21.495	22.953	24.523
14	14.947	15.974	17.086	18.292	19.599	21.015	22.551	24.215	26.019	27.975
15	16.097	17.293	18.599	20.024	21.579	23.276	25.129	27.152	29.361	31.773
16	17.258	18.639	20.157	21.825	23.658	25.673	27.888	30.324	33.003	35.950
17	18.430	20.012	21.762	23.698	25.840	28.213	30.840	33.750	36.974	40.545
18	19.615	21.412	23.414	25.645	28.132	30.906	33.999	37.450	41.301	45.599
19	20.811	22.841	25.117	27.671	30.539	33.760	37.379	41.446	46.019	51.159
20	22.019	24.297	26.870	29.778	33.066	36.786	40.996	45.762	51.160	57.275
21	23.239	25.783	28.677	31.969	35.719	39.993	44.865	50.423	56.765	64.003
22	24.472	27.299	30.537	34.248	38.505	43.392	49.006	55.457	62.873	71.403
23	25.716	28.845	32.453	36.618	41.431	46.996	53.436	60.893	69.532	79.543
24	26.974	30.422	34.427	39.083	44.502	50.816	58.177	66.765	76.790	88.497
25	28.243	32.030	36.459	41.646	47.727	54.865	63.249	73.106	84.701	98.347
26	29.526	33.671	38.553	44.312	51.114	59.156	68.677	79.954	93.324	109.18
27	30.821	35.344	40.710	47.084	54.669	63.706	74.484	87.351	102.72	121.10
28	32.129	37.051	42.931	49.968	58.403	68.528	80.698	95.339	112.97	134.21
29	33.450	38.792	45.219	52.966	62.323	73.640	87.347	103.97	124.14	148.63
30	34.785	40.568	47.575	56.085	66.439	79.058	94.461	113.28	136.31	164.49
40	48.886	60.402	75.401	95.026	120.80	154.76	199.64	259.06	337.88	442.59
50	64.463	84.579	112.80	152.67	209.35	290.34	406.53	573.77	815.08	1163.9
60	81.670	114.05	163.05	237.99	353.58	533.13	813.52	1 253.2	1 944.8	3 034.8

续表

期数	12%	14%	15%	16%	18%	20%	24%	28%	32%	36%
1	1.0000	1.0000	1.0000	1.0000	1.0000	1.0000	1.0000	1.0000	1.0000	1.0000
2	2.1200	2.1400	2.1500	2.1600	2.1800	2.2000	2.2400	2.2800	2.3200	2.3600
3	3.3744	3.4396	3.4725	3.5056	3.5724	3.6400	3.7776	3.9184	4.0624	4.2096
4	4.7793	4.9211	4.9934	5.0665	5.2154	5.3680	5.6842	6.0156	6.3624	6.7251
5	6.3528	6.6101	6.7424	6.8771	7.1542	7.4416	8.0484	8.6999	9.3983	10.146
6	8.1152	8.5355	8.7537	8.9775	9.4420	9.9299	10.980	12.136	13.406	14.799
7	10.089	10.731	11.067	11.414	12.142	12.916	14.615	16.534	18.696	21.126
8	12.300	13.233	13.727	14.240	15.327	16.499	19.123	22.163	25.678	29.732
9	14.776	16.085	16.786	17.519	19.086	20.799	24.713	29.369	34.895	41.435
10	17.549	19.337	20.304	21.322	23.521	25.959	31.643	38.593	47.062	57.352
11	20.655	23.045	24.349	25.733	28.755	32.150	40.238	50.399	63.122	78.998
12	24.133	27.271	29.002	30.850	34.931	39.581	50.895	65.510	84.320	108.44
13	28.029	32.089	34.352	36.786	42.219	48.497	64.110	84.853	112.30	148.48
14	32.393	37.581	40.505	43.672	50.818	59.196	80.496	109.61	149.24	202.93
15	37.280	43.842	47.580	51.660	60.965	72.035	100.82	141.30	198.00	276.98
16	42.753	50.980	55.718	60.925	72.939	87.442	126.01	181.87	262.36	377.69
17	48.884	59.118	65.075	71.673	87.068	105.93	157.25	233.79	347.31	514.66
18	55.750	68.394	75.836	84.141	103.74	128.12	195.99	300.25	459.45	700.94
19	63.440	78.969	88.212	98.603	123.41	154.74	244.03	385.32	607.47	954.28
20	72.052	91.025	102.44	115.38	146.63	186.69	303.60	494.21	802.86	1 298.8
21	81.699	104.77	118.81	134.84	174.02	225.03	377.46	633.59	1 060.8	1 767.4
22	92.503	120.44	137.63	157.42	206.34	271.03	469.06	812.00	1 401.2	2 404.7
23	104.60	138.30	159.28	183.60	244.49	326.24	582.63	1 040.4	1 850.6	3 271.3
24	118.16	158.66	184.17	213.98	289.49	392.48	723.46	1 332.7	2 443.8	4 450.0
25	133.33	181.87	212.79	249.21	342.60	471.98	898.09	1 706.8	3 226.8	6 053.0
26	150.33	208.33	245.71	290.09	405.27	567.38	1 114.6	2 185.7	4 260.4	8 233.1
27	169.37	238.50	283.57	337.50	479.22	681.85	1 383.1	2 798.7	5 624.8	11 198
28	190.70	272.89	327.10	392.50	566.48	819.22	1 716.1	3 583.3	7 425.7	15 230
29	214.58	312.09	377.17	456.30	669.45	984.07	2 129.0	4 587.7	9 802.9	20 714
30	241.33	356.79	434.75	530.31	790.95	1 181.9	2 640.9	5 873.2	12 941	28 172
40	767.09	1 342.0	1 779.1	2 360.8	4 163.2	7 343.9	22 729	69 377	207 874	609 890
50	2 400.0	4 994.5	7 217.7	10 436	21 813	45 497	195 373	819 103	*	*
60	7 471.6	18 535	29 220	46 058	114 190	281 733	*	*	*	*

注：*>999 999.99。

计算公式：年金终值系数=$\frac{(1+i)^n-1}{i}$，$S=A\cdot\frac{(1+i)^n-1}{i}$。

其中：

A——每期等额支付（或收入）的金额；

i——报酬率或利率；

n——计息期数；

S——年金终值或本利和。

附表4　**年金现值系数表**

期数	1%	2%	3%	4%	5%	6%	7%	8%	9%	10%
1	0.9901	0.9804	0.9709	0.9615	0.9524	0.9434	0.9346	0.9259	0.9174	0.9091
2	1.9704	1.9416	1.9135	1.8861	1.8594	1.8334	1.8080	1.7833	1.7591	1.7355
3	2.9410	2.8839	2.8286	2.7751	2.7232	2.6730	2.6243	2.5771	2.5313	2.4869
4	3.9020	3.8077	3.7171	3.6299	3.5460	3.4651	3.3872	3.3121	3.2397	3.1699
5	4.8534	4.7135	4.5797	4.4518	4.3295	4.2124	4.1002	3.9927	3.8897	3.7908
6	5.7955	5.6014	5.4172	5.2421	5.0757	4.9173	4.7665	4.6229	4.4859	4.3553
7	6.7282	6.4720	6.2303	6.0021	5.7864	5.5824	5.3893	5.2064	5.0330	4.8684
8	7.6517	7.3255	7.0197	6.7327	6.4632	6.2098	5.9713	5.7466	5.5348	5.3349
9	8.5660	8.1622	7.7861	7.4353	7.1078	6.8017	6.5152	6.2469	5.9952	5.7590
10	9.4713	8.9826	8.5302	8.1109	7.7217	7.3601	7.0236	6.7101	6.4177	6.1446
11	10.3676	9.7868	9.2526	8.7605	8.3064	7.8869	7.4987	7.1390	6.8052	6.4951
12	11.2551	10.5753	9.9540	9.3851	8.8633	8.3838	7.9427	7.5361	7.1607	6.8137
13	12.1337	11.3484	10.6350	9.9856	9.3936	8.8527	8.3577	7.9038	7.4869	7.1034
14	13.0037	12.1062	11.2961	10.5631	9.8986	9.2950	8.7455	8.2442	7.7862	7.3667
15	13.8651	12.8493	11.9379	11.1184	10.3797	9.7122	9.1079	8.5595	8.0607	7.6061
16	14.7179	13.5777	12.5611	11.6523	10.8378	10.1059	9.4466	8.8514	8.3126	7.8237
17	15.5623	14.2919	13.1661	12.1657	11.2741	10.4773	9.7632	9.1216	8.5436	8.0216
18	16.3983	14.9920	13.7535	12.6593	11.6896	10.8276	10.0591	9.3719	8.7556	8.2014
19	17.2260	15.6785	14.3238	13.1339	12.0853	11.1581	10.3356	9.6036	8.9501	8.3649
20	18.0456	16.3514	14.8775	13.5903	12.4622	11.4699	10.5940	9.8181	9.1285	8.5136
21	18.8570	17.0112	15.4150	14.0292	12.8212	11.7641	10.8355	10.0168	9.2922	8.6487
22	19.6604	17.6580	15.9369	14.4511	13.1630	12.0416	11.0612	10.2007	9.4424	8.7715
23	20.4558	18.2922	16.4436	14.8568	13.4886	12.3034	11.2722	10.3711	9.5802	8.8832
24	21.2434	18.9139	16.9355	15.2470	13.7986	12.5504	11.4693	10.5288	9.7066	8.9847
25	22.0232	19.5235	17.4131	15.6221	14.0939	12.7834	11.6536	10.6748	9.8226	9.0770
26	22.7952	20.1210	17.8768	15.9828	14.3752	13.0032	11.8258	10.8100	9.9290	9.1609
27	23.5596	20.7069	18.3270	16.3296	14.6430	13.2105	11.9867	10.9352	10.0266	9.2372
28	24.3164	21.2813	18.7641	16.6631	14.8981	13.4062	12.1371	11.0511	10.1161	9.3066
29	25.0658	21.8444	19.1885	16.9837	15.1411	13.5907	12.2777	11.1584	10.1983	9.3696
30	25.8077	22.3965	19.6004	17.2920	15.3725	13.7648	12.4090	11.2578	10.2737	9.4269
35	29.4086	24.9986	21.4872	18.6646	16.3742	14.4982	12.9477	11.6546	10.5668	9.6442
40	32.8347	27.3555	23.1148	19.7928	17.1591	15.0463	13.3317	11.9246	10.7574	9.7791
45	36.0945	29.4902	24.5187	20.7200	17.7741	15.4558	13.6055	12.1084	10.8812	9.8628
50	39.1961	31.4236	25.7298	21.4822	18.2559	15.7619	13.8007	12.2335	10.9617	9.9148
55	42.1472	33.1748	26.7744	22.1086	18.6335	15.9905	13.9399	12.3186	11.0140	9.9471

续表

期数	12%	14%	15%	16%	18%	20%	24%	28%	32%	36%
1	0.8929	0.8772	0.8696	0.8621	0.8475	0.8333	0.8065	0.7813	0.7576	0.7353
2	1.6901	1.6467	1.6257	1.6052	1.5656	1.5278	1.4568	1.3916	1.3315	1.2760
3	2.4018	2.3216	2.2832	2.2459	2.1743	2.1065	1.9813	1.8684	1.7663	1.6735
4	3.0373	2.9137	2.8550	2.7982	2.6901	2.5887	2.4043	2.2410	2.0957	1.9658
5	3.6048	3.4331	3.3522	3.2743	3.1272	2.9906	2.7454	2.5320	2.3452	2.1807
6	4.1114	3.8887	3.7845	3.6847	3.4976	3.3255	3.0205	2.7594	2.5342	2.3388
7	4.5638	4.2883	4.1604	4.0386	3.8115	3.6046	3.2423	2.9370	2.6775	2.4550
8	4.9676	4.6389	4.4873	4.3436	4.0776	3.8372	3.4212	3.0758	2.7860	2.5404
9	5.3282	4.9464	4.7716	4.6065	4.3030	4.0310	3.5655	3.1842	2.8681	2.6033
10	5.6502	5.2161	5.0188	4.8332	4.4941	4.1925	3.6819	3.2689	2.9304	2.6495
11	5.9377	5.4527	5.2337	5.0286	4.6560	4.3271	3.7757	3.3351	2.9776	2.6834
12	6.1944	5.6603	5.4206	5.1971	4.7932	4.4392	3.8514	3.3868	3.0133	2.7084
13	6.4235	5.8424	5.5831	5.3423	4.9095	4.5327	3.9124	3.4272	3.0404	2.7268
14	6.6282	6.0021	5.7245	5.4675	5.0081	4.6106	3.9616	3.4587	3.0609	2.7403
15	6.8109	6.1422	5.8474	5.5755	5.0916	4.6755	4.0013	3.4834	3.0764	2.7502
16	6.9740	6.2651	5.9542	5.6685	5.1624	4.7296	4.0333	3.5026	3.0882	2.7575
17	7.1196	6.3729	6.0472	5.7487	5.2223	4.7746	4.0591	3.5177	3.0971	2.7629
18	7.2497	6.4674	6.1280	5.8178	5.2732	4.8122	4.0799	3.5294	3.1039	2.7668
19	7.3658	6.5504	6.1982	5.8775	5.3162	4.8435	4.0967	3.5386	3.1090	2.7697
20	7.4694	6.6231	6.2593	5.9288	5.3527	4.8696	4.1103	3.5458	3.1129	2.7718
21	7.5620	6.6870	6.3125	5.9731	5.3837	4.8913	4.1212	3.5514	3.1158	2.7734
22	7.6446	6.7429	6.3587	6.0113	5.4099	4.9094	4.1300	3.5558	3.1180	2.7746
23	7.7184	6.7921	6.3988	6.0442	5.4321	4.9245	4.1371	3.5592	3.1197	2.7754
24	7.7843	6.8351	6.4338	6.0726	5.4509	4.9371	4.1428	3.5619	3.1210	2.7760
25	7.8431	6.8729	6.4641	6.0971	5.4669	4.9476	4.1474	3.5640	3.1220	2.7765
26	7.8957	6.9061	6.4906	6.1182	5.4804	4.9563	4.1511	3.5656	3.1227	2.7768
27	7.9426	6.9352	6.5135	6.1364	5.4919	4.9636	4.1542	3.5669	3.1233	2.7771
28	7.9844	6.9607	6.5335	6.1520	5.5016	4.9697	4.1566	3.5679	3.1237	2.7773
29	8.0218	6.9830	6.5509	6.1656	5.5098	4.9747	4.1585	3.5687	3.1240	2.7774
30	8.0552	7.0027	6.5660	6.1772	5.5168	4.9789	4.1601	3.5693	3.1242	2.7775
35	8.1755	7.0700	6.6166	6.2153	5.5386	4.9915	4.1644	3.5708	3.1248	2.7777
40	8.2438	7.1050	6.6418	6.2335	5.5482	4.9966	4.1659	3.5712	3.1250	2.7778
45	8.2825	7.1232	6.6543	6.2421	5.5523	4.9986	4.1664	3.5714	3.1250	2.7778
50	8.3045	7.1327	6.6605	6.2463	5.5541	4.9995	4.1666	3.5714	3.1250	2.7778
55	8.3170	7.1376	6.6636	6.2482	5.5549	4.9998	4.1666	3.5714	3.1250	2.7778

计算公式：年金现值系数=$\frac{1-(1+i)^{-n}}{i}$，$P=A\cdot\frac{1-(1+i)^{-n}}{i}$。

其中：

A——每期等额支付（或收入）的金额；

i——报酬率或利率；

n——计息期数；

P——年金现值或本利和。

附录二

各章课后练习参考答案

第一章

1.（1）核准企业名称，填报设立申请信息并提交申请，预审通过后递交申请材料，领取营业执照，办理刻章等事项。

（2）内部组织结构设计包括两方面的内容：将企业组织划分为不同的、相对独立的部门；将它们组合起来，形成特定的部门结构。

内部组织结构设计组合原则共有三种：一是以工作和任务为中心，即广义的职能制组织结构；二是直线制、直线职能制、矩阵结构，以成果为中心；三是事业部制和模拟分权结构，以关系为中心，只出现在特别巨大的企业或项目中。内部组织结构选择需考虑的主要因素是企业规模大小。规模较小，宜采用“以工作和任务为中心”模式；规模较大，宜采用“以成果为中心”模式；规模特大，可考虑采用“以关系为中心”模式。

（3）正确的财务管理目标是企业价值最大化，即要求企业采用最优的财务政策，充分考虑资金的时间价值和风险与报酬的关系，在保证企业长期稳定发展的基础上使企业总价值达到最大。

可能遇到的问题有：①企业的价值过于理论化，不易操作；②对非上市公司来说，只有对企业进行专门的评估才能确定其价值。

解决方法有：①考虑取得报酬的时间，并用时间价值原理进行计量；②考虑风险与报酬的关系；③将企业长期、稳定的发展和持续的获利能力放在首位，能避免企业在追求利润过程中发生短期行为；④用价值代替价格，有效地规避了企业的短期行为。

2.条款中符合规定的是：

（1）第1条。公司由三方组建。《公司法》规定，有限责任公司可以是1人公司。

（2）第2条。根据《公司法》的规定，有限公司的注册资本没有最低限额。

（3）第3条。《公司法》对以专利权及专有技术等折价出资的金额没有专门进行限定。

（4）第5条。公司设立董事会，董事长负责董事会的工作。根据《公司法》的规定，有限责任公司一般需设董事会，只有在股东人数少、规模小的情况下，可不设董事会，只设1名执行董事。但这仅是例外，并不排除在股东人数少、规模小时设董事会的情况。

（5）第6条。根据《公司法》第十条的规定，公司的法定代表人按照公司章程的规定，由代表公司执行公司事务的董事或者经理担任。

其余条款均不符合法律规定：

（1）第4条。根据《公司法》的规定，有限责任公司的出资人是依其出资比例享有利润分配和承担风险的，因此，第4条约定的利润分配方案不符合规定。

（2）第7条。根据《公司法》的规定，在公司存续期间，出资人不得抽回出资，如确需抽回投资，须按转让投资的方式进行。因此，第7条的约定是不符合规定的。

3. 我国企业要参与国际性的经济竞争，要进入世界500强的行列，最大的障碍既不在技术环节上，也不在营销环节上，而在理财上（表现为利润率低下），因此必须尽快提高我国企业的理财观念与理财技术。

现代企业管理已逐步成为一个由人事管理、生产管理、技术管理、营销管理、财务管理等诸多子系统构成的庞大的管理网络系统。而财务管理既是这个系统中的一个独立的子系统，又具有贯穿企业整个经营过程的综合管理职能。因此，财务管理是企业管理的重头戏和主角，是企业管理的中心。

第二章

一、单项选择题

1.D

解析：计算复利终值，利率10%，期数是5期，查终值系数表，（F/P，10%，5）=1.6105。

2.B

解析：年初等额支付，属于预付年金。

3.B

解析：本题考查有效年利率的计算。债券的有效年利率 =（1+12%÷4）^{4}−1=12.55%，选项 B 当选。无论债券是溢价、折价还是平价发行，都不影响债券本身的有效年利率。债券的有效年利率 =（1+ 计息期利率）^{年计息次数} −1。

4.B

解析：递延期为2，现值=500×（P/A，10%，5）×（P/F，10%，2）=500×3.791×0.826=1 565.68（万元）。

5. D

解析：本题考查货币时间价值。预付年金终值系数在普通年金终值系数的基础上，期数 +1，系数 −1，选项 D 当选。

6.C

解析：季度报酬率=2 000÷100 000×100%=2%，有效年报酬率为：i=（1+2%）^{4}−1=8.24%。

7. C

解析：本题考查投资组合的风险与报酬。XRY 曲线为投资机会集曲线，XR 曲线为投资无效集，X 点为最低期望报酬率组合点，Y 点为最高期望报酬率组合点，R 点为最小方差组合点，RY 曲线为投资有效集曲线（即从最小方差组合点到最高期望报酬率组合点的那段曲线），选项 C 当选。

8.A

解析：根据题意，乙项目的风险大于甲项目。风险就是预期结果的不确定性，风险不仅包括负面效应（即危险）的不确定性，也包括正面效应（即机会）的不确定性。风险高，则报酬可能也高，所以，乙项目的风险和报酬均可能高于甲项目。

9.B

解析：利用资本资产定价模型，股票的必要报酬率=3.5%+1.24×（8%−3.5%）=9.08%。

10.A

解析：竞争对手被外资企业并购是影响特定企业的因素，其属于非系统风险，而国家加入世界贸易组织、汇率波动、货币政策变化属于系统风险，应该选择 A 选项。

11. C

解析：本题考查单项资产的风险与报酬。方差、标准差、变异系数度量的是总风险（包括系统风险和非系统风险），β 系数度量的是系统风险，选项 C 当选。

12.B

解析：因为必要报酬率低于票面利率，所以是溢价发行。对于溢价发行的债券，偿还期限越长，价值越高。

13.B

解析：股票投资的收益率=1.2×（1+5%）÷10+5%=17.6%。

14.D

解析：根据资本资产定价模型可知该股票的必要收益率=10%+1.3×（16%−10%）=17.8%，根据股利固定增长的股票估价模型可知，该股票的内在价值=8×（1+6%）÷（17.8%−6%）=71.86（元）。

15.A

解析：季度优先股资本成本=8%÷4=2%，每股价值=2÷2%=100（元）。

二、多项选择题

1.ABCD

解析：普通年金现值系数与投资回收系数互为倒数，普通年金终值系数与偿债基金系数互为倒数，所以选项 A、B 的说法正确；普通年金每次收付发生在期末，而预付年金每次收付发生在期初，由此可知，在其他条件相同的情况下，计算普通年金现值要比计算预付年金现值多折现一期（普通年金现值小于预付年金现值），普通年金现值×（1+折现率）=预付年金现值，所以，选项 C 的说法正确；在其他条件相同的情况下，计算普通年金终值要比计算预付年金终值少复利一期（普通年金终值小于预付年金终值），普通年金终值×（1+折现率）=预付年金终值，所以选项 D 的说法正确。

2.BD

解析：本题是求递延年金现值，公式是：P=A×（P/A，i，n）×（P/F，i，m），P=A×［（P/A，i，m+n）−（P/A，i，m）］，题中年金是从第 5 年年末到第 10 年年末发生，年金 A 是 5 000，i 是 10%，年金期数是 6 期，递延期是 4 期，所以 n=6，m=4。将数据代入公式可得选项 B、D 是正确答案。

3.ABD

解析：通过方差和标准差判断不同方案的风险的前提是不同方案的预期值相等，如果预期值不等，可以通过比较变化系数做出判断。

4. ABC

解析：本题考查资本市场线。资本市场线指的是在Y轴上从无风险资产的报酬率（选项A当选）开始，做有效边界的切线而得到的直线。资本市场线中的市场均衡点指的是切点M。切点M的纵坐标为风险组合的期望报酬率（选项B当选），横坐标为风险组合的标准差（选项C当选）。市场均衡点代表唯一最有效的风险资产组合，个人的效用偏好与最佳风险资产组合相独立（选项D不当选）。

5.ABCD

解析：由于半年付息一次，所以报价利率=6%，计息期利率=6%÷2=3%，有效年必要报酬率=（1+3%）^{2}−1=6.09%；对于平价发行、分期付息债券，报价利率与报价必要报酬率相等。

6.BCD

解析：当市场利率高于票面利率时，债券价值低于债券面值，选项A错误。

7. AD

解析：本题考查投资组合的风险与报酬。两种证券组合的期望报酬率为组合内各单项证券期望报酬率的加权平均数，最小期望报酬率组合为100%投资于甲证券，最大期望报酬率组合为100%投资于乙证券，选项AD当选。当两种证券构成的机会集曲线向左侧凸出时，最小方差组合点将不是100%投资于甲证券的组合，此时最小方差组合点的标准差将小于10%，选项BC不当选。

8. ABD

解析：本题考查资本资产定价模型。根据β系数的定义公式 $\beta_J=\frac{cov(K_J,\ K_M)}{\sigma_M^2}=\frac{r_{JM}\sigma_J\sigma_M}{\sigma_M^2}=r_{JM}(\frac{\sigma_J}{\sigma_M})$ 可知，影响某股票β系数大小的因素包括：该股票报酬率与整个股票市场报酬率的相关性、该股票报酬率的标准差和整个股票市场报酬率的标准差，选项ABD当选。

三、计算题

1.答：乙公司。

思路一，计算现值：

甲公司交纳的现值：

P=A×（P/A，i，n）=10×（P/A，15%，10）=10×5.0188=50.188（亿美元）

乙公司交纳的现值：

第1笔收款发生在0时点，则：

第1笔收款（40亿美元）的现值=40亿美元

第2笔收款（60亿美元）的现值=60×（P/F，15%，8）=60×0.3269=19.614（亿美元）

现值合计=40+19.614=59.614（亿美元）

甲公司付出的款项现值小于乙公司付出的款项现值，因此，A公司应接受乙公司的投标。

思路二，计算终值：

甲公司交纳的终值：

F=A×（F/A，i，n）=10×（F/A，15%，10）=10×20.304=203.04（亿美元）

乙公司交纳的终值：

第1笔收款（40亿美元）的终值=40×（F/P，15%，10）=40×4.0456=161.824（亿美元）

第2笔收款（60亿美元）的终值=60×（F/P，15%，2）=60×1.3225=79.35（亿美元）

终值合计=161.824+79.35=241.174（亿美元）

甲公司付出的款项终值小于乙公司付出的款项终值，因此，A公司应接受乙公司的投标。

2.答：6%÷4=1.5%

P=2÷1.5%=133.33（元）

如果是每年分得股息2元，则有：

P=2÷6%=33.33（元）

3.答：50 000×（F/P，i，20）=250 000，即（F/P，i，20）=5。

查表找利率：

查阅“复利终值系数表”可知：

（F/P，8%，20）=4.6610，（F/P，9%，20）=5.6044

因此，i在8%和9%之间。

$$\left.\begin{array}{l}9\% \\ i \\ 8\%\end{array}\right\}\left|\begin{array}{l}5.6044 \\ 5 \\ 4.6610\end{array}\right\}\Bigg|$$

$$\frac{9\%-8\%}{9\%-i}=\frac{5.6044-4.6610}{5.6044-5}$$

求出结果：i=8.36%。

i=8.36%，则郑先生的预期可以变成现实。

4.答：首先计算A、B、C三只股票所占的价值比例：

A股票比例=（4×200）÷（4×200+2×100+10×100）×100%=40%

B股票比例=（2×100）÷（4×200+2×100+10×100）×100%=10%

C股票比例=（10×100）÷（4×200+2×100+10×100）×100%=50%

然后计算加权平均β系数，即为资产组合的β系数：

β_p=40%×0.7+10%×1.1+50%×1.7=1.24

5.答：V_b=100×（P/A，8%，20）+1 000×（P/F，8%，20）=1 196.31（元）

V_b=100×（P/A，10%，20）+1 000×（P/F，10%，20）=1 000（元）

V_b=100×（P/A，12%，20）+1 000×（P/F，12%，20）=850.64（元）

债券价值与折现率反向变动。

6.答：设乙国债到期收益率为K，单利计息；折现方式默认为复利折现。

1 020=1 000×（1+4%×5）×（P/F，K，3）=1 200×（P/F，K，3）

当K=5%时，1 200×（P/F，5%，3）=1 200×0.8638=1 036.56

当K=6%时，1 200×（P/F，6%，3）=1 200×0.8396=1 007.52

（K−5%）÷（6%−5%）=（1 020−1 036.56）÷（1 007.52−1 036.56）

K=5%+（1 020−1 036.56）÷（1 007.52−1 036.56）×（6%−5%）=5.57%

借款的半年利率为3%，年有效利率=（F/P，3%，2）−1=6.09%。

由于投资国债的收益率小于借款的年有效利率，所以应该提前偿还借款。

7.答：甲股票价值=1×（P/F，12%，1）+1×（1+10%）×（P/F，12%，2）+1×（1+10%）×（1+5%）÷（12%−5%）×（P/F，12%，2）

=1×0.8929+1×（1+10%）×0.7972+1×（1+10%）×（1+5%）÷（12%−5%）×0.7972

=14.92（元）

由于甲股票的价值低于目前的股价，所以不值得投资。

8.答：g=（20−18.87）÷18.87=6%

R=（2×1.06）÷20+6%=16.6%

第三章

一、单项选择题

1. B

解析：企业留用利润属于内部筹资方式，不属于外部筹资。

2. C

解析：杠杆租赁：租赁交易中，资产购置成本的一部分(10%～20%)由出租人承担，其余大部分由贷款人向出租人提供（以租赁资产作抵押的租赁方式）。

3. B

解析：与长期债券筹资相比，长期借款筹资的特点为：筹资速度快、借款弹性大、借款成本低和限制条款比较多。

4. A

解析：普通股筹资的优点：没有固定利息负担；没有固定到期日；筹资风险小；能增加公司的信誉；筹资限制较少。普通股筹资的缺点：普通股的资本成本较高；以普通股筹资会增加新股东，这可能会分散公司的控制权，削弱原有股东对公司的控制；如果公司股票上市，需要履行严格的信息披露制度，接受公众股东的监督，会带来较大的信息披露成本，也增加了公司保护商业秘密的难度，股票上市会增加公司被收购的风险。

5. D

解析：滞后偿还的转期形式常用的办法有两种：一种是直接以新债券兑换旧债券：二是用发行新债券得到的资金来赎回旧债券。因此选项D的表述不正确。对于选项B的表述可以这样理解：对于分期付息的债券而言，提前偿还会导致债券持有人无法获得偿还日至到期日之间的利息，或不能获得未来利率下降带来债券价值上升的好处，为了弥补债券持有人的这个损失，提前偿还分期付息债券所支付的价格要高于债券的面值，并随到期日的临近而逐渐下降。

6. D

解析：利息=1 000×8%=80（万元），实际借款额=1 000−1 000×8%−1 000×12%=800（万元），有效年利率=80÷800×100%=10%。

7. D

解析：流动负债分为自发性流动负债和临时性流动负债。在季节性低谷时除了激进型融资政策会有临时性流动负债外，其他政策都不存在临时性流动负债。

8. A

解析：本题考察直接、间接筹资的概念区分。只需记住间接筹资仅有两个：银行借款+融资租赁，其余都是直接筹资。通过金融机构等中介机构取得借款就是间接筹资，所以C、D正确。直接筹资可以发股，可以发债，A错误。直接筹资无论是发股还是发债，都有较高的审计费、发行费，所以筹资费用高，B正确。

9. A

解析：本题的主要考核点是激进型筹资策略的特点。激进型筹资策略的特点：临时性流动负债（主要是短期借款）不但融通波动性流动资产的资金需要，还解决部分稳定性流动资产的资金需要。

10. B

解析：本题考核短期债务筹资特点。短期债务筹资的特点包括：（1）筹资速度快，容易取得；（2）筹资富有弹性；（3）筹资成本较低；（4）筹资风险高。

二、多项选择题

1.ABD

解析：发行优先股要符合《证券法》的要求，具有一定的限制性。

2. ACD

解析：本题考核公开间接方式发行股票的特点。公开间接发行股票，是指通过中介机构，公开向社会公众发行股票。这种发行方式的特点是：发行范围广、发行对象多，易于足额募集资本；股票的变现性强，流通性好；股票的公开发行有助于提高发行公司的知名度和扩大其影响力；手续繁杂，发行成本高。所以选项A、C、D都是正确的。选项B是不公开直接发行股票的特点之一。

3. ABCD

解析：根据债券发行价格的计算公式可知：债券发行价格是指以市场利率为折现率计算的债券未来各项现金流量（利息和本金）现值的合计，债券的面额即债券的本金，债券的面额和票面利率影响债券的利息，债券的期限影响折现系数。

4. AD

解析：临时性流动资产=40×（1−40%）=24（万元）；临时性负债=10（万元），由于临时性负债小于临时性流动资产，所以该企业采取的是保守型营运资本筹资政策。所有者权益=70−36=34（万元），易变现率=［（34+36−10）−30］÷40×100%=75%。

5. BD

解析：商业信用是指商品交易中延期付款或延期交货所形成的借贷关系，是企业之间的一种直接信用关系。商业信用的具体形式有应付账款、应付票据和预收账款等。因此，选项B、D不属于商业信用的融资内容。

三、计算题

1. $DFL=\frac{EBIT}{EBIT-I}=\frac{80}{80-750\times0.4\times12\%}=\frac{80}{80-36}=1.8$

2.（1）2023年甲公司的边际贡献总额=15 000×（12−7）=75 000（元）

（2）2023年甲公司的息税前利润=75 000−15 000=60 000（元）

（3）2024年甲公司的经营杠杆系数=75 000÷60 000=1.25

（4）2024年甲公司的息税前利润增长率=12%×1.25=15%

（5）2024年甲公司的财务杠杆系数=60 000÷（60 000-8 000）=1.15

2024年甲公司的总杠杆系数=1.25×1.15=1.44

3. 两种筹资方式的成本计算如下：

（1）方案一，由于银行要求维持10%的补偿性余额，此时A公司的最低借款额应为：

900÷（1-10%）=1 000（万元）

2024年贷款的成本=1 000×（1%+7%）=80（万元）

方案二，A公司需要公开发行的股份数为：

900÷10=90（万股）

2024年发行股票的成本=900×4%+90×0.6=90（万元）

因为贷款的成本小于公开发行股票的成本，所以财务部经理应选择采取贷款的形式进行筹资。

（2）设A公司在900万元的筹资中预计有X万元采用公开发行股票的方式筹集，则：

$$\left(8\,000+X+\frac{900-X}{1-10\%}\right)\times(1-49\%)=4\,400+X$$

X=180（万元）

A公司发行股票股数=180÷10=18（万股）

同时：A公司将向银行贷款额=（900-180）÷（1-10%）=800（万元）

所以，在这种情况下，公司将发行18万股股票，并向银行贷款800万元。

（3）A公司筹资后的资本结构如附表1所示。

附表1　　A公司2024年×月×日的资本结构　　单位：万元

项目	金额	比例
负债	4 400	49%
股东权益	4 580	51%
总资产	8 980	100%

4.（1）如果市场利率为5%，低于票面利率，该债券属于溢价发行。其发行价格为：

$$\frac{1\,000}{(1+5\%)^5}+\sum_{t=1}^{5}\frac{1\,000\times6\%}{(1+5\%)^t}=1\,043\text{（元）}$$

（2）如果市场利率为6%，与票面利率一致，该债券属于平价发行。其发行价格为：

$$\frac{1\,000}{(1+6\%)^5}+\sum_{t=1}^{5}\frac{1\,000\times6\%}{(1+6\%)^t}=1\,000\text{（元）}$$

（3）如果市场利率为7%，高于票面利率，该债券属于折价发行。其发行价格为：

$$\frac{1\,000}{(1+7\%)^5}+\sum_{t=1}^{5}\frac{1\,000\times6\%}{(1+7\%)^t}=959\text{（元）}$$

5.（1）普通股的资本成本=0.1÷1.8+10%=15.56%

（2）假设债券的税前资本成本为rd，则有：

NPV=100×11%×（P/A，rd，3）+100×（P/F，rd，3）-95=0

当 rd=13%，NPV=100×11%×（P/A，13%，3）+100×（P/F，13%，3）−95 =100×11%×2.3612+100×0.6931−95=0.28（元）。

当 rd=14%，NPV=100×11%×（P/A，14%，3）+100×（P/F，14%，3）−95 =100×11%×2.3216+100×0.6750−95=−1.96（元）。

rd=13%+[（0−0.28）÷（−1.96−0.28）]×（14%−13%）=13.13%

债券的税后资本成本=13.13%×（1−25%）=9.85%

第四章

一、单项选择题

1.B

解析：选项A、C、D为动态指标。

2.C

解析：建设期为2年，投产后收回原始投资额100万元所需时间为4年（100÷25），共6年。

3.D

解析：静态投资回收期为收回投资所需的时间，包括原始投资与经营期每年产生的净现金流量，即累计净现金流量为0时的年限。

4.B

解析：选项A、C、D数值越大越好，投资回收期越短越好。

5.C

解析：净现值大于0，说明所采用的贴现率较小。贴现率越大，净现值越接近于0，使净现值为0的贴现率即为内部收益率，故内部收益率大于此时的贴现率。

6.C

解析：根据内部收益率的概念，此时的贴现率为内部收益率。

7.A

解析：选项B、D是静态评价指标，与折现率大小无关。无论贴现率如何提高，内部收益率都不变，而当贴现率提高时，净现值会变小，故选A 。

8.A

解析：对企业而言，净现值为正，效益增加，当评价指标之间产生矛盾时以净现值为准，故选A。

9.D

解析：评价过程中可能存在净现值大但内部收益率小的情况，此时两个指标存在矛盾。

10.D

11.D

12.C

解析：假设每年的等额永续现金流量为A，则A÷20%−100=0，求得A=20（万元），净现值NPV=20÷10%−100=100（万元）。

二、多项选择题

1.AD

解析：建设期现金流出项目主要为固定资产投资与无形资产投资。

2.BD

解析：经营期终结点回收额主要为收回的营运资本与固定资产残值收入。

3.ABC

解析：选项D为静态指标，其余都是动态指标。

4.ABC

解析：现金流量根据时期的不同分为初始现金流量、营业现金流量与终结现金流量。

5.BC

解析：净现值为绝对数指标，反映投资的效益，而现值指数是相对数指标，反映投资的效率，故选项A不对；两者都考虑了货币时间价值，故选项D不正确；两者都按照预定的贴现率折算现金流量的现值，且都不能反映投资方案的实际投资收益率，而内部收益率指标反映了投资方案的实际投资收益率，故选项B、C正确。

6.BCD

解析：利润指标可以反映企业未来期间的盈利状况，故选项A不正确。现金流量指标由于考虑了资金时间价值，排除了采用不同折旧方法的主观影响，且在现金流量的基础上通过折现率体现了风险与收益之间的关系，故选项B、C、D正确。选项E不准确，因为现金流量指标为不同时点的价值相加及折现提供了依据。

7.ABC

解析：选项A是净现值评价选择方案的标准。根据内含报酬率的概念，选项B正确，选项C为净现值的概念。当净现值大于0时，现值指数应大于1，故选项D错误。

三、计算题

1.（1）年折旧额=（120−10）÷10=11（万元）

年净利润=（60−32−11）×（1−25%）=12.75（万元）

经营期年净现金流量=12.75+11=23.75（万元）

（2）项目期内各年净现金流量的分布：

NCF_0=−150万元

$NCF_{1\sim9}$=23.75万元

NCF_{10}=23.75+10+30=63.75（万元）

2. 甲方案：营业净现金流量=100+（1 000−100）÷9=200（万元）

净现值=200×5.759×0.909+100×0.386−500−500×0.909=131.08（万元）

投资回收期=1 000÷200+1=6（年）

乙方案：营业净现金流量=200+（1 500−200）÷8=362.5（万元）

净现值=362.5×5.335×0.826+200×0.386−（700+500×0.909+300×0.826）=272.33（万元）

投资回收期=1 500÷362.5+2=6.14（年）

可见，乙方案的净现值大于甲方案，乙方案更优。

3.（1）净现值=−500+85×9.915=−500+842.78=342.78（万元）

（2）获利指数=$\frac{842.78}{500}$=1.69

（3）i=16%时，净现值=-500+85×6.246=30.91（万元）

i=18%时，净现值=-500+85×5.554=-27.91（万元）

运用内插法计算内含报酬率=17%

（4）投资回收期=$\frac{500}{85}$=5.88（年）

（5）净现值大于0，获利指数大于1，内含报酬率大于最低期望报酬率，投资回收期小于10，以上指标均说明应该投资该项目。

4.（1）每年折旧额=（15 500-500）÷3=5 000（元）

第一年税后利润=20 000+（10 000-4 000-5 000）×（1-25%）=20 750（元）

第二年税后利润=20 000+（20 000-12 000-5 000）×（1-25%）=22 250（元）

第三年税后利润=20 000+（15 000-5 000-5 000）×（1-25%）=23 750（元）

（2）第一年税后现金流量=（20 750-20 000）+5 000 =5 750（元）

第二年税后现金流量=（22 250-20 000）+5 000 =7 250（元）

第三年税后现金流量=（23 750-20 000）+5 000+500=9 250（元）

净现值=5 750×0.909+7 250×0.826+9 250×0.751-15 500=2 662（元）

5.（1）公司董事长的分析以利润作为依据，这是错误的。

因为利润指标中已扣除了固定资产折旧，而折旧也是投资的收回，应该以投资项目的现金流量作为评价的主要依据。

本项目中每年的折旧额为570万元，其经营活动的税前现金流量第一年970万元，以后每年为1 170万元。

（2）NPV=［400×（1-25%）+570］×（P/F，12%，1）+［600×（1-25%）+570］×（P/A，12%，4）×（P/F，12%，1）+150×（P/F，12%，5）-3 000=［400×（1-25%）+570］×0.893+［600×（1-25%）+570］×3.037×0.893+150×0.567-3 000=628.23（万元）

净现值大于0，说明该方案可行。

第五章

一、单项选择题

1.B

解析：预防需要是企业为应对意外紧急情况而需要保持的现金支付能力。

2.A

解析：如果能尽量使现金流入和现金流出发生的时间趋于一致，就可使持有的交易性现金余额降到最低水平。

3.A

解析："资本"是指顾客的财务实力和财务状况。

4.A

解析：成本分析模式只考虑持有现金的机会成本和现金短缺成本，存货模式只考虑持有现金的机会成本和固定性转换成本，所以现金的机会成本是均需考虑的因素。

5.A

解析：本题的主要考核点是稳健型融资策略的特点。营运资本的融资策略包括配合型、激进型和稳健型三种。在稳健型融资策略下，长期负债、自发性负债和权益资本除解决永久性资产的资金来源外，还要解决部分临时性流动资产对资金的需求，故长期负债、自发性负债和权益资本三者之和大于永久性资产。

6.B

解析：营运资本融资策略包括配合型、激进型和稳健型三种。在激进型融资策略下，临时性负债大于临时性流动资产，它不仅要解决临时性流动资产的资金需求，还要解决部分永久性资产的资金需求，本题临时性负债为300万元（1 200−900），而临时性流动资产为200万元。

7.D

解析：应收账款平均余额=日销售额×平均收现期=1 000÷360×45=125（万元）

应收账款占用资金=应收账款平均余额×变动成本率=125×60%=75（万元）

应收账款应计利息=应收账款占用资金×资本成本=75×10%=7.5（万元）

对于企业来说，应计利息就是一种机会成本。

8.D

解析：在季节性低谷时，企业临时性流动资产为0，在配合型融资策略下，临时性负债也为0；在稳健型融资策略下，通常临时性负债要小于临时性流动资产，而由于低谷时临时性流动资产为0，所以临时性负债也只能为0。

9.D

解析：年订货次数=3 600÷600=6（次）

每年存货的订货成本=6×400=2 400（元）

10.C

解析：企业置存现金的动机主要有三个：交易性、预防性和投机性需要。现金属于流动性最强、盈利性最差的资产，所以企业置存现金的原因不是为了满足收益性需要。

二、多项选择题

1.BCD

解析：本题考核的是企业储存存货的原因。企业储存存货的原因主要有：第一，保证生产经营或销售的需要；第二，降低成本。

2.ABC

解析：本题的主要考核点是激进型筹资策略的特点。在激进型筹资策略下，临时性负债大于临时性流动资产，因此，临时性负债的资金来源用于满足全部临时性流动资产的需要和部分永久性资产（包括永久性流动资产和固定资产）的需要。

3.ABCD

解析：现金收支管理的目的在于提高现金使用效率，为达到这一目的，可运用多种方法。

4.ACD

解析：在供货单位提供数量折扣的情况下，影响存货成本高低的主要因素除了订货成本和储存成本中的变动成本外，购置成本即买价也要考虑。

5.ABC

解析：经济订货量基本模型的假设条件是：①企业能够及时补充存货；②存货集中到

货，而不是陆续到货；③不允许缺货；④需求量稳定且能预测；⑤存货单价不变；⑥企业现金充足；⑦所需存货市场供应充足。

6.ABD

解析：本题的主要考核点是应收账款机会成本的影响因素。根据应收账款机会成本的计算公式可知，应收账款周转天数、变动成本率和资本成本影响应收账款机会成本。销售利润率与机会成本无关。

7.ABC

解析：本题的主要考核点是缩短应收账款周转天数的意义。应收账款周转天数越短，收回账款的速度越快，资产的流动性越强，在应收账款占用水平一定的情况下，资金使用效率越高，但是能否增加利润还要观察企业的盈利能力是否保持稳定。

8.ACD

解析：根据公式，经济订货量占用资金 $I^*=\frac{Q^*}{2}\cdot P=\sqrt{\frac{KD}{2K_c}}\cdot P$，故 $Q^*=\sqrt{\frac{2KD}{K_C}}$，可以推出存货年需要量D、每次订货的变动成本K和单价P的变动使经济订货量占用资金 I^* 同方向变化；单位存货年变动储存成本 K_c 的变动使经济订货量占用资金 I^* 反方向变化。

9.ABCD

解析：订货成本=（存货全年需要量÷每次进货批量）×每次订货的变动成本，故C正确。变动性储存成本=（每次进货批量÷2）×单位存货年变动储存成本，故B正确。B、C正确，则说明A正确。当存货年变动储存成本与年变动订货成本相等时，存货总成本最低，所以使其相等的采购批量为经济订货量，故D正确。

10.BCD

解析：现金周转期=存货周转期+应收账款周转期-应付账款周转期。对外投资不影响现金周转期，故A错误。延迟支付货款会延长应付账款周转期，从而缩短现金周转期，故B正确。加速应收账款的回收会缩短应收账款周转期，故C正确。加快产品的生产和销售会使存货周转期缩短，故D正确。

三、计算分析题

1.（1）现销与赊销比例为1∶4，所以现销额$=\frac{赊销额}{4}$，即赊销额$+\frac{赊销额}{4}=4\,500$（万元），所以赊销额=3 600（万元）。

（2）应收账款的平均余额=日赊销额×平均收账天数$=\frac{3\,600}{360}\times 60=600$（万元）

（3）应收账款占用资金=应收账款的平均余额×变动成本率=600×50%=300（万元）

（4）应收账款的机会成本（应计利息）=应收账款占用资金×资本成本=300×10%=30（万元）

（5）应收账款的平均余额=日赊销额×平均收账天数，所以，$\frac{3\,600}{360}$×平均收账天数=400（万元），解得：平均收账天数=40（天）。

2.信用成本与收益方案比较（A、B、C三种方案）见附表2。

附表2　　信用成本与收益方案比较　　金额单位：万元

项目	A（N/30）	B（N/60）	C（N/90）
年赊销额	3 600	3 960	4 200
应收账款平均收账天数	30	60	90
应收账款平均余额	$\frac{3\,600}{360}\times30=300$	$\frac{3\,960}{360}\times60=660$	$\frac{4\,200}{360}\times90=1\,050$
应收账款占用资金	300×60%=180	660×60%=396	1 050×60%=630
坏账损失占年赊销额比例	2%	3%	6%
坏账损失	3 600×2%=72	3 960×3%=118.8	4 200×6%=252
收账费用	36	60	144
年赊销额变动成本	2 160	2 376	2 520
信用成本前收益	1 440	1 584	1 680
机会成本	18	39.6	63
应收账款机会成本、坏账损失、收账费用小计	126	218.4	459
信用成本后收益	1 314	1 365.6	1 221

结论：选B方案。

3.（1）经济订货量=$\sqrt{\frac{2\times150\times6\,000}{5}}$=600（件）

（2）订货量为600件时总成本=6 000÷600×150+6 000×20+5×600÷2= 123 000（元）

订货量为2 000件时总成本=6 000÷2 000×150+6 000×20×（1−2%）+5×2 000÷2=123 050（元）

订货量为3 000件时总成本=6 000÷3 000×150+6 000×20×（1−5%）+5×3 000÷2=121 800（元）

三种情况下，订货量为3 000件时总成本最低。

4.（1）经济订货量=$\sqrt{\frac{2\times50\times5\,000}{20\times10\%}}$=500（件）

（2）经济订货量下与批量相关总成本=$\sqrt{2\times50\times5\,000\times20\times10\%}$=1 000（元）

经济订货量下全部总成本=与批量相关总成本+采购成本=1 000+5 000×20=101 000（元）

（3）经济订货量的平均占用资金= 500÷2×20=5 000（元）

（4）年度最佳订购次数=5 000÷500=10（次）

第六章

一、单项选择题

1.C

解析：本题的考点是四种股利分配政策的优缺点。采用固定股利支付率政策的公司在实现较多盈余时支付较多的股利，在公司盈余较少时分配较少的股利，从而易给投资者带来公司经营不稳定的感觉。

2.D

解析：本题的考点是股票股利对股东或公司的影响。发放股票股利是股东权益内部的此增彼减，不会使股东权益总额发生变化，故选D。

3.C

解析：

股本按面值增加：1×1 000 000×10%=100 000（元）

未分配利润按市价减少：20×1 000 000×10%=2 000 000（元）

资本公积按差额增加：2 000 000−100 000=1 900 000（元）

累计确认的资本公积金额：3 000 000+1 900 000=4 900 000（元）

4.D

解析：发放股票股利后，每股市价一般会下降，但股价的影响因素很多，因此其变动方向可能出现上升、下降或不变中的任意一种。

5.C

解析：企业按抵减年初累计亏损后的本年净利润计提法定盈余公积。提取法定盈余公积的基数，不是累计盈利，也不一定是本年的税后利润。只有当不存在年初累计亏损时，才能按本年的税后利润计算应提取数。

6.B

解析：奉行剩余股利政策，意味着公司只将剩余的盈余用于发放股利，这样做的根本理由是保持理想的资本结构，使加权平均资本成本最低。

7.A

解析：每股收益=2÷（1+10%）=1.82（元）；每股市价=20÷（1+10%）=18.18（元）。

8.A

解析：根据题意可知股票股利发放比例为15%，发放股票股利后的每股盈余为：3.68÷（1+15%）=3.2（元）

9.A

解析：对于公司来讲，实行股票分割的主要目的在于通过增加股票股数降低每股市价，从而吸引更多的投资者。

10.B

解析：按资本保全约束的规定，不能用资本（包括股本和资本公积）发放股利。

11.D

解析：本题的关键点是要求对股东和企业都有利，所以应该选择D。

二、多项选择题

1.ABD

解析：如果可供分配的利润为负数，即使本年净利润大于0，原则上也不能进行利润分配，所以选项A不正确。当法定盈余公积累计额达到公司注册资本的50%时，可不再继续提取；当本年净利润小于0时，即使可供分配利润大于0，也不能提取法定盈余公积，所以选项B不正确。只有当不存在年初累计亏损时，才能按本年税后利润计算应提取数。这种“补亏”是按账面数字进行的，与所得税法的亏损后结转无关，关键在于不能用资本发放股利，也不能在没有累计盈余的情况下提取法定盈余公积，所以选项C正确，选项D

不正确。

2.ACD

解析：企业当年亏损，可用下一年度的税前利润等弥补。下一年度的利润不足弥补的，可以在5年内延续弥补。5年内不足弥补的，用税后利润等弥补。公司用盈余公积抵补亏损以后，为维护其股票信誉，经股东大会特别决议，也可用盈余公积支付股利，不过留存的法定盈余公积不得低于注册资本的25%。

3.BD

解析：该股利政策是公司一般情况下每年只支付一个固定的、数额较低的股利，在盈余较多的年份再根据实际情况向股东发放额外股利。但额外股利并不固定化，不意味着公司永久地提高了股利支付率。

4.BD

解析：固定或稳定增长的股利政策是将每年发放的股利维持在一个固定的水平上并在较长的时期内不变，只有当公司认为未来盈余将会显著地、不可逆转地增长时，才提高年度的股利发放额。该股利政策的缺点在于股利支付与公司盈余脱节，同时，不能像剩余股利政策那样保持较低的资本成本。

5.ABC

解析：我国《公司法》规定，公司不得收购本公司股份。但是，有下列情形之一的除外：减少公司注册资本的；与持有本公司股份的其他公司合并的；将股份奖励给本公司职工的；股东因对股东大会做出的公司合并、分立决议持异议，要求公司收购其股份的。

6.AC

解析：剩余股利政策主要是考虑公司最优目标结构的需要，固定股利支付率政策的股利发放会随盈余的波动而起伏不定，所以它们不利于股东安排收入与支出。

7.ABC

解析：资本成本属于影响股利分配的公司因素，不属于法律因素。

三、计算题

1.（1）权益乘数=1+产权比率=1+0.667=1.667

资产权益率=$\frac{1}{1.667}$=0.6

本年可发放的股利额=300−400×0.6=60（万元）

（2）股利支付率=$\frac{60}{300}$×100%=20%

（3）每股股利=$\frac{60}{1\,000}$=0.06（元/股）

2.（1）下一年度所需权益资本=1 200×（1−50%）=600（万元）

需要补充的权益资本=600−250=350（万元）

当年股利支付率=$\frac{500-350}{500}$×100%=30%

（2）股票市价=10×2=20（元）

增发股票数=350÷20=17.5（万股）

3.（1）发放股票股利后的普通股股数=200×（1+10%）=220（万股）

发放股票股利后的普通股股本=2×220=440（万元）

发放股票股利后的资本公积=160+（35-2）×20=820（万元）

现金股利=0.2×220=44（万元）

发放股票股利后的未分配利润=840-35×20-44=96（万元）

（2）股票分割后的普通股股数=200×2=400（万股）

股票分割后的普通股股本=1×400=400（万元）

股票分割后的资本公积=160万元

股票分割后的未分配利润=840万元

（3）分配前市净率=35÷（1 400÷200）=5

每股市价30元下的每股净资产=30÷5=6（元）

每股市价30元下的全部净资产=6×220=1 320（万元）

每股市价30元下的每股现金股利=（1 400-1 320）÷220=0.36（元）

第七章

一、单项选择题

1.C

解析：现代财务分析产生于19世纪末20世纪初，选项C最接近。

2.B

解析：财务报表分析是指以企业财务报表和其他资料为依据和起点，采用专门方法，系统分析与评价企业过去和现在的财务状况、经营成果及其变动情况，帮助利益相关者改善决策的经济活动。

3.D

解析：相关比率分析是指根据经济活动客观存在的相互依存、相互联系的关系，将两个性质不同但又相关的指标加以对比，求出比率，以便从经济活动的客观联系中认识企业的生产经营状况。

4.B

解析：来源于所有者权益的资金就是权益资金。

5.C

解析：计算利息保障倍数时，所使用的利息费用是指全部债务利息，包括费用化利息和资本化利息。

6.A

解析：计算固定资产周转率时的固定资产是指固定资产原值减去折旧后的余额。

7.B

解析：净资产收益率=销售净利率×总资产周转率×权益乘数。

8.A

解析：流动资产的增加可以提高资产的流动性，进而降低企业的风险，但会增加企业的机会成本，降低企业的收益率。

9.B

解析：要提高净资产收益率，就必须提高销售净利率、总资产周转率和权益乘数。加强负债管理，降低资产负债率，就会降低财务杠杆的作用，使权益乘数下降，从而导致权益净利率下降。

10.D

解析：权益乘数=1+产权比率=1+1.5=2.5，权益净利率=权益乘数×资产利润率=2.5×10%=25%。

11. C

解析：权益净利率=销售净利率×资产周转率×权益乘数，去年的权益净利率=5.73%×2.17×A=12.43%×A，今年的权益净利率=4.88%×2.88×A=14.05%×A。

二、多项选择题

1.BDE

解析：按比较对象（和谁比）进行分类，比较分析法可分为：与同类公司比，B正确；与本公司历史比，D正确；与计划预算比，E正确。

2.AC

解析：速动资产是指扣除预付账款、存货、一年内到期的非流动资产和其他流动资产的流动资产。

3.BCD

解析：与投资有关即为总资产；与销售有关即为销售收入；与股本有关即为净资产与普通股。

4.ACD

解析：留存收益包括盈余公积和未分配利润，可以增加股东权益，增强企业的信用能力，选项A和选项C正确；留存收益是内部资金来源，选项D正确。

5.CD

解析：财务比率分为两种：相关比率和构成比率。

6.ABD

解析：存货周转次数即为存货周转率、存货周转速度。

7.ABCD

解析：所有的报表使用者都关注资产结构和资产管理效果分析。

8. ABCD

解析：杠杆贡献率影响权益净利率。

9. BCD

解析：因为不能偿还到期债务，所以该公司的短期偿债能力差，就要检查影响短期偿债能力的指标，所以选择B。但是在利用流动比率这个指标的时候，不仅要考虑它自身的高低，还要考虑流动比率的变现质量，而存货周转率和应收账款周转率影响流动比率的变现质量，所以还要选择C、D。

10. ACD

解析：净营运资本=长期资本-长期资产，所以长期资产如果超过长期资本，则净营运资本为负数，表明长期资本小于长期资产，有部分长期资产由流动负债提供资金来源。由于流动负债在1年内需要偿还，而长期资产在1年内不能变现，偿债所需现金不足，必须设法另外筹资，因此财务状况不稳定。

三、判断题

1.×

解析：短期偿债能力与流动资产有关，长期偿债能力与资本结构和盈利能力有关，与资金来源无关。

2.×

解析：比较分析法是对两个或两个以上有关的可比数据进行对比，揭示差异和矛盾的一种分析方法。

3.√

解析：比较分析法是财务报表分析中最常用的基本方法，比率分析法是财务报表分析中最普遍使用的基本方法。

4.×

解析：企业营业利润与去年基本一致，但销售收入不一定一致，也可能是由于营业外收支等造成净利润变化。

5.×

解析：速动比率与企业的行业特征有关，不一定要大于1。

6.×

解析：根据杜邦分析体系，净资产收益率与总资产收益率和权益乘数都有关。

7.√

解析：市盈率=普通股每股价格÷每股收益。

8.×

解析：固定资产周转率是指企业年产品（或商品）销售收入净额与固定资产平均净值的比值。

9.×

解析：总资产收益率的高低取决于销售净利率和总资产周转率，与权益乘数无关。

10.√

解析：这是连环替代法的概念。

四、计算题

1.（1）应收账款周转率$=\dfrac{500}{\dfrac{30+20}{2}}=20$（次）

（2）由：存货周转率$=\dfrac{500\times 60\%}{\dfrac{40+\text{期末存货}}{2}}=6$

可得：期末存货=60（万元）

依题意：期末流动比率=期末流动资产÷期末流动负债=3

期末速动比率$=\dfrac{\text{期末流动资产}-\text{期末存货}}{\text{期末流动负债}}=1.5$

即得：期末流动资产=2×期末存货=120（万元）

从而：期末总资产$=\dfrac{120}{25\%}=480$（万元）

总资产周转率=$\dfrac{500}{\dfrac{400+480}{2}}$=1.136

（3）净利润=500×15%=75（万元）

总资产净利率=$\dfrac{75}{\dfrac{400+480}{2}}$×100%=17.05%

2.（1）流动比率=$\dfrac{279}{150}$=1.86

速动比率=$\dfrac{279-144}{150}$=0.9

资产负债率=$\dfrac{350}{700}$×100%=50%

权益乘数=$\dfrac{1}{1-50\%}$=2

（2）总资产周转率=$\dfrac{350}{\dfrac{700+700}{2}}$=0.5（次）

总资产周转天数=$\dfrac{360}{0.5}$=720（天）

销售净利率=$\dfrac{63}{350}$×100%=18%

净资产收益率=$\dfrac{63}{\dfrac{280+350}{2}}$×100%=20%

（3）2020年平均权益乘数=$\dfrac{\dfrac{700+700}{2}}{\dfrac{280+350}{2}}$=2.2222

2020年净资产收益率比2019年增加了4%，对于变动的主要原因可用因素分析法进行分析。

2019年净资产收益率=16%×0.4×2.5=16%

2020年净资产收益率=18%×0.5×2.2222=20%

销售净利率的影响=（18%-16%）×0.4×2.5=2%

总资产周转率的影响=18%×（0.5-0.4）×2.5=4.5%

资本结构的影响=18%×0.5×（2.2222-2.5）=-2.5%

三者的共同影响=2%+4.5%-2.5%=4%

3.流动资产=568-（364+26）=178（万元）

由：流动比率=$\dfrac{流动资产}{流动负债}$

可得：流动负债=$\dfrac{178}{1.78}$=100（万元）

应付账款=100-36=64（万元）

由：资产负债率=0.4

可得：负债总额=568×0.4=227.2（万元）

股东权益总额=568-227.2=340.8（万元）

故有：非流动负债=227.2-100=127.2（万元）

未分配利润=340.8-320=20.8（万元）

根据：$销售净利率=\frac{净利润}{销售收入}\times 100\%$

可得：$销售收入=\frac{70}{7\%}=1\ 000$（万元）

又根据：$应收账款周转率=\frac{销售收入}{平均应收账款}$

可得：$平均应收账款=\frac{1\ 000}{16}=62.5$（万元）

期末应收账款=2×62.5−42=83（万元）

最后可得：存货=178−（83+34）=61（万元）

4.（1）年初：

$负债总额=\frac{600}{30\%}=2\ 000$（万元）

$资产总额=\frac{900}{25\%}=3\ 600$（万元）

股东权益总额=3 600−2 000=1 600（万元）

$权益乘数=\frac{3\ 600}{1\ 600}=2.25$

$流动比率=\frac{900}{600}=1.5$

$速动比率=\frac{900-400}{600}=0.833$

（2）年末：

股东权益总额=1 600×1.5=2 400（万元）

$资产总额=\frac{1\ 100}{20\%}=5\ 500$（万元）

$权益乘数=\frac{5\ 500}{2400}=2.29$

负债总额=5 500−2 400=3 100（万元）

流动负债=3 100×32%=992（万元）

$流动比率=\frac{1\ 100}{992}=1.109$

$速动比率=\frac{1\ 100-450}{992}=0.655$

（3）销售成本=6 000×78%=4 680（万元）

$应收账款周转率=\frac{6\ 000}{\frac{200+300}{2}}=24$

$存货周转率=\frac{4\ 680}{\frac{400+450}{2}}=11.012$

$总资产周转率=\frac{6\ 000}{\frac{3\ 600+5\ 500}{2}}=1.319$

5. 流动资产=450×30%=135（万元）

流动负债=135÷1.5=90（万元）

产权比率=0.6=负债÷（资产−负债）

负债=168.75（万元）

长期负债=168.75-90=78.75（万元）

$$\frac{收入}{存货}=\frac{成本}{存货}+\frac{毛利}{存货}$$

$$10=8+\frac{90}{存货}$$

存货=45（万元）

应收账款=135-45-25=65（万元）

6.2023年销售净利率=112÷800×100%=14%

总资产周转率=800÷［（1 370+1 830）÷2］=800÷1 600=0.5

权益乘数=［（1 370+1 830）÷2］÷700=2.2857

净资产收益率=112÷700×100%=16%

定量分析（因素分析法）：

2023年净资产收益率比2022年提高了0.25%（16%-15.75%）。

2022年：15%×0.5×2.1=15.75%①

销售净利率：14%×0.5×2.1=14.7%②

总资产周转率：14%×0.5×2.1=14.7%③

权益乘数：14%×0.5×2.2857=16%④

②-①=-1.05%，说明销售净利率降低了1%（15%-14%），导致净资产收益率降低了1.05%；

③-②=0，说明总资产周转率没有变化，净资产收益率也没有变化；

④-③=1.3%，说明权益乘数提高了0.1857（2.2857-2.1），导致净资产收益率提高了1.3%。

综上所述，由于销售净利率降低了1%，总资产周转率没有变化，权益乘数提高了0.1857，导致净资产收益率提高了0.25%。

参考文献

［1］财政部会计资格评价中心．财务管理［M］．北京：经济科学出版社，2024.

［2］财政部企业司．《企业财务通则》解读［M］．北京：中国财政经济出版社，2010.

［3］曹惠民．财务管理学［M］．3版．上海：立信会计出版社，2018.

［4］会计人员继续教育培训教材编写组．企业会计准则最新政策解读［M］．北京：中国财政经济出版社，2015.

［5］王化成，刘俊彦，荆新．财务管理学［M］．9版・立体化数字教材版.北京：中国人民大学出版社，2021.

［6］刘淑莲．财务管理［M］．5版．大连：东北财经大学出版社，2019.

［7］企业会计准则编审委员会．企业会计准则案例讲解［M］．上海：立信会计出版社，2014.

［8］邵军．财务管理案例分析［M］．上海：立信会计出版社，2011.

［9］罗斯，威斯特菲尔德，杰富．公司理财［M］．吴民农，沈艺峰，王志强，等译．北京：机械工业出版社，2012.

［10］姚海鑫．财务管理［M］．3版.北京：清华大学出版社，2019.

［11］张鸣，王茜．财务管理学——理论与实务［M］．上海：上海财经大学出版社，2013.

［12］中国注册会计师协会．财务成本管理［M］．北京：中国财政经济出版社，2023.

［13］中国注册会计师协会．会计［M］．北京：中国财政经济出版社，2023.

［14］中国注册会计师协会．经济法［M］．北京：中国财政经济出版社，2023.